KB215238

귀신 축출자 예수 Jesus the Exorcist

지은이	그래함 H. 트웰프트리 Graham H. Twelftree
옮긴이	이성하
초판발행	2013년 8월 28일
펴낸이	배용하
책임편집	윤순하
등록	제364-2008-000013호
펴낸곳	도서출판 대장간
	www.daejanggan.org
등록한곳	대전광역시 동구 삼성동 285-16
편집부	전화 (042) 673-7424
영업부	전화 (042) 673-7424 전송 (042) 623-1424
ISBN	78-89-7071-303-8

이 책의 한국어 저작권은 SCM Press와 독점 계약한 대장간에 있습니다.
기록된 형태의 허락 없이는 무단 전재와 복제를 금합니다.

 값 18,000원

귀신 축출자 예수

역사적 예수 연구를 위한 기고

그래함 H. 트웰프트리 지음

이성하 옮김

Wissenschaftliche Untersuchungen
zum Neuen Testament · 2. Reihe

Begründet von Joachim Jeremias und Otto Michel
Herausgegeben von
Martin Hengel und Otfried Hofius

54

Jesus the Exorcist

A Contribution to the Study
of the Historical Jesus

by

Graham H. Twelftree

J. C. B. Mohr(Paul Siebeck), Tübingen, 1993

차례

약어표

이 책에서 사용하고 있는 약어는 Journal of Biblical Literature 107 (1988), 579-596에 있는 것을 참고하라. 그곳에 없는 다른 약어들은 아래와 같다.

CC	H. Chadwick Origen: Contra Celsum (Cambridge: Cambridge University Press, 1980)
DNTT	C. Brown (ed.) The New International Dictionary of NT Theology 3 vols. (Exeter: Parternoster, 1975-1978)
ERE	J. Hastings (ed.) Encyclopedia of Religion and Ethics 13 vols.(Edinburgh: T & T Clark, 1908ff.)
Hennecke	E. Hennecke New Testament Apocrypha 2 vols. (LOndon: SCM, 1973 and 1974)
HSE	L. Gaston Horae Synopticae Electronicae (Missoula: Scholars Press, 1973)
ND	G. H. R. Horsley (ed.) New Documents Illustrating Early Christianity (Macquarie University: The Ancient History Documentary Research Centre, 1981-)

독자들의 편의를 위해서 원문에는 없지만 약어표를 아래와 같이 추가한다.

1. 정기간행물과 주요 참고문헌

ABR	Australian Biblical Review
ANRW	Aufstieg und Niedergang der römischen Welt
BAGD	W. Bauer, W. F. Arndt, F. W. Gingrich, and F. W. Danker, Greek-English Lexicon of the NT
BARev	Biblical Archaeology Review
BASOR	Bulletin of the American School of Oriental Research
BDF	F. Blass, A. Debrunner, and R. W. Funk, A Greek Grammar of the NT
BibLeb	Bibel und Leben
BK	Bibel und Kirche
BLE	Bulletin de littérature ecclésiastique
BLit	Bibel und Liturgie
BS	Bibliotheca Sacra

BTB	*Biblical Theology Bulletin*
BZ	*Biblische Zeitschrift*
CBQ	*Catholic Biblical Quarterly*
DNTT	
EncJud	*Encyclopaedia judaica* (1971)
ETL	*Ephemerides theologicae Lovanienses*
EvT	*Evangelische Theologie*
ExpTim	*Expository Times*
HeyJ	*Heythrop Journal*
HTR	*Harvard Theological Review*
HUCA	*Hebrew Union College Annual*
IB	*Interpreter's Bible*
IDB	G. A. Buttrick (ed.), *Interpreter's Dictionary of the Bible*
IEJ	*Israel Exploration Journal*
Int	*Interpretation*
ITQ	*Irish Theological Quarterly*
JAAR	*Journal of the American Academy of Religion*
JAC	*Jahrbuch für Antike und Christentum*
JBL	*Journal of Biblical Literature*
JBR	*Journal of Bible and Religion*
JETS	*Journal of the Evangelical Theological Society*
JJS	*Journal of Jewish Studies*
JQR	*Jewish Quarterly Review*
JRAS	*Journal of the Royal Asiatic Society*
JRH	*Journal of Religious History*
JSNT	*Journal for the Study of the New Testament*
JSP	*Journal for the Study of the Pseudepigrapha*
JSS	*Journal of Semitic Studies*
LCL	Loeb Classical Library
LSJ	Liddell-Scott-Jones, *Greek-English Lexicon*
MM	J. H. Moulton and G. Milligan, *The Vocabulary of the Greek Testament*
NedTTs	*Nederland theologisch tijdschrift*
NovT	*Novum Testamentum*
NTS	*New Testament Studies*
OTP	J. H. Chrlesworth (ed.), *The Old Testament Pseudepigrapha*, 2 vols.
PGM	K. Preisendanz (ed.), *Papyri graecae magicae*
PW	Pauly-Wissowa, *Real-Encyclopädie der classischen Altertumswissenschaft*
PWSup	*Supplement to PW*
RAC	*Reallexikon für Antike und Christentum*
RB	*Revue biblique*
RelS	*Religious Studies*
RevExp	*Review and Expositor*
RevQ	*Revue de Qumran*
RGG	*Religion in Geschichte und Gegenwart*
RSR	*Recherches de science religieuse*
RTL	*Revue théologique de Louvain*
SBLSP	SBL Seminar Papers
ScEs	*Science et esprit*

SecCent	Second Century
SJT	*Scottish Journal of Theology*
ST	*Studia theologica*
TDNT	G. Kittel and G. Friedrich (eds.), Theological Dictionary of the New Testament, tr. G. W. Bromiley, 10 vols.
TDOT	G. J. Botterweck and H. Ringgren (eds.), *Theological Ditionary of the Old Testament*
ThWNT	G. Kittel and G. Friedrich (eds.), *Theologisches Worterbuch zum Neuen Testament*
TQ	*Thelogische Quartalschrift*
TR	*Theologische Realenzyklopädie*
TRev	*Theologische Revue*
TS	*Theological Studies*
TToday	*Theology Today*
TynBul	*Tyndale Bulletin*
USQR	*Union Seminary Quarterly Review*
VTSup	Vetus Testamentum Supplement Series
ZAW	*Zeitschrift für die alttestamentliche Wissenschaft*
ZDPV	*Zeitschrift des deutschen Palastina-Vereins*
ZNW	*Zeischrift für die neutestamentliche Wissenschaft und die Kunde der älteren Kirche*
ZTK	*Zeitschrift für Theologie und Kirche*

2. 사해사본

CD	Cairo (Genizah text of the) *Damascus (Document)*
1QapGen	Genesis Apocryphon of Qumran Cave 1
1QH	Hôdāyôt(Thanksgiving Hymns) from Qumran Cave 1
1QM	Milḥāmāh(War Scroll) from Qumran Cave 1
1QS	Serek hayyaḥad(Rule of the Community)
4QPrNab	Prayer of Nabonidus from Qumran Cave 4
4QpsDan Aᵃ[=4Q243]	Psedo-Daniel from Qumran Cave 4
4QTherapeia	Medical Report from Qumran Cave 4
11QPsᵃ	Psalmsᵃ from Qumran Cave 11
11QPsApᵃ(외경 시편)	Apocryphal Psalmsᵃ from Qumran Cave 11

3. 미쉬나와 탈무드 문헌

b = Babylonian Talmud, *j* =Jerusalem Talmud, *m* = Mishna, *t* = Tosepta

ʾAbod. Zar.	ʾAbod. Zara
Ber.	Berakot
B. Meṣ.	Baba Meṣiʿa
Giṭ.	Giṭṭin
Ḥag.	Ḥagiga
Ḥul.	Ḥullin
Kelim	Kelim

Ketub.	Ketubot
Ma'as'.	Ma'aśerot
Me'il.	Me'ila
Ohol.	Oholot
Pesaḥ.	Pesaḥim
Šabb.	Šabbat
Sanh.	Sanhedrin
Šeqal.	Šeqalim
Ta'an.	Ta'anit

4. 랍비문헌

Eccl. Rab.	Ecclesiastes Rabbah
Num. Rab.	Numbers Rabbah
Pesiq. R.	Pesiqta Rabbati

5. 파피루스

P. Oslo	S. Eitrem and L. Amundsen (eds.), *Papyri Osloënses, vols. 2-3(Oslo, 1931-51)*
P. Oxy.	B. P. Grenfell et al. (eds.), *The Oxyrhynchus Papyri*, 62 vols. (London: 1898-1997)

6. 요세푸스

Ag. Ap.	Against Apion
Ant.	The Jewish Antiquities
War	The Jewish War

7. 교부문헌

Origen	
CC	Contra Celsus
Arnovius	
Adv. Gent.	Adversus Gentes
Justin Martyr	
Apol.	Apology
Dial.	Dialogue with Trypho

8. 성경 외경과 위경

As Mos	Assumption of Moses
Acts Thom.	Acts of Thomas
T. Sol.	Testament of Solomon

서문

이 연구에 대한 모든 책임은 나에게 있지만, 다른 분들에게 빚지고 있음을 너무도 잘 안다. 고故 죠지 케어드George Caird 교수님은 옥스퍼드의 맨스필드 대학 학장으로 계실 때 나를 신약성서의 세계와 비평적 연구로 이끌어주셨다. 그때 당시 초보자였던 나에게 보여주신 그분의 격려와 인내에 감사하며, 그분이 지금 우리와 함께 계시지 않다는 것이 이루 말할 수 없이 슬프다. 제임스 던James Dunn 교수님께 무어라 감사의 말씀을 드려야 할지 모르겠다. 그분은 노팅엄 대학교University of Nottingham 박사 학위 논문으로 제출한 이 연구의 초기 단계 지도교수님이셨다. 그분은 그분 자신에 대해서도 그분의 시간에 대해서도 관대하셨다. 신약성서에 대한 그분의 애정과 고대 작가들의 의도와 그것이 오늘날에 주는 의미를 발견해내려는 열정은 나에게 상당한 그리고 결정적인 영향을 끼쳤다. 나는 그분의 학문성, 우정 그리고 비판적인 그리스도인으로서의 신앙을 여전히 높이 평가한다.

노팅엄 대학교의 사서인 트레보 쯔벡 목사Pastor Trevor Zweck와 루터 신학교Adelaide의 루쓰 스트렐란Ruth Strelan, 오르몬드 대학의 로렌스 맥킨토쉬 박사Dr. Lawrence McIntosh of Ormond College[Melbourne], 파킨-웨슬리 대학의 발 칸티Val. Canty of Parkin-Wesley College[Adelaide] 그리고 남오스트레일리아 주립 도서관의 마게리 키르쉬케Margery Kirschke에게 감사드리는 바이다. 이분들은 기꺼이 그리고 인내심을 가지고 도움을 주셨다. 이 논문의 여러 부분 혹은 전체 자료를 읽어 주신 분들에게 빚을 졌으며 감사드리고 싶다. 특히 데이비드 오운David Aune, 캐넌 앤써니 하비Canon Anthony E. Harvey, 하워드 키Howard C. Kee 교수님, 로버트

모간Robert Morgan 그리고 필립 머스톤Philip Muston, 해럴드 레머스 Harold Remus 교수님, 스테판 트레비스Stephen H. Trevis 박사, 에드윈 야마우치Edwin Yamauchi 교수님 그리고 킹슬리 바레트Kingsley Barrett 교수님과 죤 헤이우드 토마스John Heywood Thomas 교수님이분들은 이 논문의 심사자들이셨다. 그리고 다른 많은 분들에게 감사드린다. 그분들의 지적이 마지막 결과물을 개선하는데 큰 도움이 되었다. 그리고 도움을 주시고 후원해주신 마틴 헹겔Martin Hengel과 오트프리드 호피우스Otfried Hofius 교수님, 더불어서 죠지 시벡Georg Siebeck, 일세 쾨니그Ilse König와 모르 J.C.B. Mohr[Paul Siebeck]의 직원들에게 감사드린다. 이 연구의 여러 단계마다 타이프에 도움을 주신 분들에게, 특히 웬디 제트너Wendy Jettner에게 감사드린다.

3부에 나오는 각 장section의 시작부분에 있는 성경본문은 헬라어 본문을 내가 문자적으로 번역한 것이다. 계속해서 늘어나는 3부에 대한 이차 문헌 때문에, 요아킴 그닐카Joachim Gnilka와 루돌프 불트만Rudolf Bultmann이 그들의 마가복음 주석에서 인용한 자료들은 반복하고 싶지 않았다. 또한, 이차 자료에 대한 참고문헌도 선별적으로 실을 수밖에 없었다.

부모님의 도움이 없었더라면 이 연구는 불가능했을 것이다. 어머님과 아버님 감사합니다! 이 책을 감사의 표시로 받아주시길 바란다. 그리고 다시 한 번 아내 바바라Babara가 보여준 사랑, 도움 그리고 인내에 감사한다. 우리 아이들 캐서린Catherin과 폴Paul은 이 연구를 마치면 가족들과 더 많은 시간을 보낼 수 있을 것이라는 약속을 믿고 기다려주었다.

아델라디 1991
그래함 H. 트웰프트리

I

1장 · 논쟁

"한 남자가 귀신을 쫓아내려고 여자를 발로 찼다가 죽였다고 법원이 전했다.

목사와 그의 친구가 가룟 유다의 사악한 영을 쫓아내려고 정신적으로 불안정한 여자를 난폭하게 발로 차서 죽였다고 어제 중앙범죄재판소는 전했다.

'축사' exorcism하는 동안에, 죤 셔우드John Sherwood와 안토니 스트로버Anthony Strover는 의식이 없는 31살 된 베아트릭스 러더포드 양Miss. Beatrix Rutherford을 주먹으로 때렸고, 발로 찼으며, 그녀의 배 위에서 뛰었다고 했다.

스트로버는 그들이 그 여자에게서 마귀를 쫓아내려고 했을 때, 러더포드 양이 가룟 유다의 영이라고 주장하는 이상한 목소리로 말했다고 경찰에게 진술한 것으로 알려졌다."[1]

이런 신문기사와 오컬트에 대한 대중적 관심, 그리고 기독교의 축사 deliverance에 대한 새로운 관심이 교회의 축사행위에 대해 상당한 논의

---

1) *The Times* (London) 4 September 1980, 2.
2) 참조. the "Barnsley Case" *The Times* (London) 26 March 1975, 4; 27 March 1975, 6 그리고 G. H. Twelftree, *Christ Triumphant: Exorcism Then and Now* (London: Hodder and Stoughton, 1985), 1장

를 불러일으켰다.2) 그러나 20세기를 살아가는 오늘날 귀신 축출은 어디에서 행해져야 하며, 또는 어떤 형태로 이루어져야 하는지에 대해서 교회 차원의 합의는 전혀 없다. 예를 들어서, 귀신 축출에 대한 엑스터 Exter의 주교 보고서는 "모든 주교구의 주교는 한 명의 사제를 주교구의 귀신 축출자로 임명해야 한다"고 권고했다.3) 한편, 대주교들 Archbishops, 영국 국교회 총회의 소속 주교들 그리고 회원들에 대한 공개서신에서 돈 큐피트Don Cupitt 목사와 램프G. W. H. Lampe 교수는 다음과 같이 썼다: "…우리는 영국 국교회가 심각한 오판을 내리려고 하는 위기에 처했다고 생각한다… 우리는 귀신 축출이 교회에서는 결코 공식적인 지위를 차지해서는 안 된다고 생각한다…"4)

이러한 두 가지 인용문에 나타난 각기 다른 견해들은―그리고 그 견해들 사이에 있는 다양한 견해는― 대개 신약성서에서, 특히 예수의 행위들로 보도되는 것에서 지지를 받으려고 한다.5) 따라서 귀신 축출에 대한 최근의 논쟁에서, 신약성서 연구자는 예수와 귀신 축출과 관련된 복음서의 자료들을 설명해야 하는 막중한 책임을 지게 되었다.

마가복음은 그 핵심 질문 중의 하나를 보여 준다. 예수는 누구인가?6) 그리고 마가가 복음서를 저술한 이래로 그리스도인들은 독자들에게 예수의 정체를 설명해주려고, 예수 이야기를 쓰고 또 써오고 있

과 5장; John Richards, *But Deliver Us from Evil* (New York: Seabury, 1974), 222-240; 그리고 *Exorcism, Deliverance and Healing: Some Pastoral Guidence* (Nottingham : Grove Books, 1976), 24에 있는 참고 문헌도 보라.

3) Dom R. Petitpierre (ed.), *Exorcism. The Report of a Commission Convened by the Bishop of Exter* (London: SPCK, 1972), 26. 다른 교회의 "보고서들"에 대해서는 Richards, *Exorcism*, 3 주석 2를 보라.

4) Don Cupitt and G. W. H. Lampe, "Open Letter on Exorcism",, reprinted in D. Cupitt, *Explorations in Theology* 6 (London: SCM, 1979), 50-53, 50에서 인용.

5) 예. J. H. Crehan in Petitpierre (ed.) *Exorcism* 11-15; Cupitt, *Explorations* 6, 51 그리고 K. Grayston, "Exorcism in the NT", *Epworth Review* 2 (1975), 90-94.

6) 예. 1:27; 2:7; 4:41; 6:3; 14:16; 그리고 8:7-9. 참조. J. D. Kingsbury, *The Christology of Mark's Gospel* (Philadelphia: Fortress, 1983), 80-89.

다. 그러나 슈바이처Schweitzer는 우리가 동시대인들에게 예수를 설명할 때 너무도 빈번하게 우리 자신의 문화적이고 신학적인 전제들과 닮은 예수의 모습을 만들어 낼 뿐이라는 것을 보여주었다.

복음서에서 지상의 예수는 때때로 잘 보이지 않게 숨겨져 있으며, 기껏해야 부분적으로만, 그것도 부활하신 그리스도에 대한 초기 그리스도인들의 관점을 통해서 확인 될 뿐이다. 문제는 나사렛 예수를 다시 보려고 하면서 우리는 초기 기독교에서는 대단히 중요한 1세기 문화와 1세기 그리스도인의 옷을 예수에게서 벗겨내고, 우리의 문화라는 편안한 옷으로 바꿔 입힌다는데 있다. 19세기의 예수의 생애 연구에 대해서 슈바이처는 다음과 같이 올바르게 지적했다.

"그것은 교회론적 교리라는 단단한 바위에 수백 년 동안 그를 묶어 놓았던 결박을 풀어주었다. 그리고 다시 한 번 그에게 다가와서 생애와 활동을 즐겁게 관찰했다. 역사적 예수는 그것에 부응하려고 다가오는 것처럼 보였다. 그러나 그는 머무르지 않는다. 그는 우리 시대를 지나서 그의 시대로 되돌아간다."7)

그렇지만, 우리는 우리시대가 예수를 좀 더 분명하게 보고 이해하도록 기독교의 창시자인 역사적 예수를 새롭게 발견하려는 노력을 계속해야만 한다. 케제만Käsemann은 다음과 같이 말했다.

"…패배주의와 허무주의는 그 생명을 다 한 것이 [아님이] 분명하며, 우리를 지상의 예수에 대한 관심에서 완전히 벗어나는 쪽으로 이끌고 있다. 만약에

---

7) A. Schweitzer, *The Quest of the Historical Jesus* (London: Black, 1910), 397. 참조. D. C. Duling, *Jesus Christ Through History* (New York: Harcourt Brace Jovanovich, 1979); J. Pelican, *Jesus through the Centuries* (New Haven and London: Yale University Press, 1985). 학자들이 계속해서 예수를 자신들의 기독론적 취향에 끼워 맞추는 것에 대해서는, E. A. Johnson, "Images of the Historical Jesus in Catholic Christology", *Living Light* 23 (1986), 47-66을 보라.

이러한 일이 일어난다면, 우리는 높이 들리신 주님과 수치를 당하신 주님 그 중간 기간 동안의 예수의 정체성에 대해서 초기 그리스도인이 생각하던 것의 본질을 파악하는 데에 실패할 수밖에 없다. 또는 가현론자들처럼 어떤 실재적인 내용에 대한 관심을 포기할 수밖에 없다."[8]

이 책은 나사렛 예수의 생애, 사역 그리고 고난이 교회 역사에서 근본적으로 중요한 것이었으며 여전히 그러하다는 것을 전제로 한다.[9] 따라서 오히려 역사적 예수에 대한 탐구는 교회를 섬기고자 하는 학자들에게 있어서 중요한 과제이다.[10]

따라서 이 연구는 역사적 예수에 대한 우리의 이해에 적절한 도움을 주고자 하는 시도이다. 즉 귀신 축출이라는 그의 사역을 통해서 역사적 예수의 모습을 그려보려는 것이다. 바꾸어 말해서, 이 연구는 역사적 예수가 귀신 축출자였는지를 결정하고, 그런 다음에 세 가지의 질문에 답변하고자 하는 것이다. 만약에 예수가 귀신 축출자였다면, 귀신 축출자로서의 예수의 행위들에 대한 최초의 보도들에는 어떤 내용이 담겨 있는가? 현장에서 예수를 지켜보았던 자들의 눈에 예수는 어떤 모습으

---

8) E. Käsemann, "The Problem of the Historical Jesus", in *Essays on NT Themes* (London: SCM, 1964), 45-7. 참조. V. A. Harvey, *The Historian and the Believer* (London: SCM, 1967), 6. 역사성에 대한 극단적 회의주의에서 벌어지는 최근의 움직임에 대해서는, C. A. Evans, "Jesus of Nazareth: Who Do Scholars Say That He Is? A Review Article", *Crux* 23 (1987), 15-19를 보라.

9) 참조. R. R. Niebuhr, *Resurrection and Historical Reason* (New York: Scribner, 1957), 146; C. F. D. Moule, *The Phenomenon of the NT* (London: SCM, 1981), 77; J. P. Mackey, *Jesus the Man and the Myth* (London: SCM, 1985), 2-3.

10) M. J. Borg, "What Did Jesus Really Say?" *BibRev* 5 (1989), 18-25; J. H. Charlesworth, "Research on the Historical Jesus Today…" *Princeton Seminary Bulletin* 6 (1985), 98: "내가 생각하는 신약성서 학자의 중심과제는 무엇인가? 그것은 나사렛 예수의 생애와 교훈에 대해서 알 수 있는 것을 찾는 것이다." 참조. J. H. Charlesworth, *Jesus Within Judaism* (London: SPCK, 1988), 9. "역사적 예수"라는 용어가 애매모호한 용어라는 것은 잘 알려진 바이다. J. M. Robinson, *A New Quest of the Historical Jesus* (London: SCM, 1959)은 "역사적 예수"라는 용어를 "역사학자들의 과학적 방법을 통해서 나사렛 예수에 대해서 알 수 있는 것"이라고 정의한다(26). 그러나 지상의 예수는 우리에게 잊혀진, 다른 역사 속의 인물과 마찬가지로 실제로 존재했던 나사렛 예수이며, 반면에 그리스도는 믿음과 교회를 통해서 파악되는 것이다(28). 더욱 최근의 것으로는, J. P. Meier, "The Historical Jesus: Rethinking Some Concepts", *TS* 51 (1990), 3-24를 보라.

로 비춰졌을까? 그리고 예수는 자신의 귀신 축출 사역에 대해서 어떻게 생각했을까?

공관복음서 저자들에게로 관심을 돌려본다면, 아주 간략하게만 살펴보더라도 귀신 축출이 그들에게 얼마나 중요했는지를 볼 수 있다. 예를 들어서, 마가복음에 있는 13개의 예수의 치유 이야기들 - 1:29-31, 40-45; 2:1-12; 3:1-6; 5:21-43[역주] 이 단락 안에 혈루병 걸린 여인과 야이로의 딸 치유 사건이 함께 들어있다. 그래서 제시된 단락의 숫자는 열둘이지만, 치유사건은 모두 열셋이다; 7:31-37; 8:22-26; 10:46-52 그리고 1:21-28; 5:1-20; 7:24-30; 9:14-29 - 중에서 마지막에 언급된 4개는 귀신 축출 이야기이다. 이것은 귀신 축출이 마가복음에 있는 치유 이야기들 중에서 가장 많은 수를 차지하는 범주라는 것을 보여준다. 또한 비록마12:22; 눅 11:14은 제외하고 마태와 누가가 이것들 말고 다른 구체적인 귀신 축출 이야기들을 보여 주지는 않지만, 마가와 마찬가지로 그들은 귀신 축출이 예수의 사역에서 중요한 부분이었다는 것을 이해하는 데에 동의하며, 더 나아가서 예수가 귀신들린 사람을 치유하는 것이 예수와 그의 사역을 이해하는 데에 중추적 의미가 있음을 암시해준다. 최소한 마태복음 12장 28절/누가복음 11장 20절을 처음 읽을 때에 그렇다.10장 참조

복음서 저자들이 예수를 묘사하면서 기독교의 복음 그 자체에 대한 설명만큼이나 기적들이 중요했다는 것은 18세기와 19세기 학자들이 기적에 지대한 관심을 보이는 것에서도 볼 수 있다. 그에 대한 루드비히 포이에르바하Ludwig Feuerbach, 1804-72의 날카로운 지적은 그 시대의 분위기를 보여준다. "믿음의 특별한 대상은… 기적이다. 믿음은 기적에 대한 신뢰belief이다. 믿음과 기적은 절대로 나뉠 수 없다."11) 그러나 헤르만 라이마루스Hermann Reimarus, 1694-1768의 악명 높은 '단편들'

---

11) L. A. Feuerbach, *The Essence of Christianity* (New York: Harper & Row, 1957), 126.

Fragments은 그의 사후에 레싱Gotthold Lessing이 1774년과 1778년 어간에 출판하였는데, 그 단편들을 보면 라이마루스에게 기독교의 본질은 케리그마에 나타나 있는 주요항목들을 믿는 것이었다. "…그리스도의 고난과 죽음을 통한 영적인 구원. 그리스도의 충족한 고난sufficient suffering을 확증해주는 죽음에서의 부활. 그리고 구원의 열매이자 결과인 보상과 징계를 위한 그리스도의 재림."12) 그는 계속해서 말하기를, 기적은 본질적인 것이 아닌데, 왜냐하면 예수께서 표적과 기사signs and wonders를 통해서 확신을 얻고자 하는 사람들을 비판하셨기 때문이라는 것이다. 그러나 라이마루스의 주장은 그를 추종했던 사람들과는 구분된다.13) 왜냐하면, 계몽주의 이후의 사람들이 자신들의 세계관을 이성이라는 비판적 눈과 과학적 지식에 종속시키려 했듯이, 기적이라는 개념이 더더욱 관심의 대상이 되었으나 학자들에게는 받아들이기 어려운 것이었기 때문이다.14)

따라서 19세기의 역사적 예수 탐구에서 중요한 역할을 한 저술가들은 여러 가지 방법으로 신학이라는 무대의 중심에서 기적을 제거하려고 애썼다. 신약성서 연구에서 합리주의적 접근의 전형적인 예에 속하는 사람인 하인리히 파울루스Heinrich Paulus, 1761-1851는 기적에 대한 합리주의적 설명을 제시했다. 예를 들면, 5천명을 먹이신 사건은, 배고픈 군중을 보고, 예수께서 제자들에게 "우리가 그들 사이에 부자들을 좋은 본보기로 앉히자. 그러면 그들이 자기들의 양식을 다른 사람들에게 나누어 줄 것이다."라고 말했다면 설명된다는 것이다. 파울루스에 의하면, 그런 다음에 예수는 자기의 양식을 나누어주기 시작했고, 제자들

---

12) C. H. Talbert (ed.), *Reimarus: Fragments* (London: SCM, 1971), 229-230.
13) B. F. Meyer, *The Aims of Jesus* (London: SCM, 1979), 30도 Reimarus의 자료들을 인용하는데, 위에서 언급한 영역본은 아니다.
14) 참조. J. D. G. Dunn, "Demythologizing - The Problem of Myth in the NT", in I. H. Marshall (ed.), *NT Interpretation* (Exter: Paternoster, 1977), 289.

의 것도 나누어주기 시작했다. 그러자 부자들이 그 본을 따랐고, 곧 모든 사람이 풍족해졌다는 것이다.15) 파울루스의 주장의 주요 관심사항과 목적은 기적들이 더 이상 지적인 사람들에게 믿음의 장애물이 될 필요가 없다는 것을 보여주는 것이었다.

19세기의 기적논쟁에서 가장 중요한 공헌은 스트라우스D. F. Strauss, 1808-74가 했다. 두 권으로 된 책인 『예수의 전기』The Life of Jesus, 1835에서, 그는 '무엇이 실제로 일어났는가'를 추구하는 것이 아니라, 이야기들narratives에 대한 검증을 통해서, 기적이라는 문제에 정면으로 맞부딪혔다.16) 그는 기적 이야기를 포함해서, 대부분의 신약성서를 *신화Myth*로 이해해야 하며, 또한 신화의 여러 범주 중의 하나로 보아야한다고 생각했다.17) 예수와 직간접적으로 연관된 신화들을 스트라우스는 '복음적인'evangelical 신화라고 부른다. 따라서 여기에는 두 가지의 것이 있다. 먼저, 변모transfiguration 같은 *순수한* 신화들인데, 그것들은 예수의 사역에 속하는 역사적 사건 속에서 아무런 근거를 찾을 수 없는 것들이다. 다음으로는, "열광적인 신앙이 집착했던 것이며, 확실한 개별적인 사실들을 바탕으로 하며, 그리스도라는 개념idea에서 버림받은 신화적 개념들 주위에 얽혀있던" *역사적historical* 신화이다. 스트라우스는 "현재 복음서에서 놀라운 역사들로 변형된 채로 등장하고 있는, '사람을 낚는 어부'나 말라버린 무화과나무 같은 것에 대한 예수의 어록"

---

15) Schweitzer, *Quest*, 52에서 인용. 참조. 57.

16) D. F. Strauss, *The Life of Jesus* (Philadelphia: Fortress, 1973).

17) "신화는, 그 본래 형태에 있어서, 한 개인의 의식적이며 의도적인 창작물이 아니라, 사람들 또는 종교 집단의 공통된 의식의 산물이다. 신화는 물론 처음에 한 개인에 의해서 발설된다. 그러나 그러한 개인은 단지 보편적인 신념의 발성기관(organ)에 지나지 않는다는 바로 그 이유 때문에, 신화는 신앙에 합치되는 것이다. 신화는 한 지혜로운 사람이 무지한 군중의 필요와 유익을 위해서 자신의 마음속에서 끄집어낸 생각(idea)에 옷을 입히기 위한 하나의 옷감이 아니다. 오히려 그것은 오직 이야기와 동시에, 아니 그가 말하는 이야기의 바로 그 모습(form) 속에 동시에 존재하는 것이다. 따라서 그는 아직은 있는 그대로를 순수하게 이해할 수 없다는 것을 깨닫게 된다." *New Life of Jesus* (London: 1865), I, 206. Marshall (ed.), *NT Interpretation*, 303. 주석 22에서 Dunn이 인용.

을 이러한 신화의 범주에 속하는 예로 제시했다.18)

스트라우스의 『전기』Life는 격렬한 비판의 물꼬를 터놓았는데, 이 책은 무엇보다도 그가 신화와 기적의 문제에 접근했던 방법에 대한 것이었다. 슈바이처는 이렇게 말한다. "지금까지 그 같은 논쟁의 폭풍을 일으킨 책은 거의 없었다."19) 그럼에도, 그 중요성과 장기적인 의미에서의 결과라는 측면에서 볼 때에, "스트라우스와 더불어서 예수의 전기에 대한 비-기적적인 견해의 시대가 시작된 것이다. 기적에 대한 질문은 계속해서 점점 더 배경 속으로 묻히고 있다"고 슈바이처는 말을 잇는다.20)

그러나 1899-1900년의 겨울 세미나에서 아돌프 하르낙Adolf Harnack, 1851-1930은 "기독교의 본질"The Essence of Christianity이라는 강연의 서두에서 기적에 대해서 논하는 것에 대한 이 같은 두려움에 대해서 이의를 제기하고자 했다. 그는 이렇게 말한다. "스트라우스뿐만 아니라, 다른 많은 사람도 마찬가지로, 그들 스스로 그것들기적들 때문에 겁을 집어먹어서, 복음서의 신뢰성을 완전히 부인하게 되고 말았다." 그러나 하르낙은 스트라우스의 주문에 걸려있지 않았다. 그는 "만약에 기적이 있었다면, 그 당시를 위한 의미가 아니라, 우리를 위한 의미를 가지고 있어야 할 것이다"라고 했으며, 그리고 "예수님 스스로도 자신의 기적에 대해서 결정적인 중요성을 부여하지 않았는데, 하물며 복음서 저자인 마가와 다른 사람들이 모두 기적에다가 그것을 부여했겠는가?"라고 말했다.21)

---

18) Strauss, Life, 87. 참조. Peter C. Hodgson의 "Introduction" to Life, xxxvi 이하. Strauss는 자신이 비판했던 합리주의에서 벗어나지 못했는데, 왜냐하면 우리의 주제와 관련해서, 그는 "예수는 자신의 방법과 말의 권위를 가지고, 심리적인 방법을 통해서 악마적인 정신이상으로 추정되거나 혹은 신경불안으로 고통 받는 많은 사람을 치료해주었다"고 말했기 때문이다 (Life, 436).
19) Schweitzer, Quest, 97; 참조. Strauss의 반대자와 동조자에 대해서는 97-120.
20) Schweitzer, Quest, 111.

하르낙으로 대표되는 기적의 문제를 축소시키고자 하는 이러한 시도는 신화와 복음은 분리될 수 없다는 불트만의 반대로 인해 제지당하고 말았다.22) 불트만이 보기에 신화라는 요소는 복음서에서 제거 될 수 없는 것이었고, 그보다는 비신화화demythologized 해야 하는 것이었다. 즉 그것의 의미는 20세기 사람들을 위해서 해석되어야 했다. 기적의 문제에 이런 식으로 접근하는 것이나, 현대인들은 "기적이 우주의 합리적 질서에23) 부합하지 않는다는 이유로 기적을 인정하지 않는다"는 견해는 예수의 생애에 대한 불트만의 평가에서 기적이 복음서 자료들에 비추어 볼 때 기대하던 것보다 훨씬 못한 관심을 받는 결과를 낳았다. 예를 들자면 불트만이 쓴 예수의 '생애'인 『예수와 말씀』Jesus and the Word에서 그는 '기적'에다가 단 5페이지만 할애한다. 그곳에서 그는 "복음서에 나오는 대부분의 놀라운 이야기들은 전설일 뿐이거나, 최소한 전설의 모양새를 갖추고 있다"고 말한다.24)

지난 10년 동안 역사적 예수와 관련된 연구 분야에 다시 한 번 커다란 관심이 집중되었다. 이러한 현상은 문헌상으로도 입증되고,25) 1981년에 성서문학회의 역사적 예수 분과the Historical Jesus Section of the Society of Biblical Literature가 출범했으며, 1985년에는 로버트 펑크Robert Funk에 의해서 예수 세미나Jesus Seminar가 시작했다26)는 것으로도 입

21) A. Harnack, *What is Christianity?* (London: Williams and Norgate, 1901), 24, 25 그리고 28-29.
22) R. Bultmann, "NT and Mythology", (1941) in H. W. Bartsch (ed.), *Kerygma and Myth* (London: SPCK, 1957), 3.
23) R. Bultmann, *Jesus Christ and Mythology* (New York: Charles Scribner's Sons, 1958), 37-38.
24) R. Bultmann, *Jesus and the Word* (London and Glasgow: Collins/Fontana, 1958), 124.
25) 예. I. W. Batdorf, "Interpreting Jesus since Bultmann: Selected Paradigms and their Hermeneutic Matrix", in K. H. Richards (ed.) *SBLSP* (Chico: Scholars Press, 1984), 187-215; M. J. Borg, *Conflict, Holiness and Politics in Teachings of Jesus* (Lewiston, NY: Mellen, 1984); D. Oakman, *Jesus and the Economic Questions of His Day* (Lewiston, NY: Mellen, 1986); M. J. Borg, *Jesus, A New Vision: Spirit, Culture and the Life of Discipleship* (San Fransisco: Harper & Row, 1987); D. J. Harrington, "The Jewishness of Jesus: Facing Some Problems", *CBQ* 49 (1987), 1-13; R. Horsley, *Jesus and the Spiral of Violence: Popular Jewish Resistance in Roman Palestine* (San Francisco: Harper & Row, 1987); Charlesworth, *Jesus within Judaism*, 9-29 그리고 Appendix 5; M. J. Borg, "A Renaissance in

증된다.

그러나 교사로서의 예수에 대한 엄청난 관심과는 대조적으로, 복음서에 나오는 기적 이야기에 대한 논문만이 아니라 역사적 예수를 다루는 논문은 별로 소개되지 않았고, 그와 같은 상황은 지금까지도 계속되고 있다.27) 이러한 상황과 맞물려서 복음서 전승에 나타나는 귀신축출 이야기들이 학문적 연구에서 유달리 무시되어 왔다.

특히, 리차드 헤어스Richard H. Heirs는 더욱 최근에 귀신 축출 이야기들과 신약성서의 관련 주제들이 신약성서에 대한 학문적 연구에서 무시되는 것을 지적했다. 그는 슈바이처, 불트만, 모튼 엔슬린Morton Enslin 그리고 판넨버그Pannenberg가 이러한 무시에 동참하고 있다고 언급한다.28) 예수 생애 연구의 최근의 상황에 대해서 개괄한 한스 콘첼만Hans Conzelmann의 유명한 논문인 *RGG*는29) 예수와 관련된 귀신 축출 전승에 대해서나 기적에 대해서 다룬 논문을 단 한편도 제시하지 않는다.

이러한 무시는 소위 새로운 탐구의 '예수의 생애에 대한 연구들'

Jesus Studies", *TToday* 45 (1980), 280-292. 더 자세한 것은 아래의 참고문헌들과 잡지들을 보라: W. G. Kümmel, "Jesusforschung seit 1965: Nachträge 1975-1980", *TR* 47 (1982), 136-65, 348-383; W. S. Kissinger, *The Lives of Jesus: A History and Bibliography* (New York and London: Garland, 1985); W. G. Kümmel, "Jesusforschung seit 1981, I. Forschungsgeschichte, Methodenfragen", *TR* 53 (1988), 229-249; L. J. White, *Jesus the Christ* (Wilmington: Glazier, 1988); P. Hollenbach, "The Historical Jesus Question in North America Today", *BTB* 19 (1989), 11-22; W. G. Kümmel, "Jesusforschung seit 1981, II. Gesamtdarstellungen", *TR* 54 (1989), 1-53.

26) Hollenbach, *BTB* 19 (1989), 11-13 그리고 새로운 잡지인 *Forum* (Bonner, MT) 1 (1985)을 보라.
27) P. W. Hollenbach, "Recent Historical Jesus Studies and the Social Science ", in K. H. Richards (ed.) *SBLSP* (Chico: Scholars Press, 1983), 66: "최근의 역사적 예수에 대한 대부분의 연구들은 거의 전반적으로 삶의 실질적인 측면에 대한 예수의 행위와 분쟁들을 생략한 채로, 사상(ideas)의 교사인 예수에 대해서만 거의 전적으로 집중하고 있다." 참조. Hollenbach, *BTB* 19(1989), 12. 예수의 기적과 역사적 예수에 대해서는 K. Kertelge, "Die Überlieferung der Wunder Jesu und die Frage nach dem historische Jesus" in K. Kertelge(ed.) *Rückfrage nach Jesus. Zur Methodik und Bedeutung der Frage nach dem historischen Jesus* (Freiburg-Vienna: Herder, 1974) 174-193을 보라.
28) R. H. Heirs, "Satan, Demons, and the Kingdom of God", *SJT* 27 (1974), 35 그리고 주석 2. 참조. Hollenbach, *BTB* 19 (1989), 14.
29) H. Conzelmann, *RGG* (3rd. ed.) III cols. 619-653, *Jesus* (Philadelphia: Fortress, 1973).

lives에서도 찾아 볼 수 있다. 예를 들어, 보른캄은 예수님의 말씀과 그의 권위 있는 사역에 대해서 강조한다. 그의 연구에는 예수의 활동들에 대한 상징적 언급은 있지만,30) 기적과 귀신 축출을 포함해서 사역들 works은 보른캄의 예수 연구에서 아무런 의미 있는 역할을 하지 못한다.31) 귀신 축출과 이와 연관된 주제들을 무시한 동일한 예를 들어 보면, 구스타프 아울렌Gustaf Aulen, 벤 메이어B. F. Meyer, 존 마쉬John Marsh의 책에서, 그리고 게다가 레오나르드 고펠트Leonard Goppelt의 신약신학에서도 볼 수 있다.32) 『예수와 유대교』Jesus and Judaism라는 책에서 샌더스E. P. Sanders는, 중요하기는 하지만 아주 간략한, '제5장 기적과 군중'에서 귀신 축출에 대한 몇 가지 토론을 포함시킨다. 이 연구를 진행하면서 우리는 샌더스와 대화할 것이다. 그러나 샌더스는 예수에 대해서 결론적으로 아주 간결하게 묘사하면서 기적에 대해서만 단지 포괄적으로 다룰 뿐 예수의 귀신 축출을 개별적으로 다루지는 않았다.33)

따라서 공관복음서 전승에서 예수의 귀신 축출 사역이 분명히 중요함에도 불구하고, 예수 사역에 대한 연구들의 이러한 모습을 보면, 예

---

30) G. Bornkamm, *Jesus of Nazareth* (London: SCM, 1960), 8장.

31) 참조. Heirs, *SJT* 27 (1974), 35 주석 2. "역사적 예수 연구"에 대한 몇 가지 최근의 논평을 위해서는, 예. Hollenbach in Richards (ed.) *SBLSP* (1984), 61-78; W. B. Tatum, *In Quest of Jesus* (London: SCM, 1983), 2부; Batdorf in Richards (ed.) *SBLSP* (1984), 187-215; Kissinger, *The Lives of Jesus*를 보라.

32) G. Aulen, *Jesus in Contemporary Historical Research* (London: SPCK, 1976); Meyer, *The Aims of Jesus;* J. Marsh, *Jesus in His Lifetime* (London: Sidgwick and Jackson, 1981); L. Goppelt, *Theology of the NT* 2 vols. (Grand Rapids: Eerdmans, 1981 and 1982)를 보라. 또한 귀신 축출 이야기에 대해서 거의 또는 전혀 관심을 기울이지 않는 최근의 예수 연구에 대해서는 다음의 것들을 보라: A. E. Harvey, *Jesus and the Constraints of History* (London: Duckworth, 1982); J. Riches, *Jesus and the Transformation of Judaism* (New York: Seabury, 1982); Tatum, *Quest* 2부와 3부; J. Breech, *The Silence of Jesus: The Authentic Voice of the Historical Man* (Philadelphia: Fortress, 1983); G. W. Buchanan, *Jesus: The King and his Kingdom* (Macon: Mercer University Press, 1984); Horsley, *Spiral of Violence*; H. Braun, *Jesus - der Mann aus Nazareth und seine Zeit* (Gütersloh: Mohn, 1988); B. L. Mack, *A Myth of Innocence* (Philadelphia: Fortress, 1988)

33) E. P. Sanders, *Jesus and Judaism* (London: SCM, 1985), 319.

수의 생애에 대한 신약성서 연구의 현재 상태가 여전히 스트라우스의
주문에 걸려 있는 것처럼 보인다. 이러한 것은 아마도 귀신 축출 이야
기가 복음서에 있는 기적 전승의 일부처럼 보이기 때문일 것이다. 물
론, 복음서의 귀신 축출 이야기는 악마나 사악한 영의 존재에 대한 믿
음을 전제한다는 특별한 난점들을 내포한다. 왜냐하면 우리가 사는 세
상에 대한 지식의 진보를 마주 대하는 20세기 대부분의 사람들에게는
그러한 믿음이 더 이상 가능하지도 필요하지도 않기 때문이다.34)

　　이러한 전반적인 무시와는 반대로, 복음서에 나타난 귀신 축출을 포
함하여 기적이라는 주제를 다룬 몇 안 되는 특별한 연구들이 있다. 그
중에서도 가장 탁월한 연구 중의 하나가 판 데르 루스H. van der Loos의
것인데, 그는 그 연구에서 '귀신들린 자의 치유' Healing of the Possessed
에 큰 분량을 할애했다.35) 그러나 그것은 주로 다른 사람들의 견해를
요약한 것이고, 거기에 약간의 역사적-비판적 분석을 곁들인 것이다.

　　이 분야의 연구에 기여하기는 했지만, 근본적으로 다른 목적을 가지

---

34) Twelftree, *Christ*, 5장, 또한 P. L. Berger, *The Heretical Imperative* (London: Collins, 1980) 그리고
E. Yamauchi, "Sociology, Scripture and the Supernatural", *JETS* 27 (1984), 169-192를 보라. 참조.
Schweitzer, *Quest*, 111, "자신들의 '현명함'을 보여주고 싶어 하는 오늘날의 과학적인 신학
자들은 - 아마도 유년기의 이야기들이나 부활에 대한 이야기들 속에서, 두 가지나 세 가지
정도의 소수의 기적들만 남기를 바랄 것이다. 그리고 더군다나 이러한 기적들은 대단히 과
학적이기 때문에 본문에 있는 것들과는 전혀 관련 없는 것들이다. 뿐만 아니라 그 기적들은
생명도 없고, 비평가를 위한 가련하고 보잘 것 없는 장난감 개에 불과할 뿐이며, 합리주의가
물어뜯은 자국에 불과할 뿐이다. 또한 역사적인 학문이 어떤 해를 끼치기에는 지나치게 시
시한 것이다. 특히 그들이 말하고, 쓰고, 그리고 스트라우스에 대해서 침묵하는 방식으로 기
적들에 대한 부담을 정직하게 표현한 바에야 더욱 그러한 것이다."
35) H. van der Loos, *The Miracles of Jesus* (Leiden: Brill, 1965), 339-414. 기적에 대한 다른 연구들
중에서 대부분은 귀신 축출 이야기에 기껏해야 낮은 가치를 부여할 뿐이다. 예. A.
Fridrichsen, *The Problem of Miracles* (Minneapolis: Augsburg, 1972), 102면 이하; A. Richardson,
The Miracle Stories of the Gospels (London: SCM, 1941), III장의 일부분; F. Mussner, *The
Miracles of Jews* (Notre Dame: University of Notre Dam Press, 1968), 41면 이하; R. H. Fuller,
Interpreting the Miracles (London: SCM, 1963), 29-37. Fuller의 *Miracles*와 G. Schille의 *Die
urchristliche Wundertradition. Ein Beitrag zur Frage nach dem irdischen Jesus* (Stuttgart: Calwer,
1967)에 대한 자세한 비평을 포함해서, 예수의 기적에 대한 저서의 개관을 위해서는 K.
Kertelge, "Zur Interpretation der Wunder Jesu. Ein Literaturbericht", *BibLeb* 9 (1968), 140-153을 보
라.

고 있는, 네 가지 또 다른 연구들이 있다. 첫째로, 게르트 타이센Gerd Theissen의 『초기 기독교 전승에 나타난 기적 이야기들』Miracle Stories of the Early Christian Tradition, Edinburgh: T & T Clark, 1983은 기적 이야기라고 하는 "공관복음서의 문학 양식에 대한 분석을 통해서 전형적인 양식비평 방법"을 발전시키려는 시도이다. 두 번째로, 키H. C. Kee는 『초기 기독교 세계에서의 기적』Miracle in the Early Christian World에서 다음과 같은 두 가지 목적을 말한다. 그가 원하는 것은

"지난 세기와 그 이후로, 종교 연구 분야에 만연한 역사적 방법이 거쳐 온 길에 대해서 비평을 하고, 그 본래적 배경 속에서 종교 현상들을 좀 더 충실하게 묘사하고 해석하며, 고대의 자료에 현대의 범주들을 부과하는 것을 방지하는 보호수단 개발을 추구하는 역사적 방법을 제안하는 것이다."36)

세 번째로는, 르네 라투렐레René Latourelle가 쓴 『예수의 기적과 기적신학』The Miracles of Jesus and the Theology of Miracles은 역사적인 관심이 아니라 신학적인 관심으로 가득 차 있다. 즉 기독교 신앙의 신뢰성과 관련된 표적signs에 대한 해석학이 그것이다. 라투렐레는 자신의 직접적인 목적이 "하나님 아버지의 아들이신 예수님을 드러내고 증명하는 표적에 대한 의심과 논쟁하는 것이다."37)라고 말한다.

네 번째로, 최근에 나온 『헬라 유대교와 공관복음서 전승에 나타난 우주적 능력을 지닌 인간 대리인들』Human Agents of Cosmic Power in Hellenistic Judaism and the Synoptic Tradition, Sheffield: JSOT, 1990에서 메리 밀러Mary Miller는 영적인 세력에게 예수가 명령하는 능력에 대한 전승

---

36) H. C. Kee, *Miracle in the Early Christian World* (New Haven and London: Yale University Press, 1983), 1.
37) R. Latourelle, *The Miracles of Jesus* (New York: Paulist, 1988)

을 무지하고 미성숙한 인간의 생각이라고 삭제해 버리는 것에 대해서 문제를 제기한다. 그녀는 귀신 축출자인 예수에 대한 전승을 역사적으로 세밀하게 탐구하는 것이 아니라, 예수가 우주적 세력들을 통제하는 것에 대한 배경과 마가와 누가에게 그 우주적 세력들이 갖는 의미에 관심을 갖고 있다.

이 책은 이 연구들과 다르다. 이 책은 예수의 기적이나 배경에 대한 포괄적인 신학적 연구가 아니라, 예수의 귀신 축출 사역이라고 알려진 것을 역사적인 관점에서 검토하는 것이다.

『공관복음서에 나타난 기적들의 의미』The Significance of the Synoptic Miracles, London: SPCK, 1961에서 제임스 칼라스James Kallas는 복음서에 나오는 기적 이야기의 핵심적 의미에 대해서 인식하고 있었을 뿐만 아니라, 예수의 우주적 싸움에서 귀신 축출 이야기가 갖는 중요성에 대해서도 알고 있었다. 그럼에도, 칼라스는 귀신 축출 이야기를 비판적으로 검토하지 않았고, 귀신 축출자인 역사적 예수를 더 분명하게 이해 할 수 있도록 해주지도 않았다.38)

게자 베르메스Geza Vermes도 역사적 예수를 이해하는 데에 귀신 축출 이야기가 중요하다는 것을 인정한다.Jesus the Jew [London: Collins, 1973] 그러나 그가 예수의 사역 중에서 이 부분을 아주 간략하게 처리하고 만 것은 공관복음서 자료를 공정하게 다룬 것이 아니다. 나는 예수가 단지 팔레스타인 출신 하시드Hasid였을 것이라는 베르메스의 주장을 5부에서 검토할 것이다.

『헬라의 마술과 공관복음서 전승』Hellenistic Magic and the Synoptic Tradition[London: SCM, 1974]이라는 책에서 존 헐John Hull은 공관복음서에

---

38) J. Kallas, *The Significance of the Synoptic Miracles* (London: SPCK, 1961), 5장과 6장. 예. R. Leivestad, *Christ the Conqueror* (London: SPCK, 1954); J. M. Robinson, *The Problem of History in Mark* (London: SCM, 1957)도 동일한 말을 한다.

나오는 귀신 축출 이야기에 상당한 관심을 보인다. 그는 공관복음서 저자들이 묘사한 예수, 특히 기적을 행하는 자로서의 예수를 새롭게 이해할 수 있도록 헬라의 마술 전승들을 사용한다. 그러나 사실상 유대 전승을 배제하면서까지 헐이 헬라의 마술 전승에 집중한 것이 과연 복음서의 이러한 국면을 해석하기 위해서 비추어 보아야 하는 배경을 올바르게 보고 있는 것인지의 여부에 대해서 따져 볼 것이다. 나는 또한 예수의 기적을 철저하게 랍비적 환경과 비교해야 한다는 피빅Fiebig의 견해에 대해서도 문제를 제기할 것이다.39) 이 연구를 진행하면서, 세부적인 사항에서도 헐과 피빅의 견해가 수정될 필요가 있다는 것이 분명하게 드러날 것이다. 귀신 축출 이야기의 헬라적 배경과 관련해서, 나는 민담이나 기적 이야기 그리고 기적 모티브가 헬라적 환경에서 공관복음서의 구전전승으로 유입되었다는 불트만의 말이 올바른지에 대해서도 질문할 것이다.40)

이러한 연구들과는 대조적으로, 이후에 이어질 연구는 복음서 저자들이 보여주는 예수를 뒤로하고 역사의 예수에게로 힘차게 나아가고자 하는 하나의 시도이다. 또한 이 연구는 헐의 저서와도 다른데, 이 연구에서 나는 예수와 관계된 모든 기적 전승보다는 예수와 귀신 축출에 대해 집중하고자 한다. 더 나아가서, 헐의 저서는 마술에 대한 1세기 팔레스타인 사람의 정의가 적절한가라는 문제를 불러일으킨다. 나는 5부에서 귀신 축출자인 예수와 관계된 마술에 대해서 논구할 것이다.

모튼 스미스Morton Smith가 쓴 『마술사 예수』Jesus the Magician [London: Golancz, 1978]는 예수에 대한 가장 최근의 연구보다 예수와 귀신

---

39) P. Fiebig, *Jüdische Wundergeschichten des neutestamentlichen Zeitalters* (Tübingen: Mohr, 1911), 71면 이하.

40) R. Bultmann, *History of the Synoptic Tradition* (Oxford: Blackwell, 1963), 231, 참조. 38; 참조. M. Dibelius, *From Tradition to Gospel* (Cambridge and London: Clarke, 1971), 5장과 6장.

축출에 대해서 더 많은 관심을 기울이는 또 다른 연구이다. 스미스는 예수의 동시대인들이 예수를 마술사로 여겼다는 것을 보여주려고 복음서의 자료를 검토한다. 이 책은 우리의 연구와 대단히 직접적으로 관련된 것이기 때문에 5부에서 어느 정도 상세하게 논의할 것이다. 5부에서 나는 다음과 같은 질문을 던지려고 한다. 예수가 귀신 쫓는 것을 본 사람들은 과연 예수를 마술사로 생각했을까? 이 책의 목적과 내가 지금까지 말해 온 것에 비추어 볼 때에, 나는 두 가지 일을 해야 한다. 첫째로, 예수의 귀신 축출 사역이 그의 동시대인들에게 비추어졌던 배경을 재구성할 필요가 있다. 둘째로, 귀신 축출자인 역사적 예수를 재발견하려는 노력을 하게 될 것이다. 여기에는 예수가 자신의 귀신 축출 사역과 관련해서 자신을 어떻게 이해했는가를 이해하기 위한 노력과 더불어 역사적 예수의 귀신 축출이라는 모습을 묘사하려는 노력이 수반될 것이다.

따라서 나는 다음과 같은 질문으로 2부를 시작할 것이다. 제1세기의 팔레스타인에서 예수와 그의 청중들에게 통용되었을 귀신 축출과 귀신 축출자라는 개념은 과연 어떤 것이었는가? 3부에서는 역사적 예수의 사역 당시로 거슬러 올라 갈 자료들을 가려내기 위해서, 예수와 귀신 축출에 대해서 복음서에 나오는 1차 자료들을 검토할 것이다. 이러한 분석은 귀신 축출자인 역사적 예수의 모습을 그려내고4부, 과연 내가 예수의 동시대인들이 예수를 어떻게 바라보았는지에 대해서 말할 수 있는지를 살펴보며5부, 마지막으로6부 자신의 귀신 축출 사역과 관련해서 예수는 스스로를 어떻게 이해했는지 살펴보고 어쨌든 예수가 동시대인들에게 주었던 의미를 발견하도록 노력할, 이후의 3개의 부를 위한 토대가 될 것이다.

시작하기 전에, 우리의 주제와 밀접하게 연관된 두 가지 주제에 주목할 필요가 있다. 첫째는, 귀신론demonology과 귀신들림demon-posses-sion이다. 귀신 축출과는 대조적으로 이 두 가지 주제는 고대 세계를 배경으로 그리고 예수와의 연관 속에서 상대적으로 충분히 다루어져 왔으며, 나도 『승리자 그리스도: 당시와 현재의 귀신 축출』Christ Triumphant: Exorcism Then and Now[London: Hodder and Stoughton, 1985]이라는 책에서 그 두 가지 주제에 대해서 더 상세하게 다룬 바 있다.41) 따라서 특별히 필요한 때에 언급하는 것 외에는 귀신론과 귀신 들림에 대해서는 관심을 기울이지 않을 것이다.42) 어쨌든 일반적으로 신약성서에서는, 그리고 특별히 복음서 저자들은 자신들의 의지로 귀신에 대해서 관심을 보이는 때는 거의 없다.

관련 있기는 하지만, 이 연구의 범위를 벗어나는 또 하나의 영역은 우리 시대의 귀신 축출 문제이다. 우리가 이 문제에 접근하기 이전에 우리는 우리의 주제와 관련된 예수 전승을 철저하게 다루어야만 하는데, 특별히 현대의 신학과 실천이라는 체계 안에서 정경이 차지하는 위치 때문에 더욱 그렇다. 그것이 본서의 목적이다. 그럼에도, 나는 『기

---

41) 내가 알기로는, 귀신론과 귀신 들림에 대한 가장 중요한 문헌은 다음과 같다: F. C. Conybeare, "The Demonology of the NT", *JQR* 8 (1896), 576-608, 9 (1897), 59-114, 447-470, 518-603; M. Dibelius, *Die Geisterwelt im Glauben des Paulus* (Göttingen: Vandenhoeck & Ruprecht, 1909); T. K. Oesterreich, *Possession Demonological and Other* (London: Kegan Paul, Trench, Trubner, 1930); B. Noach, *Satanas und Soteria* (København: Gads, 1948); E. Langton, *Essentials of Demonology* (London: Epworth, 1949); S. Eitrem, *Some Notes on the Demonology of the NT* (Osloae: Brøgger, 1950); O. Bücher, *Dämonenfurcht und Dämonenabwehr* (Stuttgart: Kohlhammer, etc., 1970); W. Kirchschläger, *Jesu exorzistisches Wirken aus der Sicht des Lukas: Ein Beitrag zur lukanischen Redaktion* (Klosterneuberg: Osterreichsches Katholisches Bibelwerk, 1981), 45-54; E. Ferguson, *Demonology of the Early Christian World* (New York: Mellen, 1984); E. Yamauchi, "Magic or Miracle?…" in D. Wenham and C. Blomberg (eds.), *Gospel Perspectives* 6 (Sheffield: JSOT, 1986), 115-120; W. Kirchschläger, "Engel, Teufel, Dämonen. Eine biblische Skizze", *BLit* 54 (1981), 98-102; P. L. Day, *An Adversary in Heaven* (Atlanta: Scholars Press, 1988). 참조. J. Z. Smith, "Towards Interpreting Demonic Powers in Hellenistic and Roman Antiquity", *ANRW* II. 16.1 (1978), 425-439 그리고 E. Schillebeeckx, *Christ* (London: SCM, 1980), 499-500에 있는 참고문헌들. 또한 J. D. G. Dunn and G. H. Twelftree, "Demon-Possession and Exorcism in the NT", *Churchman* 94 (1980), 215-19; W. Wink, *The Powers: Naming the Powers*, vol. 2 (Philadelphia: Fortress, 1986), 9-68도 보라.
42) 따라서 우리는 마12:43-45; 눅11:24-26 같은 구절들은 여기에서는 다루지 않을 것이다.

독교란 무엇인가?』What is Christianity?의 영어판 서문에서 했던 하르낙의 말에 기꺼이 동의한다. "…이것이 내가 아는 것이다. 모든 나라의 신학자들이, 만약에 학문적인 심오한 언어로 복음서를 논하고, 그것을 학문적인 책 속에 파묻어 버린 것으로 충분하다고 생각한다면, 그들은 자신들에게 주어진 의무의 반 밖에 이행하지 못한 것이다."43) 따라서 나는 『승리자 그리스도』라는 책에서 그 다음 단계를 밟고자 했다. 좀 더 대중적인 수준에서, 귀신 축출이 20세기 교회 사역의 한 부분이 될 수 있는가라는 문제에 대해서 이 연구의 결과들 중 몇 가지를 적용시켜 보고자 했던 것이다.44)

내가 암시적으로만 언급했듯이, 우리가 귀신 축출자인 역사적 예수를 더 잘 이해하기 위해서는 예수의 사역이 행해졌던 문화적 배경이라는 독특한 측면들과 귀신 축출자인 예수에 대해 열려있는 다양한 의견의 폭에 대해서 인식할 필요가 있다. 그것이 현재 우리의 과제이다.

---

43) Harnack, *Christianity?* 서문.
44) G. H. Twelftree, "The Place of Exorcism in Contemporary Ministry", *Anvil* 5 (1988), 133-150도 보라. 참조. J. Kremer, "Besessenheit und Exorzismus. Aussagen der Bible und heutige Problematik", *BLit* 48 (1975), 22-28; J. K. Howard, "New Testament Exorcism and its Significance Today", *ExpTim* 96 (1985), 105-109.

II

제1세기 팔레스타인에서의
귀신 축출과 귀신 축출자들

2장 · 자료들

대략 살펴보았던 순서에 따르면, 우리의 첫 번째 과제는 배경을 설명하는 일인데, 이 배경에 비추어서 역사적 예수를 특별히 예수의 귀신 축출 사역과 관련해서 검토하고 이해하게 될 것이다. 그러나 무엇을 더 진전시키기 이전에, 우리는 귀신 축출이라는 용어가 의미했던 것이 무엇인지, 그리고 귀신 축출자인 예수를 이해하기 위한 적합한 배경을 제시하게 위해서 사용 할 자료는 무엇인지에 대해서 논의해야 한다.

귀신 축출이라는 용어가 의미했던 것은 무엇인가? 교회 지도자들과 신학자들 대다수의 견해는 스코틀랜드 교회가 제출한 「초심리학 Parapsychology에 대한 연구 분과의 보고서」May 1976에 나오는 한 문장으로 요약할 수 있을 것이다. "우리는 그것귀신 축출이 아무런 효과가 없기 때문에, 의료기술의 신속한 처리와 병행할 수 없다고 생각한다. 최후의 수단으로 목회자로서 기도, 축복 그리고 그와 같은 치유과정이 목회자의 판단에 의거해서 채택될 수는 있다."36번째 문단

그러나 이것이 옳고 그름을 떠나서, 1세기에 살던 사람들의 생각을 판단하려고 20세기의 전제들을 사용할 수는 없다. 우리는 1세기의 환경에서 이해되었던 귀신 축출에 대해서 정의할 필요가 있다. 그리고 그런 다음에야, 예수와 관계된 이야기와 언명들에 대한 배경을 제시하기

위한 적절한 자료들을 모을 수 있을 것이다. 따라서 우리는 다음과 같은 작업을 위한 정의working definition를 제시하는 바이다.

> 귀신 축출은 귀신이나 악령이 사람에게로 들어갔고 질병의 원인이라고 생각될 때 사용된 치유형태였고, 사람에게서 악령이나 귀신들을 제어하고 물리치거나 쫓으려는 시도였다.[1]

우리의 정의에는 우리가 2부와 3부에서 볼 특별한 기술들techniques에 대한 언급이 생략되었는데, 왜냐하면 기술들이란 몇 마디의 명령에서 완전한 제의의식에 이르기까지 다양하기 때문이다.

우리의 정의에는 또한 특정한 장소에서의 악령축출도 생략되었다. 아마도 강한 자의 비유마12:29/눅11:21-22, 10장 참조와 다른 일곱 악한 영과 함께 깨끗하게 치워진 집으로 돌아오는 악한 영 이야기마12:43-45/눅11:24-26는 사람의 귀신 들림과 마찬가지로 특정한 장소를 귀신이 점유하는 것에 대한 고대의 사상을 반영하는 것처럼 보인다. 그러나 이러한 언급 말고는 예수 전승이나 신약성서의 나머지 부분에서 귀신의 특정 장소 점유에 대한 관심은 나타나지 않는다. 따라서 이 연구에서 우리의 정의와 초점은 사람과 관계된 귀신 축출에만 한정될 것이다.[2]

우리의 또 다른 예비적 질문은 귀신 축출자 예수를 예수 당시의 환경에 비추어 보기 위해서 어떤 자료를 사용해야 하느냐 이다.[3] 이것을 결정하려면 두 가지 질문을 더 던져보아야 한다.

---

1) 귀신 축출에 대한 다른 정의를 위해서는 예. Eitrem, *Notes*, 20과 57; C. H. Ratschow, *RGG* (3rd. ed.) II cols. 832면 이하; I. Mendelsohn, *IDB*, II, 199; J. M. Hull, *IDBSup*, 312를 보라.
2) Twelftree, *Christ*, 175-176.
3) Harrington, *CBQ* 49 (1987), 13, "예수 당시의 팔레스타인 유대교의 다양성에 대해서 알면 알수록 예수가 어떤 유대인이었으며, 우리가 어떤 배경에서 예수를 해석해야 할지 정확하게 알기 어려워진다." 더 포괄적인 것으로는 J. D. Crossan, "Materials and Methods in Historical Jesus Research", *Forum* 4 (1988), 3-24를 보라.

첫째, 팔레스타인이나 유대교의 자료만 사용해야 하는가? 우리는 우리의 주제와 관련된 최근의 몇 가지 저서들이 예수와 초기 기독교의 '헬라적' Hellenistic 혹은 '유대적' Jewish 환경에 상당히 집중하는 것을 살펴보았다. 위에 있는 1장 4) 그와 같은 경직된 접근방법이 이제는 의심스러운 전제들에 의존하는 것처럼 보인다.5) 그리고 팔레스타인이, 심지어 갈릴리조차도, 바깥세상과 전혀 고립되어 있지 않았다는 주장을 지지해주는 증거들이 많이 있다.6) 예를 들어서, 센조 나가쿠보Senzo Nagakubo는 베쓰 쉐아림Beth She'arim, 나사렛에서 서쪽으로 15km 떨어진 성서시대 이후의 유대인 마을의 묘비명들을 연구해서, 디아스포라 유대인들이 팔레스타인 유대인들 보다 더 혹은 덜 헬라화 되었다고 주장하는 것이 불가능하다는 결론을 내렸다.7) 게다가 헹겔Hengel은 다음과 같이 말하기도 했다. "BC 3세기 중반 경부터는 *모든 유대교*all Judaism는 실제로는 엄격한 의미에서 '*헬라적인 유대교*' Hellenistic Judaism라고 불러야 한

---

4) 신약학계에서 "헬라적" 그리고 "유대적"이라는 표제를 사용한 역사에 대해서는 A. F. J. Klijn, "The Study of Jewish Christianity", *NTS* 20 (1973-4), 419-431; M. Hengel, *Judaism and Hellenism*, 2 vols. (London: SCM, 1974), I. 1면 이하를 보라.

5) Hengel, *Judaism and Hellenism*, I. 1면 이하를 보라.

6) S. Safrai, "Relations between the Diaspora and the Land of Israel", in S. Safrai and M. Stern (eds.), *The Jewish People in the First Century*, 2 vols. (Assen: Van Gorcum and Philadelphia: Fortress, 1974 and 1976), I, 184-215; S. Freyne, *Galilee from Alexander the Great to Hadrian* (Wilmington: Glazier and Notre Dame: University of Notre Dame Press, 1980), 2장과 E. M. Meyers and J. F. Strange, *Archeology, the Rabbis and Early Christianity* (London: SCM, 1981), 2장, 특히 p.43을 보라.

7) Meyers and Strange, *Archeology*, 102. 대상들의 행로가 그 지역을 통과했고 그 길을 통해서 외국의 문화와 그들의 세계관(Weltanschauung)과 가공품이 들어왔으며(G. A. Borrois, "Trade and Commerce", *IDB*, IV, 677-83을 보라), 외국의 세력들이 팔레스타인에서 도시들을 건설했으며(V. Tcherikover, *Hellenistic Civilization and the Jews* [New York: Atheneum, 1977,] 2장; E. Schürer, *The History of the Jewish People in the Age of Jesus Christ*, 3 vols. [Edinburgh: T & T Clark, 1973-1987], II, 85-183), 시골 지역은 종종 외국인들이 관리했다 (the Zeno Papyri, C. C. Edgar, *Zeno Papyri*, 5 vols. [Hildesheim and New York: George Olms, 1971]을 주목하라. 또한 M. Smith, *Palestinian Parties and Politics that Shaped the OT* [New York and London: Columbia University Press, 1971], 59-60, 67면 이하를 보라). 그리고 디아스포라에서 귀환한 유대인들이 팔레스타인 주민들이 주변의 문화를 접하도록 하는 데에 기여했다(J. Jeremias, *Jerusalem in the Time of Jesus* [London: SCM, 1969], 3장; Smith, *Parties*, 71-2). 당시의 문학 활동은 팔레스타인 사람들이 "외부세계"에 대해서 잘 알았다는 것을 보여주는데, 이것이 우리에게 중요하다(Hengel, *Judaism and Hellenism*, I, 2장; M. Hengel, *Jews, Greeks and Barbarians* [London: SCM, 1980], 115-6; J. N. Sevenster, *Do You Know Greek?* [Leiden: Brill, 1968]).

다…."8)

그러나 디아스포라 유대교와 팔레스타인 유대교 사이에는 무시할
수 없는 차이가 있었다. 퍼거스 밀라Fergus Millar는 중간시대의 유대교
문헌, 그리고 특히 사해문서 해석가 중에서는

"팔레스타인 유대교가 디아스포라 유대교만큼이나 헬라적이었다는 주장에 대
해서 진지하게 검토해 보지 않고 손쉽게 동의할 사람은 없을 것이다…. 우리
가 강조해야 하는 것은 지중해 연안에서 불과 몇 마일 거리에 있는 작은 지역
에서 전개된 독창적이고 다양한 비-그리스어 문헌 활동 현상의 독특성이다."9)

라고 말한다. 덧붙이자면, 팔레스타인 문화와 나머지 헬라문화 간에
는 차이가 있었을 뿐만 아니라, 갈릴리 문화도 그 자체의 독특한 특징
들을 갖고 있었다.22장 참조 실로, 헹겔도 인정하는 바와 같이, 마카비
혁명the Maccabean Revolt과 쿰란의 에세네파와 바리새인들의 태도와 관
습들은 모든 팔레스타인 유대인들이 그처럼 쉽게 수입된 문화를 받아
들이지 않았다는 명백한 증거이다.

우리의 연구목적과 관련해서 이러한 사실은, 예수의 귀신 축출 사역
의 배경을 제시하기 위해서는 우리가 사용하는 자료를 팔레스타인에서
유래된 것이나 유대교 자료만으로 제한 할 수 없다는 것을 의미한다.
그럼에도, 그것은 또한 1세기 갈릴리에서의 귀신 축출을 이해하는 데

---

8) Hengel, *Judaism and Hellenism*, I, 104(강조는 저자의 것). 참조. M. Hengel, *The 'Hellenization'
of Judaea in the First Century after Christ* (London: SCM and Philadelphia: Trinity Press
International, 1989); S. Liebermann, *Greek in Jewish Palestine* (New York: Jewish Theological
Seminary, 1942) and *Hellenism in Jewish Palestine* (New York: Jewish Theological Seminary,
1962). 참조. L. H. Feldman, "How Much Hellenism in Jewish Palestine?" *HUCA* 57 (1986), 83-111
에 Hengel에 대한 비판이 있다.
9) F. Millar, "The Background of the Maccabean Revolution: Reflections on Martin Hengel's 'Judaism
and Hellenism' ", *JJS* 29 (1978), 9.

에 도움이 될 팔레스타인 자료와 전승들에 특별히 관심을 기울일 필요가 있다는 것을 의미한다.

우리가 사용해야 하는 자료가 무엇인가라는 질문과 관련된 두 번째 문제는 자료의 연대문제이다. 기본적으로 우리의 연구에 잠재적 가치가 있는 전승된 각각의 이야기, 개념, 혹은 본문이 1세기 팔레스타인의 지적인 경향의 일부라고 합리적으로 판단할 수 있다. 이러한 것은 예수 이전과 당시의 자료는 물론이고 이후의 문헌자료들에도 적용된다. 왜냐하면 이러한 자료들은 현재 발견된 문헌들보다 앞선 시대의 주제나 개념을 담고 있기 때문이다. 그러나 여기에서 문제는 문헌이 출판된 시대에 속한 사상과 그 문헌에서 언급하는 시대까지 거슬러 올라가는 사상을 분별하는 것이다.10) 이 문제는 물론 다른 곳에서도 분명하게 드러나지만, 특히 예수의 활동으로 언급되지 않는 신약성서 *안에* 들어있는 귀신축출 이야기와 관련해서는 더욱 그러하다.11)

적정한 자료들과 연대 문제에 답하면서, 나는 『승리자 그리스도』 2장에서 "제1 에녹서"1 Enoch, "토비트"Tobit,12) "희년서"Jubilees,13) "쿰란 사본들"Qumran Scrolls,14) 요세푸스Josephus,15) 알렉산드리아의 필로

---

10) 참조. G. Vermes, *Jesus and the World of Judaism* (London: SCM, 1983), 6장이 역사적 예수의 배경을 재구성하고자 후대의 유대교 자료들을 사용하는 것과 관련된 주제와 문제들을 다룬다. 또한 Harrington, *CBQ* 49 (1987), 13을 보라.

11) 바알세불 논쟁에서 언급되는 유대인 귀신 축출자들(마12:27; 눅11:9), 낯선 귀신 축출자(막9:38; 눅9:49), 스게와의 아들들(행19:13-20)에 대한 이야기들을 보라. 이 모두를 아래에서 논할 것이다. 이 이야기들이 예수의 이야기와 초기 교회의 필요 때문에 재구성되었을 수 있다고 하는 희박한 가능성에 대해서 인지할 필요가 있다.

12) 본문들, 번역들 그리고 문헌에 대해서는, M. E. Mills, *Human Agents* (Sheffield: JSOT, 1990), 6장과 주석들을 보라.

13) 본문들, 번역들 그리고 문헌에 대해서는, Charlesworth, *OTP*, 2, 35-145를 보라.

14) 본문들, 번역들 그리고 문헌에 대해서는, B. Jongeling (et al.) (eds.), *Aramaic Texts from Qumran*, I (Leiden; Brill, 1976), 77-81, 123-125; J. A. Fitzmyer, *The Dead Sea Scrolls: Major Publications and Tools for Study* (Atlanta: Scholars Press, 1990); J. A. Fitzmyer and D. J. Harrington, *A Manual of Palestinian Aramaic Texts* (Rome: Biblical Institute, 1978), 3; G. Vermes, *The Dead Sea Scrolls: Qumran in Perspective* (London: SCM, 1982), 66-68을 보라.

15) 본문들, 번역들 그리고 문헌에 대해서는, H. St. J. Thackeray (et. al) (eds.), *Josephus* LCL, 10

Philo of Alexandria 16) 위-필로Pseudo-Philo의 『성서고대사』Liber Antiquitatum Biblicarum 17) "마술 파피루스"magical papyri 18) "사모사타의 루시안"Lucian of Samosata 19) "티아나의 아폴로니우스"Apolonius of Tyana 20) 그리고 "랍비 문헌"21)을 용이성과 신뢰성을 기준으로 다양한 수준별로 나누어서, 영들, 귀신들, 귀신들림, 마술, 치유, 치유자들, 귀신축출, 그리고 귀신 축출자들에 대한 1세기의 이해를 재구성하기 위한 자료로 사용할 수 있다는 것을 주장한 바 있다.22) 이러한 자료들은 신약성서에 나타나는 예수의 귀신 축출사역과 초기 교회의 사역에 대한 광범위한 배경을 제공해줄 수 있다. 그럼에도, 이 책에서 우리가 탐구하려는 것은 더 협소한 것이다. 이 책에서는 오직 팔레스타인에서만, 그

---

vols. (Cambridge, MA: Harvard University Press and London: Heinemann, 1926-65); L. H. Feldman, *Scholarship on Philo and Josephus*, 1937-61 (New York: Yeshiva University, 1963); H. Schreckenberg, *Bibligraphie zu Flavius Josephus* (Leiden: Brill, 1968); L. H. Feldman, *Josephus, a Supplementary Bibliography* (New York: Garland, 1986)을 보라.

16) 본문들, 번역들 그리고 문헌에 대해서는, R. Williamson, *Jews in the Hellenistic World: Philo* (Cambridge: Cambridge University Press, 1989), 307-309를 보라.

17) 본문들, 번역들 그리고 문헌에 대해서는, Charlesworth, *OTP*, 2, 297-377을 보라; 참조. D. J. Harrington, "A Decade of Research on Pseudo-Philo's Biblical Antiquties", *JSP* 2 (1988), 3-12.

18) 본문들, 번역들 그리고 문헌에 대해서는, H. D. Betz (ed.), *The Greek Magical Papyri in Translation* (Chicago and London: University of Chicago Press, 1986)을 보라. 우리의 연구에서 마술 파피루스가 어떤 역할을 하는지는 쿰란에서 발견된 유사한 마술 자료들을 보면 분명해진다. 4QTherapeia에 대해서는, H. C. Kee, *Medicine, Miracle and Magic in NT Times* (Cambridge: Cambridge University Press, 1986), Appendix를 보라. 이 본문의 성격과 가치에 대한 토론에 대해서는, J. H. Charlesworth, *The Discovery of a Dead Sea Scroll (4QTherapeia)* (Lubbock, TX: Texas Tech University Press, 1985); J. Naveh, "A Medical Document or a Writing Exercise? The So-called 4Q Therapeia", *IEJ* 36 (1986), 52-55를 보라. 만약에 이 본문이 글쓰기 연습이었다고 하더라도, Naveh가 주장하듯이, 이것은 1세기 팔레스타인 사람들의 치유에 대한 믿음을 묘사하는데 유용할 수도 있는 것이다.

19) 본문들, 번역들 그리고 문헌에 대해서는, H. D. Betz, *Lukian von Samosata und das Neue Testament* (Berlin: Akademie-Verlag, 1961); A. M. Harmon (et. al), *Lucian* 8 vols. (London: Heinemann, New York: Macmillan and Putnam and Cambridge, MA: Harvard University Press, 1913-67)을 보라.

20) 본문들, 번역들 그리고 문헌에 대해서는, 아래의 3장 주석 4를 보라.

21) 본문들, 번역들 그리고 문헌에 대해서는, Schürer, *History*, II, 314-380을 보라. 또한 J. Neusner, *A History of the Jews in Babylonia* (Leiden: Brill, 1968), III, 110-126, "Torah, Medicine and Magic"; M. J. Geller, "Jesus' Theurgic Powers: Parallels in the Talmud and Incantation Bowls", *JJS* 28 (1977), 141-155를 보라.

22) 예수의 배경을 재구성하는데 있어서 후대의 자료를 사용하는 것에 대한 적절한 경고성 언급으로는, Kee, *Miracle*, 211, 288 그리고 Kee, *Medicine*, 78을 보라.

것도 주로 갈릴리에서만 살고 사역했던 귀신 축출자로서의 역사적 예수에 대해서만 집중한다. 그렇기 때문에『승리자 그리스도』에서 도달한 결론들의 일부를 인용하겠지만, 팔레스타인 북쪽에 있는 갈릴리의 귀신 축출자 예수에 대한 적절한 배경을 묘사하는 데에만 특별히 집중할 것이다.

이런 자료들과 마찬가지로, 논의를 진행하기 전에 살펴보아야 하는 세 가지 다른 자료가 있다. 즉, "나보니두스의 기도"the Prayer of Nabonidus, "솔로몬의 유언"the Testament of Solomon 그리고 신약성서 외경의 자료들은 일반적으로 우리가 연구하는 것과 같은 분야의 연구에 유용하다고 알려져 있다.

1. "나보니두스의 기도"4QPrNab 혹은 4QsNab는23) 쿰란 사본에서 발견된 것인데, 확실히 역사적 예수를 이해하는데 유용한 비교 자료이다. 4QPrNab의 전체 단편은 다음과 같다.

"[위대한] 왕이신, 바벨론의 왕 나보니두스가 [가장 높으신 신]의 판결에 의해서 테이만Teiman에서 악한 종기 때문에 [고통 받았을 때] 드린 기도의 말들.

'저는 7년 동안 [악한 종기로] 고통 받았나이다···그리고 어느 귀신 축출자가 저의 죄를 사했나이다. 그는 [유대 포로민의 자손] 중에 있던 유대인이었는데, [그가 말하기를], '[가장 높으신 신]의 이름을 [영화롭게 하고 높이도록] 이것을 자세하게 기록하십시오. [그래서 저는 이것을 기록했습니다]:

'저는 [가장 높으신 신의 판결에 의해] 테이만에서 [악한] 종기로 고통 받았나

---

23) 본문들, 번역들 그리고 문헌에 대해서는, Vermes, *Perspective*, 72-73; M. E. Stone (ed.), *Jewish Writings of the Second Temple Period* (Philadelphia: Fortress and Assen: Van Gorcum, 1984), 35-37; F. M. Cross, "Fragments of the Prayer of Nabobidus", *IEJ* 34 (1984), 260-264를 보라.

이다. 7년 동안 [저는] 은과 금, [청동과 철], 나무와 돌 그리고 진흙의 신들에게 기도했나이다. 왜냐하면 그것들이 신들[이라고 제가 믿었기 때문입니다]…'"24)

베르메스25)는 이 기도에 나오는 רזג가자르를 '점술가' diviner 26)가 아니라 '귀신 축출자'로 번역했다. 비록 이 번역이 언어학적으로는 흠잡을 데 없기는 해도,27) 그 용어에 대한 가장 자연스러운 번역은 아니다. 문자적으로 '점술가'라는 명사는 다니엘 2장 27절에 나온다.28) 그리고 아마도 여기에서는 '귀신 축출자'보다 점술가로 번역하는 것이 더 나아 보인다.29) 뿐만 아니라, 이 기도에는 작가가 귀신 축출을 염두에 두고 있었다는 어떠한 암시도 없다. רזג가자르가 치료 행위를 했다는 데에는 의심의 여지가 없다. 그러나 악한 영에 대한 언급이나 그것이 떠나갔다는 어떠한 언급도 없다. 다만 유대인 포로민이 왕의 죄들을 사했다는 것뿐이다. 따라서 "나보니두스의 기도"는 아마도 귀신 축출 이야기로 이해되지 않았던 것으로 보인다. 그렇기 때문에 귀신 축출과 귀신 축출자에 대한 1세기 팔레스타인 사람의 이해를 재구성할 때 고려 대상에서 제외될 것이다.

---

24) G. Vermes, *The Dead Sea Scrolls in English* (Harmondsworth: Penguin, 1978), 229에서 인용. Jongeling (et al.), *Aramaic Texts* I, 123은 이 본문에 단편 하나를 추가한다. 하지만, 그것은 심하게 훼손되어 있어서 그 내용을 재구성하거나 해석하는 것이 용이하지 않을뿐더러, 우리의 논의에도 영향을 끼치지 않는 것이다.

25) 또한 A. Dupont-Sommer, *The Essene Writings from Qumran* (Oxford: Blackwell, 1961), 322, 주석 3, 177면 이하; A Dupont-Sommer, "Exorcismes et guérisons dans les écrits de Qumran", *VTSup* 7 (1959)[1960], 246-261; Fitzmyer and Harrington, *Manual*, 3을 보라.

26) J. T. Milik, "Priére de Nabonid' et Autres écrits d'un cycle de Daniel Fragments Araméens de Qumrân 4", RB 63 (1956), 특히 409; Jongeling (et al.), *Aramaic Texts* I, 128; Cross, *IEJ* 34 (1984), 263-264를 보라.

27) Dupont-Sommer, *VTSup* 7 (1960), 246-261을 보라.

28) Jongeling (et al.), *Aramaic Texts* I, 128; A. Lacocque, *The Book of Daniel* (London: SPCK, 1979), 42.

29) Yamauchi in Wenham and Blomberg (eds.), *Gospel Perspectives* 6, 121 그리고 주석 258.

30) 본문들, 번역들 그리고 문헌에 대해서는, Charlesworth, *The Pseudepigrapha and Modern*

2. "솔로몬의 유언".30) 악마 오르니아스Ornias 때문에 방해받은 예루살렘에 있는 솔로몬의 성전 건물에 대한 이 학가다식의 민간 전설 haggadic-type folk legend은 이렇게 시작한다.

"공중과 땅과 그리고 땅 아래의 모든 영을 복종케 한, 다윗의 아들, 솔로몬의 유언. … 이 책은 말한다 어떤 영적 세력들authorities이 사람들을 대적했는지, 그리고 어떤 천사들이 귀신들을 패배시켰는지에 대해서"31) 헬라어 표제; 참조. 15:13-15

"솔로몬의 유언"의 내용에 대한 이 같은 설명에 비추어 보았을 때, 이 위경이 신약성서의 귀신론과 귀신 축출의 배경을 재구성하는데 유용하게 사용되었다는 것은 전혀 놀랄만한 일이 아니다.32) 하지만, 핵심적인 문제는 이것이다. 이것이 과연 어느 정도나 타당성이 있는가?

이 책을 보면 주제와 어휘가 빈번하게 그리고 반복적으로 신약성서와 서로 잇닿아 있으며, 신약성서의 내용을 반영하고 있는 것이 보인다. 코니베어Conybeare와 덜링Duling이 작성한 서론과 각주는 이러한 접촉점을 확인해준다.33)

작가가 신약성서를 아주 잘 알고 있을 뿐만 아니라 의존하는 것처럼 보이기 때문에, "솔로몬의 유언"은 신약성서를 포함한 다양한 전승에

Research With a Supplement (Chico: Scholars Press, 1981), 197-202; D. Duling, "The Testament of Solomon: Retrospect and Prospect", *JSP* 2 (1988), 87-112 그리고 "The Testament of Solomon" in *OTP* 1, 958-959; Schürer, *History* III. 1, 372-379를 보라. 참고문헌과 번역은 Duling in *OTP* 1에서 인용했다.

31) Duling은 이 부분에 대한 주석 (e)에서 이렇게 말한다. "헬라어 동사인 *katargeo*는 솔로몬의 유언 전반에 걸쳐서 '나는 방해한다'로 번역된다. 이것은 '나는 무효화시킨다', '나는 무능력하게 한다', 혹은 '나는 폐기한다', '나는 제거한다', '나는 파기한다'를 의미할 수 있다." 도입부분에 대한 다양한 교정본들에 대해서는(여기에서 인용한 것은 B [MSS P Q]이다), C. C. McCown, *The Testament of Solomon* (Leipzig: Hinrichs, 1922), 99와 Duling in *OTP* 1, 960을 보라.

32) 참조. 예. J. M. Hull, *Hellenistic Magic and the Synoptic Tradition* (London: SCM, 1974), 67-69.

33) Conybeare, *JQR* 11 (1898), 5면 이하.; Duling in *OTP* 1, 960-987.

의존한 유대 그리스도인Jewish Christian이 저술했다고 보는 것이 가장 유력해 보인다.34)

많은 헬라적–유대계hellenistic-Jewish '마술' 문헌과 마찬가지로, "솔로몬의 유언"도 국제적 특징을 보인다. 그렇기 때문에 "솔로몬의 유언"이 산출된 장소에 대해서 어떤 확실한 결론을 내린다는 것은 가능하지 않은 일이다.35) 그럼에도 불구하고, 그 과정을 추적하는 것이 어렵기는 하지만, 솔로몬에 대한 민간전승popula tradition은 팔레스타인에서 형성된 것이다. 그리고 "솔로몬의 유언"의 많은 부분이 팔레스타인 지역의 1세기 유대교의 국면을 반영한다는 것에 대체적으로 의견이 일치한다.36)

"솔로몬의 유언"의 연대를 추정하는 것은 어려운데, 왜냐하면 이야기의 줄거리와 예언들에 비해서 역사적 사건들에 대한 명확한 언급이 빈약하기 때문이다. 그렇지만, 학자들은 비록 "솔로몬의 유언"에 1세기 자료들이 편입되어 있지만, AD 3세기의 것임에 틀림없다고 주장한 맥코운McCown의 견해를 따른다.37) 따라서 "솔로몬의 유언"은 기본적으로 더 이른 시기를 반영하는 사도시대 이후 교회post-Apostolic Church 일부의 귀신 축출에 대한 중요한 증언이다.38)

---

34) 참조. McCown, *Solomon*, 108면 이하. 참조. Conybeare, *JQR* 11 (1898), 7. M. Gaster는 한 단어를 증거로 들면서, 솔로몬의 유언이 히브리어 원문의 번역이라는 결론을 내린다. [M. Gaster, "The Sword of Moses", *JRAS* (1896), 155, 170. *Studies and Texts in Folklore, Magic, Mediaeval Romance, Hebrew Apocrypha and Samaritan Archeology* 3 vols. (New York: KTAV, 1971), 1, 294, 309에 재수록. Duling in OTP 1, 9393 주석 12와 Schürer, *History* III.1, 374 주석 50에서 인용됨.] 그러나 McCown은, 비록 저자가 셈어로 된 원본을 사용했지만, 현재 우리가 접하는 "솔로몬의 유언"의 언어는 신약성서의 언어와 문체가 유사한 코이네 헬라어(koine Greek)라고 언급했다 (McCown, *Solomon*, 40, 43; Duling in *OTP* 1, 939도 같은 견해이다).

35) 또한 McCown, *Solomon*도 같은 견해이다.

36) 참조. Duling in OTP 1, 942 그리고 5. 솔로몬과 귀신들과 관련된 팔레스타인의 전승들에 대해서는, 944 주석 62를 보라.

37) McCown, *Solomon*, 105-108; 참조. A. -M. Denis, *Introduction aux pseudépigraphes grecs d'Ancien Testament* (Leiden: Brill, 1970), 67; 그리고 Charlesworth, *Pseudepigrapha and Modern Research*, 198; J. H. Charlesworth, *The OT Pseudepigrapha and NT* (Cambridge: Cambridge University Press, 1985), 32 그리고 150 주석 13.

다음으로, 우리는 아주 조심스럽게 "솔로몬의 유언"이 1세기 팔레스타인의 귀신 축출 이해를 위한 유용한 자료를 제공해준다는 결론을 내릴 필요가 있다. 더 자세한 내용은 3장 참조 이것은 "솔로몬의 유언"이 신약성서에 분명하게 의존하는 부분들에 적용된다. 그렇지만, 상대적으로 늦은 연대일 가능성 때문에, 다른 요소들이 자료 그 자체보다 훨씬 고대의 것임을 보여줄 필요 또한 있는 것이다.39)

3. *신약성서 외경The New Testament Apocrypha* 40) 이 문헌에는 정경복음서에 나오는 귀신 축출에 대한 적절한 배경 자료로 자주 인용되는 수많은 귀신 축출 이야기가 들어있다.41) 그러나 늦은 연대, 이야기들 안에 있는 기상천외한 내용들, 그리고 신약성서에 대한 명백한 의존성은 이 자료들을 우리의 목적을 위해서 직접 사용할 수 있는지에 대해서 중대한 의문을 던지게 한다.

따라서 이 자료들을 출판한 자들이 신약성서 외경의 사상들이 비록 자신들의 시대를 반영한다고는 생각하지 않았을지라도, 그들은 자기들이 포함시킨 그 '기상천외한' 내용들이 사도들의 시대에 적합하다고 보았으며, 따라서 그것들을 자료들 안에 아주 기꺼이 포함시켰을 것으로 보인다. 즉, 비록 출판자들이 자기들 시대의 귀신 축출자들이 외경 사도행전Apocryphal Acts에서 묘사하는 것처럼 활동하기를 기대하지 않았을지라도, 그들은 사도들이 그렇게 활동했으리라고 아마도 그릇되게 생

---

38) 이러한 연대 추정과는 달리 Preisendanz는 "솔로몬의 유언"의 원문은 AD 1세기 혹은 2세기의 것이라고 주장했다. K. Preisendanz, "Salomo", *PWSup* 8 (1956), col. 689 그리고 *Eos. Commentarii Societatis Philologae Polonorum* 48 (1956), 161-162를 보라.

39) Mills, *Human Agents* 4장에서 "솔로몬의 유언"을 상당히 무비판적으로 사용하는 것과는 대조적이다.

40) 관련문헌: Hennecke II, 167면 이하, 259, 390, 425면 이하; D. R. MacDonald (ed.), *The Apocryphal Acts of Apostles*, Semeia 38 (Decatur: Scholar Press, 1986) 그리고 J. H. Charlesworth, *The NT Apocrypha and Pseudepigrapha: A Guide to Publications, with Excursuses on Apocalypses* (Metuchen, NJ: American Theological Library Association and Scarecroe, 1987).

41) 예. Bultmann, *History*, 221면 이하; Dibelius, *Tradition*, 89, 106. Kee, *Medicine*, 73-79에 있는 Bultmann과 Dibelius에 대한 비판을 보라.

각했을 수도 있다.42)

그럼에도, 신약성서 외경의 귀신 축출 이야기들을 살펴보면, 신약성서 시대에 사용되었고 심지어 그 이전에도 사용되었던, 귀신 축출의 기술이 계승된다는 것을 확증해주는 몇 가지 점들을 볼 수 있다. 이것은 신약성서 시대의 귀신 축출 모습의 많은 부분을 입증하는데 도움이 되는 것인데, 이는 우리가 보다 더 적합한 자료를 검토해 보면 드러나게 될 것이다. 즉, 첫째로, 귀신들과 귀신 축출자들은 서로 대립할 수밖에 없다고 보았는데, 때로는 자발적으로 대립했다고 보았다. 둘째로, 일반적인 의미에서 귀신 축출자에 해당하는 사람들은 귀신에게 응대하거나 귀신을 모욕해야 하는 것으로 보았다. 셋째로, 문자 그대로 어떤 외부의 힘puissance 혹은 우리가 권능power-authority라고 부르게 될 것에 의존하는, 귀신 축출자의 개인적인 능력은 도구나 물리적 도움 없이도 귀신을 무찌르기에 충분하다고 보았다. 넷째로, 귀신과 귀신 축출자는 서로 의사소통이 가능하다고 보았다. 그리고 다섯째로, 고통당하는 자가 '호전'되는 것도 귀신 축출에 속한다고 보았다.

베드로 행전Acts of Peter, 2.4.11에 나오는 귀신 축출 성공의 '증거'인 입상statue의 파괴에서, 우리는 초기 시대보다는 베드로 행전 출간 당시를 반영하는 행위를 보는 듯하다. 안드레 행전Acts of Andrew에 나오는 기도를 사용하는 것이라든지, 낡은 옷을 새 것으로 바꾸는 것은 아마도 고대에 오랫동안에 걸쳐서 귀신 축출에 합류되었던 개념을 반영하는 것처럼 보인다. 이것들 말고는, 신약외경의 작가들이 우리에게 예수 이야기들의 배경 정보로 제공해줄 신뢰할만한 자료들은 없는 것으

---

42) 참조. E. R. Dodds, *The Greeks and the Irrational* (Berkeley: University of California Press, 1971), "… 최근에 문명화된 사람들이 자연스럽게 발생한 것이라고 주장하는 특별한 초자연적인 현상이 우리가 잘 알고 있는 다른 시간과 장소에서 확인되지 않는다면, 왜 그것이 그토록 오랫동안 목격되지 못했는가에 대한 명백한 이유가 제시되지 않는 한, 그것은 그들이 주장하는 것처럼 자연스럽게 발생한 것이 아닐 것이라는 추정이 힘을 얻게 된다"(158).

로 보인다. 그것들이 그렇게 보이는 이유는, 그 내용들 중의 대부분이, 그들이 존경해마지 않았던 사도들에게 해당한다고 느꼈던 개념들과 설교들을 시대를 거슬러 투사한 것이기 때문이다.

결론. 귀신 축출자 예수의 배경을 묘사하는데 적절한 자원이 될 만한 자료를 간단하게 검토해본 결과, "나보니두스의 기도"는 제외해야 한다. 그리고 "솔로몬의 유언"은 대단히 신중하게 사용되어야 한다. 왜냐하면 그것은 근본적으로 3세기 교회의 귀신 축출에 대한 증언이기 때문이다. 신약성서 외경의 가장 큰 가치는 1세기 팔레스타인에서 사용된 귀신 축출 기술들의 일부가 계승된다는 것을 확인하게 해주는데 있다고 결론 내릴 수 있다. 이 자료들과 별도로, 우리는 제1 에녹서, 토비트, 희년서, 쿰란 사본들, 요세푸스, 알렉산드리아의 필로, 위-필로의 『성서고대사』Liber Antiquitatum Biblicarum, 마술 파피루스들, 사모사타의 루시안, 티아나의 아폴로니우스 그리고 랍비 문헌을 사용할 수 있다. 자세한 내용은 나의 책 『승리자 그리스도』 2장을 보라

3장 · 귀신 축출과 귀신 축출자들

우리는 이제 다음과 같이 물을 수 있다. 1세기 팔레스타인에서는 귀
신 축출과 귀신 축출자들에 대해서 어떻게 생각해왔을까?

사용 가능한 자료를 살펴본 결과 귀신 축출자도 여러 종류였고, 또
다양한 귀신 축출 방법들이 예수 당시를 전후해서 팔레스타인에 잘 알
려져 있었을 뿐만 아니라 활용되었음을 알 수 있다.[1] 하지만, 다양성
속에서도 귀신축출과 귀신 축출자들에 대한 일종의 경향 혹은 일련의
뚜렷한 흐름이나 기준이 나타난다.

자료들은 세 가지 요인이 상호 작용할 때 귀신 축출이 성공할 수 있
다고 여겼던 것을 보여 준다: (1) *귀신 축출자*, (2) *권능*의 원천a source of
power–authority 그리고 (3) 공격해오는 영적 존재에 대항하는 그 권능에
대한 *제의 혹은 호소*.ritual or form of application 귀신 축출자의 종류와 귀
신 축출 방법의 종류에 대한 분류는 이 세 가지 요인들의 중요도에 대
한 다양한 이해에 기인한다. 나는 예수의 청중들에게 친숙했던 것으로
보이는 두 가지 기본적인 종류의 귀신 축출과 귀신 축출자를 설명하기
위해 이러한 요소들이 어떤 힘을 발휘했는지 신중하게 살펴 볼 것이다.
이러한 심도 있는 고찰을 통해서 우리는 특히 다양한 권능의 원천의 중

---

1) 참조. K. Thraede, "Exorzismus", *RAC* VII (1969), 44-117.

요성에 대해서 보게 될 것이다.

1. *어떤 귀신 축출들은 귀신 축출자 때문에 성공하는 것으로 보았다.* 즉, 귀신 축출자의 카리스마적 힘의 능력이 충분하다고 믿었기 때문에, 그가 하는 말이나 행위는 그의 성공에 거의 혹은 전혀 중요하지 않았다. 그는 단지 그 자리에 참석해서 명령한 것뿐인데 귀신을 내보내기에 충분했다. 문헌에는 역사 속의 귀신 축출자들과 전설 속의 귀신 축출자들, 두 종류의 그러한 귀신 축출자들에 대한 증언이 등장한다.

(a) 역사 속의 카리스마적 인물들[2]

(i) 나는 *랍비 문헌*으로 시작하려고 하는데, 왜냐하면 랍비 문헌이 우리에게 1세기 팔레스타인의 역사 속에 현존했던 다양한 카리스마적 귀신 축출자들에 대한 통찰을 제공하기 때문이다. 전승에 의하면, 경건한 기적 행위자인 하니나 벤 도사Hanina ben Dosa는 AD 70년 이전에 활동했다. 갈릴리 사람은 아니었지만, 그는 분명히 그곳에서 활동했다j. Ber. 1.9d; j. Maʾaś. Š. 56a; b. Ber. 34b; Eccl. Rab. 1 그와 관련된 귀신 축출 이야기는 하나도 없다. 하지만, 흥미로운 이야기가 있는데, 하니나가 어느 날 저녁 무렵 산책을 나갔다가 귀신들의 여왕인 아그래쓰Agrath를 만나게 되었다. 그녀가 말했다. "하늘에 있는 자들이 '하니나와 그의 가르침을 배려하라'고 말하지 않았으므로, 나는 너를 곤경에 빠뜨릴 것이다." 하니나는 이렇게 대답한다. "하늘이 나를 인정하신다면, 나는 너에게 절대로 거주 지역에서 벗어나지 말 것을 명령한다"b. Pesah. 112b.[3] 자비를

---

2) "카리스마적인 형태"에 대해서는, 특별히 S. Freyne, "The Charismatic", in G. W. E. Nickelsburg and J. J. Collins (eds.), *Ideal Figures in Ancient Judaism: Profiles and Paradigms* (Chico: Scholars Press, 1980), 233-258 그리고 인용하고 있는 문헌을 보라.

3) 이와는 대조적으로 B. M. Bokser는 "자료들 중에서 어떤 것은 1세기와 2세기 유대인들이, 당시의 비 유대인들과 마찬가지로, 사람이 신에 가까운 존재가 될 만큼 특별한 능력을 가질 수

베풀어달라고 간청한 연후에야 아그래쓰는 안식일과 화요일 밤에는 자유를 허락받는다. 우리 연구의 맥락에서 볼 때, 귀신에게 명령하는 하니나의 초자연적 권능의 근거가 그가 말하는 것이나 행하는 것이 아니라, 하늘에서의 그의 지위, 즉 하나님과 그의 관계라는 것에 주목해야 한다.

(ii) 마찬가지로 유대교 자료에 나오는 것인데, 제4 세대 탄나익 계열의 랍비인 시므온 벤 요세Simeon ben Yose에 대한 이야기를 들 수 있다. 벤 테말리온Ben Temalion이라는 한 귀신이 황제의 딸에게 들어갔다는 말을 듣게 된다. 랍비 시므온이 도착해서, 귀신을 불러냈다. "벤 테말리온, 나가라! 벤 테말리온, 나가라!" 이야기에 의하면 그가 이렇게 말했을 때, 귀신이 소녀에게서 떠났다고 한다.b. Me'il. 17b 이러한 귀신 축출의 성공은 전적으로 귀신 축출자의 카리스마적 힘에 달린 것으로 보인다.

(iii) *티아나의 아폴로니우스*는 예수와 시기와 방법이 유사한 역사 속의 카리스마적 인물인데, 그도 자신의 카리스마적 능력으로 성공적인 귀신 축출자로 인정받았던 인물이다. 그에 대해서는 좀 더 자세하게 언급할 필요가 있는데, 왜냐하면 그가 살았던 시기도 그렇고, 아폴로니우스가 여러 나라를 두루 여행하기는 했지만, 그의 순회 사역이 예수와 닮았기 때문이다.

c.AD 96-98년에 사망한 이 방랑하는 신피타고라스학파Neo-Pythagoreans 현자의 명성은 그의 생애에 대한 플라비우스 필로스트라투스Flavius Philostratus, c.AD 170-c.245의 기록에 근거한다. 『티아나의 아

있을 것으로 믿었다는 것을 보여준다." B. M. Bokser, "Recent Developments in the Study of Judaism 70-200 C.E." *SecCent* 3 (1983), 30. 참조. B. M. Bokser, "Wonder-Working and the Rabbinic Tradition. The Case of Hanina ben Dosa", *JSJ* 16 (1985), 42-92, 특히 92. 행3:2이 사도들이 자신들의 능력과 경건(eusebeia)으로 치유했다는 사람들의 생각을 부정했다고 기록하고 있는 것에 주목하라.

폴로니우스의 전기』The Life of Apollonius of Tyana는 셉티무스 세베루스 Septimus Severus의 아내인, 왕비 쥴리아 돔마Julia Domma의 제안으로 AD 217년에 저술되었는데, 이때 필로스트라투스가 세베루스의 철학 자-친구들의 모임circle of philosopher-friends에서 활동했다.『전기』 1.3 4)

이 『전기』가 그 주인공의 생애에서 거의 1세기나 후에 기록되었기 때문에, '역사적' 아폴로니우스와 그에 대한 이야기들의 관계라고 하는 복음서들에 있는 동일한 종류의 문제가 여기에도 있다.5) 전기가 얼마나 분명하게 필로스트라투스 시대의 견해를 반영하는지, 그리고 얼마나 더 이른 시기의 견해를 반영하는지 판단하기가 어렵다. 우리가 특별히 연구하는 귀신 축출과의 관련성을 고려해서, 나는 필로스트라투스가 아폴로니우스의 귀신 축출 이야기들을 어떻게 다루는지에 관한

---

4) 본문들, 번역들 그리고 문헌에 대해서: G. Petzke, *Die Traditionen über Apollonius von Tyana und das NT* (Leiden: Brill, 1970), 239면 이하 그리고 E. L. Bowie, "Apollonius of Tyana: Tradition and Reality", *ANRW* II.16.2 (1978), 1652-1699; R. J. Penella, *The Letters of Apollonius of Tyana: A Critical Text With Prolegomena, Translation and Commentary* (Leiden: Brill, 1979); M. Dzielska, *Apollonius of Tyana in Legend and History* (Rome: L´erma, 1986). 또한 아래의 주석 5도 보라.

5) 이것은 특히 『전기』가 복음서의 구성과 연결되는 흥미로운 부분에서 분명하게 나타난다. 『전기』에서 쥴리아 돔마는 필로스트라투스의 손에 아폴로니우스의 제자 다미스(Damis)가 쓴 어떤 기록들을 쥐어준다(『전기』 13). 필로스트라투스는 아폴로니우스의 추종자였던 막시무스(Maximus)가 에게해(Aegae) 연안에서 기록한 아폴로니우스의 활동에 대한 역사뿐만 아니라 회람되던 아폴로니우스의 많은 서신과 현존하지 않는 현자 아폴로니우스에 대한 다양한 보고서들(treatises)도 사용할 수 있었다. 마지막으로, 필로스트라투스는 아폴로니우스가 명성을 얻었던 도시들을 여행할 수 있었다. 특히 티아나에는 아폴로니우스 제의를 위해서 헌정된 성전이 있었다.(F. C. Conybeare, *Philostratus: The Life of Apollonius*, LCL. 2 vols. [Cambridge, MA: Harvard University Press and London: Heinemann, 1948], I, vi.). 하지만, 사랑받는 제자인 다미스라는 인물이 작가의 순수한 창작일 수도 있다는 것이 역사적 아폴로니우스를 연구하는 학자에게 난점이 된다. (이러한 견해를 주장하는 예들: F. Täger, *Charisma: Studien zur Geschichte des antiken Herrscherkultes* [Stuttgart: Kohlhammer, 1960], 203-205; E. R. Dodds, *Pagan and Christian in an Age of Anxiety* [Cambridge: Cambridge University Press, 1965], 59; J. Ferguson, *The Religions of the Roman Empire* [Ithaca: Cornell University Press, 1965], 180면 이하; M. Hengel, *The Charismatic Leader and His Followers* [Edinburgh: T & T Clark, 1981], 27; W. Speyer, "Zum Bild des Apollonius von Tyana bei Heiden und Christen", *JAC* 17 [1974], 49 그리고 더 최근의 것으로는 Kee, *Miracle*, 256.) 키(Kee)가 지적하듯이, 다미스에게서 기원한다고 주장하는 자료에는 역사적이며 지리적으로 시대착오적인 것이 있다. 한 가지 예를 들어보자. 다미스는 니느웨와 바벨론을 방문했다고 말한다. 하지만, 그곳들은 BC 3세기와 4세기 이후로 폐허였다(*Miracle*, 256-257). 필로스트라투스를 신뢰할 수 없음에 대해서는, W. R. Halliday, *Folklore Studies: Ancient and Modern* (Ann Arbor: Gryphon Books, 1971)의 마지막 장을 보라. 그리고 더 자세한 토론에 대해서는 Bowie, *ANRW*, II.16.2 (1978), 1653-1671을 보라.

몇 가지 단서를 제공하는 몇 안 되는 부분들에 주목하고자 한다.

『전기』 7.39에서 필로스트라투스는 아폴로니우스가 다미스에게 본성과 관습 때문에 창피 당하고 저주받은 사람들에 대해서 이야기했다고 말한다. 공적을 쌓느라고 엄청난 양의 돈이 필요한 사람들, 그리고 승리를 얻으려는 사람들이 몸에 걸치는, 돌 조각이 들어있는 상자를 파는 사람들.『전기』 8.7에서 필로스트라투스는 그 현자가 사람들로 하여금 실제가 아닌 것을 실제로 믿게 하거나, 실제를 실제가 아닌 것으로 믿게 함으로써 엄청난 부를 취하려고 하는 사람들과 관계를 끊는 것으로 묘사 한다. 따라서 우리가 예상하듯이, 필로스트라투스는 아폴로니우스를, 사람들을 어긋난 길로 이끌지도 않고 그의 행위에 대한 보상도 요구하지 않는, 가난한 철학자로 묘사한다.

그러나 최소한 두 가지 방법으로 필로스트라투스는 아폴로니우스를 기적을 행하는 사람으로 묘사할 길을 열어 놓는다. 첫째로, 『전기』 1.2에서, 필로스트라투스는 올림피아의 아낙사고루스Anaxagorus가 심각한 기근이 왔을 때에 비가 올 것과 집이 무너질 것, 그리고 하늘에서 돌들이 쏟아져 내릴 것을 어떻게 예언했는지에 대한 아주 잘 알려져 있던 이야기를 언급한다. 그런 다음에 필로스트라투스는 아낙사고루스의 행적이 그의 마술에 의한 것이라기보다는 지혜의 결과라고 받아들이는 바로 그 사람들이, 같은 종류의 활동을 한 아폴로니우스를 불신하는 것에 대해서 불평을 털어 놓는다. 둘째로, 필로스트라투스가 아폴로니우스를 약간 의심이 많은 인물로 소개하는 방법이다. 그렇게 함으로써 그의 기적들이 더 개연성 있게 보이게 하려는 것이다.6) 그래서, 아폴로니우스는 나무가 땅보다 더 오래되었다는 것을 믿지 않는 것으로 묘사된

---

6) R. M. Grant, *Miracle and Natural Law in Graeco-Roman and Early Christian Thought* (Amsterdam: North-Holland, 1952), 74.

다. 『전기』 6.37; 참조. 3.45 그리고 5.13 그리고 필로스트라투스는 아폴로니우스가 죽은 소녀를 일으켰다는 것이 자기가 보기에도 의심스럽다고 말한다. 『전기』 4.45

이러한 것들이 필로스트라투스가 개별적인 귀신 축출 이야기를 다루는 것과 무슨 상관이 있는가? 첫째로, 우리는 "필로스트라투스의 분명한 목적은 아폴로니우스의 평판을 회복시키는 것이며, 그가 악한 영evil과 마술 행위에 중독된 협잡꾼 혹은 마술사라는 비난에서 그를 보호하는데 있다."[7]고 하는 코니베어Conybeare의 주장에 동의할 수 있다. 또한 필로스트라투스가 어쨌든 아폴로니우스의 기술의 단순함을 부각시켰다는 것을 의미할 수도 있다. 게다가, 만약에 필로스트라투스가 아폴로니우스를 과거의 위대한 철학자-기적 행위자들과 결부시키려고 했다면, 아폴로니우스의 기적들을 화려하게 제시했을 것이다. 이러한 것들을 염두에 두고, 이제 필로스트라투스의 『전기』에서 우리의 흥미를 끄는 두 가지 이야기들을 살펴보도록 하자.

『전기』에는 잘 알려진 귀신 축출 이야기가 나오는데, 아폴로니우스가 왕의 주랑portico이 있는 아테네에서 이야기 하고 있을 때 갑자기 끼어든 젊은 청년에 대한 이야기이다. 4.20 아폴로니우스가 젊은 청년을 바라보았고, 그리고 마치 젊은이의 삶에 대한 어떤 초자연적 통찰이라도 있는 듯이 말했다. "이런 무례한 짓을 한 것은 네가 아니다. 귀신이 네가 전혀 모르는 짓을 하게 했구나." 아폴로니우스가 귀신을 응시하자 귀신은 울부짖으며 비명을 질렀고, 젊은이에게서 떠날 것과 다시는 다른 어떤 사람에게도 들어가지 않겠다고 맹세했다. 하지만, 아폴로니

---

7) Conybeare, *Philostratus*, 1, vii면 이하. 그리고 xii. 우리는 다미스가 "소위 말하는 그 당시의 아레톨로기(*aretologi*) 같은 것을 갖고 있든지, 그의 주인의 삶을 윤색하고, 그의 지혜와 그의 초자연적인 능력을 과장하려고 노력"(xii)했을 수도 있다는 Conybeare의 제안에 주목할 필요가 있다.

우스는 귀신을 꾸짖었으며, 귀신에게 젊은이에게서 떠나가고$\dot{a}\pi a\lambda-$ $\lambda\acute{a}\tau\tau\epsilon\sigma\theta a\iota$, 아팔라테스따이, 그리고 귀신이 떠났다는 분명한 증거를 보이라고 요구했다. 귀신은 옆에 있는 입상statue을 넘어뜨리겠다고 말했다. 그 입상이 서서히 움직이더니 쓰러졌다. 그것을 보고 놀란 무리가 함성을 지르면서 손뼉을 쳤다. 청년은 마치 막 잠에서 깨어난 듯이 눈을 비볐다. 청년은 또한 '본 모습으로 돌아온' $\dot{a}\lambda\lambda$' $\dot{\epsilon}\pi a\nu\hat{\eta}\lambda\theta\epsilon\nu$ $\dot{\epsilon}s$ $\tau\grave{\eta}\nu$ $\dot{\epsilon}a\nu\tau o\hat{\nu}$, 알르 에파넬텐 에스 텐 헤아우투것으로 묘사되는데, 이 문구는 이미 요세푸스 『유대 고대사』 8.49도 귀신 축출과 관련해서 사용하던 것이다. 이야기는 그 젊은 청년이 철학자들의 검소함을 흠모하게 되었으며, 철학자들의 망토를 걸치고, 그의 옛 자아를 버렸고, 그리고 그의 삶을 아폴로니우스의 삶에 맞추어 살았다는 말로 끝난다. 『전기』 4.20

이 이야기의 어떤 부분이 사건이 일어난 것을 목격하고 전해주는 말에서 온 것이며, 어떤 부분이 첨가된 것인지 말할 수 있을까? 귀신으로 인한 어려움, 그리고 아폴로니우스의 간단한 기술은 그 시기의 다른 귀신 축출자들과 관련된 것으로 알려진 귀신 축출 이야기에도 들어있는 요소들이다.아래를 보라 그러나 입상을 넘어뜨리는 것은 외경 『베드로 행전』 2.4.11에 나오는 입상 파괴와 상당히 유사하다.위의 내용을 보라 따라서 『베드로 행전』에 나오는 것과 유사한 이런 내용은 후대의 것일 뿐만 아니라, 예수 당시의 귀신 축출 개념들을 보여주는 것이라고는 볼 수 없는 전혀 신뢰할 수 없는 자료에서 온 것이다. 따라서 아폴로니우스 이야기에 나오는 이러한 내용을 1세기 귀신 축출을 이해하기 위해서는 사용할 수 없는 것으로 보인다. 그럼에도, 이러한 종류의 증명은 요세푸스가 언급하는 물 대접을 엎는 더 단순한 증명『유대 고대사』. 8.49에서 유래한 것일 수도 있다. 다시는 어느 누구에게도 들어가지 않겠다는 귀신의 말은 마가복음 9장 25절과 『유대 고대사』 8.47의 관점을 반영하지만, 의존하는 것으로는 보이지 않는다. 따라서 아마도 귀신 축출 시에 나타났던 현상에 대한 널리 알려진 견해를 나타내는 것으로 보인다.

젊은 청년이 철학자의 검소함을 따르는 것으로 이야기가 끝나는 것은 아폴로니우스를 이런 방식으로 묘사하고자 하는 필로스트라투스의 목적과 아주 분명하게 일치한다.위의 내용을 보라 그렇기 때문에 이것이 필로스트라투스의 손에서 만들어지지 않았다고 확신할 수 없다.

『전기』에 나오는 또 다른 이야기는 한 어머니에 대한 것이다. 그 어머니는 아폴로니우스에게 16살 된 아들이 2년 동안 악령에 사로잡혀 있다고 탄원한다.3.38 그 어머니는 귀신들이 소년을 황량한 장소로 몰아가기도 하고, 소년이 자기의 이전의 목소리를 잃어버리고 음색이 낮고 굵으며 속이 빈 곳에서 울려 나오는 듯한 목소리를 낸다고 말한다. 그녀는 아들을 질책도 해보았고, 비통의 눈물도 흘렸다고 말한다. 하지만, 아무 소용없었던 것이 그 소년은 어머니를 알아보지 못했다는 것이다. 여인이 말하기를 그녀는 또한 귀신 때문에 놀라기도 했는데, 귀신이 그녀를 험악한 장소들이나 절벽에서 위협했으며 그녀의 아들을 죽이겠다고 위협하는 바람에 그녀가 아들을 아폴로니우스에게 데리고 오지 못했다는 것이다. 마지막으로, 아폴로니우스가 다음과 같이 말했다. "'용기를 가져라. 그가 이것을 읽는다면 그를 죽이지 못할 것이다.' 이렇게 말하고 아폴로니우스는 주머니에서 서신을 꺼내서 그것을 여인에게 주었다…" 그 서신은 귀신에게 보내는 것인데 그 내용이 경고성 위협ἀπειλη,, 아페일레이었던 것으로 보인다. 그 서신의 효력에 대한 암시는 없다. 서신을 읽은 귀신이 소년을 죽이지 못했을 것이라는 것은 미루어 짐작할 수 있다.

다른 한편, 이 이야기는 분명히 아폴로니우스의 명성을 높이려는 것인데, 왜냐하면 그 사건이 현자 아폴로니우스와 인도에서 온 몇몇 현자

Indian wise man들의 토론 중에 벌어졌기 때문이다. 뿐만 아니라, 이 이야기를 포함해서 연달아 나오는 이야기들의 결론이 다음과 같기 때문이다. "이러한 학식에 흠뻑 빠져들었고, 그들은 그의 여러 방면에 걸친 지혜에 놀라워했으며, 매일매일 온갖 질문을 던졌고, 거꾸로 수많은 질문을 받기도 했다."3.40

이 이야기는 우리에게 방랑하는 카리스마적 인물이 멀리 떨어진 곳에서 귀신 축출한 것에 대해서, 그리고 귀신에 대해서 그리고 소년에게서 귀신을 제거하려고 기록된 주문을 사용하는 것에 대해서 말해준다. 이러한 것들은 모두 고대 세계에서 널리 그리고 익히 알려졌던 것일 수 있다. 그리고 그 상황과는 무관하게 필로스트라투스는 이 이야기의 대부분을 수정하지 않았을 수도 있다. 이러한 요소들은, 귀신에 의한 고통과 아폴로니우스의 간단한 기술은 물론이려니와, 1세기 팔레스타인의 귀신 축출에 대한 개념을 반영하는 것일 수도 있다. 마지막으로, 비록 그가 초기 3세기에 그 당시의 관점에서 기록했다 하더라도, 아래의 24장에 나오는 마술에 대한 우리의 토론과 관련해서 『전기』7.39에 나오는 문맥을 벗어난 언급에 따르면, 필로스트라투스는 아폴로니우스가 사용한 기술 혹은 방법 중에서 어느 것도 마술이나 마법과 관련된 것은 없으며, 오히려 기적이라고 본다는 것에 주목해야 한다. 필로스트라투스에게 마술은 사람들의 눈을 속이는 실력으로 재주를 부려서 댓가를 얻어내는 상업적 일인 반면에, 기적들은 성직자θεία, 떼이아와 초인간 καὶ κρείττων ἀνθρώπου, 카이 크레이톤 안뜨로푸 같은 존재가 행하는 것이다.7.38 8)

(iv) 또 다른 역사 속의 카리스마적 인물들은 *방랑하는 철학자들, 치유자들 그리고 귀신 축출자들*인데, 이들은 경우에 따라서 귀신 축출자로 분류되기도 한다. 그 시기의 일부 귀신 축출자들과 치유자들은 아마

---

8) 참조. Kee, *Miracle*, 260-261, 264.

도 이방 신전에 소속되었던 것으로 보인다.주석32 참조 하지만, 신약성서 시대에는 순회하는 치유자들이 일반적이었다.

첫째로, BC 4세기까지 거슬러 올라가는 저술인『공화국』The Republic 에서 플라톤은 방랑하는 제사장들에 대해서 언급한다.

"탁발하는 제사장들과 점쟁이들soothsayers은 자기들이 능력을 갖고 있다고 떠들면서 부자들의 문전으로 온다. 그 능력은 그 혹은 그의 조상들이 범한 어떠한 범죄라도 부적과 희생제사, 그리고 그에 걸 맞는 융숭한 대접만 있으면 용서받게 할 수 있는 천상의 선물이라는 것이다. 만약에 그가 적에게 해를 주고 싶다면, 그는, 약간의 비용만 가지고도, 그가 정직한 사람이든지 아니든지 상관없이, 그들이 공언하는 대로 어디에나 있는 신들로 하여금 그들의 명령을 수행하도록 특정한 주문과 진언을 통해서 아주 쉽게 그에게 해를 입힐 수 있다…"364b-365a [9]

이러한 방랑하는 성직자들이 귀신 축출을 자신들의 레퍼토리에 포함시켰는지는 확실하지 않다. 그럼에도, 플라톤의 묘사는 초자연적 존재들을 조종할 수 있다고 알려진 여행하는 제사장들이 고대부터 있었다는 것을 확인해준다.

둘째로, 오리겐Origen은, 켈수스Celsus를 인용하면서, AD 177-180년 [10] 즈음에 다음과 같은 글을 쓴 것으로 보인다.

"…놀라운 기적을 행할 수 있다고 공언하는 마술사들이 있다. 그리고 이집트

---

9) 더 자세한 내용과 다른 사례들에 대해서는, W. Burkert, "Craft Versus Sect: The Problem of Orphics and Pythagoreans", in B. F. Meyer and E. P. Sanders (eds.), *Jewish and Christian Self-Definition* III (Philadelphia: Fortress, 1982), 4-8을 보라.

10) H. Chadwick, *Origen: Contra Celsum* (Cambridge: Cambridge University Press, 1980), xxviii를 보라.

인들에게 배운 자들이 재주를 부리기도 한다. 이들은 은화 몇 닢에 시장 한 복판에서 자신들의 신성한 계율을 드러내기도 하고, 사람에게서 귀신들을 쫓아내기도 하고 질병들을 날려버리기도 하고blow away, 영웅들의 영혼들을 불러내기도 한다…"CC 168

따라서 플라톤의 언급과 더불어서, 우리에게는 영적인 존재들을 통제하는 일을 자신들의 활동에 포함하던 방랑하는 종교적 인물들에 대한 고대의 널리 알려진 전승이 있었다는 증거가 있는 것이다. 오리겐이 말했던 마술사들은 분명히 귀신 축출자들이었다. 그들이 "질병들을 날려버렸다"는 것은 아마도 그들이 귀신 축출 방법의 일환으로 병자에게 입김을 내뿜었음을 의미할 수도 있다.

셋째로, 놀라운 일을 행하는 자들wonder-workers인 역사 속의 카리스마적 인물들의 또 다른 사례는 견유학파Cynics이다.11) 팔레스타인의 방랑하는 견유철학자들에 대해서는 오래 된 전승의 증거가 있다. 그리고 최소한 그들 중 한 사람이 놀라운 일을 행한다는 평판을 받았다는 것이 알려져 있다. 아테네의 안티스테네스Antisthenes of Athens, c.455-c.360 BC는 소크라테스Socrates의 충실한 제자였는데, 견유학파의 창시자로 여겨진다.Diodorus Siculus 15.76; Diogenes Laertius, *Lives of Eminent Philosophers* 1.15, 19; 6.13, 103-5 디오게네스Diogenes는 그들이 논리학이나 물리학은 뒤로하고 오직 그들의 온 관심을 윤리학에 쏟았다고 말했

---

11) 견유학파와 견유철학에 대해서는, D. R. Dudley, *A History of Cynicism from Diogenes to the Sixth Century A.D.* (Hildesheim: Georg Olms, 1967); H. W. Attridge, *First Century Cynicism in the Epistle of Heraclitus* (Missoula: Scholars Press, 1976); E. O'Neil, *Teles (The Cynic Teacher)* (Missoular: Scholars Press, 1977); A. J. Malherbe, *Moral Exhortation: A Greco-Roman Sourcebook* (Philadelphia: Westminster, 1986) 그리고 F. G. Downing, *Jesus and the Threat of Freedom* (London: SCM, 1987)을 보라. 또한 A. J. Malherbe, "Self-Definition among Epicurians and Cynics", in Meyer and Sanders (eds.), *Self-Definition* III, 49-50; A. J. Malherbe, "'Gentle as a Nurse.' The Cynic Background to 1 Thess ii", *NovT* 12 (1970), 203-217을 보라.

다.Lives 6.103 그들은 정교한 철학 체계를 희생하고 덕ápeTή, 아레테에 집중했는데Lives 6.104-5, 그들을 구분하는 것은 그들의 옷차림과 습관들이었다. 디오게네스는 이렇게 말했다. "그들은 또한 우리가 검소하게 살아야 하고, 음식은 오직 영양공급을 위해서 먹어야하며 한 벌 옷만 입어야 한다고 주장했다. 부와 명성 좋은 가문은 그들이 경멸하는 것이었다. 여하튼 간에 그들 중 일부는 채식주의자이며 오직 찬 물만 마시고 어느 것이든 몸을 피할 것이나 통tub이 있으면 만족스러워한다…." Diogenes, Lives 6.104

견유철학이 예수와 기독교의 기원에 중요한 배경이라는 인식이 늘어가고 있다.12) 디오 크리소스톰Dio Chrysostom은 동부 지중해 지역들과 마을들을 여행한 견유 철학자인데, 견유학자들은 알렉산드리아 같은 도시들의 모든 거리 모퉁이에서 볼 수 있다고 말했다.Discourse 32.2, 9-11 하지만, 더 중요한 것은 견유철학과 기독교 전승 사이에 놀랄만한 유사점이 있다는 것이다.13) 예를 들자면, "…선한 것은 악한 것에서 나오지 않는다는 것은 감람나무에서 돼지들이 자라지 않는 것과 다를 바 없다"EM LXXXVII.25는 세네카의 말은 마태복음 7장 16-17절, 누가복음 6장 43-45절의 말씀을 떠올리게 한다. 견유철학자들은 행복의 본질에

---

12) 예. F. G. Downing, "Cynics and Christians", NTS 30 (1984), 584 그리고 주석 2는 타이센(Theissen), 말허비(Malherbe) 그리고 아트리지(Attridge)가 견유철학의 어떤 부분이 기독교와 연결되어 있다는 것을 긍정적으로 본다고 언급한다. 참조. F. G. Downing, "The Social Contexts of Jesus the Teacher: Construction or Reconstruction", NTS 33 (1987), 439-451은 "견유학파의 사상과 견유학파의 생활 방식(life-style)은 (물론 그 다양성을 인정하면서) 예수가 채택하거나 수정하기에 그리고 그의 처음 추종자들이 인지하고 이해하기에 용이했을 수도 있으며, 아마도 그는 이러한 사상을 자신이 속한 본토 유대교에 접목을 시도한 갈릴리 출신의 첫번째 유대인은 아닐 것이다"라고 말한다(449). F. G. Downing, "Quite Like Q. A Genre for 'Q': The Lives of Cynic Philosophers", Biblica 69 (1988), 196-225. 또한 C. M. Tuckett, "A Cynic Q?" Biblica 70 (1989), 349-376의 논리적으로 타당한 경고성 언급을 보라. 그리고 R. A. Horsley, Sociology and the Jesus Movement (New York: Crossroad, 1989), 특히 47, 116-119에 있는 Theissen에 대한 비판적 평가를 보라.

13) 다른 사례들에 대해서는, Downing, NTS 30 (1984), 584-593을 보라. 세네카(Seneca)는 비록 스토아학파였지만, 그의 신조는 견유학파의 것과 비슷했다(Dudley, Cynicism, 120).

대해서 논하기도 했는데, 에픽테투스Epictetus는 행복이 신과의 올바른 관계에 있다고 말한다.Discourses 3.20.15 그리고 복음서에서 예수와 침례 요한이 날카롭게 말하고 사람들을 꾸짖는 것으로 묘사되는데, 이러한 모습은 견유철학자들의 대중 연설 방법과 비교할 수 있다.

특별히 우리의 흥미를 끄는 것은 디오게네스 라에르티우스Diogenes Laertius가 소아시아 출신인 BC 3세기의 에체클레스Echecles의 제자인 견유철학자 메네데무스Menedemus를 자신의 책에 포함한다는 점이다. 그는 메네데무스가 "자신은 범죄한 자들을 심리審理하려고 하데스Hades 에서 왔으며, 아래에 있는 권력자들에게 돌아가서 그들에 대해서 보고 할 것이라고 말하면서, 복수의 신Fury, Ἐρινύς, 에리누스의 모습으로 돌아다 니면서 놀라운 일τερατεία, 테라테이아을 행할 정도의 담대함을 갖고 있었 다"Lives 6.103고 말한다.14) 따라서 견유학파 전통에도, 사람들의 죄를 심리하는 일을 포함해서, 기적을 행하던 철학자에 대한 사례가 존재하 는 것이다.페레그리누스[Peregrinus]에 대해서는 아래를 보라

디오게네스 라에르티우스는 그가 저술한 『유명한 철학자들의 전기』 Lives of Eminent Philosophers에서 갈릴리 근방에 사는 두 명의 견유철학 자에 대한 증거를 보여준다. 가다라의 메니푸스Menippus of Gadara는 BC 1세기의 전반기에 생존했던 페니키아Phoenician 혈통의 사람이었 다.15) 그의 저술 중에는 강령술Necromancy, Lives 6.101에 대한 부분이 있 다. 또한 메니푸스는 가다라의 멜리거Meleager of Gadara, BC 140년에 출생 함에게 영향을 주었는데, 그는 두로에서 자라고 교육받았다. Athenaeus, Deipnosophists 4.157b; 11.502c 16) 멜리거는 시와 대중적인 철학 논문들을

---

14) 더 자세한 내용은, PW 15.794-5를 보라.
15) Diogenes Laertius, Lives, 6.29, 95, 99-101; PW, 15.888-93. H. D. Rankin, Sophists, Socratics and Cynics (Beckenham, Kent: Croom Helm, 1983), 229-248.
16) 사모사타의 루시안은 메니푸스에게도 영향을 받았다. Lucian, Menippus or the Descent into

저술했다. 그는 헬라의 경구Greek epigrams에 대한 심오한 지식을 갖고 있었으며 그것들을『명언집』Garland이라는 책에 수집해놓기도 했다. 그는 BC 70년에 나이 들어 사망했다.

사모사타의 루시안이 저술한『페레그리누스의 죽음』The Passing of Peregrinus을 보면, 미시아Mysia 출신의 견유철학자인 페레그리누스c.AD 100-c.165에 대한 이야기가 나온다. 한때 그는 아버지를 목 졸라 죽였다는 의심을 받았다. 그래서 루시안은 이렇게 말한다. "… 그 사건이 해외까지 요란스럽게 퍼졌을 때, 그는 스스로를 저주하며 망명길에 올랐으며, 한 나라에서 다른 나라로 방랑했다. 그가 팔레스타인 출신의 제사장들과 서기관들과 교제하면서, 그리스도인들의 놀라운 교훈에 대해서 알게 된 것은 그때였다." 그는 곧

> "스스로 예언자, 제의-지도자, 회당의 수장, 그리고 그 외 모든 것을 자처했다. 그는 그들의 책들 중 일부를 해석하고 설명했으며, 심지어 많은 책을 저술하기도 했다. 그리고 그들은 그를 신처럼 존경했으며, 그를 율법 수여자처럼 대우했으며, 그를 보호자의 자리에 앉혔는데, 그 자리는 당연히 다른 인물, 그들이 그때까지도 예배하던 팔레스타인에서 십자가에 처형된 사람의 다음 자리였다. 왜냐하면 그는 이 새로운 제의를 세상에 들여온 자였기 때문이다."
> *Peregrinus*, 10-11

비록 그가 이런 것 때문에 옥에 갇히게 되었지만, 그는 그리스도인들의 도움으로 풀려났고, 부유한 그리스도인들에게 기대어서 방랑하게 되었다. 그럼에도, 그는 후에 그리스도인들에게 배척당했는데, 루시안의

Hades 그리고 *Icaromenippus or the Sky-Man*을 보라. 참조. P. Whigham, *The Poems of Meleager* (London: Anvil, 1975), 참고문헌.

말에 따르면 그가 금지된 음식을 먹었기 때문이라고 한다.*Peregrinus* 16

페레그리누스에게서 우리는 예수 시대에서 고작 수십 년 이후의 팔레스타인 사회의 변두리에서 생활하던 방랑하는 견유철학자에 대한 사례를 보게 된다. 그와 다른 견유철학자들의 카리스마적 생활 방식은 기독교 전승과 유사했으며, 그리고 아마도 팔레스타인의 예수의 그것과도 유사했을 것이다. 이것은 페레그리누스가 기독교에 쉽게 들어왔다가 나갔던 것에서 볼 수 있다.17)

견유학파에 대한 팔레스타인의 전승은 예수 시대를 거쳐서 그 이후 시기까지 걸쳐있다. 유세비우스Eusebius를 포함한 많은 자료가 AD 2세기의 견유철학자 가다라의 오에노마우스Oenomaus of Gadara에 대해서 증언한다.18) 비록 자료들이 방랑하는 견유철학자들이 귀신 축출자들이라고는 말하지 않지만, 최소한 메네데무스Menedemus가 놀라운 일을 행하는 자였다는 것은 그의 활동 중에 귀신 축출이 포함된다는 것을 의미할 수도 있다. 어쨌든, 견유철학자들은 팔레스타인의 놀라운 일을 행하던 방랑하는 역사적 인물들에 대한 증거로 우리에게 중요한 의미가 있다.

넷째로, 신약성서 자체에서 우리는 귀신을 축출하던 몇몇 제사장들을 보게 된다. 사도행전 19장 13-19절에 나오는 *스게와의 아들들sons of Sceva*에 대한 이야기가 그것이다.19)

이것이 1세기 팔레스타인의 귀신 축출에 대한 직접적인 증거라고는 말할 수 없다. 왜냐하면 그 이야기의 배경이 에베소이기 때문이다. 하

---

17) G. Theissen, "Wanderradikalismus", *ZTK* 7 (1973), 245-271 그리고 "Itinerant Radicalism: The Tradition of Jesus Sayings from the Perspective of the Sociology of Literature", *Radical Religion* 2 (1975), 87. 또한 그의 *The First Followers of Jesus* (London: SCM, 1978), 1부를 보라.
18) *PW*, 17.2249.
19) 관련문헌: E. Haenchen, *The Acts of the Apostles* (Oxford: Blackwell, 1971), 564와 566 그리고 R. E. Oster, Jr., *A Historical Commentary on the Missionary Success Stories in Acts 19.11-40* (Ph.D. Thesis, Princeton Theological Seminary, 1974), 참고문헌. É. Delebecque, "La mésaventure des fils

지만, 귀신 축출자가 순회할 뿐만 아니라 유대인이라고 일컬어지는 것에 비추어 볼 때19:13, 그들은 아마도 팔레스타인을 포함한 더 넓은 세계에서 통용되던 귀신 축출에 대한 이해를 보여주는 것으로 보인다. 견유철학자들에 대한 우리의 논의위를 보라는 이 점을 더욱 확고하게 해준다.

그렇다면 사도행전에 나타난 이러한 귀신 축출자들은 어떤 인물들인가? 여기에 대한 우리의 대답은 19장 14절에 있는 본문상의 난점들을 해결하는 방법에 달려 있다. 만약에 우리가 가장 개연성이 높은 것으로 보이는 서방 본문Western text을 따른다면, 그 구절은 $\dot{\epsilon}\nu$ $o\hat{\iota}\varsigma$ $\kappa\alpha\acute{\iota}$ 엔 호이스 카이로 시작하는 것이 된다. 그리고 그 의미는 "바로 그때"가 될 것인데, 이로 말미암아 두 번째 귀신 축출자 집단인 스게와의 아들들이 이야기에 포함되는 것이다. 서방 본문은 또한 스게와가 고위직 제사장은 아니지만, 제사장이었다는 것을 알려준다. 그러나 그의 아들들의 숫자와 그가 유대인이었는지는 언급되지 않는다.20) 이것은 떠돌아다니는 한 무리의 이방인 귀신 축출자들이 그 당시에 에베소에서 일을 했다는 것을 의미한다.

한편, 사도행전 19장 14절의 주요사본에서는, 귀신 축출자들 중에서 오직 한 집단만이 그 이야기에 연루된 것으로 그리고 누가는 그들이 대제사장 스게와의 아들들이라고 말하는 것으로 추정된다. 여기에서 예

---

de Sévas selon ses deux versions (Actes 19, 13-20)", *Revue des Sciences Philosophiques et Théologiques* 66 (1982), 225-232; W. A. Strange, "The Sons of Sceva and the Text of Acts 19:14", *JTS* 38 (1987), 97-106; S. R. Garrett, *The Demise of the Devil: Magic and the Demonic in Luke's Writings* (Minneapolis: Fortress, 1989). 바울이 노예 소녀에게서 점치는 영을 쫓아낸 누가의 이야기(행16:16-18)는, 비록 전적으로 기독교의 귀신 축출이기는 하지만, 유명한 귀신 축출자의 이름을 권능(power-authority)으로 성공적으로 사용하는 방랑하는 귀신 축출자에 대한 또 다른 사례이다. 더 자세한 내용은, E. R. Dodds, "Supernormal Phenomena in Classical Antiquity", in his *The Ancient Concept of Progress and Other Essays in Greek Literature and Belief* (Oxford: Clarendon, 1973), 195-200; Twelftree, *Christ*, 93-4를 보라.

20) 더 자세한 내용에 대해서는, Strange, *JTS* 38 (1987), 97-106을 보라.

상되는 난점은, BC 1세기에서 AD 70년까지 그 직책이 사라진 대제사장들의 이름을 기록한 요세푸스가 스게와를 대제사장으로 언급하지 않는다는 것이다.21) 그래서 스게와를 황제 제의에서 대제사장 직을 수행한 변절한 유대인으로 추정하기도 했다.22) 그러나 스게와가 그러하다는 증거나 충분한 이유가 없다. 게다가, 그렇다면 이것은 이방 제사장을 언급하는 신약성서의 유일한 사례가 되는 것이다. 그리고 쉬러 Schürer는 "대제사장들"은 대제사장이 선출되었던 소수 특권층 가문들의 구성원으로 보았다.23) 그러나, 쉬러는 미쉬나 구절들을 오역할 뿐만 아니라, 요세푸스와 사도행전에서 발췌한 구절들도 쉬러의 논지와의 연관성이 불분명하다.24) 게다가, 사도행전 19장에 나오는 이 "대제사장들"은 은퇴한 지도층 제사장일 수도 없는데, 왜냐하면 그들은 요세푸스의 목록에 등장하지 않기 때문이다.

오히려, 요세푸스가 한 번도 대제사장으로 집권한 적이 없는 사람들을 "대제사장들"이라고 부르는 것, 그리고 AD 70년 이전에 갈릴리에 대제사장이 살았던 것,25) 이와 더불어서 신약성서에서 ἀρχιερεύς 아르키에레우스, "대제사장"를 복수 형태로 64회나 사용하는 것(비록 한 번에 한 명의 대제사장 밖에 없었음에도)에 비추어 볼 때에, 그 용어가 집권하는 제사장들이 아니라 저명한 혹은 고위층 제사장들을 의미했던 것일 수도 있다.26) 이런 의미에서 스게와가 대제사장이었다는 생각을 받아들이는 데에는 어려움이 없다. 따라서 이것은 "스게와의 아들들"이 대제사장

---

21) Josephus, *Ant.* 20.224-251. 대제사장들의 목록에 대해서는, Jeremias, *Jerusalem*, 377-378 그리고 Schürer, *History* II, 229-232를 보라.

22) B. E. Taylor, "Acts xix.14", *ExpTim* 57 (1945-6), 222.

23) E. Schürer, *A History of the Jewish People in the Age of Jesus Christ* II, 1 (Edinburgh: T & T Clark, 1901), 204. 이 주장은 Josephus의 『유대 전쟁사』, 6.114; 행4:6; m. Ketub. 13.1-2; m. Ohol. 17.5에 근거한 것이다.

24) Jeremias, *Jerusalem*, 175-177.

25) Jeremias, *Jerusalem*, 176과 주석 87을 보라.

26) 참조. Jeremias, *Jerusalem*, 178; B. A. Mastin, "Sceva the Chief Priest", *JTS* 27 (1976), 405-406.

이었을 수도 있다는 것을 의미한다.27)

16절에 있는 $\dot{\alpha}\mu\phi\acute{o}\tau\epsilon\rho o\iota$암포테로이, "둘 다" 혹은 "둘" 때문에 일곱 아들들은 난점으로 간주되어 왔다.28) 하지만, $\dot{\epsilon}\pi\tau\acute{a}$에프타, "일곱"를 본래적이라고 추정하기 보다는 어떻게 본문의 일부분이 되었는지 설명하는 것이 더 어렵다. 게다가, $\dot{\alpha}\mu\phi\acute{o}\tau\epsilon\rho o\iota$암포테로이는 "둘 다"를 의미할 수 있을 뿐만 아니라 "모두"를 의미할 수도 있다.29)

스게와의 일곱 "아들들"은 형제들이 아니라 귀신 축출자들 조합guild of exorcists의 구성원이었을 가능성도 있다.30) 이러한 견해는 마태복음 12장 27절(눅11:19)에 나오는 "아들들"이 예수를 비판하는 자들의 육체적인 아들들을 언급하는 것이 아니라 그 집단의 구성원들을 가리킨다고 보는 것이 가장 자연스럽다는 것을 통해서 뒷받침 될 수 있다. 또한, 예루살렘 탈무드j. Šeqal. 4.48a에 보면, 붉은 암송아지Red Heifer 예식을 진행하는 한 무리의 대제사장들을 "대제사장의 아들들"이라고 부른다.31)

누가가 하나의 귀신 축출 집단에 대해서 기록했든지 혹은 두 개의 귀신 축출자 집단들에 대해서 기록했든지 상관없이, 이 부분에서 그들은 방랑하는 귀신 축출자들이라고 묘사된다.19장 13절 이것은 에베소에 있는 아르테미스 이방 신전32)에 소속된 귀신 축출자들과 구분하는 것이었다. 아르테미스는 다른 많은 신들 중에서 치유와 관계된 여신이었

---

27) 제사장 구성원의 자격요건인 가계상의 혈통(geneological descent)에 대해서는 Schürer, *History* II, 239-243을 보라.

28) B. M. Metzger, *A Textual Commentary on the Greek NT* (London and New York: United Bible Societies, 1975)를 보라. 이 단락(pericope)에 있는 본문상의 난점들에 대해서는, F. J. Foakes Jackson and K. Lake (eds.), *The Beginnings of Christianity* 5 vols. (London: Macmillan, 1920-33), IV, 241; M. M. 28; F. F. Bruce, *The Acts of the Apostles* (London: Tyndale, 1952), 359; 그리고 Metzger, *Commentary*, 470-472를 보라.

29) BAGD 그리고 Haenchen, *Acts*, 564 주석 5를 보라.

30) F. J. Foakes Jackson, *The Acts of the Archeology* (London: Hodder and Stoughton, 1931), 179 주석 1.

31) 더 자세한 내용은, Jeremias, *Jerusalem*, 177 그리고 주석 90을 보라.

32) C. T. Newton, *Essays on Art Archeology* (London: Macmillan, 1880), 136-209, 특히 151과 163; D.

다.33)

　이러한 "집 앞의" 귀신 축출자들이 그들의 주문에 예수의 이름을 사용했다. 그들이 사용한 문구가 재미있다. "내가 바울이 전파하는 예수를 의지하여 너에게 명령한다." 이 문구, "내가 …를 의지하여 너에게 명령한다"는 마술 파피루스에서 아주 흔한 것이다.예. PGM IV.3007-86 하지만, 주문에 있는 이 용어가 신약성서에서막 5:6과 사도행전의 이 부분에서 사용되기 이전에 사용되었다는 어떠한 증거도 찾을 수 없다. 물론, 이 표현은 AD 1세기 이전에 다른 문맥에서 흔하게 사용되었다. 예를 들어서, 열왕기상 22장 16절70인역은 "…왕이 그에게 이르되 '내가 몇 번이나 네게 명령하여야 네가 주의 이름으로 진실을 내게 말하겠느냐?'라고 기록한다. ὁρκίζω오르키조의 일반적인 의미는 분명하다. 누군가에게 명령하다 혹은 애원하다. 더 정확하게는 누군가에 의해서 맹세하게 하다 이다.수6:27, 아래 7장 참조 귀신 축출자가 사용하는 주문 문맥에서 그 특별한 의미는 주문이 나오는 더 이른 시기의 문헌을 보면 분명하게 드러난다. 바벨론의 귀신 축출과 주문을 보면, 귀신 축출의 절정에서 아주 빈번하게 다음과 같은 행line을 보게 된다.

　"하늘을 의지하여 명하노니 너는 나갈지어다!

　땅을 의지하여 명하노니 너는 나갈지어다"

　G. Hogarth, *Excavations at Ephesus* (London: British Museum, 1908); W. J. Woodhouse, *ERE* X, 302면 이하; E. M. Yamauchi, *The Archeology of NT Cities in Western Asia Minor* (Grand Rapids: Baker, 1980), 102-109; Homer, *Iliad*, 5.77; 16.234, 605; Pausanias, ii.xii.2을 보라; 오리겐은 귀신 축출자들이 시장에서 일한다고 언급한다. *CC*, I.68; III.50.

33) Hogarth, *Ephesus*, 232, 238. 에베소는 "마술" 전통으로 유명했다. 특별히 "Ephesian Grammata"를 보라; C. C. McCown, "The Ephesian Grammata in Popular Belief", *Transactions and Proceeding of the American Philological Association* 54 (1923), 128-140을 보라. 더 자세한 내용은, E. M. Yamauchi, "Magic in the Biblical World", *TynBul* 34 (1983), 173, 주석 14를 보라. 참조. R. E. Oster, *Bibliography of Ancient Ephesus* (Metuchen: Scarecrow, 1987)을 보라.

이 문구를 보면 "하늘과 땅의 권능이 귀신을 금제禁制, tapu 할 수 있고",34) 추방하거나 혹은 초자연적인 제한을 할 수 있음을 볼 수 있다. 이것이 ὁρκίζω오르키조를 이해하는 방법이라는 것은 마술 파피루스에서 ὁρκίζω오르키조가 주문의 절정 부분, 즉 초자연적 존재에게 귀신 축출자의 뜻대로 행동하라고 명령하는 부분에 나온다는 사실을 통해서 더 확실한 개연성을 갖게 된다.35)

만약에 이러한 추정이 옳다면, 사도행전 19장에서 귀신 축출자들이 ὁρκίζω오르키조를 사용해서 행한 것은 예수의 힘을 빌어서because of Jesus 귀신에게 떠나가라고 명령한 것이 아니라,36) 오히려 예수의 이름을 사용해서 귀신들에게 초자연적 금제를 행한 것이다.

"내가 바울이 전파하는 예수를 의지하여 너에게 명령한다"는 문구 유형은 귀신 축출자가 귀신을 억제하고 겁을 주려고 신을 불러내는 전례를 따른 것이라는 주장이 제기되어 왔다.37) 이것은 신약성서 시대에 귀신 축출자들이 사용한 방법과 관련해서 중요한 문제이다.

일반적으로 귀신 축출자의 주문이 시작하는 부분에, 그들이 어떤 신들의 보호 아래 활동하는가를 보여주는 간략한 신의 역사가 나온다는 것은 문헌에서 손쉽게 찾아 볼 수 있다. 예를 들어서, 오리겐은 그리스도인들이 "예수의 이력을 진술함으로서 예수의 이름으로" 귀신들을 압제할 권능을 갖게 된다고 말한다.CC, I.6 38)

그러나 사도행전 19장 13절을 보면, "바울이 전파하는 예수"

---

34) R. C. Thompson, *The Devils and Evil Spirits of Babylon* 2 vols. (London: Luzac, 1903 and 4), II, XLI.

35) 예. H. I. Bell (et. al.), "Magical Texts from a bilingual Papyrus in the British Museum", *Proceedings of the British Academy* 17 (1931), 254면 이하. 그리고 266을 보라.

36) 이와는 반대 견해는, 예. D. E. Nineham, *Mark* (Harmondsworth: Penguin, 1969), 153; E. Schweizer, *The Good News According to Mark* (London: SPCK, 1971), 114; Loos, *Miracles*, 386.

37) W. L. Knox, "Jewish Liturgical Exorcisms", *HTR* 31 (1938), 195; Oster, *Acts*, 54면 이하

38) 또한 CC, III.2.4; IV.3.4 그리고 PGM, IV.3034면 이하; 『성서고대사』, 60 (아래에서 둘 다 인용되고 있다); *Apostolic Constitutions*, VIII.7.을 보라.

κηρύσσει[케뤼세이]−현재 시제라는 문구는 과거에 사용되던 양식과 잘 맞지 않는다. 분명히 방랑하는 귀신 축출자들은 이력을, 즉 그들의 자원 혹은 권능의 능력 있는 활동을 언급하지 않는다. 오히려 그들의 행동은 예수가 현재 널리 알려졌다는 것을 확인시켜준다.

이것이 칭송glorification이 아니라 정체를 확인해주는identificatory 관용적 표현이라는 판단이 옳다는 것은 예수의 이름이 다른 곳에서 정체를 확인시켜주는 문구와 함께 나란히 언급되는 것을 통해서 확인할 수 있다.39) 예를 들어서, 순교자 저스틴Justin Martyr은 이렇게 말한다. "따라서 지금 본디오 빌라도 아래 십자가에 못 박히신 주님이신 예수를 믿는 우리는 모든 귀신과 악한 영을 축출하며, 그들을 잡아 우리에게 복종시킨다."*Dial.* 76.6; 또한 30.3; 85.2; *Apology*, 1.6; Irenaeus, *Adversus Haereses*, 2.32.4를 보라

비록 이러한 문헌들의 어떤 부분들은 교리credal이거나, 어떤 부분들은 신앙진술이지만, 예수의 이름에 덧붙여진 세부적인 것들은 아마도 정체확인을 위한 것으로 이해하는 것이 가장 나아 보인다. 각각의 경우에 본디오 빌라도가 언급된다. 이러한 언급은 문헌에서 주장하는 바를 강화시켜주는 역할을 하는데, 왜냐하면 초기 그리스도인 저술가들은 예수에 대한 자신들의 진술이 위경인 『빌라도 행전』Acts of Pilate에서 확인될 수 있다고 생각했기 때문이다.40)

따라서 이 점에 대해서 결론내리자면, 사도행전 19장 13절이 『성서고대사』 60에 나오는 것과 같은 주문의 일부인 권능의 연혁이 아니라 정체확인 구절들의 관점에서 이해되어야 할 것으로 보인다. 따라서

---

39) 참조. R. H. Conolly, " 'The Meaning of *ἐπικλησις*': A Reply" *JTS* 25 (1924), 특히 346-351.
40) 참조. F. Scheidweiler, in Hennecke, I, 444면 이하. 또한 Justin, *Apology*, 1.35; 참조. 1.48; Eusebius, *History of the Church*, 1.93; Tacitus, *Annals*, 15.44를 보라. 그리고 행 4:10을 보라. 이 구절에는 "정체확인"과 "칭송"의 요소들이 모두 들어 있는 것으로 보인다.

"바울이 전파하는 예수의 이름으로 명령한다"는 것은 귀신 축출자가 사용한 방법이었는데, 이것은 아마도 이전에는 잘 몰랐지만, 최근에 강력한 이름이 귀신 축출에서 권능으로 사용되고 있다는 소문이 났다는 것을 분명하게 확인해주고 있다. 그리고 이러한 이해는 15절에 나오는 귀신의 성공적인 방어를 통해서 더 확실해진다. "그런데 악한 영이 그들에게 대답하기를, '예수도 내가 알고, 바울도 내가 안다. 그런데 너희들은 누구냐?"[41]

간략하게 말하면, 사도행전 19장 13-19절은 우리에게 귀신 축출자들이 귀신들에 대해서 초자연적 금제를 시행하려고, 제의 행위의 도움 없이 주문을 사용했다는 것을 말해준다. 그들의 권능의 원천은 유명한 귀신 축출자의 이름이었으며, 상세한 정체확인 문구를 통해서 그의 도움을 구했던 것이다. 그리고 마지막으로 귀신들은 성공적으로 자기 방어를 해냈다. 이제, 역사 속의 카리스마적 인물들에 대한 조사에서 문학적 창작물에 나오는 인물들로 관심을 돌려 보도록 하자.

(b) 전설적인 혹은 비 '역사적인' 카리스마적 인물들

신약성서 시대에 활동하던 우리에게 알려진 '귀신 축출자들' 중의 일부는 문학 속에 나오는 전설적 인물들이다. 따라서 다양한 역사 속의 인물들만이 아니라 이러한 인물들 주변에 있는 전설적 인물들을 추가로 살펴봄으로써 우리는 1세기 팔레스타인의 귀신 축출과 귀신 축출자들에 대한 견해들을 배울 수 있다. 솔로몬과 다윗은 이 범주에 속하는 중요한 두 인물이다.[42]

---

41) 내가 생각하기에, 만약에 우리가 여전히 1세기 귀신 축출과 관련된 개념들과 관련 있다고 생각하는 $\delta\nu$ $\Pi\alpha\tilde{\nu}\lambda o\varsigma$ $\kappa\eta\rho\acute{\nu}\sigma\sigma\epsilon\iota$(운 파울로스 케뤼세이, 바울이 전파하는)가 누가의 표현이라 하더라도 우리의 주장에 대한 본질적 수정은 없다. 거룩한 사람을 공격하는 귀신에 대해서는, P. Brown, "The Rise and Function of the Holy Man in Late Antiquity", *JRS* 61 (1971), 88을 보라.

(i) 솔로몬.43) 솔로몬의 유언에는 솔로몬에 대한 전설이 가장 발전되어 있고, 그를 귀신 축출자 뿐만 아니라 귀신들을 조종하는 자로 묘사하고 있다.

우리가 위의 2장에서 "솔로몬의 유언"을 귀신 축출자인 역사적 예수의 배경 자료로 사용하는 것의 어려움에 대해서 결론 내린 것을 염두에 두고, 우리는 다음과 같이 물을 수 있다. "솔로몬의 유언"은 솔로몬의 방법을 통해서 1세기 팔레스타인의 귀신 축출에 대해서 우리에게 무엇을 말해주는가?

첫째로, 헬라어 표제에 따르면 솔로몬은 "하늘과 땅, 그리고 땅 아래의 모든 영을 굴복시킨" 인물로 묘사된다. 이러한 권능의 원천은 유언서 앞부분에 묘사되는데, 솔로몬이 귀신 오르니아스가 성전을 건축하는 사람들의 급료와 식량을 도둑질한 것을 발견한 직후이다.

"나, 솔로몬이 이 일들을 들었을 때, 나는 하나님의 성전으로 갔고, 하루 종일 그분을 찬양하면서 내 모든 영혼을 다해 그 귀신을 내 손에 넘겨 달라고 그래서 내가 그를 통제할 권위를 갖게 해달라고 간구했다. 그러자 하늘과 땅

---

42) 다른 이름들, 예를 들면 모세, 다니엘, 요나, 아브라함 그리고 야곱, 모두 주문 속에서 발견한 것들이다. J. Gager, *Moses in Greco-Roman Paganism* (Nashville: Abingdon, 1972); C. Bonner, *Studies in Magical Amulets Chiefly Graeco-Egyptian* (Ann Arbor: University of Michigan Press, 1950), 171, 272면 이하; E. R. Goodenough, *Jewish Symbols in the Greco-Roman Period* 13 vols. (New York: Pantheon Books for the Bollingen Foundation, 153-68), II, 223면 이하, 226; C. Bonner, "The Story of Jonah on a Magical Amulet", *HTR* 41 (1948), 31-37을 보라.

43) 솔로몬의 마술과 관련된 지혜의 전설적인 위상에 대한 고대 후기의 문헌에 대해서는, Schürer, *History* III.1, 375-379를 보라. 이와 비교해서 볼 것은 Nag Hammadi Codex IX3.70 "… 귀신을 동원해서 예루살렘을 건축한 자…" (J. M. Robinson [ed.] *Nag Hammadi Library in English* [San Francisco: Harper & Row, 1988], 458); S. Giversen, "Solomon und die Dämonen", in M. Krause (ed.) *Essays on the Nag Hammadi Texts in Honour of Alexander Böhlig* (Leiden: Brill, 1972), 16-21; D. C. Duling, "The Eleazar Miracle and Solomon's Magical Wisdom in Flavius Josephus's *Antiquitates Judaicae* 8.42-49", HTR 78 (1985), 1-25; Mills, *Human Agents*, 4장을 보라. J. Bowman, "Solomon and Jesus", *Abr-Nahrain* 23 (1984-5), 1-13은 전설 속의 솔로몬을 묘사하면서 후대의 자료에 지나치게 의지한다. 따라서 예수와 귀신들에 대한 예수의 치유에 비추어 보았을 때 신뢰할만한 설명이 아니다.

의 하나님께 기도하는 중에 대천사 미가엘을 통해서 만군의 주님께서 나에게 고귀한 돌 위에 봉인이 새겨진 반지ring 하나를 주셨다. 그는 나에게 말했다, '솔로몬, 다윗의 아들아, 가장 높으신 만군의 주 하나님께서 너에게 보내신 그 선물을 취하라. 그것으로 너는 여자든 남자든 모든 귀신을 제압할 수 있을 것이며, 네가 이 하나님의 봉인을 간직하는 한, 그들의 도움으로 예루살렘을 건축할 수 있을 것이다'"1:5-7

하나냐 벤 도사처럼, 귀신들을 통제하는 전설적인 솔로몬의 능력은 하나님의 은사로, 혹은 최소한 하나님과 그의 긍정적인 관계에서 기인한 것으로 나타난다.

둘째로, "솔로몬의 유언"은 솔로몬과 여러 귀신들의 일련의 대화를 통해서 내용이 전개된다. 이것은 우리가 다른 문헌들에서 본 바, 귀신들과 귀신 축출자들이 대화한다고 믿었던 것을 확증해준다.예. Philostratus, *Life*, 4.20; *b. Pesah*, 112b를 보라 그리고 "솔로몬의 유언"에 있는 대화들은 신약성서에 있는 것들을 직접적으로 본 뜬 것으로 보이지는 않는다.

"솔로몬의 유언"은 우리가 위의 2장에서 언급했듯이 일차적으로 사도시대 이후 교회 일부에서의 귀신 축출에 대한 중요한 증언이다. 그럼에도, 1세기 팔레스타인을 연구하는 우리에게 유용한 몇 가지 정보를 제공해준다. 귀신 축출의 성공은 귀신 축출자에게, 즉 그가 말하고 행하는 것에 달려 있다고 여겨졌다. 우리는 "솔로몬의 유언"에서 신약성서 시대부터 이 문헌이 대표하는 시기에 이르기까지 지속되었던 귀신들과 귀신 축출자들 간의 대화, 부적들, 귀신의 이름을 아는 것이 결정적으로 중요하다는 것, 귀신 축출자들이 마술에서 마시는 마술 약과 특정한 강한 자의 이름들을 사용하는 것을 보게 된다.

요세푸스도 솔로몬을 유능한 귀신 축출자로 존경한다. 귀신에게 사로잡힌 남자를 구해준 유대인 귀신 축출자인 엘리아자르Eleazar 이야기에 보면, 솔로몬이 사용했던 처방대로 어느 나무뿌리에 반지를 끼워서 사용했다고 나온다. 그 남자가 그 냄새를 맡자, 귀신은 남자의 콧구멍을 통해서 뽑혀 나왔다. 그 남자가 쓰러졌을 때 엘리아자르는 솔로몬의 이름을 언급하고 솔로몬이 만든 주문들을 외우면서, 귀신에게 돌아오지 말라고 명령ὁρκίζω,오르키조했다.『유대 고대사』 8.46-49

이 이야기에는 귀신 축출에 대한 두 가지 견해가 서로 얽혀 있다. 하나는 엘리아자르가 행하던 귀신 축출에 대해서 회자되던 이야기와 귀신 축출에 대한 개념들이 있다. 우리는 이것을 누가 귀신 축출을 했는가 보다 무엇을 말했고 행한 것으로 인해서 귀신 축출이 성공한 것에 대해서 논할 때 다룰 것이다. 또 다른 하나는 요세푸스가 이야기를 사용하는 방법이다. 즉 엘리아자르의 귀신 축출에 대한 그의 생각이다.

요세푸스는 이 사건이 솔로몬의 지식, 지혜, "위대한 자질"greatness of nature그리고 하나님께서 얼마나 그를 좋아하셨는지를θεοφίλεια, 떼오필레이아 보여준다고 말한다.『유대 고대사』 8.49 이 보다 조금 앞에서 요세푸스는 이렇게 말한다. "그리고 하나님은 그에게 귀신들에게 사용할 기술에 대한 지식을 주셨다"8.45 따라서 요세푸스는 솔로몬이 귀신 축출자로 성공할 수 있었던 것이 하나님께서 그를 좋아하셨으며, 그리고 그에게 악한 영들을 통제하는 방법에 대한 지식을 주셨기 때문이라고 보았던 것이다. 즉 다른 말로 하자면, 요세푸스는 솔로몬의 카리스마적 능력이 그로 하여금 귀신들을 통제할 수 있도록 해주시는 하나님과 함께 하는 것에 근거한다고 생각했던 것이다.참조.『유대 고대사』. 8.182, 190
44)

(ii) *다윗.* 요세푸스는 다윗도 귀신 축출자로 존경했다.『유대 고대

사』6.166-169를 보면, 요세푸스는 사무엘상 16장 이야기를 일종의 귀신 축출로 말한다. 그는 사울이 이상한 혼란과 악한 영들로 인해서 괴롭힘 당했다고 말하는데, 그 악한 영들 때문에 숨 막힘과 목 졸림이 일어났고, 의사들도 그것을 치료할 수 없었다는 것이다.6.166 다윗은 노래를 부르고 수금을 켜는 것으로 악한 영들과 귀신들을 쫓아낼 수 있었으며[ἐξέβαλεν엑세발렌], 6.211, 그래서 사울이 제정신으로 돌아오게 되었다καὶ ποιῶν ἑαυτοῦ γίνεσθαι τὸν Σαουλôν[카이 포이온 헤아우투 기네스따이 톤 사울론], 6.168고 소개된다.

요세푸스는 독자들에게 왜 다윗이 귀신 축출자로서 성공했는지에 대해서 분명하게 말하지 않는다. 하지만, 암시적으로나마 다윗은 사무엘이 하나님께서 왕을 찾는다고 말하는 장면에서 다음과 같이 묘사된다. "분명하게 이것영혼의 힘[virtue of soul]으로 구분되는 사람, 경건함, 정의, 용기 그리고 순종 같은 아름다운 영혼을 이루는 자질들로 말미암아 존경받는 사람"6.160 그런 다음 바로 이어서 사무엘은 다윗에게 의로워야 하며 하나님의 명령에 순종해야 한다고 권면한다. 왜냐하면 그래야만 그가 성공적으로 왕이 될 수 있기 때문이라는 것이다.6.165

요세푸스는 신the Deity,τὸ θεῖον토 떼이온께서 사울을 저버렸고, 다윗에게로 넘어갔다고 말한다. 다윗은 신의 영θείου πνεύματος, 떼이우 프뉴마토스이 그에게 들어왔을 때εἰς, 에이스, 예언하기 시작했다.6.166 그때 사울은 다윗이 즐거워하는 모습을 보았다.6.169 그리고 다윗이 부르는 노래

---

44) 참조. Duling, *HTR* 78 (1985), 13-14. 더 자세한 내용과 관련된 문헌에 대해서는, S. V. McCasland, "Portents in Josephus and in the Gospels", *JBL* 51 (1932), 323-335; G. Delling, "Josephus und das Wunderbare", *NovT* 2 (1958), 291-309; O. Betz, "Das Problem des Wunders bei Flavius Josephus im Vergleich zum Wunder problem bei den Rabbinen und im Johannesevangelium", in O. Betz, K. Haacker and M. Hengel (eds.), *Josephus-Studien* (Göttingen: Vandenhoek & Ruprecht, 1974), 23-44; O. Betz, "Miracles in the Writings of Flavius Josephus", in L. H. Feldman and G. Hata (eds.), *Josephus, Judaism and Christianity* (Leiden: Brill, 1987), 212-235 를 보라.

가 사울을 제정신으로 돌아오게 했다는 것이다.6.168 아마도, 요세푸스
는 다윗이 귀신 축출자로 성공한 것을 하나님께 순종하는 그의 성품과
하나님의 영을 가진 것에서 기인하는 것으로 이해했던 것으로 보인다.

한 불완전한 "시편 두루마리"11QPsª는 쿰란 공동체도 다윗을 귀신들
을 통제할 능력을 부여받았던 인물로 존경하고 있음을 확인해준다:

"이새의 아들 다윗은 태양 빛처럼 지혜롭고 총명했다… YHWH께서 그에게
지식과 총명의 영을 주셨다. 그리고 그는 3,600편의 시를 썼으며… 악한 영들에
게 공격당한 자들을 위해서 4개의 노래를 작곡했다…"27.2, 3, 4, 10 45)

11QPsApª외경 시편에서 우리는 사탄과 그의 귀신들의 공격을 받은
자들을 위해서 다윗이 지은 외경 노래들apocryphal songs의 예들을 보는
것일 수도 있다.참조. 11QPsApª 1.2; 4.4 46) 분명히 다윗은 벨리알과 귀신
들을 대적할 때 사용하는 주문에서 신성 4문자tetragrammon를 부르는

---

45) 문헌과 본문들에 대해서는, J. A. Sanders, *Discoveries in the Judaean Desert of Jordan IV*
(Oxford: Clarendon, 1965); M. H. Goshen-Gottstein, "The Psalms Scroll (11QPs³): A Problem of
Canon and Text", *Textus* 5 (1966), 22-23; S. B. Gurewicz, "Hebrew Apocryphal Psalms from
Qumran", *ABR* 15 (1967), 13-20; J. A. Sanders, *The Dead Sea Psalms Scrolls* (Ithaca: Cornell
University Press, 1967); J. A. Sanders, "The Qumran Psalms Scroll (11QPsª) Reviewed", in M.
Block and W. A. Smalley (eds.), *On Language, Culture, and Religion* (The Hague: Mouton, 1974),
79-99; F. M. Cross, "David, Orpheus, and Psalm 151:3-4", *BASOR* 231 (1978), 69-71; P. W. Skehan,
"Qumran and Old Testament Criticism", in M. Delcor (ed.), *Qumran: sa piété, sa théologie et son
milieu* (Gembloux: Duculot, 1978), 163-82; J. Starky, "Le psaume 151 des Septante retrouvé à
Qumrân", *Le Monde de la Bible* 6 (1979), 8-10; M. Smith, "Psalm 151, David, Jesus, and Orpheus",
ZAW 93 (1981), 247-253; J. Baumgarten, "Concerning the Qumran Psalms Against Evil Spirits",
Tarbiz 55 (1985-6), 442-446 (in Hebrew); G. H. Wilson, "The Qumran Scrolls Reconsidered:
Analysis of the Debate", *CBQ* 47 (1985), 624-642; S. Talmon, "Extra Canonical Hebrew Psalms
from Qumran 0 Psalm 151", in his *The World of Qumran from Within* (Jerusalem: Magnes and
Leiden: Brill, 1989), 244-272를 보라.
46) 문헌과 본문들에 대해서는, J. P. M. van der Ploeg, "Le Psaume XCI dans une recension de
Qumrân", *RB* 72 (1965), 210-217; J. P. M. van der Ploeg, "Un petit rouleau de psaumes apocryphes
(11QPsApª)", in G. Jeremias (et. al.) (eds.), *Tradition und Glaube: Das Frühe Christentum in seiner
Umwelt* (Göttingen: Vandenhoeck & Ruprecht, 1971), 128-139; É. Puech, "11QPsApª: Un rituel d'
exorcismes. Essai de recontruction", *RevQ* 14 (1990), 377-408을 보라.

것으로 언급된다.1.4, 6; 4.4

지금까지 우리는 그들이 행한 것을 통해서가 아니라 그들의 개인적인 카리스마적 능력을 통해서, 즉 그들의 품성을 통해서 활동한 것으로 알려진 귀신 축출자로 성공한 전설 속의 인물들과 더불어서 역사 속의 인물들에 대해서 살펴보았다. 우리는 이제 1세기 귀신 축출자의 부류 중에서 또 다른 한쪽 끝에서 들려오는 소리를 듣게 될 것이다.

2. *몇몇 귀신 축출은 그것을 행한 자들 때문이 아니라 공격해오는 영적인 존재들에 대적하는 제의에서 혹은 권능에 호소하면서 말한 것 혹은 행한 것 때문에 성공했다고 여겨졌다.*

(a) 귀신 축출과 귀신 축출자들에 대한 이러한 견해를 나타내는 가장 대표적 사례는 귀신 축출 행위의 지침들에 대해서 뿐만 아니라 말로 행해지는 요소들을 보여주는 *마술 파피루스*에서 발견된다.47) 비록 본문들이 아주 다양하고 연대 문제가 있기는 하지만, 파피루스에 나타난 귀신 축출자들과 귀신 축출의 모습을 찾아내고 재구성하는 것은 가능하다.

첫째로, 주문을 충실하게 따르는 귀신 축출자는 권능을 부르는 것으로 시작했다. 따라서 주문 PGM V.99-171은 이렇게 시작한다. "나는 너 머리 없는 자the headless one에게 요청한다…. 내 말을 듣고 이 영을 쫓아내라"참조. P. Warren, 25 이하; P. Leiden, I.348 [22]

둘째로, 비협조적인 권능의 도움을 받기 위해서 소환한 신의 정체를 밝혀주는 상세한 이력이 사용되었다. 혹은 가끔은 동일한 목적을 달성하고자 위협을 사용하기도 했다. 예를 들어, PGM V.247-304는 만약

---

47) 더 자세한 내용과 관련문헌에 대해서는, Twelftree, *Christ*, 39-43; H. D. Betz, "The Formation of Authoritative Tradition in the Greek Magical Papyri", in Meyer and Sanders (ed.), *Self-Definition* III, 161-170; H. D. Betz, "Introduction to the Greek Magical Papyri", in H. D. Betz (ed.), *The Greek Magical Papyri in Translation* xli-liii을 보라. 참조. 4QTherapeia.

에 신에게 요청했는데도 신이 요청하는 자가 원하는 것을 말해주지 않으면, 물고기가 그의 복부를 먹어버릴 것이라고 말한다!

셋째로, 귀신을 쫓아내려고 신을 활용하는 귀신 축출자는 신에게 축출시켜 달라고 명령하거나 요청했다.예. PGM IV.3033; V.122-33 이렇게 하려면 귀신의 이름을 아는 것이 중요했다. "솔로몬의 유언" 11.5에 보면, 예를 들어서, 솔로몬은 귀신에게 그것의 이름을 묻고 그는 이렇게 대답한다, "만약에 내가 너에게 그의 이름을 말해준다면, 나는 스스로 사슬로 결박하는 꼴이 될 뿐만 아니라, 내 밑에 있는 군대 귀신도 마찬가지가 될 것이다." 비록 마가복음 5장 9절에 의존했을 가능성이 있지만, 귀신의 이름을 알면 귀신 축출자가 귀신을 통제할 능력을 갖게 된다는 개념을 확인해주고 명확하게 해준다.7장 참조

귀신에 대한 솔로몬의 반응도 마찬가지로 신약성서에 의존하는 것으로 보인다. 그럼에도, 다시 한 번 강한 자의 이름을 사용하는 것에 대한 관념이 지속됨을 보여준다. 솔로몬은 이렇게 말한다. "나는 네게 지극히 높으신 하나님의 이름으로 명령한다. 너와 너의 귀신들은 어느 이름으로 훼방하는 것이냐?"11.6 솔로몬과 귀신 간 대화의 대부분은 귀신들을 제압하는 데에 사용할 수 있는 "천사들"과 강한 자들의 이름을 드러내기 위해 일부러 고안된 것이다. 우리는 이미 "솔로몬의 유언"의 목적에 대한 진술을 인용한 바 있다.위의 2장을 보라 그래서 16.6을 예로 들면, 솔로몬은 귀신에게 이렇게 말한다. " '너를 꺾을 수 있는 천사의 이름을 내게 말해 보거라.' 그는 '이아메쓰Iameth입니다' 라고 대답했다" 18.6-37을 보라

마지막으로, 마술 파피루스에 있는 귀신 축출과 귀신 축출자들에 대한 재구성을 통해서 우리는 권능이 귀신을 쫓아내는데 사용되며, 귀신이 환자에게 되돌아오는 것을 방지하려고 귀신 축출자가 귀신들을 멀

리 보내버리거나 혹은 부적들을 사용하는 것을 발견한다.참조. PGM IV.1248

　주문으로 신을 불러내고invocation, 권능의 정체를 드러내고identification of the power-authority, 명령하고command 보호하는protection 네 단계 방식에 덧붙여서 종종 물리적인 도움이나 제의 행위가 사용되었다는 것을 언급할 수 있다. 예를 들어서, 환자에게 마시는 약potion을 처방한다든지, 특별한 소리나 단어들, 즉 모음으로 된 소리나 "아브라삭스" Abrasax라는 단어 같은 것을 사용하는 것이 본문에 나타나는 것을 볼 수 있다. "솔로몬의 유언" 1.6과 2.9에 보면, 귀신을 통제하려고 일종의 부적 같은 반지를 착용하는 것이 나온다.참조. 18.16. [23], 25, 등 우리는 이 기술이 고대의 것이라고 확신할 수 있는데, 왜냐하면 부적을 사용하는 것은 고대부터 널리 사용되었기 때문이다.48) "솔로몬의 유언"이 토비트 5장 7절 그리고 5장 9, 10절의 영향을 받았다는 것은 신약성서 시대에도 줄곧 있었던 물고기의 간과 쓸개를 태운 향이 효과가 있다는 믿음을 통해서 볼 수 있다. 마지막으로, 우리는 "마술 파피루스"에서 귀신 축출자는 그가 말하거나 행동하는 것에 비해서 별로 중요하지 않다는 것을 언급할 수 있다.

　(b) 엘리아자르가 귀신 축출자로 나오는 요세푸스의 이야기에서 우리는 이미 솔로몬에 대해서 언급했는데, 여기에서 우리는 치료에 성공하기는 했지만, 별로 중요하지 않은 또 한 사람의 귀신 축출자를 보게 된다.『유대 고대사』. 8.46-49, 위를 보라 그가 행하고 말한 것, 그리고 특히 솔로몬의 이름을 사용한 것 때문에 치유가 효과를 낸 것으로 보인다.

　(c) 이러한 "무명의"anonymous 귀신 축출자라는 범주에 마태복음 12

---

48) Twelftree, *Christ*, 2장을 보라. 그리고 부적에 대한 더 자세한 내용에 대해서는, Yamauchi, *TynBul*, 34 (1983), 195-199 그리고 각주들을 보라.

장 27절/누가복음 11장 19절에 나오는 *유대인 귀신 축출자*들도 포함된다. 이들이 성공한 것은 자신들의 카리스마적 능력이 아니라 그들이 사용했던 권능 때문이다. 이 구절은 예수가 바알세불Beelzebul을 힘입어서 귀신들을 쫓아낸다고 비난하는 바리새인들에게누가는 비판자들이 누구인지 특정하지 않는다 대답하는 것 중의 일부이다. "만약에 내가 바알세불을 힘입어 귀신들을 쫓아내면, 너희 아들들은 누구를 힘입어 그들을 쫓아내느냐?" 이후에 논의하게 되겠지만아래의 10장, 만약에 이 말씀이 역사적 예수에게로 거슬러 올라가는 것이라면, 우리가 예수와 동시대의 1세기 팔레스타인의 귀신 축출자들에 대한 증거를 확보하고 있다는 의미가 된다.

정확하게 "너희 아들들"이 누구인지 논란거리가 되어 왔다. 일부 주석가들은 이 용어가 일반적인 의미에서 "너희 백성들"49)을 의미하는 것으로 본다. 하지만, 다른 주석가들은 "너희 아들들"이 더 전문적인 인물들로 바리새인들의 제자들 혹은 학생들을 언급하는 것으로 본다.50) 그럼에도, 마태복음 12장 24절에 나오는 바리새인들에 대한 언급은 아마도 편집에 의한 것으로 보이는데10장 참조, 그렇기 때문에 "너희 백성들"이라는 더 일반적인 의미가 더욱 개연성 있는 것으로 보인다.

이러한 유대인 귀신 축출자들이 사용한 방법은 그들이 누군가를 혹은 어떤 것을 힘입어서by, ἐν/그[엔/베] 귀신을 축출한다는 암시 이외에 상세한 설명이 없다. 따라서 이러한 팔레스타인 출신 귀신 축출자들은 귀

---

49) 예. P. Gaechter, *Das Mätthaus Evangelium* (Innsbruck-Wien-München: Tyrolia, 1963), 401 그리고 E. Klostermann, *Matthäusevangelium* (Tübingen: Mohr, 1971), 109를 보라.

50) 예. P. Bonnard, *L'Evangil selon Saint Matthieu* (Paris: Delachaux et Niestle, 1970), 181; F. V. Filson, *The Gospel According to Saint Matthew* (London: Black, 1971), 149면 이하; A. R. C. Leaney, *The Gospel According to Saint Luke* (London: Black, 1971), 189; E. Schweizer, *TDNT* VIII, 365 주석 215.

신들을 쫓아내려고 어떤 권능을 불러내거나 최소한 의지하는 것을 중심으로 하는 단순한 기술을 사용했던 것으로 보인다. 이 구절의 문맥은 권능의 원천을 하나님이나 바알세불로 제한한다.10장 참조 문맥상 후자가 배제되는 것을 감안하면, 예수는 하나님이 그들의 권능의 원천이라고 본다는 것이 된다. 어쨌든, 예수와 그들이 서로 비교되고 있는 것에 비추어 볼 때, 그들의 기술은 예수의 것과 완전히 다르지 않았을 것이다. 따라서 우리는 아마도 그들이 사용하는 기술이 예수와 유사했을 것으로 보이는, 즉 하나님의 이름을 귀신 축출의 권능의 원천으로 사용했을 것으로 보이는, 1세기 유대인 귀신 축출자들에 대한 증거를 가진 것이다.

(d) *낯선 귀신 축출자*도 귀신 축출에 성공하기도 하는데, 그것은 그들의 정체 때문이 아니라 그들이 말하는 것 때문이다.막9:38-39/눅9:49-50 51) 요한은 예수에게 다음과 같이 보고한다. "선생님, 우리를 따르지 않는 어떤 자가 주의 이름으로 귀신을 내어 쫓는 것을 우리가 보고 우리를 따르지 아니하므로 금하였나이다." 적지 않은 수의 학자들이 소위 낯선 귀신 축출자에 대한 이 이야기가 초기 교회에서 유래한 것으로 주장한다.52) 이것은 중요한 문제인데, 왜냐하면 만약에 이 이야기가 초기 교회에서 유래한 것이라면, 우리는 팔레스타인의 귀신 축출자에 대한 증거가 아니라 고대 세계의 다른 지역, 즉 그리스도인이 이 이야기의 구성요소들의 원인을 제공한 환경에 대한 증거일 수도 있기 때문

---

51) 관련문헌: R. Pesch, *Das Markusevangelium* 2 vols. (Freiburg: Herder, 1976 그리고 1977), II, 112; J. Schlosser, "L'exorciste étranger (Mc, 9.38-39)", *RSR* 56 (1982), 229-239; H. Baltensweiler, " 'Wer nicht uns (euch) ist Für uns (euch)!' Bemerkungen zu Mk 9,40 und Lk 9,50", *TZ* 40 (1984), 130-136; E. A. Russell, "A Plea for Tolerance (Mk 9.38-40)", *IBS* 8 (1986), 154-160. 이 이야기는 마태에는 나오지 않는데, 아마도 그는 예수에게 속한 집단 외부에 진정한 카리스마적 사건이 일어날 수 있다는 것을 상상할 수 없었던 때문인 것으로 보인다. E. Schweitzer, *The Good News According to Matthew* (London: SPCK, 1976), 364를 보라. 막 9:38의 본문상의 난점에 대해서는, J. M. Ross, "Some Unnoticed Points in the Text of the NT", *NovT* 25 (1983), 63-64를 보라.

52) 예. Bultmann, *History*, 25 그리고 E. Haenchen, *Der Weg Jesu* (Berlin: Töpelmann, 1966), 327.

이다.

이 이야기가 초기 교회에서 유래한다는 주장은 어휘에 주로 근거하며,53) 그 단락pericope이 "나의 이름으로"in my name라는 경구를 중심으로 수집된 것이라는 주장으로 뒷받침된다.54) 비록 이 단락이 실제로 경구를 중심으로 결합된 것이라고 하더라도, 그 자료의 출처는 밝혀져야 한다. 9장 38절에 나오는 특별히 흥미로운 문구는 "당신의 이름으로"와 "그가 우리를 따르지 않는다"이다. 따라서 문제는 이 문구가 부활절 이후의 공동체에서 유래했다고 보는 것이 더 개연성 있는지 아니면 그러한 용어가 부활절 이전의 팔레스타인 상황에서 사용되었을 수도 있는가라는 것이다.

(i) $\dot{\epsilon}\nu\ \dot{o}\nu\dot{o}\mu\alpha\tau\iota$엔 오노마티, "이름으로"라는 문구는,55) 헬라적 사고방식에 따르면, "행위를 특징지어주거나 혹은 그에 수반된, 그 행위가 일어난 공간"을 가리킨다.56) 세속 헬라어에서는 발견되지 않는 표현이다.57) 하지만, 그렇다고 해서 이 $\dot{\epsilon}\nu\ \dot{o}\nu\dot{o}\mu\alpha\tau\iota$엔 오노마티라는 개념이 기독교가 만들어냈다는 것을 의미하지는 않는다. 두 가지 점을 살펴보자. 첫째로, 이 연구는 신약성서와는 상관없이, 일반적으로 신의 이름인 누군가의 이름이 치유에 효과가 있었음을 보여줄 것이다.참조. 예. 11QPsApa 4.4; Josephus, 『유대 고대사』 8.46절 이하. 그리고 PGM IV.3019 둘째로, 다이스만Deissmann은 우연히 $\dot{\epsilon}\nu$엔이 없고 오직 여격만 있는 구절을 발견했다. $\ddot{\epsilon}\theta\upsilon\sigma\alpha\nu\ \tau\hat{\omega}\ \tau\hat{\eta}s\ \pi\dot{o}\lambda\epsilon\omega s\ \dot{o}\nu\dot{o}\mu\alpha\tau\iota$에뚜산 토 테스 폴레오스 오노마티, "그 도시의 이름으로 죽였다"58) 이것에 근거해서, 다이스만이 "'~의 이

---

53) Bultmann, *History*, 25; V. Taylor, *The Gospel According to St. Mark* (London: Macmillan, 1952), 407; H. C. Kee, *Community of the New Age* (London: SCM, 1077), 43.
54) W. Grundmann, *Das Evangelium nach Markus* (Berlin: Evangelische Verlagsanstalt, 1965), 194.
55) 신약성서에서의 용례에 대해서는, BAGD를 보라. 마술에서 이름을 활용하는 주제에 대해서는, D. E. Aune, "Magic in Early Christianity", *ANRW* II.23.2 (1980), 1546 주석 164를 보라.
56) H. Cremer, *Biblio-Theological Lexicon of NT Greek* (Edinburgh: T & T Clark, 1895), 457.
57) BAGD 그리고 MM.

름으로'라는 문구를 처음으로 서양 언어에 도입한 것은 기독교였다"라는 크레머Cremer의 가설에 반대한 것은 정당한 것이다.59)

불트만은 "귀신 축출에서 예수의 ὄνομα오노마, "이름"를 사용하는 것은 시기적으로 교회에서 예수의 이름을 사용하는 것보다 앞설 수 없다"고 말한다.60) 이 주장은 설득력이 거의 없다. 왜냐하면 예수가 복음서와 외경 문헌에 나온 것처럼 성공한 귀신 축출자였고, 독자들이 그를 인정했다면, 예수와 동시대인들이 재빠르게 그의 이름을 자신들의 귀신 축출에 사용했다고 해도 전혀 놀랄게 없기 때문이다. 우리는 이러한 사례를 사도행전 19장 13절에서 보게 되는데, 그 구절을 보면 스게와의 아들들이 바울의 이름을 활용 가능한 권능의 원천으로 아주 재빠르게 사용한다고 나와 있다.위를 보라 그리고 사도행전 8장 18-19절을 보면, 마술사 시몬이 아주 재빠르게 권능으로 사용할 만한 잠재력 있는 원천을 알아차린 것으로 언급된다.

"당신의 이름으로"에 대한 가장 합리적인 결론은 그 문구에 담긴 사상이 초기 교회에서 전혀 새로운 것이 아니었으며, 오히려 외부에서도 전례가 있었다는 것이다. 물론, 초기 교회도 그 문구를 채택했다. 비록 교회에서 그 문구가 특별히 중요한 것으로 간주되었지만, 그 문구는 아주 자연스러운 방법으로 마가복음 9장 38절의 생각을 나타낼 수도 있었다.

(ii) 이 이야기가 부활절 이후에 유래했다는 것을 나타내는 또 다른 문구는 "그가 우리를 따르지 않는다"이다. 용어 색인을 한번 보기만 해도 "따르다"to follow라는 것이 초기 교회에서 어떻게 사용되었는지 아

---

58) A. Deissmann, *Bible Studies* (Edinburgh: T & T Clark, 1901), 197면 이하. MM에 나오는 다른 가능성 있는 유사한 여격의 용례를 보라.
59) Deissmann, *Studies*, 198에서 Cremer, *Lexicon*을 인용하고 있다.
60) Bultmann, *History*, 25.

주 분명해진다. 그 용례를 아주 잘 요약해주는 키텔Kittel을 조금 길게 인용해보는 것이 좋겠다

"…그 단어와 역사적 예수의 구체적인 여정과의 연관성은 아주 강력한 공감 대를 형성한다. 뿐만 아니라 어떤 명사noun도 제자도라는 개념을 나타내려고 사용된 적이 전혀 없다. 신약성서는 오로지 동적인 용어만 사용할 뿐인데, 왜 냐하면 표현하고자 하는 것이 행동이지 개념이 아니기 때문이다. 이러한 것에 근거해 볼 때, ἀκολουθεῖν아콜루떼인, "따르다"이 복음서에서만 사용된다는 것,61) 그리고 네 복음서 모두 그 용례에서 동일하다는 것, 그리고 네 복음서 가 그 단어를 역사적 예수와의 관계를 나타내는 데에만 제한 한 것은 우연이 아니다. 서신서들에서는 다른 표현이 사용되었는데, 그 표현들에서는 승천하 신 κύριος퀴리오스, "주님"와 그의 πνεῦμα프뉴마, "성령"와의 관계에 강조점이 있다."62)

그럼에도, 벨하우젠Wellhausen은 다음과 같이 말했다. "38절의 주제 는 예수를 따르는 것이 아니라, 사도들과의 연대이다."63) 불트만은 이 것이 이 말씀이 부활절 이후에 기원한다는 것을 입증한다고 본다.64) 하지만, "따르다"가 역사적 예수를 따른다는 의미로 사용되었다는 것 을 지지하는 압도적인 증거에 비추어 보았을 때, 최소한 이 경우에는, "누군가의 제자가 되는 것"을 부활절 이후의 공동체 일원이 되는 것으 로 보기 보다는, 지상의 예수를 따르는 것으로 보는 것이 더 타당해 보

---

61) G. Kittel (*TDNT* I)은 뒤에 동일한 쪽에서 (214) 예외적인 사례로 계14:4을 언급한다. 요11:31 은 복음서에서 ἀκολου θεῖν(아콜루떼인, 따르다)이 예수를 그 대상으로 하지 않는 유일한 사례이다.
62) Kittel, *TDNT* I, 214.
63) Bultmann, *History*, 25에서 인용.
64) Bultmann, *History*, 25.

인다.

(iii) 지금까지 우리가 언급한 것에 비추어 보았을 때, 이 단락의 기원을 역사적 예수의 사역에 두어야 한다는 결론으로 가고 있다. 이러한 결론을 뒷받침할 두 가지 사소한 사항이 있다. 첫째로, 39절은 38절과 분리될 수 없는데, 그 셈어적 표현에 비추어 보았을 때 역사적 예수로 거슬러 올라가는 것이 가장 개연성 있다.65) 둘째로, 이 단락을 부활절 이후의 상황에 적용시키기 위해서 누가는 마가의 "우리"를 "너희"로 수정한다.막9:40/눅9:50 따라서 마가에 나오는 예수님의 답변 방식은 부활절 이후의 교회의 상황에 잘 부합하는 누가에서는 발견되지 않는다. 그렇기 때문에 아마도 그 단락의 기원이 부활절 이후는 아닐 것이다.66)

만약에 이것이 맞다면 이 작은 단락은 예수의 동시대인들이 1세기 팔레스타인에서 귀신 축출을 행한 또 다른 증거가 되는 것이다. 그러나 그 간략한 이야기가 우리에게 전해주는 것은 그저 예수의 추종자는 아니었지만, 귀신 축출자가 또 다른 보다 강력한 귀신 축출자인 예수의 이름을 치유를 위한 권능의 원천으로 사용했다는 것이 전부이다.67)

(e) 랍비 자료도 귀신 축출이 말한 것과 행한 것에 달려 있다는 견해에 대한 증거를 제공해준다. 예를 들어서, 1세대 탄나이트 랍비인 요하난 벤 자카이Johanan ben Zakkai의 것이라고 알려진 이야기가 있다. 자카이는 이교도에게 이렇게 말한다.

---

65) 더 자세한 내용은, Schlosser, *RSR* 56 (1982), 229-239를 보라. M. Black, *An Aramaic Approach to the Gospels and Acts* (Oxford: Clarendon, 1967), 71, 169면 이하를 보라. 그는 이 작은 단락 배후에 아람어 자료가 있다고 주장한다. M. Reiser, *Syntax und Stil des Markusevangeliums im Licht der hellenistischen Volksliteratur* (Tübigen: Mohr, 1984)는 마가에 있는 셈어적인 영향들 (Semitisms)이 대부분 셈어적인 영향에서 자유로운 구문과 문체보다는 어휘와 어구 (phraseology)에 국한되어 있다고 주장한다.

66) 더 자세한 내용은, Twelftree, *Christ*, 114-115를 보라.

67) 그 낯선 귀신 축출자가 바울이라는 J. Weiss의 믿을 수 없는 제안에 대해서는 E. Best, *Following Jesus* (Sheffield: JSOT, 1981), 84를 보라.

"'귀신이 들어간 사람을 본적이 있는가?' 그가 대답했다 '예'. '그들이 그에게 어떻게 하던가?' 그가 대답했다. '나무뿌리를 집더니, 그 사람 밑에서 연기를 피웠습니다. 그리고 그 사람에게 물을 뿌렸더니 귀신이 그 사람에게서 달아났습니다'"Num. Rab.19.8

여기 두 번째 부분에서 우리는 누가 행했는가가 아니라 무엇을 말했고 행했는가에 따라서 성공했다고 여겨지는 귀신 축출의 사례들에 대해서 검토했다. 첫 번째 부분에서 우리는 몇몇 귀신 축출이 치유를 행하는 귀신 축출자 때문에 성공했다고 여겨지는 것에 대해서 살펴보았다. 우리가 발견한 것을 요약하기 전에 한 가지 더 언급할 것이 있다.

3. 창세기 12-15장에 나오는 아브라함 이야기를 다시 쓴 사해사본에 포함된 창세기 외경Genesis Apocryphon, 1QapGen은 우리에게 1세기 팔레스타인 귀신 축출자와 귀신 축출의 범주에 속하는 귀신 축출의 사례를 제공해준다. 귀신 축출은 말한 것에 의해서 뿐만 아니라 귀신 축출자의 개인적 능력 때문에 성공한 것으로 간주된다. 특히 20번째 칼럼column은 사라를 파라오에게 소개하는 신하의 설명과 그가 사라를 자신의 아내로 삼는 것을 자세하게 이야기한다. 그때 아브라함은 사라를 보호하려고 기도한다. 그때.

"…밤중에 가장 높으신 하나님께서 그를파라오 괴롭히시려고 한 영을 보내시는데, 그 악한 영evil spirit이 그의 모든 식솔에게 간다. 그리고 그와 그의 모든 식솔을 괴롭힌다. 그리고 그는 그녀에게 접근할 수 없었다. 그리고 비록 그가 그녀와 두 해를 보냈지만, 그는 그녀에 대해서 몰랐다."68)

---

68) 이것과 다른 사해사본의 인용문은 Vermes, *English* (1987), 255의 것이다. 본문들, 번역들 그리고 관련문헌에 대해서는, 위에 있는 2장 주석 14를 보라.

마침내 질병이 파라오가 모든 현자와 마술사를 불러야 할 필요가 있다고 생각하는 지경에 까지 이르게 된다. 하지만, 그들도 그를 도울 수 없다는 것이 드러난다. 마지막으로, 파라오는 자신이 그동안 믿어왔던 대로 사라가 아브라함의 여동생이 아니라 아내라는 것을 듣자, 아브라함을 불러 온다. 그는 이렇게 말했다.

"…이집트 온 땅에서 떠나가라! 그리고 이제 나와 내 식솔들을 위해서 악한 영을 쫓아달라고 기도해라."

그래서 나는 [그를 위해서] 기도했다…. 그리고 나는 내 손을 그 머리에 얹었다. 그러자 그 괴로움이 그에게서 떠나갔고, 악한 [영]이 [그에게서] 쫓겨나갔다. 그리고 그가 살았다."

이것은 중요하고도 흥미로운 이야기인데, 왜냐하면 사무엘상 16장의 아주 오래된 다윗 이야기를 제외하고는, 이것이 우리가 신약성서에서 볼 수 있는 방식으로 귀신들을 통제하고 축출하는 개인의 능력과 관련된 현존하는 이야기 중에서 가장 오래된 것이기 때문이다.

권능의 원천이 제의 전승, 부적, 주문, 특별한 말이나 예식에서는 발견되지 않는다는 것도 주목할 필요가 있다. 귀신 축출자의 성공은 그 자신의 기도에 달려 있다고 믿었던 것이다.

하지만, 기도와 함께 손을 얹는 행위가 있었다. 이것은 아마도 유대교 자료에서 볼 수 있는 손을 얹음으로써 치유하는 첫 번째 사례일 것이다.69)

---

69) D. Flusser, "Healing Through the Laying-on of Hands in a Dead Sea Scroll", *IEJ* 7 (1957), 107면 이하. 또한 J. Behm, *Die Handauflegung im Urchristentum* (Leipzig: A. Deichert, 1911); K. Grayston, "The Significance of the Word Hand in the NT", in A. Descamps et R. P. A. de Halleux (eds.), *Mélanges Biblique en hommage au R. P. Béda Rigaux* (Gembloux: Duculot, 1970), 479-487;

구약성서에 나오는 손을 얹는 축복 의식, 쿰란에서 축복과 건강을 동일시 한 것1QS 4.6, 그리고 손이 능력과 축복의 상징이라는 생각창 32:11; 출19:13; 신28:12, 31:29; 삿2:14; 시90:17; 렘27:6절 이하에 비추어 보았을 때, 치유를 위해서 손을 얹는 방법을 사용하는 것을 동방에서 유래한 관습70)이라기보다는 구약성서의 사고가 발전한 것으로 보는 것이 타당하다.

창세기 외경에 보면 귀신 축출이 다음과 같이 묘사된다. "그리고 악한 영이 쫓겨났다.ג'ʁʎ g'r 일차적으로 하나님께서 사탄의 영들을 택한 자들에게서 "쫓아"낸 것을 언급하는 1QM에 나오는 ג'ʁʎ g'r의 용법에 근거해서, 키H. C. Kee는 이렇게 말한다. "ג'ʁʎ g'r는 하나님이나 그의 대변인이 말하는 명령을 가리키는 전문용어인데, 이를 통해서 악한 세력들이 정복되고, 세상에서 하나님의 의로운 통치가 구축되는 길이 예비된다."71) 그러나 키는 귀신 축출 이야기에 나오는 ג'ʁʎ g'r에 너무 많은 의미를 부여하는 것으로 보인다.

첫째로, "전쟁 두루마리"War Scroll에서는 사탄의 악한 영들을 몰아냄으로써, 그 결과로 하나님께서 세상 안에 그의 의로운 통치를 세우실 수 있는지 명확하지 않다. "전쟁 두루마리"에 나오는 구절은 다음과 같다.

"이스라엘의 하나님은 복되시도다

W. Heitmüller, *Im Namen Jesu* (Göttingen: Vandenhoeck & Ruprecht, 1903); S. Morenz, H.-D. Wendland, W. Jannasch, "Handauflegung", *RGG* III, 52-55를 보라.

70) Dupont-Sommer, *VTSup* 7 (1959), 252 주석 1의 제안이다. L. W. King이 수집한 일군의 바벨론 토판에는 "손을 들고 하는 기도"라는 표제가 포함되어 있다. 하지만, 이것은 손을 얹는 것과 관련된 것이 아니라, 보편적으로 신을 부르는 것에 대한 상징으로 간주된다. L. W. King, *Babylonian Magic and Sorcery* (London: Luzac, 1898), xi를 보라.

71) H. C. Kee, "The Terminology of Mark's Exorcism Stories", *NTS* 14 (1967-8), 235; Pesch, *Markus* I, 123; R. A. Guelich, *Mark* 1-8:26 (Dallas: Word, 1989), I, 57이 이 견해를 따른다. 또한 J. M. Kennedy, "The Root G'R in the Light of Semantic Analysis", *JBL* 106 (1987), 47-64를 보라.

그는 그의 언약에 여전히 자비로우시도다.

또한 작정된 구원의 때에

백성들을 그가 구원하셨도다!

...

우리는 [그의 백성의] 남은 자들이라

그의 이름이 [복되도다], 오 자비의 하나님이시여

그는 우리 조상들과 맺으신 언약을 지키셨도다.

모든 세대 가운데에서 그가 베푸셨도다.

사탄의 지배 하에 있는 [그의 백성의]

남은 자들에게 그 놀라움을 보이시도다.

그의 모든 불가해한 악행이 벌어지는 동안에도,

그는 [우리로] 그 언약에서 길을 잃지 않게 하셨도다.

그는 [파멸시키는] 그의 영들을

[우리에게서] 멀리 쫓아내셨도다"1QM 14.5 이하

이 구절은 벨리알과 악한 영들을 정복함으로써 달성되는 하나님의 구원 계획의 승리를 보여주지는 않는다.72) 오히려, 파멸의 사탄을 쫓아내는 것은 하나님의 백성이 그의 이름을 찬양하는 이유 중의 하나에 불과하다. 벨리알이 쫓겨나는 방법은 분명치 않다.

둘째로, 키의 해석은 쿰란 자료에 있는 귀신 축출을 사탄의 패배와 동일시한다. 하지만, 이것은 사해 두루마리에는 없는 것을 결부시키는 것이다. רָעַגgᵉr에 대한 키의 해석과는 달리 창세기 외경에 있는 이 구절에는 귀신 축출을 그렇게 넓은 의미로 해석하게 할 만한 아무런 암시도 없다. 그리고 바로 앞에서 인용한 전쟁 두루마리에 있는 구절에는 하나

---

72) Kee, *NTS* 14 (1967-8), 234도 동일한 지적을 한다.

님께서 귀신 축출을 통해서 파멸의 영들을 택한 자들the elect에게서 쫓아낸다는 어떠한 암시도 없다.

셋째로, נער g'r에는 키가 "꾸짖다"에 대한 대안으로 제시하는 "하나님의 대적들을 정복하다"라는 범위를 넘어서는 의미의 영역이 있다.[73) 1QH 9.11과 단편 4에 근거해서, 키는 "꾸짖다"라는 단순한 번역을 올바르게 거절한다. 하지만, 마지막 두 문단을 보면, 사실상 נער g'r에 대한 키의 해석인 "하나님의 대적들을 정복하다"에도 의문을 제기하게 된다. 키와 마찬가지로 다른 학자들도 지적하고 있듯이, נער g'r는 "ἐπιτιμᾶν에피티만"에 대한 셈어 동의어이다.[74) 따라서 "귀신을 축출하다"라는 의미를 어느 정도는 감안할 필요가 있다.[75)

우리가 창세기 외경의 29번째 줄 앞에 있는 절들에 주목한다면, 쿰란의 귀신 축출에 대해서 그리고 נער g'r를 어떻게 번역해야 하는지에 대해서 명료하게 이해할 수 있을 것이다. 창세기 외경 20.26에 대한 해석은 상당한 논란거리였다. 하지만, 피츠마이어는 다음과 같이 번역되어야 하는 것으로 보인다고 말한다. "재앙이 네게서 떠나갈 것이다."[76) 이것은 귀신 축출을 통해서 일어나리라고 예상되는 일이다. 따라서 29절에서 일어난 것으로 말하는 것은 아마도 악한 영이 떠났거나 혹은 "쫓겨났다"는 것일 것이다. 개연성 있는 번역 중의 하나는 נער g'r를 "쫓아내다"expel로 번역하는 것이다.[77) 이것이 악한 영을 추방하는 것을 묘사하는 것일 뿐만 아니라, 말로 "꾸짖는다"rebuke는 특징과 부합하기 때문에,[78) "쫓아내기 위한 꾸짖음"rebuking in order to expel이 쿰란 사람

---

73) 위의 주석 71을 보라.
74) Kee, *NTS* 14 (1967-8), 232 그리고 주석 2; 참조. J. A. Fitzmyer, *The Genesis Apocryphon of Qumran Cave* I (Rome: Biblical Institute, 1971), 138.
75) Fitzmyer, *The Genesis Apocryphon*, 138.
76) Fitzmyer, *The Genesis Apocryphon*, 138.
77) 참조. G. R. Driver, "The Resurrection of Marine and Terrestrial Creatures", *JJS* 7 (1962), 15 그리고 A. Caquot, *TDOT* III, 50면 이하.

들이 귀신 축출에서 일어나는 것으로 보았던 것에 대한 최선의 이해라고 보는 것이다.

"나보니두스의 기도"를 제외하면위의 2장을 보라, 쿰란 자료에는 우리가 1세기 팔레스타인의 귀신 축출에 대한 결론을 도출해낼 이야기가 하나가 있는 것이다. 특정 개인의 치유에 대한 것인데, 아브라함의 명성을 높여주기 위한 이야기이다. 치유의 결과로, 왕은 아브라함과 사라에게 많은 선물을 주었을 뿐만 아니라 이집트 바깥까지 경호했다고 전한다. 그러나 그의 정체성이 비록 치유가 성공하는데 있어서 그가 사용한 기술에 비해서 덜 중요하기는 하지만, 그리고 비록 아브라함이 귀신을 축출하면서 어떤 보조도구나 물리적인 기구를 사용하지 않았다고 기록되었기는 하지만, 그는 기도하고 환자에게 손을 얹는다. 쿰란 사람들은 귀신 축출을 악한 영을 내쫓는 것으로 생각했다. 29장에서 귀신 축출과 종말론에 대해서 논하기는 하겠지만, 여기에서 우리는 사해사본들이 귀신 축출에 치유 혹은 환자의 구원 외에 특별히 다른 의미를 부여하지 않는 것을 보게 된다.

4. 요약하자면, 이 부분에서3장, 우리는 (a) 티아나의 아폴로니우스, 랍비 시므온과 하나나 벤 도사가 그들에 대한 문헌에서 전설적인 지위를 확보하고 있다는 것, 그리고 그들에 대한 이야기들 안에 자세한 전설들이 들어있다는 것을 살펴보았다. 그럼에도, 그들은 역사적 인물들이며 아마도 신약성서 시대에 활동하던 귀신 축출자였던 것으로 보인다. 그들은 *그들의 정체성 때문에 귀신 축출에 성공한 것으로 여겨졌다*. 더 구체적으로 말하자면, 아폴로니우스의 성공은 귀신의 존재를 알아보는 특별한 능력을 포함한 그의 카리스마적 인품presence에 기인하는 것으로 여겨졌다. 우리가 언급했던 랍비들도 그들의 카리스마적 인

---

78) A. A. Macintosh, "A Consideration of Hebrew רעג", *VT* 19 (1969), 475-479.

품 때문에 성공한 것으로 여겨졌다. 이러한 인품은 하나님과의 특별한 지위 혹은 관계에 기인하는 것으로 여겨졌다.79)

(b) "마술 파피루스", "솔로몬의 유언", "엘리아자르에 대한 요세푸스의 이야기", 마태복음 12장 27절, 누가복음 11장 19절에 나오는 유대인 귀신 축출자들, 낯선 귀신 축출자, 스게와의 아들들 그리고 랍비 자료를 통해서 우리는 귀신 축출자가 *말한 것과 행한 것 때문에* 귀신 축출이 성공했다고 여겨지는 이야기들을 보게 된다.

(c) 쿰란 사본에 나오는 아브라함의 이야기에서 우리는 귀신 축출이 치유자가 말한 것이나 행한 것뿐만이 아니라, 개인의 능력을 통해서 성공한다고 생각할 수 있었다는 것을 보게 된다.

(d) 우리는 또한 플라톤이 말하는 탁발하는 제사장들과 예언자들, 스게와의 아들들, 켈수스가 알고 있는 마술사들, 티아나의 아폴로니우스, 그리고 특히 견유학파 철학자들, 방랑생활 하는 철학자이면서 기적 행하는 자들은 예수의 청중과 목격자들에게 친숙했음을 볼 수 있다.

---

79) J. Z. Smith, "The Temple and the Magician", in J. Jervell and W. A. Meeks (eds.), *God's Christ and his People* (Oslo: Universitetsforlogets, 1977), 238이 주장하는 바, 브라운이 사용하는 용어의 의미로 보자면(*The World of Late Antiquity* [London: Thames and Hudson, 1971], 102-103 그리고 *JRS* 61 [1971], 80-101), 사회학적 지위인 거룩한 사람(holy man)은, 아주 일찍이 이미 B.C. 2세기부터 기업가적 인물들(entrepreneurial figures)에게 고용되었다는 주장에 동의할 수 있다. 참조. G. Theissen, *Miracle Stories of the Early Christian Tradition* (Edinburgh: T & T Clark, 1983), 266-267.

4장 · 결론들

이 장에서 우리는 다음과 같은 질문을 던지고 또 대답하려고 노력했다. 1세기의 팔레스타인에서는 귀신 축출과 귀신 축출자에 대해서 어떻게 생각했을까?

이 물음에 답하는데 잠정적으로 도움이 되는 자료들을 분석한 결과, 우리는 명백하게 신약성서에 의존하는 "솔로몬의 유언"과 신약성서 외경을 사실상 배제하게 되었다. 이런 종류의 문헌들이 이 연구에 기여할 수 있는 것은 상당수의 오래된 개념들과 관습들이 꾸준히 존속했음을 확증해주는 것이다.

1. 불트만의 『공관복음서 전승사』History of the Synoptic Tradition와 헐의 『헬라의 마술과 공관복음서 전승』Hellenistic Magic and the Synoptic Tradition 같은 책들이 주는 인상적인 것 중 하나는 예수와 귀신 축출에 대한 공관복음서의 전승들과 비교할 수 있는 엄청난 자료들이 있다는 점이다.

정말로, 이러한 저자들 이전에, 폴 피빅은 신약성서 시대의 유대교 기적 이야기에 대한 연구에서 다음과 같은 결론을 내리기도 했다.

"1. 이 자료는, 예수시대와 당시의 팔레스타인 지역에서, 기적에 대한 기사들이, 전통적인 유대인들의 기적에 대한 가르침에서도 발견되는, 다소 일반적인 현상이었다는 것을 보여준다.

2. 그것은 예수가 살았던 시대에도 마찬가지여서, 예수의 기적을 유일하게 그의 메시아적 성품에서만 이끌어내는 시도는 잘못된 것이다. 분명 예수시대의 유대인들은 메시아적 기적을 기대했지만, 동시에 그들은 진정한 메시아사상에 대한 관심은 없이 그저 랍비전통이 말하는 기적만 말했을 뿐이다."[1]

그러나 유대교 자료들을 살펴본 결론 중의 하나는 역사상 존재했던 개별적인 귀신 축출자들에 대한 아주 적지만, 몇 안 되는 이야기 혹은 전승들이 분명히 있다는 것이고, 이것들이 귀신 축출과 관련된 예수 전승을 검토할 배경으로 활용될 수 있다는 것이다.

유대교 자료에서 우리는 랍비 시므온이 귀신에게 한 단순하고 직접적인 명령에 대한 간략한 언급만 발견할 수 있었다. "벤 테말리온, 나가라! 벤 테말리온 나가라!"b. Me'il. 17b

다른 자료에서는 오직 아폴로니우스에 대한 이야기들만 우리에게 직접적으로 유용할 만큼 충분한 가치가 있다. 따라서 우리는 하비A. E. Harvey의 말에 동의할 수 있다. "만약에 우리가 그리스도의 탄생 이전 200년과 이후 200년, 도합 400년에 걸친 기간을 살펴보면, 기록으로 남아있는 엄청난 양의 기적들 중에서 예수의 것과 근소하게나마 비교할 수 있는 것이 깜짝 놀랄 만큼이나 적다."[2] 그는 계속해서 그렇기 때문에 후기 기독교 교부들이 예수를 피타고라스Pythagoras나 엠페도클레

---

1) Fiebig, *Jüdisch Wundergeschichten*, 72.
2) Harvey, *Constraints*, 103. M. Smith (*Tannaitic Parallels to the Gospels* [Philadelphia: SBL, 1968], 81)는, Fiebig을 인용하면서 (위의 각주 1을 보라) 이렇게 말한다. "…사실상 탄나임 문헌에는 탄나임이 행한 기적들에 대한 이야기가 거의 없다." W. S. Green ("Palestinian Holy Men: Charismatic Leadership and Rabbinic Tradition", *ANRW* II. 19.2 [1979], 624)은, Smith를 인용하는데, 이렇게 말한다. "70년 이전의 바리새파와 요하난 벤 자카이(Yoh.nan b. Zakkai)와 엘리에제르 벤 히르카누스(Eliezer b. Hyrcanus)의 생애에 대한 Neusner의 포괄적인 연구는 사실

스Empedocles 같은 거의 전설적인 인물들과 비교하고 대조시킨 것은 의미있는 것이라고 말한다.3)

그러나 우리는 1세기의 귀신 축출과 귀신 축출자에 대한 이해가 예수의 이야기들과 대략적으로 평행되는 이야기들에서 발견한 것에 국한되지 않는다는 것을 살펴보았다.

2. 웨슬리 카Wesley Carr가 『천사들과 정사들』Angels and Principalities에서 연구한 것 중의 하나가 αἱ ἀρχαὶ καὶ αἱ ἐξουσίαι아이 아르카이 카이 엑수시아이, "정사와 권세들"[principalities and powers]에 대한 바울 사상의 배경을 설정하는 것이다. 그는 다니엘, 에녹 1서 그리고 희년서를 검토한 연후에 "인간들을 대적하는, 그래서 그가 구원을 요청해야 하는, 권능 있는 세력들might forces들에 대한 개념은 AD 1세기의 사상계에서 널리 알려진 것이 아니었다"는 결론을 내린다.4) 하지만, 지금까지 진행된 우리의 연구의 관점에서 볼 때, 이러한 결론이 올바른 것일까?

만약에 우리가 토비트, 쿰란 사본들, 요세푸스, 필로 그리고 위–필로의 『성서고대사』 같은 자료들을 검토한 것을 포함시킨다면, 이러한 결론에 약간의 수정을 가할 필요가 있다는 것이 분명해진다.5) 예를 들어서, 쿰란 공동체에서는 모든 사람이 두 영들 중 하나의 지배를 받는

상… 그런 이야기들이 완전히 부재 한다는 것을 보여준다." (J. Neusner, *The Rabbinic Traditions about the Pharisees before 70*, 3 vols. [Leiden: Brill, 1971] 그리고 *Development of a Legend* [Leiden: Brill, 1973]을 보라). Green은 계속해서 다음과 같이 말한다. "실로, 유일하게 호니(Honi)에 대한 전승을 제외하면, 미쉬나에서는 탄나임에 대한 기적 이야기는 나타나지 않는다. 그리고 몇 안 되는 그런 이야기들 중의 대부분은 두 탈무드 중에서 *gemera*-층에 먼저 나온다." (625). 또한 A. Vögtle, "The Miracles of Jesus against their Contemporary Background", in H. J. Schultz (ed.), *Jesus in His Time* (Philadelphia: Fortress, 1971), 96-105; L. Sabourin, "Hellenistic and Rabbinic 'Miracles'", *BTB* 2 (1972), 305; Kee, *Medicine*, 80 그리고 *Miracle*, 70을 보라.

3) Harvey, *Constraints*, 103.

4) Wesley Carr, *Angels and Principalities* (Cambridge: Cambridge University Press, 1981), 43. 174페이지에서 Carr는 "바울이 나아갔던 이방 세계에는 그가 생존을 위해 싸워야 했던 인간을 대적하는 권능 있고 적대적인 세력들에 대한 개념이 없었다"고 말한다.

5) 참조. *JSNT* 20 (1984), 120-121에 실린 Carr의 *Angels*에 대한 L. Houlden의 비평.

다고 믿었다. 그 점에 대해서 "『공동체 규칙』 혹은 훈련 교범 두루마리는 이렇게 말한다. "빛의 샘에서 솟아난 진리의 샘물에서 태어난 자들이 있다. 그러나 어둠의 근원에서 솟아난 거짓의 샘에서 태어난 자들도 있다."1QS 3.9 그리고 종말론적 전투에서 악한 영적인 존재들은 파멸될 것이라고 생각했다.

> "하나님의 전쟁을 위하여 [담대하고] 강하라! 이 날은 하나님께서 모든 사탄의 무리를 대적하시[며], 모든 육체를 [심판하시는 싸움의 때]이기 때문이다. 이스라엘의 하나님은 그의 손을 드시고 그의 놀라운 [능력]으로 모든 악한 영들을 대적하신다"1QM 15.end

필로는 인간에게 적대적인 초자연적 세력들에 대한 1세기 믿음의 또 다른 사례를 제시해준다. 창세기 6장 1-4절에 대해 논의하면서, 필로는 영혼들, 귀신들 그리고 천사들에 대해서 다룬다. 그런 존재들이 얼마나 편만했는지는 그가 다음과 같이 논하는 부분에서 드러난다.

> "… 우주는 완전히 생명으로 가득 찰 수밖에 없다… 땅에는 흙에 사는 피조물이 있고, 바다와 강에는 물에 사는 것들이 있다….
> 그리고 공중the air 같은 다른 부분들은, 비록 그들이 우리 눈에 보이지 않는다 할지라도 살아있는 존재들로 채워질 수밖에 없다…"De Gigantibus, 7-8

눈에 보이지 않는 존재들로 채워진 공중에 대한 사람들의 두려움은 다음과 같은 필로의 말을 통해 볼 수 있다. "…만약에 당신이 영혼들과 귀신들 그리고 천사들이 단지 동일한 근원적인 대상을 각기 다른 이름으로 부르는 것임을 알아차린다면, 당신은 가장 무거운 짐, 즉 귀신들

혹은 미신들에 대한 두려움을 벗어버리게 될 것이다." *De Gigantibus*, 16

분명히, 카Carr의 결론은 바울과 복음서 전승 당시의 모든 저자에게 들어맞는 것은 아니다. 오히려 세상은 사람에게 적대적인 존재들이 출몰하는 곳이며, 이들에게서 보호받거나 혹은 구원받기를 바랄 수밖에 없다는 믿음이 만연했다.6)

3. 이 장에서 자료들을 검토하면서 받게 된 또 다른 인상은 예수 시대의 팔레스타인에서 알려졌고 사용되었던 다양한 형태의 귀신 축출이 있었다는 것이다. 하지만, 우리가 설명하고자 노력한 바와 같이, 이 모든 증거에서 추출할 수 있는 일종의 양식이 있다.

한편으로, 우리가 살펴 본 일부 본문들은 어떤 특별한 것을 말하거나 혹은 행해서 성공한 귀신 축출자들을 보여준다. 이것에 해당하는 가장 좋은 사례는 엘리아자르『유대 고대사』 8.46-49이다. 하지만, 우리는 동일한 사례를 랍비 자료Pesiq. R. 40b와 특히 마술 파피루스에서도 본다. 비록 이러한 사례들이 모두 상대적으로 후대의 것이기는 하지만, 가장 초기의 자료인 바빌로니아와 이집트의 자료들은 이것과 동일한 귀신 축출의 개념을 보여준다.7) 그와 같은 귀신 축출자들이 우리가 다루는 시대에는 흔했으며, 그들이 때로는 마술사나 혹은 마법사라는 낙인이 찍혔다는 것은 유대교 전승에서 마술이 엄청나게 빈번하게 언급되는 것에서 드러난다.

---

6) 참조. D. S. Russell, *The Method and Message of Jewish Apocalyptic* (London: SCM, 1964), IX장; Twelftree, *Christ*, II장 그리고 D. S. Russell, *From Early Judaism to Early Church* (London: SCM, 1986), VII장. Carr에 대한 다른 비판에 대해서는, 예. P. W. Barrett, 서평, *JRH* 12 (1982), 206-207; Wink, *Naming the Powers*; Carr의 *Angels*에 대한 Wink의 서평, *USQR* 39 (1984), 146-150; P. T. O'Brien, "Principalities and Powers: Opponents of the Church", in D. A. Carson (ed.), *Biblical Interpretation and the Church: Text and Context* (Exeter: Paternoster, 1984), 110-150; R. A. Wild, "The Warrior and the Prisoner: Some Reflections on Ephesians 6.10-20", *CBQ* 46 (1984), 284-285; C. E. Arnold, "The 'Exorcism' of Ephesians 6.12 in Recent Research: A Critique of Wesley Carr's View of the Role of Evil Powers in First-Century AD Belief", *JSNT* 30 (1987), 71-87를 보라.

7) Twelftree, *Christ, 21-2*; Yamauchi in Wenham and Blomberg (eds.), *Gospel Perspectives* 6, 99-103 을 보라.

이러한 귀신 축출에서 무엇보다 중요한 것은 귀신 축출자가 싸우려고 하는 귀신과 그가 의지해서 도움을 받으려고 하는 신 혹은 권능에 대한 지식이었다. 귀신 혹은 신을 구슬리려고, 귀신 축출자는 그 귀신과 신에 해당하는 설명과 이력을 활용했다. 종종 귀신 축출자들은 자신을 어떤 다른 능력 있는 인물과 동일시하기도 했다. 예를 들면, 헤르메스 혹은 모세 혹은 마술 파피루스에서 소환되는 신the invoked god이 그것이다. 이러한 부류의 귀신 축출은 대부분 귀신에게 "초자연적 압제"를 가하려고 신 혹은 권능을 사용했다. 이에 덧붙여서, 귀신이 그 사람에게서 떠나도록 설득하려고 특정한 주문이나 소리를 내기도 했다. 종종 귀신이 변명하거나 자비를 베풀어 달라고 말하기도 한다.희년서10:8; 행19:15 그리고 *b. Pesaḥ*, 112b 일반적으로, 귀신 축출자들은 주문과 함께 향을 태우거나 특정한 차brew를 끓이는 것 같은 행동을 함께 행한다. 일부 문헌에 지시하는 행위들은 단순히 귀신을 축출할 때 발생할 것으로 예상되는 것을 설명하기 위한 것이 아니라, 귀신 축출자가 귀신을 사람에게서 나가게 할 때, 즉 귀신이 나갈 때 엎어버릴 물그릇으로 내보내는 것을 가능하게 하려는 목적으로 고안된 것이었다.자세한 것은 아7장과 17장 7 참조 귀신 축출자가 그림diagrams이나 특정한 주문에 의존하기도 하지만, 종종 부적을 사용하기도 했다.

한편, 무엇을 말하거나 실행해서 성공하는 귀신 축출 말고 그것들을 행하는 사람 때문에 성공하는 귀신 축출이 존재했다는 것을 볼 수 있다. 이러한 종류의 귀신 축출의 가장 초기의 증거는 아마도 사무엘상 16장과 희년서 10장일 것이다. 하지만, 귀신을 통제하거나 축출하는 능력을 특정한 주문이나 기도가 아니라 특정한 개인의 능력과 결부시키는 가장 초기의 이야기는 창세기 외경에서 볼 수 있는데, 이 책은 신약성서 시대에 속한 문헌이다.

티드Tiede는8) 최소한 이야기의 차원에서, 특히 헬라 이야기들Greek stories 속에서, 어떤 사람이 기적을 행하는 능력과 지혜 혹은 거룩함을 동시에 갖춘 것으로 묘사하는 미화작업glorification이 있다고 주장한다. 하지만, 희년서 10장에 보면, 의로운 사람인 노아는 귀신을 제어하는 그의 능력과 관련해서 미화된다.10.5, 17 그리고 창세기 외경에서는 지혜롭고 경건한 아브라함이 왕을 치유한 것 때문에 명예롭게 된다.cols. 19와 20 따라서 우리는 팔레스타인에 알려진 이야기들에서 치유자와 칭송받는 경건한 개인의 결합을 보게 되는 것이다.

이런 이야기들 중에서 지혜로움과 기적 행하는 것을 겸비한 것으로 가장 빈번하게 소개되는 인물은 솔로몬이다. 현자 솔로몬을 기적-행위 그리고 특히 귀신 축출과 연결시키는 전승을 보여주는 권위 있는 구절locus classicus은 『유대 고대사』 8.46-49이다.참조. "솔로몬의 유언" 그러나 마술 파피루스와 더불어 팔레스타인에서 기록된 『성서고대사』 60과 쿰란 공동체에서 현자 솔로몬은 직접적으로 귀신 축출, 그리고 귀신들을 제어하는 능력과 연결된다.9)

전설적인 인물이 되었든 문헌 속의 인물이 되었든 상관없이, 토비트에 나오는 바와 같이 귀신을 축출하는 기술에 초점을 두는 이야기들에서 솔로몬의 언약과 요세푸스에 나오는 솔로몬의 경우에서처럼 개인적인 카리스마적인 치유자에 대한 이야기들로 중심이 이동하는 것이 대단히 중요하다. 1세기가 조금 지난 후에 이러한 중심 이동이 "역사적인" 인물들에게서 발견되는데, 루시안이 팔레스타인 출신 귀신 축출자로 소개하는 아폴로니우스의 경우가 그렇고, 팔레스타인에서 유명했던 일부 견유철학자들과 랍비들도 이런 경우에 속한다.

---

8) D. L. Tiede, *The Charismatic Figure as Miracle Worker* (Missoula: Scholars Press, 1972).
9) Twelftree, *Christ*, II장을 보라.

문헌 속에서건 역사 속에서건 이러한 개인적인 치유자들이 사용했던 방법은 어떤 랍비가 사용했던 단순하기 그지없는 "…나가라!"는 명령에서부터, 창세기 외경에 나오는 간단한 기도와 안수하는 것에서, 희년서 10장과 『성서고대사』 60에 나오는 훨씬 복잡한 기도와 주문에 이르기까지 다양하다. 그리고 마지막으로 문헌에서건—솔로몬 혹은 실제적인 의미에서건—예수, 이러한 특정한 개별적인 치유자들이 성공적이었다는 것은 "주문을 사용하는" 귀신 축출에서 그들의 이름이 사용되고 있다는 것을 보면 알 수 있다. 참조. 『유대 고대사』 8.46-49; 막9:38/눅9:49 그리고 행[16:17]; 19:13

우리의 다음 번 과제는 복음서들을 이러한 배경에 입각해서 검토해 보는 것이다. 이를 통해서 귀신 축출자인 역사적 예수의 모습을 그려보는데 도움이 될 만한 자료를 복구하게 될 것이다.

III

귀신 축출자 예수:
신약성서의 자료들

5장 · 복음서 연구

이제까지 우리는 예수가 등장했던 세계의 모습 중 일부분을 구성할 수 있었다. 이것이 복음서 자료들을 연구하는 기초와 배경이 될 것이다. 3부과 4부에서 우리는 예수와 귀신 축출과 관련된 복음서 자료들을 검토할 것이다. 그럼으로써, 우리는 이 복음서 자료들 중에서, 예수를 귀신 축출자로 증언해주는 자들의 보고에까지 거슬러 올라갈 요소들을 최대한 찾아낼 수 있을 것이다.

역사성에 대한 질문과 복음서 전승의 편집에 대한 질문은 서로 연결되어 있다. 하지만, 편의상 그리고 명료화를 위해서 실제로는 분리할 수 있는 것처럼 간주할 것이다. 물론, 후대의 교회가 관여한 구절에 대해서 논할 때에는 역사성의 문제에 몰두할 필요가 있음을 종종 느끼게 될 것이다. 물론 교회가 관여하지 않은 구절도 마찬가지이다.

3부에서 우리는 교회가 어떤 부분을 수정했는지 확인하고자 하는 입장에 서서 예수가 귀신 축출자로 활동한 것을 보여주는 복음서 자료를 검토할 것이다. 이러한 편집을 추출해내는 것이 귀신 축출자 예수에 대한 가장 이른 시기의 믿을만한 전승들을 복구하는 과제의 일부분이다.

4부에서 우리는 귀신 축출자인 역사적 예수의 모습을 그려내는데 활용할 자료로 신뢰할 만한 것이 어떤 것인지를 살펴보기 위해서 이러한 전승들을 검토할 것이다.

5부에서 우리는 예수가 자신의 생애 동안에 불러일으켰던 반응들을 알아볼 것인데, 이러한 것은 귀신 축출자인 역사적 예수의 모습을 완성하는데 한층 도움이 될 것이다.

모든 복음서 연구에 중요한 의미가 있는 선결과제는 공관복음서 문제의 해결이다.[1] 이 연구에서 우리는 전통적인 해결책을 수용할 것이다. 즉, 우리는 먼저 마가 우선설을 받아들인다. 둘째로, 마가가 먼저 기록되었음을 가정하면서, 마가에는 없으면서 마태와 누가에 공통적으로 나오는 자료의 기원을 설명하는데 있어서 Q 전승이라는, 마태와 누가가 사용한 공통 자료를 추정하는 것보다 더 낫고 유용한 대안이 아직까지는 없는 것으로 보인다.[2] 마태와 누가가 공통적으로 사용하는 자료가 Q의 범위에만 국한되는 것은 아니다. 만약에 마태와 누가가 마가를 사용한 것이 드러난다면, 우리는 마땅히 그것에 대해서 신뢰할 수 있을 것이다. 마지막으로, 우리는 이 연구에서 Q와 마가 간에 문학적 연관성을 가정하지 않을 것이며, 마태와 누가 간의 직접적인 문학적 연관성도 가정하지 않을 것이다.

만약에 우리가 공관복음서 문제에 대한 전통적인 해결책을 받아들인다면, 우리는 마가의 편집과 전승이라고 하는 아주 오래된 문제에 맞닥뜨리게 된다. 최근에 마가가 전승 자료에 어떤 영향을 끼쳤으며, 마

---

1) W. G. Kümmel, *Introduction to the NT* (London: SCM, 1975), 38-80, 이 문제와 역사에 대해서 잘 정리하고 논의했다. 또한 Arthur J. Bellinzoni, Jr. (ed.), *The Two-Source Hypothesis: A Critical Appraisal* (Macon: Mercer University Press, 1985) 그리고 F. G. Downing, "Compositional Conventions and the Synoptic Problem", *JBL* 107 (1988), 69-85를 보라.

2) Q의 성격과 범위에 대해서는, 예. C. K. Barrett, "Q: A Re-examination", *ExpTim* 54 (1942-3), 320 와 각주들; P. Vassiliadis, "The Nature and Extent of the Q Document", *NovT* 20 (1978), 50-60 그리고 각주들; Kümmel, *Introduction*, 67과 각주들; J. Delobel (ed.), *Logia: Les Paroles de Jésus - The Sayings of Jesus* (Leuven: Leuven University Press, 1982)를 보라.

가가 전승 자료를 어떻게 사용했는지 찾아내려는 연구가 상당히 많이 행해졌다.3) 문제는 어떤 단어나 문체상의 특징을 편집의 최종 단계에 속하는 것으로 보아야 하는지, 그리고 어떤 것을 가장 초기 단계의 전승으로 보아야 하는지를 결정하는 것에 대해서 우리는 거의 아는 바가 없고 확신할 수 있는 것도 거의 없다는 것이다. 최근까지도 존 호킨스 경Sir John Hawkins과 터너C. H. Turner 4)의 연구들이 비중 있게 사용 되어왔다. 하지만, 이 연구들은 단순히 언어적인 특징들의 반복된 등장에 의존할 뿐, 두드러진 특징들이 편집에 의한 것이 아니라 오히려 마가가 사용한 전승 때문일 가능성은 열어두지 않고 있다. 특별히 마태, 누가 그리고 Q와 관련해서, 로이드 가스통Lloyd Gaston의 연구HSE는 호킨스에 비해서 상당한 진전을 보이기는 하지만, 여전히 마가의 편집과 전승을 구분할 아무런 방법도 제시하지 않는다. 왜냐하면 그도 마찬가지로 단순히 반복적인 등장을 특징의 기원을 나타내주는 표지로 활용하기 때문이다.5) 우리의 연구에서 이러한 것이 주는 의미는, 어휘를 포함해

---

3) N. Perrin, *What is Redaction Criticism?* (London: SPCK, 1970); R. H. Stein, "The 'Redaktionsgeschichtlich: Investigation of a Markan Seam (Mc 1, 21f)", *ZNW* 61 (1970), 70-94; 그리고 "The Proper Methodology for Ascertaining a Markan Redaction History", *NovT* 13 (1971), 181-198; E. J. Pryke, *Redactional Style in the Marcan Gospel: A Study of Syntax and Vocabulary as Guides to Redaction in Mark* (Cambridge: Cambridge University Press, 1978)을 보라. P. J. Achtemeier in *CBQ* 41 (1979), 655-657에 있는 Pryke의 책에 대한 논평을 보라. 다음과 같은 연구들은 주목할 만하다. F. Neirynck, "The Redactional Text of Mark", *ETL* 57 (1981), 144-162; P. Dschulnigg, *Sprache, Redaktion und Intention des Markus-Evangeliums* (Stuttgart: Katholisches Bibelwerk, 1984); J. Schreiber, *Der Kreuzigungsbericht des Markusevangeliums Mk 15. 20b-41* (Berlin and New York: de Gruyter, 1986), 395-433, Exkurz V, "Tabellen zur Markinischen Vorzugsvokabeln"; D. B. Peabody, *Mark as Composer* (Macon, G. A: Mercer University Press, 1987); F. Neirynck, "Words Characteristic of Mark: a New List", *ETL* 63 (1987), 367-374; C. C. Black, "The Quest of Mark the Redactor: Why has it been Pursued, and What has it Taught Us?" *JSNT* 33 (1988), 19-39; C. C. Black, *The Disciples According to Mark: Markan Redaction in Current Debate* (Sheffield: JSOT, 1989).

4) J. Hawkins, *Horae Synopticae* (Oxford: Oxford University Press, 1909); C. H. Turner, "Markan Usage. Notes, Critical and Exegetical, on the Second Gospel", *JTS* 25 (1924), 377-385; 26 (1925), 12-20, 145-156, 225-40, 337-346.

5) Gaston, *HSE*, 12면 이하. 몇몇 학자가 새로운 근거를 제시한다. 특히 W. O. Walker, "A Method for Identifying Redactional Passages in Matthew on Functional and Linguistic Grounds", *CBQ* 39 (1977), 76-93 그리고 Black, *Disciples*를 보라.

서, 문체상의 특징이 특정한 전승 단계에 속한다는 결정을 내릴 때, 극도로 신중해야만하며 단순한 반복적인 등장에 전적으로 의존하는 것은 피해야 한다는 것이다.

어쨌든지 간에, 가장 초기의 복구 가능한 전승들은 단순히 복음서 저자의 편집을 밝혀낸다고 해서 얻어지는 것이 아니다. 양식비평은 복음서 전승이 복음서 저자들에게 알려지기 이전에 구전 단계를 거쳤으며, 아마도 많은 경우에 기록된 채로 전승되는 과정이 있었을 것임을 기정사실화했다. 따라서 우리는 귀신 축출자인 예수에 대한 가장 초기의 것으로 볼 수 있는 보고를 재구성할 때, 복음서 저자들에 의해서 개정되었을 가능성뿐만 아니라 초기의 그리스도인들에 의한 편집도 고려할 필요가 있다.

이제 우리는 예수와 귀신 축출과 관련된 주요한 공관복음서의 단락들을 검토해야 하는데, 먼저 마가복음에 나오는 것들을 다루고1:21-8; 5:1-20; 7:24-30; 9:14-29, 그런 다음에 Q마12:22-30/눅11:14-23[막3:22-7]를 다룰 것이다. 시험 이야기마4:1-11/눅4:1-13 그리고 막1:12-13도 다루어야 하는데, 이 이야기와 사탄의 패배가 암시적으로 연결되어 있기 때문이다. 침례 요한에 대한 예수님의 대답마11:2-6/눅7:18-23도 검토해야 하는데, 누가복음에 보면 예수가 귀신 축출을 한다는 것이 언급되고 있으며, 이것이 예수의 자기 이해를 암시하는 것으로도 볼 수 있기 때문이다. 마지막으로, 우리는 제자들의 선교에 대해서 살펴볼 것인데막6:7-12,30/마10:1-15/눅9:1-6, 10:1-11,17-20, 이것이 예수가 자신의 귀신 축출을 어떻게 이해했는지 판단하는데 중요할 수도 있기 때문이다.

여기에서 우리는 누가복음 13장 10-17절을 주목해야 하는데, 이 꼬부라진 여인에 대한 이야기는 누가에만 나온다.6) 이 여인은 병약한 귀신πνεῦμα ἔχουσα ἀσθενείας[프뉴마 엑수사 아스떼네이아스], 13:11에 들렸으며 사탄에게 18년 동안이나 묶여 있던 것으로 묘사된다.13:16 하지만, 치유하는 과정에서, 예수는 사탄이나 귀신에게 명하지 않고, 치유 이야기 속에서 여인에게만 말씀하신다.13:12 치유와 귀신 축출 간의 구분이 사실상 흐려진 것은 누가의 탓으로 보는 것이 가장 타당할 것이다. 왜냐하면, 시몬의 장모 이야기도 마가는 치유로 소개하는 반면에, 누가는 대적이 복종하고 도망하는 귀신 축출 이야기로 간주하기 때문이다.막 1:29-31/눅4:38-9 이러한 것을 고려해서 누가복음 13장 10-17절은 우리의 논의에서 제외될 것이다.7)

---

6) Bultmann (*History*, 12-13)은 이 이야기를 막3:1-6의 변형으로 본다. 이에 대한 반론에 대해서는 I. H. Marshall, *The Gospel of Luke* (Exeter: Paternoster, 1978), 556-557을 보라.

7) 더 자세한 내용은, Twelftree, *Christ*, 103-104를 보라. 참조. J. Wilkinson, "The Case of the Bent Woman in Luke 13.10-17", *EvQ* 49 (1977), 195-205; L. Milot, "Guérison d'une femme infirme un jour de sabbat (Lc 13.10-17)", *Sémiotique et Bible* 39 (1985), 23-33; J. D. M. Derrett, "Positive Perspectives on Two Lucan Miracles", *Downside Review* 104 (1986), 272-287; M. D. Hamm, "The Freeing of the Bent Woman and the Restoration of Israel: Luke 13.10-17 as Narrative Theology", *JSNT* 31 (1987), 23-44; Latourelle, *Miracles*, 194-196; J. B. Green, "Jesus and the Daughter of Abraham (Luke 13.10-17): Test Case for a Lucan Perspective on Jesus' Miracles", *CBQ* 51 (1989), 643-654.

막16:17 "믿는 자들에게는 이런 표적이 따르리니 곧 그들이 내 이름으로 귀신을 쫓아내며 새 방언을 말하며"은 후대에 첨가된 것이기 때문에 이 연구에서는 다루지 않을 것이다. 관련 문헌에 대해서는 , Pesch, *Markus*. II, 544~56; J. Gnilka, *Das Evangelium nach Markus* 2 vols.(Zürich: Benziger and Neukirchen - Vluyn: Neukirchener Verlag, 1978 and 1979) II, 352~8; C.S. Mann , *Mark* (Garden City; Doubleday, 1986), 672~676을 보라.

6장 · 회당의 귀신들린 자[1)]
막1:21-28(눅4:31-37)

　　이것과 이 다음에 이어지는 이야기들을 검토하는 우리의 목적은 귀
신 축출자인 예수에 대한 가장 초기의 보고들을 복구하기 위하여 기독
교의 편집을 확인하고 제거하는 것이다.

　　우리는 보는 바와 같이 여러 가지 마가의 주제들을 포괄하며 예수의
공생애 사역의 첫머리에 놓인 이 이야기가 예수에 대한 그의 이야기의

---

1) 관련문헌: Pesch, *Markus*, I, 128; 참조. H. Schürmann, *Das Lukasevangelium: Erster Teil:
Kommentar zu Kap. 1, 1-9, 50* (Freiburg: Herder, 1969), 245; Gnilka, *Markus*, I, 199; P. Guillemette,
"Un enseignement nouveau, plein d'autorité", *NovT* 22 (1980), 222-247; G. E. Rice, "Luke 4:31-44;
Release for the Captives", *Andrews University Seminary Studies* 20 (1982), 23-28; J. E. Strange and
H. Shanks, "Synagogue Where Jesus Preached Found at Capernaum", *BARev* 9 (6, 1983), 24-31; A.
Suhl, "Überlegungen zur Hermeneutik an Hand von Mk 1,21-28", *Kairos* 26 (1984), 28-38; S.
Becker-Wirth, "Jesus treibt Dämonen aus (Mk 1, 21-28)", *Religionsunterricht an höheren Schulen*
28 (1985), 181-186. 마가복음에 나타난 기적에 대해서는, 예. K. Tagawa, *Miracle et évangile. La
pensée personelle de l'évangeliste Marc* (Paris: Universitaires de France, 1966); K. Kertelge, *Die
Wunder Jesu im Markusevangelium* (München: Käsel, 1970); L. Schenke, *Die Wundererzählungen
des Markusevalgeliums* (Stuttgart: Katholisches Bibelwerk, 1970); D.-A. Koch, *Die Bedeutung der
Wundererzählungen für die Christologie des Markusevangeliums* (Berlin and New York: de Gruyter,
1975); P. Lamarche, "Les miracles de Jésus selon Marc", in X. Léon-Dufour (ed.), *Les Miracles de
Jesus selon le Nouveau Testament* (Paris: Seuil, 1977), 213-226; Mack, *Innocence*, 208-219; B. D.
Chilton, "Exorcism and History: Mark 1:21-28", in Wenham and Blomberg (eds.), *Gospel
Perspectives* 6, 253-271; H. Hendrickx, *The Miracle Stories* (London: Geoffrey Chapman and San
Francisco: Harper & Row, 1987), 34-62; E. Drewermann, *Das Markusevangelium* 2 vols. (Olten und
Freiburg: Walter, 1987 and 1988), I, 171-202; A. Stock, *The Method and Message of Mark*
(Wilmington: Glazier, 1989), 71-77; H. Giessen, "Dämonenaustreibungen - Erweis der Nähe der
Herrschaft Gottes. Zu Mk 1,21-28", *Theologie der Gegenwart* 32 (1989), 24-37; Guelich, *Mark*, I,
53-54를 보라.

전형적이며 의도적인 것이라고 할 수 있을 것이다.2) 그 이야기의 내용은 다음과 같다.

(21) 그들이 가버나움에 들어갔다. 그리고 안식일에 곧바로 회당에 들어가서 그가 가르쳤다. (22) 그리고 그들은 그의 가르침에 놀랐다. 왜냐하면 그가 서기관들과 같지 않고 권위 있는 사람처럼 그들을 가르쳤기 때문이다.

(23) 그리고 바로 그때 그들의 회당에 더러운 영에 들린 사람이 있었다. (24) 그리고 그가 부르짖으며 말하기를 "우리가 당신과 무슨 상관이 있나이까, 나사렛 예수여? 우리를 멸하러 왔나이까? 나는 당신이 누구인 줄 아노니, 하나님의 거룩한 자니이다." (25) 그리고 예수께서 그를 꾸짖어 말씀하시기를 "잠잠하고 그 사람에게서 나오라." (26) 그리고 더러운 영이 그 사람으로 경련을 일으키게 하고 큰 소리를 지르며 나왔다. (27) 그리고 그들이 모두 놀랐다. 그 때문에 서로 물어 가로되 "이는 어찜이뇨? 권세 있는 새 교훈이로다! 그리고 더러운 영들을 그가 명령했다. 그리고 그들이 그에게 복종한다." (28) 그리고 그에 대한 소문이 곧 온 갈릴리 모든 지역에 퍼졌다.*

이 이야기의 도입 부분은1:21-22 가버나움에서 있었던 어느 안식일을 배경으로 제시함과 동시에 예수가 서기관들처럼 가르치지 않았다고 언급한다. "그리고 곧"*καὶ εὐθὺς*, 카이 유뚜스이라는 문구는 이 도입부분을 이야기와 적절하게 연결시켜주면서, 동시에 새로운 시작을 나타낸

---

2) 참조. Eitrem, *Notes*, 8. Kee, *Miracle*, 161; Gnilka, *Markus*, I, 86. 또한 A. M. Ambrozic, "New Teaching with Power (Mk. 1:27)", in J. Plevink (ed.), *Word and Spirit: Essays in Honour of David Michael Stanley* (Willowdale Ontario: Regis College, 1975), 114; 하지만, 나는 그가 예수의 가르침과 놀라운 사역에 대한 증언에서 부각되는 놀람(amazement)이 "마가의 생각에 중요한" 주제라고 하는 주장이 올바른지에 대해서는 확신이 없다.

* [역주]본문에 사용된 성경번역은 저자의 개인적인 번역이기 때문에, 번역에서도 저자의 번역을 주로 살리려고 했으며, 저자의 번역과 큰 차이가 없는 때에는 새번역 성경을 수정해서 사용했음을 알린다.

다.3) 이러한 문구를 사용해서 이야기들과 단락들을 연결시키는 것은 마가에서 낯선 것이 아니다.1:12,23,29, 6:45, 7:25[?], 14:43, 15:1 그러나 일반적으로 마가 이전의 구성물로 여기는 두 개의 큰 문단2:1-3:6 그리고 4:35-5:43에 나오는 이야기들을 연결시키는 데에는 이러한 문구가 사용되지 않는다.4) 따라서 아마도 마가가 귀신 축출 이야기에 도입 부분 1:21-22을 덧붙인 것으로 보인다.5) 이런 결론이, 서기관들과는 다른 권위를 가진 분에 대한 놀람을 포함해서, 도입 부분을 비역사적인 것으로 여겨야 한다는 것을 의미하는 것은 아니다.6) 사실상, 예수가 전에 공식적인 교육을 받았다는 어떠한 암시도 없고, 그는 자신의 말을 공식적으로 정당화하지 않은 채로 가르쳤기 때문에, 22절의 역사성을 가정하는 것이 옳을 것이다. 하지만, 우리는 귀신 축출 이야기의 가장 초기의 형태를 연구하기 때문에 도입 부분1:21-22을 제외해야만 한다.

이 단락의 종결부분1:27-28도 마찬가지로 우리가 제외시킬 수 있는 약간의 편집을 포함하고 있는데, 이는 단락의 시작과 끝나는 부분에서 편집자들이 가장 활발하게 작업하기 때문으로 보인다.7)

치유를 목격한 군중은 "경악했다"astound 혹은 "놀랐다"amazed고 언급된다.1:27 유일하게 마가만이 θαμβέομαι땀베오마이[1:27], 10:24,32를 사용하지만, 다른 사례들에서도 이 단어를 사용한 것이 마가의 의도 때문

---

3) K. L. Schmidt, *Der Rahmen der Geschichte Jesu* (Darmstadt: Wissenschaftliche Buchgesellschaft, 1964), 50; Taylor, *Mark*, 175 (한편 171에서 Taylor는 이 단락 전체가 마가가 전승을 사용한 것이라고 확신한다). 참조. K. Kertelge, *Die Wunder Jesu im Markusevangelium : Eine redaktionsgeschichtliche Untersuchung* (München: Käsel, 1970), 150면 이하 그리고 주석 58.

4) Taylor, *Mark*, 91; P. J. Achtemeier, "Towards the Isolation of Pre-markan Miracle Catenae", *JBL* 89 (1970), 265-291; Stein, *ZNW* 61 (1970), 81, 주석 38.

5) 참조. 예. Schweitzer, *Mark*, 50; H. Anderson, *The Gospel of Mark* (London: Marshall, Morgan and Scott, 1976), 89; Pesch, *Markus*, I, 119; Guelich, *Mark*, I, 55.

6) 그것들이 마가의 손에서 기인한 것이라는 주장에 대해서는, 예. Kertelge, *Wunder*, 50을 보라.

7) K. Grobel, "Idiosyncracies of the Synoptists in their Periope-Introductions", *JBL* 59 (1940), 405-410; E. Best, *Temptation and Passion* (Cambridge: Cambridge University Press, 1965), 63; Stein, *ZNW* 61 (1970), 70면 이하; Guelich, *Mark*, I, 55를 보라.

으로 보이지는 않는다.[8] 그러나 이 부분에서는 마가가 그 개념을 덧붙인 것일까? 예수의 교훈[9]과 심지어 그가 단순히 그 자리에 있는 것만으로도mere presence 청중들과 주변에 둘러 선 사람들에게는 엄청난 영향을 주었기 때문에, 그들은 두려워했고, 혹은 놀랐다.[10] 많은 장소에서, 군중은 예수의 *기적*의 결과로 놀랐다혹은 두려워했다고 언급된다.[11] 이것은 일반적으로 기적 이야기들의 전형적인 종결 주제로 여겨지는데, 아마도 헬라 이야기 기법에서 가져 온 것으로 보인다.[12] 그럼에도, 예수 전승에서 이 주제가 일관성 있게 등장하는 것은 아니다. 마태 15:31; 참조. 막7:37와 누가9:43a; 참조. 막9:23/마17:18는 이 주제를 자신들이 사용하는 전승에 각각 오로지 한 번씩만 덧붙일 따름이다. 마가는 요약 진술들summary statements에는 이 주제를 전혀 덧붙이지 않는다.[13] 이것이 1장 27절, 그리고 5장(14), 15절 그리고 (17?)에 있는 귀신 축출 이야기에는 나오지만, 반면에 가장 기대되는그리고 눅[9:43a]에는 나오는데 7장 30절과 9장 28절에는 없다. 따라서 마가가 이 주제를 일반적인 기적 이야기들이나 특별히 귀신 축출 이야기들에 덧붙이는데 관심 있는 것으로 보이지는 않는다.[14] 따라서 최소한 1장 27에 있는 군중의 놀람에 대한 언급은 마가 전승의 일부라고 보는 것이 가장 타당해 보인다고

---

8) Pesch, *Markus*, II, 143 그리고 150-152를 보라.
9) 막1:22/눅4:32; 막6:2/눅4:22; 막10:26/마19:25; 막11:18/눅19:48; 막7:28절 이하, 22:33; (막12:34/마22:46/눅20:40). 참조. Bornkamm, *Jesus*, 144; Loos, *Miracles*, 129; J. D. G. Dunn, *Jesus and the Spirit* (London: SCM, 1975), 381, 주석 42.
10) 참조. Dunn, *Jesus*, 76면 이하.
11) (막1:27/눅4:36); 막2:12/마9:8/눅5:26, 7:16; 막4:41/마8:27/눅8:25 (막5:14,17/마8:33,34)/눅8:34,35,37; 마9:8; 막5:20,43/마9:26/눅8:56; 막6:51, 7:37/마15:31, 9:33, 12:23/눅11:14; 눅5:9; 7:16.
12) E. Peterson, *Εἷς θεός* (Göttingen: Vandenhoeck & Ruprecht, 1926), 183-222; Pesch, *Markus*, I, 124; Theissen, *Miracle*, 69-70.
13) 막1:32-34, 3:7-12, 6:53-56. Sammelberichte(요약 진술)에 대해서는 H. Sawyer, "The Markan Framework", *SJT* 14 (1961), 279-294 그리고 13장 참조.
14) 이와는 반대로, Stein, *NovT* 13 (1971), 197은 이것을 마가가 선호하는 용어라고 생각한다.
15) R. Pesch, "Ein Tag vollmächtigen Wirkens Jesu in Kapharnahum (Mk 1:21-34, 35-39)", *BL* 9 (1968), 118; 또한 Kertelge, *Wunder*, 51 그리고 56을 보라.

결론 내릴 수 있다.15)

하지만, 예수의 새로운 교훈, 귀신에 대한 그의 권위와 그에 따른 그의 명성에 대한 결론적 진술1:27b-8은 마가에 의한 것으로 보는 것이 가장 타당하다. 어휘와 문법이 이것을 암시한다.16) 결과적으로, 우리는, 최소한 이 점에서는, 마가가 방랑하는 견유 철학자와 랍비의 모습을 본따서, 귀신 축출자 예수와 교사로서의 예수를 연결시킨다고 볼 수 밖에 없다. 물론 이러한 연결이 마가가 사용한 전승에 나오는 회당을 언급하는 것에서 암시되는 것일 수 있다.

우리는 이제 이야기의 초기 구성 요소들을 확인하고 후대에 부가된 것들을 벗겨내기 위해서 이 단락의 중심 부분1:23-27a을 검토할 것이다.

이야기의 첫 번째 구성요소는 회당에 귀신들린 자가 있다는 것이다. 일부 학자들은 이것이 본래의 이야기에 덧붙여진 것으로 보는데, "더러운" 영에 사로잡힌 사람이 회당 안으로 제 발로 걸어 들어왔다는 것이 의심스럽다는 것이다.17) 그럼에도, 귀신들린 자의 혼란스럽고 예측할 수 없는 특성은 종종 그 사람이 그런 모습을 보였다는 것을 의미한

---

16) Συζητέω(쉬제테오[묻다], Hawkins, *Horae Synopticae*, 13; *HSE* 21); διδαχή(디다케[교훈], Hawkins, *Horae Synopticae*, 12; E. Schweitzer, "Anmerkungen zur Theologie des Markus", in *Neotestamentica et Patristica. Eine Freundesgabe Herrn Professor Dr. Oscar Cullman NovTSup* 6 (Leiden: Brill, 1962), 37면 이하; Best, *Temptation*, 71면 이하; Stein, *ZNW* 61 [1970], 73; *NovT* 13 [1971], 197; *HSE* 18; Pryke, *Style*, 136); Γαλιλαία(갈릴라이아[갈릴리], E. Lohmeyer, *Galiläa und Jerusalem* [Gö

ttingen: Vandenhoeck & Ruprecht, 1936], 26; R. H. Lightfoot, *Locality and Doctrine in the Gospels* [London: Hodder and Stoughton, 1938]. 112; W. Marxen, *Mark the Evangelist* [Nashville: Abingdon, 1969], 4면 이하). 부정사가 있는 Ὥστε(호스테, 그래서); Pryke, *Style*, 115면 이하. 또한 J. Brière, "Le cri le secret. Signification d'un exorcisme. Mc 1,21-28", *Assemblées du Seigneur* 35 (1973), 34-46; W. Weiss, "Ein Neue Lehre in Vollmacht", *Die Streit und Schulgespräche des Markus-Evangeliums* (Berlin and New York: de Gruyter, 1989)를 보라.

17) G. A. Chadwick, "Some Cases of Possession", *The Expositor* 6 (1892), 275를 보라. 참조. P. Pimental, "The 'Unclean spirits' of St. Mark's Gospel", *ExpTim* 99 (1988), 173-175.

18) 예. 삼상16:16,23, 18:10; 막9:22. 귀신의 혼란스러운 특징에 대한 더 자세한 논의를 위해서는, Twelftree, *Christ*, 5장을 보라. Philo, *Flaccum*, 36는 태평하고 점잖은 약간 미친 사람(Τίς μεμηνώς, 티스 메메노스)과 사납고 잔인한 부류의 미친 사람을 구분한다.

다고 볼 수 있다.18) 혹은 예수와 대면하지 않았을 때까지는 그가 귀신 들렸다는 것이 분명하게 드러나지 않았을 수도 있다.참조. Philostratus, *Life*, 4.20 따라서 이 내용을 기독교의 편집으로 볼만한 아무런 근거가 없다.

그 사람이 귀신demon이 아니라 *더러운 영*unclean spirit에게 사로잡혔다고 언급되는 것은 이 이야기의 셈어적 기원을 나타내는 것으로 볼 수 있다.19) 그러나 이 문구는 마가의 특징이기 때문에복음서에 나오는 11번 중에서 7번이 그의 것이다 이것도 동일하게 그의 것으로 볼 수 있을 것이다. 어느 쪽으로 보든지 간에, 그 이야기는 전승 안에 질병의 귀신적 특성을 어느 정도 담고 있다는 것을 보여준다. 어떤 방법으로든 그런 점이 드러나고 있다.

그 사람이 "소리 질렀다"to cry out/ἀνακράζειν[아나크라제인]고 한다. Ἀνακράζειν아나크라제인은 καλεῖν칼레인, "요청하다/to call out"과 동의어가 아니다. 여기에서 이 단어가 사용되는 것과 누가복음 8장 28절을 제외하면, 신약성서에서 이 단어는 흥분한 군중의눅23:18, 그리고 유령을 봤다고 생각하는 두려워하는 사람들의막6:49, 고조된 흥분 혹은 불안과 결부된다.20) 이것은 극도의 경악스러움에서 터져 나오는 부르짖음이다. 여러 가지 이유에 비추어 볼 때, 초기 교회가 예수에 대한 이야기들 속에 이러한 경악스러움이라는 요소를 집어넣을 필요가 없었다고 생각한다.

첫째로, 뚜렷하게 예수의 귀신 축출 이야기들에 대해서 자제하는21)

---

19) F. Hauck, *TDNT*, III, 428을 보라; 참조. E. Klostermann, *Das Markusevangelium* (Tübingen: Mohr, 1950), 14; Pimental, *ExpTim* 99 (1988), 173-175.

20) BAGD, LSJ, MM 그리고 W. Grundmann, *TDNT*, III, 898을 보라.

21) 마태는 귀신 축출 이야기들을 단순히 귀신 축출 이야기들이기 때문에(Hull이 생각하듯이, *Magic*, 128-141) 자제하는 것이 아니다. 마태는 기독론적 목적에 압도되어 있기 때문에, 예수에 대한 평판을 고조시키려고 마가를 수정한 것이다. Twelftree, *Christ*, 123-131을 보라.

마태는 마가의 기록들을 축소시킨다.22) 그러나 그는 귀신들린 자가 경악했다는 것을 삭제하지는 않는다. 그렇지만, 그는 17장 17-18절에서 가장 기괴한 사례인 마가복음 9장 20절을 제거한다. 또한, 마가복음 5장 7절에서 귀신들린 자는 κράξας φωνῇ μεγάλη크락사스 포네 메갈레, "큰 소리로 부르짖어"라고 표현되는데, 반면에 마태는 8장 29절에서 ἔκραξαν에크락산, "소리질러"이라고 수위를 낮추어 표현한다. 즉 경악함이 간신히 드러날 뿐이다.23) 따라서 마태는 귀신들린 자의 경악함이 귀신 축출 이야기의 본질적인 요소라고 인식했던 것이다.

둘째로, 마가는 그의 이야기들 속에서 이 요소를 일관성 없이 사용하는 것을 볼 수 있다. 예를 들면, 1장 23절에서, 그는 καὶ ἀνέκραξεν 카이 아네크락센, "그리고 소리질러"으로 이러한 경악을 표현한다. 3장 11절에서는 προσέπιπτον프로세피프톤, "엎드려"/참조. 5.33… καὶ ἔκραζον카이 에크라존, "그리고 부르짖어"이, 5장 6절에서는 προσεκύνησεν프로세퀴네센, "절하며"이, 그리고 9장 20절에서는 συνεσπάραξεν쉬네스파락센, "경련을 일으키게 하는지라" … πεσών페손, "엎드러져"을 사용한다. 이러한 다양한 표현은, 최소한, 귀신이 예수를 예배하는 것으로 묘사하고 싶어 하는 마가 쪽의 어떠한 욕심도 보여주지 않는다.24) 한편, 이와 동일하게, 누가도 귀신 축출 이야기들에서 이 요소에 특별한 관심은 보이지 않는다.4:33,41, 8:28, 9:42

초기 교회가 귀신 축출 이야기의 형식 중에서 이 부분에 관심이 없었다는 세 번째 지표가 있다. 귀신들린 사람의 경악을 다룸에 일관성이

---

22) Hull, *Magic*, 128면 이하; H. J. Held in G. Barth and H. J. Held, *Tradition and Interpretation in Matthew* (London: SCM, 2nd. ed., 1982), 172-175.

23) Grundmann, *TDNT*, III, 898면 이하; Str-B, II, 401을 보라.

24) 마가에게 있어서, 귀신의 소리지름(κράζειν, 크라제인)이 예수의 정체를 나타내기 위해서 귀신이 사용한 방법일 가능성은 있다. A. E. Harvey, *Jesus on Trial* (London: SPCK, 1976), 23, 주석 7을 보라.

없다는 것은 초기 교회가 그것을 신학적 기획 안에 합류시킬 생각이 없었다는 것을 가리킬 뿐만 아니라, 심지어 이 요소에 관심을 끌려고도 하지 않았다는 것을 보여준다.

따라서 우리는 처음 세 복음서 저자들이 초기 교회의 관심을 보여주는 한도 내에서 볼 때에, 초기 교회가 귀신들린 자의 경악을 예수 이야기의 형식 속에 삽입했을 것 같지 않다고 결론 내릴 수 있다. 역사성에 대한 문제는 다음 장에서 다루게 될 것이다.

1장 24절에 나오는 귀신들린 자의 괴로움은 "당신이 우리와 무슨 상관이 있나이까?"라는 말로 표현되는데, 이것은 מה־לי ולך마흐-리 왈라크, "무슨 상관이 있습니까?"라는 표현과 동일하다.아래를 보라 25)

프리드리센Fridrichsen은, 귀신들의 외침 속에서, "우리는 귀신이 하는 것으로 *되어있는*attributed 신앙고백을 보게 되는데, 이것은 예수를 바알세불과 결부시키는 비난에서 예수를 옹호하기 위해서 고안된 것이다"라고 주장했다.26) 그러나 프리드리센의 이론은 쉽게 허물어질 수 있다. 첫째로, 그는 마가복음 1장 24절에서 귀신 축출자의 이름은 부수적인 구성요소일 뿐이라고 말한다.27) 여기에서 프리드리센은 형식과 내용을 착각하고 있다. 종교사적 평행구들은 이름이 초자연적인 제압에 사용되는 일종의 명령이라는 것을 분명하게 보여준다.28) 둘째로, "예

---

25) 참조. 수22:24; 사11:12; 왕상17:18; *Acts Thom.* 5:45; Taylor, *Mark*, 174; C. K. Barrett, *The Gospel According to St. John* (London: SPCK, 1979), 191; BAGD, "*ἐγώ*"(에고, 나). 귀신이 복수형을 사용한 것은 그때 예수에게 반발한 자들을 가리키는 것이라는 Ebstein의 주장은 아무런 근거가 없을 뿐만 아니라, 그 견해를 지지하는 사람도 전혀 없다. E. Ebstein, *Die Medizin im NT und im talmud* (Stuttgart: Enke, 1903), 60. 사실, 예수와 귀신들린 자가 대립하는 문맥을 살펴보면, 귀신의 말이 이 대립 말고 어떤 다른 것을 언급한다고 볼 아무런 이유가 없다.

26) A. Fridrichsen, "The Conflict of Jesus with the Unclean Spirits", *Theology* 22 (1931), 125, 강조는 저자의 것임.

27) Fridrichsen, *Miracle*, 112.

28) Twelftree, *Christ*, 61. 또한 O. Bauernfeind, *Die Worte der Dämonen* (Stuttgart: Kohlhammer, 1927), 13면 이하를 보라; 참조. T. A. Burkill, *Mysterious Revelation: An Examination of the Philosophy of St. Mark's Gospel* (New York: Cornell University Press, 1963), 78; Hull, *Magic*; 또한 아래를 보라.

수"라는 이름은 전혀 삽입된 것으로 보이지 않는다. 이것은 5장 7절에도 나타날 뿐만 아니라 앞으로 보겠지만, 전승에 의도적으로 집어넣었을 것으로 볼 수 있는 어떤 특별한 메시아적 혹은 기독론적 의미가 있는 이름이 아니다. 셋째로, 프리드리센은 귀신의 주장1:24이 변증적인 목적으로 사용되었기 때문에 길고 장황할 뿐이라고 말한다.29) 버킬Burkill이 이것에 대해서 충분하게 대답한다.

"그 말은 간결한 세 개의 절로 구성된다. 그리고 만약에 이 절들을 사악한 것을 물리치는 의미가 있었던 것으로 읽어야 한다면, 도입 질문에 이어서 나오는 두 가지 주장affirmation은 공격 무기로 사용된 말의 효과를 높이는 것으로 볼 수 있다. 불필요한 말은 없다."30)

넷째로, 1장 24절이 프리드리센이 주장하는 것처럼 바알세불 비난에 대응하고자 구성된 것으로 보이지는 않는다. 왜냐하면 마가는 어느 곳에서도 귀신의 신앙고백과 바알세불 비난을 연결시키지 않기 때문이다.31) 우리는 귀신의 외침이 바알세불 비난에서 예수를 옹호하고자 이야기에 포함된 것이라는 주장은 성립될 수 없다는 결론에 도달하게 된다.

프리드리센보다 몇 년 앞서서, 윌리엄 브레데William Wrede는 귀신들이 예수가 메시아라는 사실을 선언한다고 보았다. 그럼으로써 귀신들린 자의 말을 "메시아 비밀"이라는 그의 주제로 끌어들이고, 예수의 실

---

29) Fridrichsen, *Miracle*, 12면 이하.
30) Burkill, *Revelation*, 76.
31) 참조. Burkill, *Revelation*, 75.
32) W. Wrede, *The Messianic Secret* (Cambridge and London: Clarke, 1971), 33면 이하. 참조. A. H. Maynard, "*TI EMOI KAI ΣOI*", *NTS* 32 (1985), 584; R. Trevijano, "El transfordo apocaliptico de Mc 1, 24.25; 5, 7.8 y par." *Burgense* 11 (1970), 117-133.

제 역사에서 그들을 귀신들 지워버리고 있다.32) 이와 유사하게, 다른 학자들도 귀신들이 예수의 실제 정체에 대한 초자연적 지식을 갖고 있었고, 예수의 정체와 세상에서 자신들이 패배했다는 것을 선언하고 있는 것으로 보았다.33) 특히 3장 11절과 관련해서, 마가가 귀신들의 말을 메시아에 대한 신앙고백으로 이해했고 그렇게 활용했다는 것은 틀림없는 사실이다. 하지만, 왜 복음서 전승을 전해주었던 사람들이, 특히 마가가, "왕들이나 철학자들 같은 다른 위대한 인물들, 혹은 천사들, 혹은 영감 받은 사람들, 혹은 아이들 혹은 죽었다가 살아난 사람들"에게 그 역할을 맡길 수도 있었을 텐데 귀신들에게 예수의 메시아 됨을 선언하는 그런 중요한 역할을 맡겨야만 했던 것일까?34) 여하튼, 맥카슬랜드 S. V. McCasland가 동의하듯이 "이 이론은 왜 귀신들이 그들의 적으로 인식하는 사람에 대해서 증언하고 싶어 해야 하는지 그 동기를 보여주지 못한다는 약점이 있다."35)

마가복음 1장 24절 그리고 5:7에 나오는 귀신의 말들의 기원에 대한 모든 판단은 대부분 그 말들에 대한 해석에 의존한다. 따라서 우리는 귀신의 말들이 1세기 팔레스타인에서 이해된 방식에 대해서 논해야 한다.

마가복음 1장 24절과 5장 7절 모두, 귀신들이 했다고 하는 말들은 τί ἡμῖν터 헤민, "what…us", 5:7은 ἐμοί[에모이, "나"] καὶ σοί?[카이 소이, "그리고 당신"]라는 동일한 방식으로 시작한다. 이 질문이 의미하는 것은 무엇일까? 비록 고전 헬라어에서는 이것이 "우리의 공통점은 무엇인가?"를 의미하지만, 마가복음 1장 24절에서는 이것이 아마도 히브리어-아람어 관용어에 해당하는 것으로 מה־לי ולך[마흐-리 왈라크] "당신은 왜 우리를

---

33) 예., H. Seesemann, *TDNT* V, 117-118을 보라.
34) S. V. McCasland, "The Demonic 'Confessions' of Jesus", *JR* 24 (1944), 33.
35) McCasland, *JR* 24 (1944), 33.

괴롭게 하느냐?"를 의미하는 것으로 보인다.36) 데레트J. D. M. Derrett는 그 질문을 요한복음 2장 4절을 해석하는 관점에 입각해서 검토한 다음에 그 문구는 "두 인격체 사이에 관점의 차이가 없으며, 혹은 있어서도 안 되며, 그것에 대해서는 논란의 여지도 없다는 단언"이라고 말한다.37) 또 다른 학자들은 이 질문이 예수의 귀신 축출에 대항하는 귀신의 항변으로 해석하기도 한다.38)

마가에 나오는 질문은 신약성서 시대에서는 요한복음 2장 4절에서 그 평행구를 볼 수 있고, 구약성서39)와 필로에서도 평행구를 볼 수 있다.아래를 보라 랍비 문헌에서는, 스트랙과 빌러벡Strack and Billerbeck, II, 401이 *Pesiqta Rabbati* 5만 유일하게 인용할 뿐이다.

1세기 팔레스타인 당시에 그것이 의미했던 바를 밝히는데 도움이 될 두 가지 사례가 있다. 사무엘하 19장 16-23절에서 시므이는 다윗에게 그에게 저주하며 돌을 던진 것을 용서해달라고 구한다.삼하16:5-14 하지만, 아비새는 시므이를 죽이라고 요청했다. 다윗이 "내가 너희와 무슨 상관이 있느냐?"라고 대답하는데, 이는 그가 생각해서는 안 되는 것을 요구한다는 인상을 준다. 요세푸스는 문제되는 그 문구가 신약성서 시대에 일종의 반박이나 역공rebuttal or counter-attack으로 이해되었다는 것을 보여준다. 이 이야기를 재서술하면서 그는 다윗이 "입 다물지 못하겠느냐?"로 대답하게 한다.『유대 고대사』 7.265

그 질문에 대한 구약성서의 또 다른 사례는 열왕기상 17장에 나오는 "우리가 혹은 내가 당신과 무슨 상관이 있습니까!"이다. 한 과부가 엘리

---

36) H. M. Buck, "Redactions of the Fourth Gospel and the Mother of Jesus", in D. E. Aune (ed.), *Studies in NT and Early Christian Literature* (Leiden: Brill, 1972), 177; Anderson, *Mark*, 91.

37) J. D. M. Derrett, *Law in the NT* (London: DLT, 1970), 241.

38) Bauernfeind, *Worte*, 3-28.

39) 예. 삼하(LXX 2 Kgs)16:10, 19.22; 왕하(LXX 4 Kgs)3:13; 대하35:21을 보라. 더 자세한 내용은 N. Turner, *Grammatical Insights into the NT* (Edinburgh: T & T Clark, 1965), 43-47; Buck in Aune (ed.), *Studies*, 177을 보라.

야에게 음식과 물을 제공하는데, 그녀의 아들이 심각한 병에 걸리고 만다. 그녀는 그녀 아들의 질병을 하나님의 사람 엘리야가 와 있는 것과 결부시킨다. 그녀는 엘리야에게 말한다. "오 하나님의 사람이여, 당신이 나와 무슨 상관이 있나이까?τί ἐμοὶ καὶ σοί, [티 에모이 카이 소이] 당신이 오셔서 나로 내 죄를 기억나게 하고, 내 아들이 죽게 하였나이다!"왕상17:18 여인이 이 말을 통해서 의도한 것은 엘리야를 그 상황에서 물러나게 함으로서 그녀의 가정을 보호하려는 것이다. 또한, 사사기 11장 12절에서 입다는 암몬의 왕에게 사신들을 보내서 전쟁을 피하려고 한다. 사신들은 이렇게 말한다. "네가 나와 무슨 상관이 있기에τί ἐμοὶ καὶ σοί, [티 에모이 카이 소이], 내 주와 싸우려고 나아왔느냐?" 이것을 필로에 나오는 구절과 비교해볼 필요가 있다. 가장 초기의 신약성서 문헌과 동시대에 저술된 『하나님의 불변성에 대하여』Quod Deus immutabilis sit를 보면, 필로는 그 구절τί ἐμοὶ καὶ σοί, [티 에모이 카이 소이]이 악령을 물리치려고 사용되었다는 것을 보여주고자 열왕기상의 구절을 사용한다. 그는 이렇게 쓴다. "악령을 떠나보내고 비워버리고 싶어 하는 모든 사람은 예언자에게 '오 하나님의 사람이여, 당신은 내 부정과 내 죄를 기억나게 하려고 내게 오셨나이다' 라고 말한다."Quod Deus immutabilis sit, 138 필로는 "물러나게 하다"라는 개념을 하나님의 사람을 "환영하다"라는 것으로 바꾸지 않았다. 바우에른파인트Bauernfeind가 동의하고,40) 또 버킬이 지적하듯이,41) 필로는 과거의 부정과 죄악을 기억나게 함으로써, 그것들을 계속해서 억제하고 그의 옛 습관으로 되돌아가는 것을 저지하려고 애쓰는 하나님의 영감을 받은 사람에 대해서 말하고 있기 때문이다.42)

---

40) Bauernfeind, Wrote, 6면 이하, 이 견해를 Pesch, Markus. I, 122. 주석 19가 따른다.
41) Burkill, Revelation, 77 그리고 주석 14.
42) 참조. Philo, Immut. 133-139.

이러한 평행구들에 비추어 볼 때, 바우에른파인트와 그를 추종하는 자들의 견해를 채택하는 것이 가장 좋을 것으로 보인다. 즉 *귀신들의 말은 귀신 축출자인 예수에 대항하는 방어기제defence mechanisms로 이해하는 것이 가장 그럴듯하다는 것이다.*43) 앞으로 연구가 진행되면서, 귀신들이 한 말에서 이 해석을 확인해 줄 다른 요인들을 발견하게 될 것이다.44)

귀신의 이 말들이 예수에 대항하는 방어라고 결론이 내려졌으므로, 그 말들의 기원에 대한 물음으로 돌아가도록 하자. 한편, 그 표현의 도입구"그리고 그는 부르짖었다"는 초기 교회의 어떤 신학적 동기와도 부합하지 않기 때문에 오히려 적대적인 귀신 축출자인 예수를 물리치려는 바로 이 부분에 그 질문을 던지는 것이 확실히 적합하다. 그리고 중요한 것은, 이 표현이 셈어적 배경을 가졌다는 것이다. 그러나 다른 한편, 우리는 이 표현이 문학적 의도에 따라서 포함되었을 수도 있다는 가능성을 고려할 필요가 있다. 그렇지만, 그 표현은 마가복음참조. 5:7에서 일관되게 사용되는 것도 아니고, 마가복음 1장 24절의 의미와 목적을 가장 잘 설명해주는 구절인 열왕기상 17장 18절과 부합하는 것도 아니다. 따라서 이 표현의 기원이 이른 시기일 것이라는 것은 아주 개연성이 있다. 최종 결정은 24절 전체의 문맥에 따라서 결정되어야 할 것이다.

다음으로, 우리는 교리적 목적에서든지 혹은 그런 종류의 문학적 형태에 맞추도록 마가 혹은 초기 교회가 "나사렛 예수"라는 이름 아니면 칭호name or title를 덧붙일 필요가 있는지를 물을 필요가 있다. 혹은 그

---

43) Bauernfeind, *Wrote*, 3-28; O. Bächli, " 'Was habe ich mit Dir zu schaffen?' Eine formelhafte Frage im A.T. und N.T." *TZ* 33 (1977), 79-80. 참조. P. Guillemette, "Mc 1, 24 estil une formule de défense magique?" *ScEs* 30 (1978), 81-96의 Bauernfeind에 대한 비판.

44) 참조. Buck은 Aune (ed.), *Studies*, 177-178에서 Epictetus, 1.1.16; 1.22.15; 1.27.13; 2.19.16; 2.19,17면 이하; 3.22.26에 나오는 이 표현의 용법을 검토한 후에, 이 표현이 항상 두 편이 서로 경원시하는 상황에서 사용된다는 결론을 내린다.

호칭이 가장 초기의 이야기에 본래부터 있던 것일 수도 있는가?

이 이야기에 들어 있는 인물들에 비추어 보았을 때, 우리는 "예수"라는 이름은 귀신의 말의 일부였을 것으로 볼 수 있다. 그렇기 때문에 우리는 "나사렛"에 곧바로 관심을 기울이려고 한다.

나사렛 예수는 초기 교회에서 예수를 가리키는 명칭으로서는 특별한 의미가 있던 용어가 아니다. 첫째로, 바울은 이 용어를 사용하지 않으며 후대의 그리스도인 헬라 저술가들 중에서도 아무도 사용하지 않는다.45) 둘째로, 마태참조. 2:23 46) 그리고 21:11, 누가행10:38 그리고 요한 1:45에게 이 용어는 예수가 갈릴리의 나사렛 출신이라는 것을 가리키는 것이다.47) 셋째로, 이 용어가 사용되는 때에는, $Na\zeta\alpha\rho\eta\nu\acute{o}\varsigma$ 나자레노스와 $Na\zeta\omega\rho\alpha\hat{\iota}o\varsigma$ 나조라이오스는 팔레스타인 교회에 국한된 용어였다.48) 아마도 마가는 이 용어를 사용하지 않는 공동체 출신으로 보이는데, 이 용어를 예수의 칭호로 발전시키는 데에는 특별한 관심이 없었을 것이다.49)

따라서 이 점에 이르러서, 우리는 마가나 초기의 비-팔레스타인 교회가 "나사렛"이라는 칭호를 전승 속에 끌어들이려고 할 명백한 교리적인 이유가 없었다는 결론을 내릴 수 있을 것이다.

"나사렛"이라는 칭호가 초기 팔레스타인 그리스도인들에 의해서 추가되었을 가능성도 있다. 하지만, 만약에 마태가 초기 팔레스타인 기독

---

45) H. H. Schaeder, *TDNT* IV, 874.

46) B. Lindars, *NT Apologetic* (London: SCM, 1961), 194면 이하 그리고 Str-B I, 92를 보라.

47) K. H. Rengstorf, *DNTT*, II, 33.

48) Schaeder, *TDNT* IV, 874; 참조. 행2:22; 3:6 등. 이 용어의 다른 형태에 대해서는, D. B. Taylor, "Jesus - of Nazareth?" *ExpTim* 92 (1980), 336-337; G. Allan, "He shall be Called - a Nazarite", *ExpTim* 95 (1983), 81-82를 보라.

49) 나는 마가가 공동체의 맥락에서 저술되었다고 본다. Marxen, *Mark*; Kee, *Community*; E. Best, *Mark: The Gospel as Story* (Edinburgh: T & T Clark, 1983), XV장; Twelftree, *Christ*, 116, 주석 81을 보라.

50) 마태의 팔레스타인 기원에 대해서는, G. D. Kilpatrick, *The Origins of the Gospel According to*

교50)를 통해서 전달된 전승을 본보기로 삼았다고 하더라도, 그것이 그 칭호에 대한 특별한 관심을 보여주는 것이라고 볼 여지는 거의 없다.51) 만약에 우리가 Q가 팔레스타인에서 편집된 것으로 간주한다면, Q도 "나사렛 예수"라는 칭호에 관심을 보이지 않기 때문에 이러한 결론은 더욱 확고해진다.52)

비록 PGM VIII.13"나는 너 헤르메스를 아노라, 네가 누구인지 그리고 언제 네가 왔으며 네 도시가 어디인지를"이 4세기 혹은 5세기의 것이기는 하지만, 우리는 그로부터 마가복음 1장 24절에서 이름이 언급되는 사람의 출신지가 중요했을 것이라는 생각을 하게 된다.53) 만약에 마가나 초기 교회가 문학적 관습이나 신학적 동기에 맞추어서 이름과 출신을 삽입했다면, 이 초자연적인 맥락에서, 마가가 3장 11절에서 선택하는 것으로 보이는, 더 적절하고 신학적으로 의미가 풍부한 "하나님의 아들"이나 마태가 선호하는 "다윗의 자손"23장 참조 이 아니라 "나사렛 예수"를 선택했다는 것은 놀랄만한 일이다. 그렇기 때문에, 초기 교회가 이 독특한 명

St. Matthew (Oxford: Clarendon, 1946), VII장; E. Käsemann, "The Beginning of Christian Theology", in his *NT Questions of Today* (London: SCM, 1969), 83; F. W. Beare, *The Gospel According to Matthew* (Oxford: Blackwell, 1981), 8을 보라. 그러나 많은 학자가 마태복음이 시리아에서 편집되었다고 생각한다. P. Bonnard, *L'évangile selon Saint Matthieu* (Paris: Delachaux & Niestlé, 1963), 9-10; Filson, *Matthew*, 15; D. Hill, *The Gospel of Matthew* (London: Marshall, Morgan and Scott, 1972), 48-52; Schweizer, *Matthew*, 15-17; Goppelt, *Theology* I, 213을 보라.

51) 마태는 Ναζαρηνός(나자레노스)를 20:30/막10:47; 28:5/막16:6에서 탈락시킨다. 26:69에서 마태는 Ναζαρηνός(나자레노스)를 사용하지 않는다(/막14:67). 그러나 26:71에서 그는 Ναζωραῖος(나조라이오스/막14:69)를 사용한다. 2:23에서 마태는 Ναζωραῖος(나조라이오스)를 사용하는 반면에 눅2:40의 평행구에서는 사용되지 않는다. 2:23에서 마태는 Ναζαρέτ(나자레트)를 사용하고, 누가의 평행구에서는 Ναζαρέθ(나자레프, 2:39)가 사용된다. 4:13에서는 Ναζαρά(나자라, /막1:21/눅4:31)가 그리고 21:11에서는 Ναζαρέθ(나자레프/막11:11/눅19:45)가 마태의 자료에 추가되었다. 3:13/막1:9에서는 Ναζαρέτ(나자레트) 그리고 1:20/눅2:4에서는 Ναζαρέθ(나자레프)를 탈락시킨다. 만약에 마태가 13:54/눅4:16에서 Q에 의존한다면, 그 때문에 그가 그곳에서 Ναζαρα(나자라)를 탈락시키고 있을 것이다.

52) Q의 유래에 대해서는 Wellhausen, Harnack, Tödt, Steck 그리고 Hoffmann에 대해서 언급하는 R. D. Worden, "Redaction Criticism of Q: A Survey", *JBL* 94 (1975), 546을 보라. 또한 Kümmel, *Introduction*, 70을 보라. Q에 "나사렛 예수"가 나오지 않는 것에 대해서는 R. A. Edward, *A Concordance to Q* (Missoula: Scholars Press, 1975)를 보라.

53) Twelftree, *Christ*, II장을 보라.

칭을 도입하고자 했던 것이 교리적인 이유 때문으로는 보이지 않는다. 따라서 우리는, 우리가 관찰할 수 있는 한 "나사렛 예수"는 가장 초기의 것인 부활절 이전의 이야기 전승에서 기인한 것이라는 결론을 내릴 수 있다.54)

귀신이 한 말의 다음 부분은 "우리를 멸하려고 왔나이까?"ἦλθες ἀπολέσαι ἡμᾶς;, 엘떼스 아폴레사이 헤마스이다. 이 표현은 초기 교회의 교리적인 목적을 확실하게 잘 뒷받침한다. 우리가 뒤에서 논하겠지만, 악의 멸망은 메시아 시대에 기대되던 것이었다.예. As Mos. 10.1, 3; 23장 참조 초기 교회가 그 주제를 이어받았으며눅10:18 그리고 계20:10, 복음서에서 예수는 악한 세력을 멸하는 인물로 묘사된다.예. 마12:28면 이하/눅11:20면 이하, 10장 참조 하지만, 마가나 신약성서의 나머지 부분에서는 ἀπόλλυμι 아폴뤼미, "멸하다"가 예수의 사역과 관련해서 사용되지 않는다.55) 뿐만 아니라 ἀπόλλυμι아폴뤼미는 마가복음에서 특별한 관심을 보이는 전혀 단어가 아니다. 초기 교회의 어떤 집단도 복음서들이 보여주듯이 예수의 귀신 축출이 악의 최종적 혹은 완전한 멸망이라고 생각하지 않았다.4부 참조 그리고 영적인 실체들에 대해서 언급하는 종교사적 평행들을 검토해보면, 우리가 사도행전 19장의 스게와의 아들들에 대한 이야기를 논할 때 보았듯이 영적 실체에 대한 언급은 그 영적 실체의 활동을 포함해서, 실체에 대한 묘사를 포함해야 한다는 것을 보게 된다. 사도행전 19장 13절에서 예수의 이름에 부수적으로 붙어 있는 조건qualification은 일종의 설명으로 이해하기 보다는 일종의 칭호나 확인을 위한 용도라는 주장이 제기되어 왔다.3장 참조 앞으로 살펴볼 텐데, 여기에

---

54) "나사렛 출신"이라는 표현의 셈어적 배경에 대해서는 W. C. Allen, *Matthew* (Edinburgh: T & T Clark, 1912), 16면 이하를 보라.
55) ἀπόλλυμι(아폴뤼미)에 대해서는, H. C. Hahn, *DNTT* I, 462; A. Oepke, *TDNT* I, 394면 이하; Str-B IV, 527 그리고 II, 2를 보라.

서는 오히려 그 반대에 해당한다. 마가복음 1장 24절에서 예수가 누구인지는 확인되지 않는다. "나는 아노니…"라는 말은 뒤에 나온다. 그는 묘사될 뿐이다. 이 구절에 대한 좋은 평행구가 PGM IV.3045-49에 있는데, 그곳을 보면 소환되는 신은 빛을 가져오는 분이며, 보이지 아니하시며, 그리고 지상에 비를 오게 하시는 분으로 묘사된다.56) 따라서 다시 한 번, 예수의 활동에 대한 귀신의 묘사는 본래 이야기의 일부분이라고 결론을 내릴 만한 충분한 이유가 있는 것이다.

지금까지 살펴본 바에 의하면, 통상적인 방어에 속하는 처음 부분의 말들을 제외하고는, 귀신은 계속해서 예수를 제압하려고 애쓰면서 예수의 출신나사렛과 그의 활동귀신의 멸망에 대해서 드러냈다. 이제 이 방어는 예수의 정체에 대한 지식을 나타내는 "나는 알고 있다"는 관용적인 표현에서 절정에 달한다.

이 구절의 이 부분에 해당하는 많은 평행구가 있다. 특별히 PGM VIII.6절 이하: "하늘로부터 받은 너의 이름을 나는 알고 있다, 나는 너를 그리고 너의 … 모습을 알고 있다."57) 이 같은 진술은 영적 존재에 대한 통제력을 얻으려고 고안된 주문들에서 나타난다. 그렇기 때문에, 지금까지 우리가 살펴본 바에 비추어 볼 때에, 이 관용적 표현은 마가복음 1장 24절의 상황에 부적절한 것이 아니다. 마지막으로, 우리는 이 표현의 역사적 진실성을 의심할 필요가 없는데, 왜냐하면 이 표현은 히브리어 관용구에 포함되기 때문이다. 즉, 창세기 1장 4절 "하나님께서 빛the light을 보셨는데, 그것it이 좋았다"처럼 여기에서도 종속절의 주어가 예기적 서술법prolepsis으로 사용된다.58)

---

56) 참조. PGM IV.3033면 이하.
57) 더불어서 PGM IV.1500, 2984면 이하; V.103면 이하; VIII.13; Bauernfeind, *Worte*, 11면 이하; R. Reitzenstein, *Hellenistische Wundererzälungen* (Leipzig: Teubner, 1963), 124를 보라.
58) N. Turner, *A Grammar of NT Greek* IV (Edinburgh: T & T Clark, 1976), 16.

그렇다면, "하나님의 거룩한 분"이라는 표현의 기원 문제는 어떻게 해결해야 할 것인가? 우리는 "거룩한 자"가, 비록 드물기는 하지만(눅 1:36]; 요6:69; [행3:14; 4:27,30]; 요일2:20; 계 3:7, 신약성서에서 예수와 관련해서 사용된다는 것에 주목하는 것으로 시작할 수 있다. 이 표현이 메시아적 칭호라고 확인해주는 전승은 없다. 그리고 그 시기에 정확하게 그 칭호가 사용된 다른 사례에 대해서 우리가 아는 것은 없다.참조. CD6.1의 "하나님의 거룩한 자들" 59) 이 표현의 기본 의도는 세속에서 벗어난 것을 나타내는 것이다. 즉, 신적인 영역을 나타내는 것이다.60) 따라서 이 표현은 이 영역에 속한 존재에게 사용되는 것이다.61) 그리고 중요한 것은, 인간에게도 사용된다는 것이다.CD6:1; 계22:6 62) 예레미야 1장 5절을 보면, 예언자는 "성별된다". 즉, 그는 하나님께 속한다는 것이다. 벤 시락 45장 6절을 보면, 아론을 "거룩"참조. 민16:3-5하다고 말한다. 그리고 시편 105편 16절70인역에 보면, 아론은 "주님의 거룩한 자"라고 불리운다. 참조. 왕하4:9 이러한 평행구들은 마가복음 1장 24절의 셈어적 배경을 아주 개연성 있게 해주며,63) 그리고 그 신분은 귀신 혹은 귀신들린 자의 말을 실제로 반영할 가능성을 높여 준다. 만약에 이것이 맞다면, 귀신 혹은 귀신들린 자는 예수를 단순히 하나님에게 속한 자 혹은 귀신 축출

59) R. Bultmann, *The Gospel of John* (Oxford: Blackwell, 1971), 449, 주석 4; W. R. Domeris, "The Holy One of God as a Title for Jesus", *Neotestamentica* 19 (1985), 9.

60) O. Procksch, *TDNT* I, 88면 이하; Bultmann, *John*, 448, 주석 5; H. Seebas, *DNTT* II, 224; W. R. Domeris, "The Office of Holy One", *Journal of Theology for Southern Africa* 54 (1986), 35-38을 보라.

61) 참조. W. Bousset and H. Gressmann, *Die Religion des Judentums im Späthellenistischen Zeitalter* (Tübingen: Mohr, 1966), 321 그리고 주석 2; Seebas, *DNTT* II, 225면 이하.; 참조. 또한 Bultmann, *John*, 449, 주석 5.

62) Bultmann, *John*, 449, 주석 5; Domeris, *Neotestamentica* 19 (1985), 12를 보라.

63) 참조. 삿16:17(B). F. C. Hahn, *The Titles of Jesus in Christology* (London: Lutterworth, 1969), 233; F. Mussner, "Ein Wortspiel in Mark 1:24?" *BZ* 4 (1960), 285-286 그리고 E. Schweizer, " 'Er wird Nazoräer heissen' (zu Mc 1:24/Mt 2.23)" in W. Eltester (ed.), *Judentum, Urchristentum, Kirche* (Berlin: Töpelmann, 1964), 90-93은 "나사렛 예수"가 "하나님의 거룩한 자"에 대한 언어유희였을 수도 있다고 제안한다. 참조. B. Blackburn, *Theios Anēr and the Markan Miracle Traditions* (Tübigen: Mohr, 1991), 110, 주석 65.

자로서 하나님을 섬기는 일을 하는 자로 보았던 것이다.64)

　이것으로 마가복음 1장 24절의 다양한 요소의 기원에 대한 탐구가 마무리된다. 종교사 속의 평행들 중에서 실제로 귀신들의 말로 인용될 만한 것이 거의 없다는 것이 분명해질 것이다. 사실상, 나는 "나는 알고 있다"는 관용적 표현에 정확하게 일치하는 성경 외부의 평행을 발견할 수 없다. PGM VIII.13 같은, 모든 평행구들은 도움을 받으려고 권능들에게 하는 말들이다. 불트만은 바우에른파인트의 연구와 관련 있는 이 점에 주목할 것을 요구했다.65) 불트만은, 바우에른파인트가 제시하는 증거를 보면, 귀신은 "방어적인"protective 말을 하는 위협받는 사람의 역할로 나타나며, 반면에 예수는 귀신의 역할을 한다고 말했다. 그러나 사실상 이 사건은 그런 경우에 해당하지 않는다. 오히려, 마가복음 1장 24절에서, 귀신은 기술적인 전략을 사용하는 것으로 나타나는데, 평행구들에서 이것은 권능의 도움을 청하고자 사용되는 것들이었다. 따라서 하나는 도움을 구하는 것이고, 또 하나는 무장해제를 하려는 것인데, 둘 다 강력한 초자연적 존재를 통제하려는 것이라는 면에서 상황은 동일하다.

　이야기의 다음 부분인 마가복음 1장 25절은 예수가 귀신을 쫓아내려고 사용한 기술에 대한 것이다. 이 구절의 첫 번째 부분에서, 예수는 귀신을 ἐπιτιμᾶν에피티만, "꾸짖다" 한다고 언급된다. 그동안 지적되어 온 바와 같이,66) 70인역에 나오는 ἐπιτιμᾶν에피티만의 기초가 되는 셈어 동의어인 גער g'r가 쿰란 자료67)에 나타난다. 우리가 이미 살펴보았듯

---

64) 이와는 반대로, Guelich, *Mark* I, 57은 Koch, *Wundererzählungen*, 57-61의 견해에 동의하는데, 귀신들이 예수의 신성을 인지하고 있었다고 주장한다.

65) Bultmann, *History*, 209, 주석 1.

66) J. A. Fitzmyer, "Some Observations on the Genesis Apocryphon", *CBQ* 22 (1960), 284; W. H. Brownlee, *The Meaning of the Qumran Scrolls for the Bible* (New York and Oxford: Oxford University Press, 1964), 210, n. 41; Geller, *JJS* 28 (1977), 142이 유명하다.

이위의 3장 키Kee는 이것이 전문용어이며 하나님이나 그의 대리인이 악한 세력들을 굴복시킴으로써 하나님의 통치를 확립하기 위한 길을 준비하기 위해서 내뱉은 명령하는 말을 나타내는 것임을 입증하려고 했으나 성공하지 못했다.68) 우리가 위의 3장에서 살펴보았듯이, 이 문맥에서 רעג 'r/ἐπιτιμᾶν에피티만은 단순하게 "내쫓고자 꾸짖다"로 번역할 수 있다. 키가 ἐπιτιμᾶν에피티만과 결부시키려고 했던 신학적 의미가 없더라도, 이 단어가 예수의 귀신 축출의 본래 이야기의 일부라고 볼 수 있다.

마가복음 1장 25b절에는 예수가 귀신에게 한 말이 나온다. "잠잠하고 그에게서 나오라"φιμώθητι καὶ ἔξελθε ἐξ αὐτοῦ, 피모떼티 카이 엑셀떼 엑스 아우투 다시 한 번 묻게 되는 것은 이것이다. 이 표현들이 초기 교회에서 기원했는가?

φιμώθητι피모떼티, "잠잠하라"와 관련해서, 이 침묵 명령이 초기 교회의 구성인 "메시아 비밀"Messianic Secret의 일부분일 수도 있다는 주장에 대해서 살펴볼 필요가 있다.69) 1장 34절에 비추어 보았을 때, 마가는 예수의 금지명령을 일반적인 침묵 명령으로 이해했던 것으로 보인

---

67) 1QM 14.10; 1QHf 4.6; 1QapGen 20.28-9.
68) Kee, NTS 14 (1967-8), 232-246. 참조. Harvey, Constraints, 118.
69) Wrede, Secret, 34. 그러나 각주 17에서 다음과 같은 말을 하기도 한다. "phimōthēti는 그 자체로 예수가 메시아 칭호를 거부한 것을 보여주지는 않는다. 오히려 단순히 이 표현 속에 들어 있는 귀신의 자기 표현을 제압한 것이다. 4:39에서 예수는 바다를 대상으로 동일한 표현을 사용한다. 참조. B. Weiss, Markusevang., 62; Volkmar, 89는 이 표현이 실제로 발설된 것으로 볼 근거가 적지 않다고 말한다. 그럼에도, 평행구들에 비추어 볼 때, 마가의 저자는 그 표현을 사용함으로써 예수가 메시아적 칭호로 불리는 것을 거부한 것을 나타내는 것으로 보인다." (참조. Wrede, Secret, 145면 이하). Robinson은 History, 38, 주석 1에서 이것과 관련해서 중요한 말을 한다. "Wrede는, 귀신이 잠잠하게 있는 것이 귀신의 본성이 아닌 이유를 주장하는데, 왜냐하면 이러한 설명이 야이로의 딸이 일어난 이후에(5:43) 그리고 귀먹고 벙어리 된 사람의 치유(7:36) 이후에 이어지는 침묵에 적용될 수 없기 때문이다. 그러나 Wrede는 이 평행구들을 빌미로 귀신들에 대한 명령에 나오는 적대감과 다른 때에는 적대감이 나오지 않는 것 사이의 상반된 모습을 무시하고 만다. 게다가 Wrede의 기본적인 가정, 즉 마가복음에 나오는 모든 침묵은 동일한 방식으로 이해되어야 한다는 것은, 침묵의 형식과 분위기가 다양하다는 것에 비추어 보았을 때, 심각한 문제를 야기시킨다." 참조. Schweizer, Mark, 55; C. Tuckett (ed.), The Messianic Secret (London: SPCK and Philadelphia: Fortress, 1983).

다.70) 그렇지만, 만약에 초기 교회가 이 명령을 예수에 대해서 말하는 것을 중지시키는 더 일반적인 의미를 포함시키기 원했다면, 10장 48절에서 사용하고 있는, σιώπα시오파, "침묵하라"를 사용하지 않고, "말하는 것"을 금지하는 정도가 아니라, "주문형식의 금지"incantational restriction와 아주 강하게 연결되어 있는 φιμώθητι피모떼티를 사용한 것은 놀라운 일이다.71) 즉, 누군가를 움직일 수 없는 상태로 만드는 φιμώθητι 피모떼티를 사용한 것이다.72) 반면에 마가에 나오는 다른 명령들은 침묵할 것을 요구하거나 명령하는 것에 그친다.73) 게다가, 만약에 마가복음을 출판한 자들이 φιμώθητι피모떼티의 의미를 "조용히 하라"be silent 로 이해했다면,74) 그렇다면 그들은 φωνῆσαν φωνῇ μεγάλη포네산 포네 메갈레, "큰 소리를 지르며"를 분명히 간과한 것이다.75) 다시 말해서, 1장 25절에 있는 φιμώθητι피모떼티는 마가의 나머지 부분에 나오는 금지양식과도 맞지 않으며, 이 부분을 의도적으로 수정작업을 한 것도 아니라는 것이다.76) 오히려 누군가가 혹은 무엇인가가 결박되거나 제지된다는 의미로 이해했을 수 있다.

또한, φιμώθητι피모떼티는 "마술 파피루스"에 나오는 것으로 유명하다. 예를 들어서, P. Oslo 1:161절 이하는 이렇게 기록한다. "사람의 분노를 막는 치료책… 나를 대적하는 말을 하는 그 입에 재갈을 물려라 φιμωσάται, 피모사타이!"77) 그리고 사이프러스Cyprus에서 발견된 *defix-*

---

70) Schweizer, *Mark*, 52 and RSV.
71) BAGD and LSJ를 보라.
72) 참조. Matt 22.34; Lucian, *Peregrinus*, 15.
73) Wrede, *Secret*, 34면 이하.
74) 참조. RSV.
75) 참조. Burkill, *Revelation*, 89 (그리고 주석 6).
76) Burkill, *Revelation*, 74.
77) 더 많은 사례는 다음을 참고하라. S. Eitrem, *Papyri Osloenses* I (Oslo: Norske Videnskops-Akademi, 1925), 76면 이하; BDF, §346; 참조. E. Rohde, *Psyche: The Cult of Souls and Belief in Immortality Among the Greeks* (London: Routledge and Kegan Paul, 1925), 604; Eitrem, *Notes*, 30면

*iones*저주서판, curse tablets에 보면, φιμοῦν피문과 φιμωτικόν피모티콘이 주문에서 사용되는 καταδεῖν카타데인, "묶다"과 κατάδεσμος카타데스모스, 일종의 마술 매듭와 동의어로 나타난다.78) 그리고 φιμοῦν피문의 본래 의미가 "묶다"였는데,79) 종종 혀와 관련되기도 했다.80) 따라서 귀신 축출자가 명령하는 상황에서, φιμώθητι피모떼티는 마가복음 1장 25절과 아주 잘 어울리는 것이다. 그리고 φιμόω피모오, "재갈을 물리다", "말을 막다"는 아람어 ᗺᗤᕼhsm, "재갈을 물리다"에 해당한다. 따라서 이 표현은 기독교의 편집이라기보다는 본래 전승의 일부분일 가능성이 아주 높다. 당연히, 1장 34절이 보여주듯이 - "그는 귀신들이 그를 알고 있으므로 말하는 것을 허락하지 않았다" - 이 침묵 명령은 마가의 신학적인 계획 때문에 포함되었던 것이다.81)

다음으로 살펴볼 것은 마가복음 1장 25b절에 있는 "그에게서 나오라"ἔξελθε ἐξ αὐτοῦ, 엑셀떼 엑스 아우투는 예수의 명령이다. 누가에서는 이 표현이4:35 ἐκ엑, "~로부터" 대신에 ἀπό아포, "~로부터"가 사용되었는데, 이것은 PGM IV.3013면 이하와 일치하는 것이다. 이것과 함께 PGM IV.1243면 이하를 비교해볼 수 있다.: ἔξελθε···καὶ ἀπόστηθι ἀπό τοῦ δεῖνα.엑셀떼 ··· 카이 아포크테띠 아포 투 데이나 아주 유사한 표현이 필로스트라투스의 『전기』 4.20에서 발견된다. 거기에서 아폴로니우스는

이하; U. Luz, "The Secrecy Motif and the Marcan Christology", in Tuckett (ed.), *The Messianic Secret*, 81.

78) Rohde, *Psyche*, 603면 이하의 인용; 또한 A. Audollent, *Defixionum Tabellae* (Frankfurt Main: Minerva GmbH, Unveränderter Nachdruck, 1967), 20.5; 25.13; 32.13; 참조. Fridrichsen, *Miracle*, 112를 보라.

79) BAGD; BDF §346; Kertelge, *Wunder*, 54 and 주석 87, (참조. Rohde, *Psyche*, 327, 주석 107 - 이 단어는 "'결박하기'인데, 이를 통해서 마술사(spirit-raiser)는 신비하게도 보이지 않는 존재로 하여금 그의 명령을 수행하게 한다.")을 보라.

80) 특히 Audollent, *Defixionum*, 15.24; 참조. Rohde, *Psyche*, 327, 주석 107에서 인용하는 Wünsch를 보라.

81) W. C. Robinson, "The Quest for Wrede's Secret Messiah", in Tuckett (ed.), *The Messianic Secret*, 105.

귀신에게 젊은 여인에게서 떠나라고*ἀπαλλάττεσθαι*, 아팔라테스따이 명령한다. 그리고 루시안의 *Philopseudes* 11을 보면 어떤 주문으로는 독 poision을 내쫓*ἐξελάσας*, 엑셀라사스으며, *Philopseudes* 16을 보면 어느 시리아인이 귀신을 쫓아낸다*ἐξελαύνει*, 엑셀라우네이. 그리고 우리가 지난 장에서 보았듯이, 『바벨론 탈무드』b. Me'il. 17b에 보면, 두 랍비가 귀신에게 소녀에게서 떠나라고 명령한다. 이 모든 것에 비추어 보았을 때, 그리고 귀신에게 떠나라는 이 명령이 왜 초기 교회에 의해서 전승에 포함되었는지에 대한 분명한 이유가 없다는 것에 비추어 보았을 때, 예수의 이 명령은 이야기에 추가된 것이 아니라 가장 기본적인 역사적 전승에 속한다고 보는 것이 타당하다.

이야기의 다음 부분인, 마가복음 1장 26-28절은 예수의 명령에 대한 반응인데, 첫 번째는 귀신에 의한 것이고, 다음으로는 군중에 의한 것이다.

귀신은 "그 남자를 날뛰게 혹은 경련을 일으키게 한다*σπαράξαν*, 스파락산"고 언급된다. 마가는 혹은 그가 사용하는 전승은 이러한 요소를 그 이야기 안에 잘 결합시키는 것처럼 보인다. 만약에 5장 13절을 포함한다면, 이러한 요소는 모든 이야기 안에 다 들어 있는 것이 된다. 하지만, 마가가 예수에 대한 이야기에 이 같은 폭력을 덧붙이지 않았다는 것은 그가 이 폭력의 기능에 특별히 일관된 관심을 보이지 않는다는 사실에 비추어 볼 때 명백하다. 따라서 9장 26-27절에서, 폭력은 예수의 동정심을 묘사하기 위한 방편이었을 수도 있는 것이다. 하지만, 5장 13절돼지들이 바다에 빠져 죽는 것에서는 그렇게 말하기가 어렵고, 1장 27절에서는 폭력이 예수의 권위를 극적으로 나타내고 고양시키기 위한 도구일 수도 있다.

게다가, 초기 교회의 어떤 집단도 이 요소를 예수의 이야기에 덧붙였을 것 같지는 않다. 폭력에 대한 마태와 누가의 태도는 그랬을 가능성이 상당히 높다는 것을 보여준다. 마태는 이 첫 번째 이야기 전체막 1:23-28를 생략한다. 그리고 8장 32절에서 그는 마가의 강력한 표현인 $\dot{\epsilon}\pi\nu\acute{\iota}\gamma o\nu\tau o$에프니곤토, "그들이 숨막혀 죽다/질식사하다" 막5:13c를 덜 폭력적인 $\dot{\alpha}\pi\acute{\epsilon}\theta\alpha\nu o\nu$아페따논, "그들이 죽었다"으로 바꾼다. 그는 또한 마가복음 9장 26절마17:18의 폭력적인 경련도 생략한다. 누가의 손질도 예수의 귀신 축출의 이러한 국면에 대한 초기 교회의 당혹스러움을 말해준다. 가장 주목할 만한 것은 "경련"과 "큰 소리를 지름"을 말하는 마가의 표현에 누가는 "그 사람은 해를 입지 않았다"4:35를 덧붙였다는 것이다.

따라서 처음 세 복음서 저자들은 이 점에서 초기 교회의 태도를 보여주기 때문에, 초기 교회가 예수 전승에 이러한 폭력을 집어넣었다는 것은 개연성이 없어 보인다. 그리고 모든 개연성을 고려해 볼 때, 이러한 폭력에 대한 언급은 그 사건에 대한 가장 초기의 기록으로까지 거슬러 올라간다고 볼 수 있다.

군중은 놀라는$\dot{\epsilon}\theta\alpha\mu\beta\acute{\eta}\theta\eta\sigma\alpha\nu$[에땀베떼산], 막1:27 반응을 보였다고 언급된다. 우리는 이미 이 점을 논의한 바 있으며 이것이 마가 전승의 일부일 개연성이 높다는 것을 지적했다. 그리고 특히, 예수 전승에 이 주제가 일관되게 나타나지 않는다는 것을 언급했다. 따라서 비록 우리가 확신할 수는 없지만, 이 주제가 그 사건에 대한 본래의 기록까지 거슬러 올라가는 것은 분명히 개연성이 있다.

마지막으로 요약하면, 기독교의 편집을 제거하면 이 사건의 가장 초기의 모습이라고 확실하게 말할 수 있는 것을 보게 된다. 우리의 논의에 비추어 볼 때, 다음과 같은 요소들이 포함되어야 할 것이다. (1) 귀신들린 자는 가버나움의 회당에서 예수와 대면하게 된다. (2) 마가에게 충실하게 전달된 바에 의하면 예수와 귀신들린 자가 대화한다. 그리고

(3) 군중은 놀랐을 것이다.82)

---

82) 참조. Guillemette, *NovT* 22 (1980), 222~247

7장 · 거라사의 귀신들린 자[1)
막5:1-20(마8:28-34/눅8:26-39)

이 이야기는 공관복음서에 나오는 귀신 축출 이야기 중에서 가장 놀라운 이야기이기도 하면서 동시에 본문 상으로 그리고 전승사적으로 가장 문제가 많은 것이기도 하다. 반대로 이러한 난점들은 이 이야기의 역사성에 대한 다양한 견해를 낳게 했다. 예를 들어서, 어떤 이들은 이 이야기가 역사적인 사건을 충실하게 반영한다고 보기도 하고,[2)] 반면에 다른 이들은 진정한 예수 전승에 부가된 유명한 민간 설화의 하나로 보

---

1) 관련문헌: Pesch, *Markus*, I, 29면 이하; R. Pesch, *Der Besessene von Gerasa* (Stuttgart: Katholisches Biblewerk, 1972); F. Annen, *Heil für die Heiden* (Frankfurt: Knecht, 1976); J. D. Kingsbury, "Observations on the 'Miracle Chapters' of Matthew 8-9", *CBQ* 40 (1978), 559-573 그리고 각주들; Schümann, *Lukas*. I, 479면 이하; Gnilka, *Markus* I, 199; J. D. M. Derrett, "Contributions to the Study of the Gerasene Demoniac", *JSNT* 3 (1979), 2-17; R. Girad, "Les démons de Gérasa", in *Le Bouc émissaire* (Paris: Grasset, 1982), 233-257; A. Manrique, "El endemoniado de Gerasa," *Biblia y Fe* 8 (1982), 168-179; Drewermann, *Markus*. I, 360-365; Latourelle, *Miracles*, 120-121; Guelich, *Mark* I, 271-289; Stock, *Method*, 164-169; R. Detweiler and W. G. Doty (eds.), *The Demonic Imagination Biblical Texts and Secular Story* (Atlanta: Scholars Press, 1990). "가다라"(Gadara)의 본문상의 그리고 지리적인 문제에 대해서는, G. Dalman, *Sacred Sites and Ways: Studies in the Topography of the Gospels* (New York: Macmillan, 1935), 177; T. Baarda, "Gadarenes, Gerasenes, Gergesenes and the 'Diatesseron' Tradition", in E. Ellis and M. Wilcox (eds.), *Neotestamentica et Semitica* (Edinburgh: T & T Clark, 1969), 181-197; Marshall, *The Gospel of Luke*, 336-337; Schürer, *History* I, 132-136; J. A. Fitzmyer, *The Gospel According to Luke* 2 vols. (Garden City: Doubleday, 1981 and 1985) I, 736-737; J. D. M. Derrett, *The Making of Mark* 2 vols. (Shipston-on-Stour: Drinkwater, 1985) I, 99-101; Gnilka, *Markus* I, 275를 보라.
2) 예. E. Lohmeyer, *Das Evangeliums des Markus* (Göttingen: Vandenhoeck & Ruprecht, 1959), 95-99; Taylor, *Mark*, 277-85; G. Dehn, *Der Gottessohn* (Hamburg: Furche, 1953), 110-114; C. E. B.

기도 한다.3) 일부 학자들은 레비 스트로스 학파Levi-Straussian의 구조 분석을 이 단락에 적용하려고 하기도 했다. 예를 들어서, 진 스트라보 빈스키Jean Starobinski는 마가의 이야기는 심리적인 사건이며 돼지들이 바다에 빠져 죽은 것은 "순전히 상징적인 해석을 통해서만 파악될 수 있다. 돼지들의 멸망은 반역한 영들이 심연으로 떨어지는 것을 상징한 다"고 말한다.4) 그렇지만, H. C. 키는 이렇게 말한다. "말 재주가 눈부 시다. 그러나 방법론이 실제로는 본문과는 상관이 없고, 오히려 '심오 한' =영적 의미를 다루고 있다는 것을 그 말 재주로는 숨길 수 없다."5) 일부에서는 이 이야기를 심리학적으로 해석한다.6) 반면에 또 다른 일 부에서는 1세기 귀신론의 맥락에서 해석하기도 한다.7) 한편 이 이야기 를 이사야 65장 1-5절에서 영감 받은 기독교 미드라쉬로 보기도 했 다.8) 최근에는, 사회학적 접근방법에서 얻은 통찰을 이 단락에 적용해 왔다.9) 이러한 다양한 접근방법은 우리가 예수 전승의 본질을 완전하 게 이해할 수 없을지도 모르며, 우리가 조심스럽게 접근해야 한다는 것 을 알려준다.

Cranfield, *The Gospel According to Saint Mark* (Cambridge: Cambridge University Press, 1966), 177-180. Strauss, *Life*, 430은 이 이야기가 역사적 사건을 반영하기는 하지만, 돼지들의 죽음 의 원인에 대한 합리적인 설명을 제시해주는 것으로 보았다; 참조. Mann, *Mark*, 278.

3) C. G. Montefiore, *The Synoptic Gospels* 2 vols. (London: Macmillan, 1909) I, 11; Dibelius, *Tradition*, 85면 이하; F. C. Grant, *IB*, 7, 712; W. Bundy, *Jesus and the First Three Gospels* (Cambridge, MA: Harvard University Press, 1955), 243. 참조. Pesch, *Markus* I, 282-295; Annen, *Heil für die Heiden*.

4) J. Starobinski, "Le Démoniaque de Gerasa: Analyse litéraire de Marc 5:1-20", in F. Bovon (ed.), *Analyse Stucturale et Exégese Biblique* (Neuchâtel: Delachaux et Niestlé, 1971), 72, H. C. Kee, *Christian Origins in Sociological Perspective* (London: SCM, 1980), 103에서 재인용.

5) Kee, *Origins*, 103. 특히 186-187, 주석 8을 보라.

6) 예. M. M. Baird, "The Gadarene Demoniac", *ExpTim* 31 (1919-20), 189; L. Weatherhead, *Psychology, Religion and Healing* (London: Hodder and Stoughton, 1951), 62면 이하; T. Hawthorn, "The Gerasene Demoniac: A Diagnosis Mark v.1-20. Luke viii.26-39. (Matthew viii.28-34)", *ExpTim* 66 (1954-5), 79-80.

7) Bauernfeind, *Worte*, 34면 이하; Burkill, *Revelation*, 87; J. Jeremias, *Jesus' Promise to the Nations* (London: SCM, 1957), 30, 주석 5; S. Cave, "The Obedience of Unclean Spirits", *NTS* 11 (1964-5), 96면 이하.

8) H. Sahlin, "Die Perikope vom gerasenischen Besessenen und der Plan des Markusevangeliums", *ST* 18 (1964), 159-172.

9) Theissen, *Followers*, 100-102; Theissen, *Miracle*, 예. 147-148, 254-256.

마가복음 5장의 이야기는 다음과 같다.

(1) 그리고 그들은 바다의 다른 편으로 가서 거라사인의 지방으로 들어갔다.
(2) 그리고 그가 배에서 나왔을 때 곧장 무덤에서 더러운 영에 들린 한 남자가
나와서 그를 만났는데, (3) 그는 무덤들에서 살았다. 그리고 더 이상 아무도
그를 쇠사슬로 묶을 수 없었다. (4) 왜냐하면 그는 종종 족쇄와 쇠사슬로 묶이
기도 했다. 그리고 그는 쇠사슬을 끊어버렸다. 그리고 그가 족쇄를 깨뜨렸다.
그리고 아무도 그를 굴복시킬 힘이 없었다. (5) 그리고 계속해서 밤과 낮으로
무덤들 사이와 산들 사이에서 그는 울부짖었고 스스로 돌들로 문질렀다. (6)
그리고 예수가 멀리서 오는 것을 보고 그가 달려와서 그 앞에 무릎을 꿇었다.
(7) 그리고 큰 소리로 부르짖으며 그가 말했다. "내가 당신과 무슨 상관이 있
습니까, 지극히 높으신 하나님의 아들 예수여? 내가 하나님을 의지하여 당신
에게 명하노니, 나를 괴롭히지 마소서." (8) 왜냐하면 그가 그에게 말했기 때
문이다. "더러운 영아 그 사람에게서 나오라!" (9) 그리고 그에게 물었다. "네
이름이 무엇이냐?" 그리고 그는 그에게 말했다. "레기온이 내 이름입니다. 왜
냐하면 우리가 많기 때문입니다." (10) 그리고 그에게 그 지역에서 그를 내보
내지 말기를 간절하게 간구했다. (11) 그때 산에 먹이고 있는 돼지의 큰 떼가
있었다. (12) 그리고 그들이 그에게 간구하며 말했다. "우리가 그들에게 들어
갈 수 있게 우리를 돼지들로 보내소서." (13) 그리고 그는 그들에게 허락하셨
다. 그리고 더러운 영들이 나와서 돼지들에게로 들어갔다. 그리고 그 떼가 가
파른 비탈을 내리달아서 바다로 들어갔는데, 거의 이 천이었다. 그리고 바다
에 빠져 죽었다.
(14) 그리고 그들의 목자들이 달아났다. 그리고 그것을 도시에 그리고 그 지역
에 전했다. 그리고 그들이 와서 일어난 일을 보았다. (15) 그리고 그들이 예수
에게 왔고 귀신들린 자가 옷을 입고 앉아 있는 것 그리고 레기온에 들렸던,

그가 제정신으로 돌아 온 것을 보았다. 그리고 그들이 두려워했다. (16) 그리고 그것을 본 자들이 귀신들린 자에게와 돼지들에게 일어난 것을 말했다. (17) 그리고 그들이 그에게 그들의 경계를 떠나기를 요구하기 시작했다.

(18) 그리고 그가 배에 들어갈 때, 귀신들린 자가 그에게 그가 그와 함께 있게 해달라고 부탁했다. (19) 그리고 그는 그에게 허락하지 않았다. 그러나 그는 그에게 말했다. "너의 집으로 너의 민족에게로 가라. 그리고 그들에게 어떻게 주님이 너에게 행하셨는지 그리고 너에게 자비를 베푸셨는지를 말하라." (20) 그리고 그는 떠났다. 그리고 데가볼리에 어떻게 예수가 그에게 행하셨는지를 선포하기 시작했다. 그리고 그들이 모두 놀랐다.

우리는 마가와 초기 교회가 이 단락에 어떤 기여를 했는지 찾아내는 어려운 과제를 감당해야만 하는데, 그런 다음에 우리는 이 자료를 신뢰할만한 역사적 자료를 찾는 우리의 연구에 포함시킬 수 있다.

이 단락이 상당히 긴 마가 이전 자료4:35-5:43에 들어 있던 것이며, 마가는 거의 수정 없이 자신의 복음서에 포함시켰다는 것에 대해서 일반적으로 동의한다.10)

그렇지만, 이미 두 개로 나누어져 있던 이야기들이 5장 1-20절에서 합쳐졌다는 주장도 오래 전부터 있었다.11) 이 주장은 이 이야기들 중의 하나는 본래 마가에 있는 다른 이야기들1:23-27, 3:17-19, 4:35-41 그리고 9:14-29과 공통점을 가진 귀신 축출 겸 소명 이야기라는 것이다.12) 두 번째 이야기는, 예수 전승에서는 낯선 것인데 돼지들의 몰살에 대한 전설을 담고 있었다는 것이다. 이 자료를 그렇게 나누는 것은 상당한 난

---

10) 예. Taylor, *Mark*, 94면 이하. Achtemeier, *JBL* 89 (1970), 275면 이하; Stein, *ZNW* 61 (1970), 81, 주석 36; Kertelge, *Wunder*, 112면 이하. 더 큰 단락인 4:1-8:26에 대해서는, N. R. Peterson, "The Composition of Mark 4.1-8.26", *HTR* 73 (1980), 185-217을 보라.

11) 예. Montefiore, *Gospels* I, 11; Dibelius, *Tradition*, 88; Bundy, *Jesus*, 243; D. L. Bartlett, *Exorcism Stories in the Gospel of Mark* (Yale: Ph.D. Thesis, 1972), 136면 이하.

12) Bartlett, *Exorcism*, 136면 이하.

점들을 만들어낼 뿐만 아니라 검증을 거쳐야 하는 수많은 전제에 기대는 것으로 보인다.

아마도 가장 중요한 전제는 돼지 사건이 귀신 축출이 성공했다는 증거하는 것이다. 그러나 이것은 예수 전승의 성격과는 맞지 않고, 예수보다는 오히려 티아나의 아폴로니우스나 요세푸스에 나오는 엘리아자르 같은 분위기와 더 잘 맞는다. 그럼에도, 돼지 사건과 평행되는 내용들이 유대 문헌은 물론 헬라 문헌에서도 발견된다. 예를 들어서, 요세푸스의 『유대 고대사』 8.48, 필로스트라투스의 『전기』 4.20과 베드로 행전Acts of Peter 2.4.11에서 발견된다.13)

우리는 이미 신약성서의 예수 이야기를 설명할 때, 종종 신약성서에 의존하는 것으로 보이는 외경 행전들을 사용하는 것에 대단히 신중해야 한다고 언급한 바 있다.2장 참조 그럼에도, 베드로 행전 2.4.11과 다른 이야기들이 마가복음 5장에 있는 돼지 사건의 성격과 기능을 이해하는데 도움을 준다. 첫째로, 평행 이야기들과는 반대로, 마가복음 5장의 귀신 축출자 예수는 그의 성공의 증거를 요구하지 않는다. 성공적인 치유의 증거는 사람들이 전에 환자였던 사람이 이제는 "옷을 제대로 차려 입고 제정신이 돌아와서 앉아있다"14)는 사실 뿐이다. 둘째로, 마가복음 5장 13절에서 귀신들은 베드로 행전이나 다른 평행들에 나오는 이야기들에서처럼 그들에게 적대적으로 행동하지 말고 대신에 돼지들에게 들어가게εἰσῆθον εἰς, 에이셀똔 에이스 해달라고 말한다. 셋째로, 마가복음 5장에서 귀신들은 그 지역에서 떠나가기 보다는 차라리 그 남자에게서 나가 돼지에게로 옮겨 가게 해달라고 자비를 구하는 것으로 설명된다.15)

---

13) 예. Dibelius, *Tradition*, 89; Duling, *HTR* 78 (1985), 6.
14) Dibelius, *Tradition*, 87.
15) 참조. *b. Pesaḥ*, 112b; 희년서 10.7-9; Bultmann, *History*, 224 그리고 422. Theissen의 다음과 같

우리가 방금 언급한 돼지 사건에 대한 양자택일식의 해석, 즉 귀신들이 그 남자에게서 돼지들에게로 옮겨갔다고 보는 해석을 뒷받침해주는 평행들이 있다. 바벨론 자료에 보면, 귀신 축출자들은 귀신들을 고통 받는 사람에서 다른 대상으로 옮겨가게 한다.16) 바벨론 문헌에 보면 귀신 축출자의 의도는 귀신들이 귀신 축출자가 주문을 걸어 놓은 그릇에 담겨 있는 물로 옮겨가게 하는 것인데, 그런 다음에 단지를 깨뜨려 물을 땅 바닥에 쏟아 부어서 귀신들을 제거해버리는 것이었다.17) 헬라인들Plato, Republic, 398a과 로마인들Pliny, Nat. Hist. 28.86도 악령이 사람에게서 다른 사람에게로 그리고 사람에게서 다른 물체로 옮겨간다는 것을 믿었다. 더욱 최근에는, 제임스 프레이져 경Sir James Frazer이 모로코에서는 "대부분 부유한 무어인들이 진jinn과 악령들이 말들에게서 관심을 돌려서 야생 돼지에게 들어가게 하려고 마구간에 야생 돼지를 기른다"고 보고했다.18)

이러한 종교사적 평행들이 보여주는 것은 돼지들의 멸망을 귀신 축출이 성공했다는 구체적 증거로 일어나는 것이라기보다는 치료의 일부

은 말이 흥미롭다. "내가 … (전혀 있을 법하지도 않은) 이런 가설을 제시해도 되는지 모르겠다. 귀신들린 자는 분명히 쉴 곳을 찾지 못한 죽은 자의 영들의 힘을 갖고 있다. 이것이 그들이 무덤 사이에 머무른 이유이다. 그런데 그들은 저항하다가 그들의 생명을 잃었던 죽임당한 투사들이 아니었을까?"(*Miracle*), 255, 주석 58.

16) *b. Git*, 69a; 참조. T. W. Davies, *Magic, Divination and Demonology Among the Hebrews and Their Neighbours* (London: Clarke and Leipzig: Spirgatis, 1897), 104를 보라.

17) 참조. Thompson, *Devils* II, xxxv. 이것과 관련해서 1892년에 달비엘라(d'Alviella) 백작의 히버트(Hibbert) 강연들을 인용할 필요가 있다. 그 강연에서 그는 이렇게 주장한다. "악마를 살아 있는 것의 몸체나 조약돌, 나뭇조각, 혹은 던져버릴 수 있는 어떤 것으로 쫓아버리는 것이 필수적이라고 여기는 때가 종종 있다…." Count d'Alviella, *Lectures on the Origin and Growth of the Conception of God* (London: Williams and Norgate, 1892), 88-89. G. R. Driver, "Three Technical Terms in the Pentateuch", *JSS* 1 (1956), 98은 앗시리아 귀신 축출자들은 귀신을 광야로 몰아내고, 그리고 그곳에서 귀신을 무찌르는데, 그러면 병자의 병이 제거되기도 한다고 말한다.

18) J. Frazer, *The Golden Bough*, Part 4, *The Scapegoat* (London: Macmillan, 1920), chap I, "The Transference of Evil", 31페이지에서 인용. 또한 J. D. M. Derrett, "Spirit-Possession and the Gerasene Demoniac", *Man* (n.s) 14 (1979), 268-293; Bultmann, *History*, 225 and Kee, *Medicine*, 86은 Philostratus, *Life*, 3.38을 인용한다.

로 보는 것이 더 적절하다는 것이다. 즉, 귀신들이 사람에게서 돼지들에게로 옮겨갈 수 있고, 그런 다음에 아마도 귀신들이 돼지들에게서 물에 있는 자기들의 집으로 옮겨 갈 수 있다고 믿었던 것이다.

이 이야기의 이러한 국면들이 예수의 다른 귀신 축출 이야기의 성격과 맞지 않는다는 느낌이 드는데, 왜냐하면 다른 이야기들에는 그와 같은 극적인 종결이 없으며, 다른 어느 곳에서도 예수가 사람들의 생계를 무너뜨렸다고 말하는 곳이 없기 때문이다. 그러나 우리는 어쩌면 예수와 관련된 얼마 안 되는 귀신 축출 이야기만 갖고 있을 수도 있다. 앞으로 살펴보겠지만, 예수가 그의 귀신 축출에 부여하는 비중과 공관복음서가 보여주는 인상이 이러한 것을 보여준다 또한, 다른 관점에서 보자면, 각각의 이야기들은 저마다 유일하거나 혹은 어울리지 않는 요소들uncharacteristic factors을 보여줌을 볼 수 있다. 마가복음 1장 23-28절은 그 배경이 회당이다. 마가복음 7장 24-30절은 거의 확실한 원거리 치유이며 이방인 치유이다. 그리고 마가복음 9장 14-29절에는 병든 소년뿐만 아니라 그의 아버지도 등장한다. 따라서 아마도 예수 이야기들 중에서 비전형적인 요소들을 배제하는 것으로 시작하는 것은 지혜롭지 못한 일이 될 것이다.

또한 공관 전승이 보여주는 한, 초기 교회가 거라사 귀신 축출의 이러한 국면들을 예수에게 어울리지 않는 것uncharacteristic으로 생각하지 않았다는 것이 지적된다. 종종 예수에 대한 이야기를 생략하고 축소시킴으로써 조절하는 것처럼 보이는,19) 마태가 이 주제를 예수에게 어울리지 않는다거나 혹은 가치가 없다는 이유로 삭제하지 않은 것은 주목할 만하다. 게다가, 귀신들이 제3의 인물의 행동 때문에 사람들을 떠나가는 것을 입증하거나, 마가복음 5장에서와 같이 환자에게서 다른 거처home로 옮겨가는 귀신들에 대한 이야기들이 남아 있는 것은 고대 문

---

19) Held in Bornkamm, Barth and Held, *Tradition*, 168-192를 보라.

화의 다양성으로 인한 것인데, 이는 이 이야기의 이러한 국면이 역사적인 근거가 있다는 것을 방증해준다. 그러나 그럼에도, 마가복음 5장의 이야기는 돼지 사건에 대한 다른 모든 평행 이야기들과도 상당한 차이가 있다. 그 평행 이야기들은 원하는 틀에 맞추려고 기록된 것이 분명하다.

이 이야기에 나타난 돼지 사건에 대해서 논의하다보면 우리는 역사성에 대해서 묻지 않을 수 없다. 우리는 귀신들에게 돼지들이 물로 들어가는 도중에 있는 임시거처로 이해되었을 수도 있다는 것을 살펴보았다. 우리가 논의하고 있는 것에 비추어 보았을 때, 우리는 이야기의 이러한 요소가 아마도 역사적 예수의 원 전승에 속했을 것이라는 결론을 내릴 수 있다.

두 이야기 가설의 기반이 되는 두 번째 가정은 예수와 귀신과의 대화 그리고 $\lambda\epsilon\gamma\iota\acute{\omega}\nu$레기온이라는 용어를 사용한 것이 유대 혹은 팔레스타인보다는 그 기원이 로마 혹은 헬라 쪽이라는 것이 가장 개연성 있는 것이다.

이 가정의 첫 번째 부분은 두 번째보다 훨씬 쉽게 배제시킬 수 있다. 우리는 마가복음 1장 21-28절에 있는 예수와 귀신 간의 대화를 검토하면서, 그러한 대화가 유대 혹은 팔레스타인을 그 배경에서 배제하지 않는다는 것을 분명하게 보여주기에 충분한 많은 양의 유사한 평행들을 제시한 바 있다. 이 가정의 두 번째 부분은 $\lambda\epsilon\gamma\iota\acute{\omega}\nu$레기온이 라틴어에서 차용한 단어Legio라는 것이다. 그렇지만, BC 1세기참조. Diodorus Siculus 26.5의 헬라 문헌에서도 그 단어가 발견되며 헬라어 파피루스에. P. Oxy. 1666.5절 이하 20)에서도 그 단어가 사용된 많은 사례를 볼 수 있다. 따라서 $\lambda\epsilon\gamma\iota\acute{\omega}\nu$레기온이라는 단어가 완전히 로마적 환경 외부에서도 확실히

---

20) MM, 371; BAGD, 467-468도 보라.

친숙한 것이었다고 볼만한 충분한 증거가 있는 것이다. 특히 로마 군단들이 신약성서 시대의 유대인 생활에 상당히 잘 알려졌다는 사실에 비추어 볼 때 그러하다.21) 그렇기 때문에, 우리는 두 번째 가정이 지지를 받지 못한다는 결론을 내리게 된다. 대화를 주고 받은 것과 $\lambda\epsilon\gamma\iota\acute{\omega}\nu$레기온이라는 단어가 반드시 팔레스타인의 분위기에 낯선 것은 아니며, 오히려 전체적으로 로마가 점령했던 지역에 어울리는 것이다.

두 이야기가 여기에서 합쳐진다고 주장하는 사람들의 또 다른 가정은 5장 1-20절이 귀신 축출 이야기의 양식에 부합하지 않는다는 것22)과 자료를 구분해보면 한 가지 이야기를 또 다른 복음서의 귀신 축출 이야기의 양식에 맞게 삽입한 것이 보인다는 것이다. 그러나 이야기들이 특정한 전승에 속했는지 혹은 속하지 않았는지를 구분하기 위해서 양식 비평방법을 사용하는 것은 방법론적으로 대단히 의심스럽다. 그어떤 것이든지 간에, 순수한 "양식"을 보여주는 이야기들은 거의 없기 때문이다. 특정한 이야기를 다른 것과 비교하는 것이 차이점을 드러내 줄지는 몰라도, 그 이야기들에게 오로지 "양식"에 근거해서 독단적으로 삶의 정황Sitz im Leben을 부여하는 것은 역사가로서는 "잘못된 도구"를 사용하는 것이다.23)

한편 돼지들이 있다는 것을 추가함으로써 관심사항과 주제가 변하게 되었다고 추정하기도 한다. 하지만, 한 가지 이야기가 반드시 한 가

---

21) J. D. M. Derrett은 여기에 많은 군사용어가 있다고 제안하는데("Legend and Event: The Gerasene Demoniac: An Inquest into History and Liturgical Projection", in E. A. Livingstone [ed.], StudBib 1978 II [Sheffield: JSOT, 1980], 63 그리고 주석 4), $\dot{\alpha}\pi o\sigma\tau\acute{\epsilon}\lambda\lambda\omega$(아포스텔로, 보내다), $\dot{\epsilon}\pi\iota\tau\rho\acute{\epsilon}\pi\omega$(에피트레포, 허락하다), $\dot{o}\rho\mu\acute{\alpha}\omega$(호르마오, 내달리다), 그리고 $\dot{\alpha}\gamma\acute{\epsilon}\lambda\eta$(아겔레, 떼)가 그 자체로 군사적인 모티브가 아니라 여러 가지 다양한 의미를 갖는 것에 비추어 볼 때 그 제안은 거의 의미가 없다.

22) Bartlett, Exorcism, 139. Kertelge, Wunder, 52에서 설정하고 있는 기준을 보라.

23) M. D. Hooker, "On Using the Wrong Tool", Theology 75 (1972), 570-581; 참조. G. Stanton, "Form Criticism Revisited", in M. Hooker and C. Hickling (eds.), What about the NT? (London: SCM, 1975), 13-27. 또한 E. Güttgemanns, Candid Questions Concerning Gospel Form Criticism (Pittsburgh: Pickwick, 1979)에 있는 양식비평에 대한 논의를 보라.

지 중심 주제만 가져야 한다고 볼 필요가 있을까? 그리고 갈등이 삽입되었다기보다는, 돼지들 사건이 확실하게 치유된 사람을 반영하는 것이며, 그에 대한 고조된 관심을 나타내는 것은 아니었을까? 다른 말로 하자면, 돼지들의 운명 때문에 무리가 와서 일어난 일과 남자가 옷을 입고 온전한 정신으로 앉아 있는 것을 본다는 것이다.

그런 식으로 이야기를 나누면 그 단락의 시작과 끝 부분을 구분하는 어려움이 줄어들 것이라고 보기도 한다. 그러나 두 이야기 이론에 의하면 단락의 시작 부분에 대한 난점들은 마가 때문인 것으로 치부되고, 이야기가 끝나는 지점에 대한 난점들은 첫 번째 이야기의 탓으로 남게 된다.

마지막으로, 현재 이야기에 있는 본문상의 난점들과 불일치들은 이야기를 나눔으로써 해결될 것이라고 생각한다. 그러나 이야기를 구분하는 것은 8절의 위치에 대한 난점을 설명해주는데 도움이 되지 않을 뿐더러, 어휘의 변화를 설명해주지도 못하고, 이야기의 종결 부분에 대한 문제도 해결해주지 못한다. 실제로, 두 이야기가 결합되었다고 주장하는 것은 최소한 한 가지 중요한 문제를 야기한다. 즉 첫 번째 이야기에서 군중이 예수에게 그 지역에서 떠나달라고 하는 과격한 요구를 할 만한 이유가 충분히 설명되어야 한다는 것이다. 예수의 다른 귀신 축출 이야기에 비추어 보았을 때 두려움이나 놀라는 것은 예상할 수 있지만, 그 지역을 떠나달라는 요구는 예상 밖의 것이다.24)

이렇게 두 이야기 가설을 검증해본 결과, 이 가설이 이 이야기를 나누었을 때 각 부분들의 기원을 설명하는 것과 현재 상태로의 이야기의 난점들을 설명하는데 과연 유용한지 심각한 의문을 제기하게 된다. 우리는 이 본문이 진행되는 순서에 따라 연구해보면서 이 이야기의 문제

---

24) 참조. J. F. Craghan, "The Gerasene Demoniac", *CBQ* 30 (1968), 527.

점들을 설명하는데 도움이 될 만한 다른 설명들이 있는지 살피게 될 것이다.

종종 논쟁거리가 되었던 또 다른 중요한 문제점은 이야기의 종결에 대한 것이다. 라이트푸트R. H. Lightfoot는 이 이야기가 5장 15절에서 끝나는 것이 적절해 보인다고 주장했다. "이 구절에 나타난 증거는, 첫째, 치료의 사실성과 완전성'옷을 입고 정신이 온전하여'이며, 그리고 둘째, 증인들의 반응'그들이 두려워하더라'이다."25) 그럼에도, 짚고 넘어가야 할 명백한 점은 비록 15절이 이야기의 종결이 될 수도 있었지만, 그렇지 않다는 것이며, 라이트푸트의 견해를 지지하는 격이 되겠지만, 16-20절이 편집된 부분처럼 보인다는 것이다.

15절은 *καὶ ἐφοβήθησαν*카이 에포베떼산, "그리고 그들이 두려워했다"로 끝난다. 이것은 마가의 편집일 가능성이 있는데, 왜냐하면 마가의 구도 안에서 예수의 기적에 대한 반응은 4장 41절을 연상시키기 때문이다.26) 그러나 그러한 반응은 예상할 수 있는 것이다.

16절목격자들이 일어난 일을 보고한다은 위치가 잘못된 것으로 여겨져 왔다. 14절과도 잘 맞지 않을뿐더러목자들이 일어난 일을 알리려고 달려간다, 15절 때문에 중복된다는 것이다사람들이 와서 일어난 일을 보고 있다 27) 그러나 "선교"모티브가 마가의 특별한 관심에 부합한다고 하더라도, 16절에서는 마가의 손질이 거의 보이지 않는 관계로 최소한 마가 이전의 것으로 보인다. 그리고 이야기의 깔끔하지 못한 상태가 마가의 편집을 거쳤다기보다는 마가의 전승에서 나온 것이라고 보는 것이 훨씬 개연성 있어 보인다.

---

25) R. H. Lightfoot, *History and Interpretation in the Gospels* (London: Hodder and Stoughton, 1935), 88; 또한 Craghan, *CBQ* 30 (1968), 527도 보라.
26) Pesch, *Markus*. I, 292.
27) Anderson, *Mark*, 146.

17절에 있는 $\overset{,}{a}\pi\acute{\epsilon}\rho\chi\epsilon\sigma\theta\alpha\iota$아페르케스따이, "떠나다", $\overset{,}{a}\rho\chi\epsilon\sigma\theta\alpha\iota$아르케스따이, "시작하다" 그리고 $\overset{,}{o}\rho\iota o\nu$호리온, "지역"은 마가가 창작한 것임을 보여주는 증거일 수도 있다.28) 그렇지만, 다른 한편으로, 예수에게 그 지역을 떠나달라는 요구는 사람들이 그에게서 두려움을 느낀 자연스러운 결과이며 따라서 본래 이야기의 부분이라고 볼 수도 있다. 판단하기 어렵긴 하지만, 모든 점을 고려해볼 때, 나는 16절과 17절이 마가 전승의 일부분이라고 보는 결론 쪽에 가깝다.

그렇다면 18-20절은 본래 이야기에 추가된 것인가? 브레데는 이 구절들이 "메시아 비밀" 이론의 연장선상에서 구성된 것이라고 본다. 즉 이야기를 보완하려고 덧붙인 것인데, 이것은 예수가 자신의 의지를 표명하는 7장 36절과 동일한 종류라는 말이다. 이것이 마가가 덧붙인 것이라는 주장을 뒷받침하려고, 브레데는 여러 가지 증거를 제시했다. 그렇지만, 그 증거들은 달리 해석할 여지가 있는 것들이다. 그것들을 열거해보면 이렇다.29) (1) 19절"집으로 가서…"과 20절"그가 데가볼리에 전파했다" 간의 충돌은 20절이 $\delta\acute{\epsilon}$데, "그러나"가 아니라 $\kappa\alpha\acute{\iota}$카이, "그리고"로 시작하기 때문에 전형적인 것이 아니다.참조. 1:45a, 7:36b 30) 그러나 $\kappa\alpha\acute{\iota}$카이가 마가에서 흔히 볼 수 있듯이 셈어의 반의적인 용법Semitic adversative을 반영할 개연성이 가장 높다는 것을 염두에 둘 필요가 있다.31) (2) $o\hat{\iota}\kappa o\varsigma/o\iota\kappa\acute{\iota}\alpha$오이코스/오이키아, "집"가 항상 비밀과 은둔의 장소는 아니다. 참조. 예. 2:1,15, 3:30, 14:3 (3) $\overset{,}{o}$ $\kappa\acute{\upsilon}\rho\iota\acute{o}\varsigma$호 퀴리오스, "주님"이라는 칭호는 이야기가 전승된 과정의 그 어떤 단계에서도 $\overset{,}{o}$ $'I\eta\sigma o\hat{\upsilon}\varsigma$호 예수스, "예수"와

---

28) Pryke, *Style*, 141 그리고 Neirynck, *ETL* 57 (1981), 52; Neirynck, *ETL* 63 (1987), 368을 보라.

29) Burkill, *Revelation*, 92에서 인용.

30) 참조. Taylor, *Mark*, 258. 데가볼리라는 용어에 대해서는 S. T. Parker, "The Decapolis Reviewed", *JBL* 94 (1975), 437-441을 보라.

31) Taylor, *Mark*, 48-49, 57-58; C. F. D. Moule, *An Idiom Book of NT Greek* (Cambridge: Cambridge University Press, 1959), 178 그리고 Black, *Aramaic*, 62-69를 보라.

대립될 필요가 없다. (4) 그 남자가 예수의 메시아 되심을 전파한다고 생각되지는 않는다.32) 오히려 "예수께서 행하신 것"을 전파할 뿐이다. 우리는 여기에 덧붙여서 ὁ κύριός호 퀴리오스, "주님"께서 행하신 것이라는 예수의 말은 하나님께서 역사하셔서 치유되었다는 것이므로 초점을 자신에게서 멀리하는 것이라는 점을 지적할 수 있다. 따라서 마가는 이 구절들을 "메시아 비밀" 이론의 연장선에서 구성한 것이 아니라는 결론 내려도 무방할 것이다.33)

그러나 마가가 18-20절에 대해서 또 다른 이유들 때문에 관여한 것은 아닌지, 그리고 그랬다면 어떤 방법으로 그랬는지에 대한 질문은 여전히 남는다. 18a절-"그리고 그가 배에 들어갈 때"-은 어쨌든 "배" 모티브를 담고 있는 마가 이전의 전승으로 보는 것이 가장 개연성이 높아 보인다. 그렇지만, ἵνα μετ' αὐτοῦ ᾖ하나 메트 아우투 에, "그와 함께 있게 해달라", 5:18는 그 남자의 부탁은 3장 14절에 있는 예수가 열둘을 임명한 목적과 사실상 동일한데, 그것이 그 문구가 유사한 형태ἵνα ὦσιν μετ' αὐτοῦ[히나 오신 메트 아우투], "자기와 함께 있게 하시려고"로 나타나는 유일한 사례이다.34) 따라서 18b절과 καὶ οὐκ ἀφῆκεν αὐτόν카이 우크 아페켄 아우투, "그리고 그는 그에게 허락하지 않았다" 그리고 아마도 19절의 ἀλλά알라, "그러나"가 마가에게서 기원한 것으로 보는 것이 타당할 것이다.

비록 19절과 20절 사이에 브레데가 생각하는 방식의 그런 충돌은 없지만, 그 구절들 사이에 분명한 차이점은 있다. 일반적으로 οἶκος오이코스의 가장 널리 쓰이는 의미는 "가족" 혹은 "친족"이다.35) 그러나 치유 받은 사람의 "행정구역"인 데가볼리가 οἶκος오이코스와 대립되는

---

32) Wrede, *Secret*, 141는 그렇게 암시한다.
33) Burkill, *Revelation*, 92도 보라.
34) Taylor, *Mark*, 284 그리고 K. Stock, *Boten aus dem Mit-Ihm-Sein* (Rome: Biblical Institute, 1975).
35) BAGD를 보라.

것은 아니지만 확실히 훨씬 넓은 개념이다. "데가볼리"는 마가가 전승에서 전해 받은 부분이라는 것이 가장 확실해 보이는데, 왜냐하면, 아마도 로마에서 저술되었을 것으로 보이는 마가가 본래 있지 않던 데가볼리를 추가했을 것 같지 않기 때문이다. 그러나 19절$\dot{v}\pi\acute{a}\gamma\epsilon\iota\nu$[휘파게인, "가다"], $o\hat{\iota}\kappa o\varsigma$오이코스과 20절$\dot{a}\pi\acute{\epsilon}\rho\chi\epsilon\sigma\theta\alpha\iota$[아페르케스따이, "가다", 36) $\check{a}\rho\chi\epsilon\sigma\theta\alpha\iota$아르케스따이, "시작하다", 37) $\kappa\eta\rho\acute{v}\sigma\sigma\epsilon\iota\nu$[케뤼쎄인, "전파하다"]38)의 어휘와 문체가 마가의 특징을 보여준다. 또한 $\check{\iota}\nu\alpha\ \mu\epsilon\tau'\ a\dot{v}\tau o\hat{v}\ \mathring{\eta}$하나 메트 아우투 에와 $\kappa\eta\rho\acute{v}\sigma\sigma\epsilon\iota\nu$케뤼쎄인은 마가가 이 구절들과 소명 주제 그리고 제자들의 선교 주제를 연결했을 가능성을 더 분명하게 확인시켜주는데 일조한다. 따라서 우리는 마가가 잠재된 선교 주제를 부각시키려고 이전에는 간략했던 종결 부분을 재서술하고 보강했을 것이라는 느낌을 갖게 된다.39)

따라서 마가 이전의 전승에서 이 이야기의 종결 부분이 청중들의 두려움에 대한 언급15절 이상으로 확대되어 있었던 것으로 보인다. 마가이전의 종결 부분에는 아마도 청중들이 일어난 일에 대해서 말하는 것에 대한 언급16절과 예수에게 그 지역을 떠나달라고 요구하는 것17절이 포함되어 있었던 것 같다. "예수와 함께" 있게 해달라는 요구18절는 아마도 예수가 배에 들어간다는 언급18a절과 그 사람에게 집으로 가라고 말하는 것19b절에 마가가 추가한 것으로 보인다. 마가가 선교 주제를 포

---

36) $\dot{v}\pi\acute{a}\gamma\epsilon\iota\nu$(휘파게인), $o\hat{\iota}\kappa o\varsigma$(오이코스) 그리고 $\dot{a}\pi\acute{\epsilon}\rho\chi\epsilon\sigma\theta\alpha\iota$(아페르케스따이)에 대한 마가의 특별한 관심에 대해서는, *HSE* 69, 78, 83; Pryke, *Style*, 141; Neirynck, *ETL* 57 (1981), 153-156; Neirynck, *ETL* 63 (1987), 369, 372를 보라.

37) 이 단어는 종종 논란의 핵심이 되곤 했다. Taylor, *Mark*, 63면 이하를 보라. 이 구절의 구조가 능숙한 구어체 헬라어인 것에 비추어 볼 때, 이 단어는 이 구절이 팔레스타인에서 기원했다는 증거로는 사용될 수 없다(H. St. J. Thackeray, "An Unrecorded 'Aramaism' in Josephus", *JTS* 30 (1929), 361-370, 특히 370; 참조. Black, *Aramaic*, 125면 이하). 여하튼 말투는 전형적인 마가의 것이다. Pryke, *Style*, 79면 이하를 보라.

38) Lightfoot, *History*, 106면 이하에 있는 추가 주석; Schweizer in *Neotestamentica et Patristica NovTSup* 6, 35면 이하; Neirynck, *ETL* 57 (1981), 154; Neirynck, *ETL* 63 (1987), 371.

39) 참조. Nineham, *Mark*, 155 그리고 Schweizer, *Mark*, 113.

함시키는 것이 필요하다고 보았기 때문에, 그 사람이 집에서 데가볼리로 가는 것을 언급함으로써 종결 부분을 강조하고자 보강했던 것으로 보인다.

우리는 이제 중심 부분을 살펴보아야 하는데, 마가가 추가한 또 다른 중요한 것이 있는지, 그리고 특정 부분이나 아니면 전체 이야기가 역사적 예수와 얼마나 관련 있는지에 대해서 주의를 기울이게 될 것이다.

2절과 6절에서 예수는 두 번에 걸쳐서 귀신들린 사람을 만난다. 슈바이처는 이것에 대해서 두 가지 가능한 설명을 제시한다. 그가 제시하는 첫 번째 설명은 전승이 여러 번에 걸쳐서 수정되었는데, 그로 말미암아 2절에서 ἔδραμε에드라메, "달려오다"가 빠졌을 가능성에 근거한 것이다. 슈바이처의 두 번째 설명은, 매력적이면서도 간단한 설명인데, 6절을 3-5절의 여담에 이어서 이야기를 서투르게 속행하는 것이라고 볼만한 상당한 이유가 있다는 것이다.[40] 그리고 우리는 누가8:29가 이 지점에서 이야기를 종결하려고 했다는 것에 주목할 필요가 있다.

μνημεῖον므네메이온, "무덤", 2절과 μνῆμα므네마, "무덤", 3절과 5절의 어휘상의 차이에 대해서, 명확하게 설명할 수는 없다. 그러나 μνῆμα므네마가 마가가 사용하던 단어였을 가능성이 있다.[41] μνῆμα므네마가 3-5절에 마가가 삽입한 마가의 단어였다 하더라도, 마가가 이 단락을 추가하고, 구성했다거나 상당한 손질을 가했다고 암시하는 증거는 없어 보인다. 어쨌든, 이 단어들을 차별할만한 뚜렷한 근거는 없다.[42]

6절은 귀신들린 사람이 멀리서부터 달려갔고 그런 다음에 엎드렸고

---

40) Schweizer, *Mark*, 112; 참조. Taylor, *Mark*, 280. 귀신들린 자를 결박하고 족쇄 채우는 것에 대한 평행을 위해서는, Geller, *JJS* 28 (1977), 143-144를 보라. 그리고 Derrett, *Man* (n.s.) 14 (1979), 287도 보라.
41) 신약성서에서 이 단어는 마가복음에 4회, 누가복음에 2회, 요한계시록에 1회 나온다.
42) O. Michel, *TDNT* IV, 679 그리고 C. J. Hemer, *DNTT* I, 264를 보라.

그리고 예수께 경배προσεκύνησεν, 프로세퀴네센했다고 말한다. 최소한 귀신들린 자의 행동에 대한 그러한 해석은 초기 교회에서 기인한 것으로 보이는데, 특히 그 다음에 이어지는 메시아 고백처럼 보이는 것7절에 비추어 볼 때 그러하다. 그러나 앞 장에서 보았듯이 귀신들린 자들이 예수를 만났을 때 극도로 불안했다는 것이 거의 확실해 보인다. 그렇기 때문에 προσεκύνησεν프로세퀴네센은 아마도 예수 면전에서 귀신들린 사람이 엎드린 것에 대한 후대의 해석으로 보아야 할 것이다.

7절의 φωνῇ μεγάλῃ포네 메갈레, "큰 소리"라는 표현은 무엇을 말하는가? 앞에서 ἀνακράζειν아나크라젠, "부르짖다", 1:23에 대해서 살펴 본 것에 비추어서 이 표현에 대한 결론을 도출해낼 수 있을 것으로 보인다. 즉, 이 표현이 귀신 축출 이야기들 속에서 지속적으로 사용된 것도 아니고, 그리고 그런 현상은 기독교 전승 외부에서도 알려진 것이기 때문에,43) 그 표현은 역사적 사건을 반영하는 것으로 볼 수 있을 것이다.

이제 다시 예수와 귀신들린 자의 대화5:7-13에 나타난 다양한 요소들의 기원에 대한 논의로 돌아가 보자.

1. τί ἐμοὶ καὶ σοί;.티 에모이 카이 소이, "내가 당신과 무슨 상관이 있습니까?" 7절 이것은 귀신들린 사람이 예수에게 던진 말에 있는 네 가지 표현 중에서 첫 번째 것이다. 마가복음 1장 24절에 대해 논의하면서6장 참조, 귀신의 말들이 귀신 축출자의 위협을 제거고자 의도된 방어적 행동 defensive action으로 이해해야 한다는 점을 확인했다. 이 구절의 문맥, 구조와 어휘가 이 구절도 동일한 방식으로 이해해야 한다는 것을 보여준다. 이 첫 번째 표현이 1장 24절에 의존하지 않는다는 것이 ἡμῖν헤민, "우리"에서 ἐμοί에모이, "나"로 바뀌는 수의 변화를 통해서 암시된다.44)

---

43) 예. Philostratus, *Life*, 4.20.
44) Bauernfeind, *Worte*, 24; 참조. Burkill, *Revelation*, 88.

2. 우리는 앞에서 그 이름을 귀신이 건넨 말의 일부분으로 이해해야 한다는 것을 주장한 바 있다.6장 참조 그러나 그 말에 들어있는 *Ἰησοῦ*예 수라는 이름 때문에 집착할 필요는 없다. 오히려 *υἱὲ τοῦ θεοῦ*휘에 투 떼우, "하나님의 아들", 7절이라는 중요한 표현에 대해서 논해야 한다. 마가 가 이 칭호에 특별한 관심을 보이는 것은 의심의 여지가 없다.45) 그러 나 이 구절이 마가가 창작한 것이라고 볼 만한 다른 증거는 거의 없으 며, 마가에서 이 칭호가 호격으로 사용된 것도 이번 한 번 뿐이다.

만약에 예수를 "하나님의 아들"이라고 부르는 것을 마가가 추가한 것이 아니라 하더라도, 마가 이전의 교회가 이 칭호를 여기에 삽입하는 것이 적절하다고 생각했을 수도 있다. 그럼에도, 4부에서 논의할 것을 미리 조금만 언급하자면, "하나님의 아들"이라는 칭호가 팔레스타인이 라는 환경에서는 아주 친숙했으며, 그 칭호는 하나님과의 친밀한 관계 를 나타내도록 사용되던 것이었다는 점을 주목할 필요가 있다. 게다가 귀신들이 항변하면서 자기들의 대적자의 성격과 기원을 포함시킨 것으 로 보이기 때문에, 초기 교회가 이 부분에 "하나님의 아들"을 삽입할 필요가 있었을 것 같지는 않다.17장 참조

예수에 대한 칭호의 마지막 부분은 *τοῦ ὑψίστου*투 휘피스투, "지극히 높으신 [하나님]", 7절이다. 먼저, 우리는 팔레스타인에서는 이 칭호가 다른 무엇보다도 메시아 혹은 기름부음 받은 자 같은 인물들에게 적용되었 다는 것을 쿰란 사본에 들어있는 위 다니엘계Pseudo Danielic 문헌 4QpsDan Aa [=4Q243]을 통해서 알고 있다.46) 비록 귀신이 항변defence하 는 문맥에서는 이 칭호와 정확하게 일치하는 평행을 찾아내지 못했지

---

45) [1:1], 3:11, 8:38, 9:7, 12:6, 13:32, 14:36,61, 15:39 그리고 Dehn, *Gottessohn* and Kee, *Community*, 121면 이하를 보라.

46) J. A. Fitzmyer, "The Contribution of Qumran Aramaic to the Study of the New Testament", *NTS* 20 (1973-4), 393; J. A. Fitzmyer, *A Wandering Aramean* (Missoula: Scholars Press, 1979), 90-94. 또한 R. R. Trebilco, "Paul and Silas - 'Servants of the Most High God'", *JSNT* 36 (1989), 51-73을 보라.

만, 마술-주문 문헌에서는 발견된다. 그러나 그 칭호는 여기에는 맞지 않는다. PGM IV.1067면 이하는 어떤 신을 "가장 높으신 하나님의 선하시고 거룩하신 빛"이라고 부른다. PGM V.46에 나오는 어느 주문의 권위자authority는 "지극히 높으신 하나님의 이름"이다.47) 신약성서에서 이 칭호는 그리스도인 귀신 축출자에게 대항하는 귀신의 항변의 일부분으로 각기 다른 두 전승에서 확인된다. 이곳과 바울을 "지극히 높으신 하나님의 종"이라 부르는 사도행전 16장 17절이다. ὕψιστος휘피스토스, "가장 높으신 분"가 신의 이름이고, 신약성서 전승 중에서도 예외에 속한다는 사실과 더불어서,48) 이러한 점은 마가나 초기 교회가 이 칭호를 귀신의 항변에 삽입할 필요가 있었다는 것은 개연성이 없음을 보여준다. 다시 말해서, 이 칭호는 이 사건에 대한 최초의 보도에 포함되어 있었다고 확신할만한 충분한 이유가 있어 보인다는 것이다.

Ὁρκίζω σε τὸν θεόν오르키조 세 톤 테온, "내가 하나님을 의지하여 당신에게 명하노니", 7절이 귀신이 항변하는 말에 나오는 세 번째 요소이다. Ὁρκίζω오르키조, "엄명하다", "탄원하다"는 이 상황에 완벽하게 들어맞는다.49) 이 이야기가 전승되던 역사의 어느 단계에서도 이 단어가 추가될 필요가 없었을 것이라는 점은 이 이야기에 대한 후대의 편집을 보면 분명해진다. 마태는 이 단어를 생략하고8:29, 누가는 완화시키는데8:28, 이는 그들이 귀신이 초자연적인 힘으로 예수를 결박하려고 했다는 개념을 거부한다는 것을 암시하는 것이다. "하나님을 의지하여…"라는 명령 양식은 PGM에서 발견되는 양식과 완벽하게 일치한다. PGM IV에 있는 두 가지 사례와 서판書板, tablet에 나오는 한 가지 사례를 제시해볼 수 있겠다. PGM IV의 3019-20번째 줄은 이렇게 기록한다. "나

---

47) 또한 PGM XII.63면 이하, 72; (참조. T. Sol. 여기에서도 이 칭호가 사용된다); MM.을 보라.
48) G. Bertram, *TDNT* VIII, 620; 또한 Hahn, *Titles*, 291면 이하를 보라.
49) Twelftree, *Christ*, 43을 보라; 또한 Bruce, *Acts* (1952), 358을 보라.

는 히브리인들의 하나님을 의지하여 당신에게 명하노라όρκίζω, 오르키조…." 그리고 3046번째 줄은 이렇게 기록한다. "… 나는 빛을 주시는 하나님을 의지하여 당신에게 명하노라όρκίζω, 오르키조…"50) 아프리카의 로마 식민지인 비자키움Byzacium 지역의 수도인 고대의 아드루메툼 Adrumetum의 거대한 공동묘지necropolis에서 발굴된 납으로 만든 서판 lead tablet은 이렇게 기록하고 있다: "나는 너 사악한 영을, 아오스Aoth 의 거룩한 이름들에 의지하여, 결박하여bind, όρκίζω, 오르키조 여기에 두 노라…"51) 따라서 5장 7절에서, 마가는 귀신이 예수를 결박하려고 하나님을 권능의 원천으로 사용한다고 이해했을 것이다.

귀신의 말에서 제일 마지막 부분은 "나를 괴롭히지 마소서"μή με βασανίσῃς[메 메 바사니세스], 막5:7이다. 마태복음 8장 29절과 누가복음 8장 28절에 보면, 초기 교회가 귀신의 이 말을 통해서 어떤 의미를 발견했는지를 알 수 있다. 그 말이 초기 교회에게는 종말론적 의미가 있었음이 분명하다. 그렇다면 이 같은 항변의 구성요소들의 역사성을 신뢰할만한 근거가 있을까? 내가 생각하기로는, 귀신에게 일어난 일에 대한 언급에 비추어보건대 그 귀신들이 최종적으로 멸망당한 것이라고 간주되지는 않으며 [5:10-13을 보라], 마가도 5장 7절을 종말론적 의미로 보지 않았다, 이 표현은 아마 본래부터 있던 것으로 보인다.

8절"왜냐하면 그가 그에게 말했기 때문이다. '더러운 영아 그 사람에게서 나오라!'" 의 위치를 어떻게 보아야 할 것인가는 마가의 해석자들에게 오래된 문제이다. 여기에는 최소한 세 가지 해결방안이 있다.52) 첫째는, 7절 앞

---

50) 참조.Josephus, 『유대 고대사』 8.45절 이하에서는 솔로몬의 이름이 사용된다.

51) 더 자세한 내용은 BAGD를 보라; 참조. K. L. Schmidt, *TDNT* V, 462면 이하와 각주들; 참조. Josephus, *Ant*, 18.124); 참조. P. Oxy, 3275.40, 46; 3295.19, 24에서는 όρκίζω(오르키조)가 "맹세"의 의미로 사용된다. 또한 Bell (et al.), *Proceedings of the British Academy*, 17 (1931), 251, 19째 줄 이하도 보라. 참조. p.255, 266 그리고 예. PGM IV.3019, 3033, 3039, 3045, 3052, 3056; Deissmann, *Studies*, 274; 참조. P. Oslo 1:153 그리고 72면 이하; (그리고 비록 그리스도인의 작품이기는 하지만, *T. Sol.*의 여러 부분들도 보라); MM 그리고 LSJ.

에 8절이 놓여있었는데, 귀신이 곧바로 복종하지 않기 때문에 후대에 그 위치가 바뀌었다는 것이다. 그러나 그렇다면 우리는 이렇게 묻게 된다. 왜 그 명령을 그냥 삭제해버리지 않은 것일까? 둘째는, 8절이 본래 이야기에 들어 있던 부분이 아니라 편집자가 후대에 삽입한 것일 수도 있다는 것이다.53) 그러나 다른 귀신 축출 이야기에서 살펴본 것에 비추어 볼 때, 만약에 그러한 명령이 추가될 필요가 있었다고 한다면 그게 오히려 이상한 일인 것이다. 셋째는, 8절이 본래부터 그 자리에 있었다는 것이다. 예수가 너무 강하기 때문에 귀신이 한 눈에 보기에도 자기가 희생자에게서 나올 수밖에 없다는 것을 알아차렸다는 것이다. 명시적인 명령이 곧장 필요하지는 않았기 때문에 그것은 종속절에서 회고의 형식으로 나온다는 것이다. 버킬은 이야기가 전반적으로 부수적인 세부사항들을 설명하면서 밝은 분위기를 보여주고 있기 때문에 이 해결방법을 선호했다.54) 하지만, 8절은 분명히 일종의 명시적인 명령임을 보여준다. 따라서 이 세 가지 해결방법 중에서 타당한 것은 없는 것으로 보인다.

8절을 현재의 위치에 두도록 하는 또 다른 가능성이 있다. ἔλεγεν γὰρ αὐτῷ엘레겐 가르 아우토, "왜냐하면 그가 그에게 말했기 때문이다"라는 표현을 통해서, 실제 화자—마가가 되었든 혹은, 그보다 이전의 누군가가 되었든, 이게 더 개연성이 있어 보인다—가 뒤이어 나오는 명령과 조금 전에 귀신이 한 말을 연결시키려고 했다는 것은 분명하다. 그렇기 때문에, 막 1장 24-25절에서와 마찬가지로, 예수를 만나는 그 순간에 귀신이 소리를 질러대면서 항변한 것으로 볼 수 있다. 그때 아마도 예수의 명령과 거의 동시적으로, 귀신이 예수의 공격을 회피하려고 몸부림 쳤

---

52) Burkill, *Revelation*, 89면 이하를 보라.
53) 참조. Pryke, *Style*, 14.
54) Burkill, *Revelation*, 90.

던 것일 수도 있다. 그래서 화자는 이러한 신속하고도 중첩되는 대화가 전달되도록 우리가 8절에서 보는 바와 같은 해결책을 사용했던 것이다.55) 이러한 설명의 장점은 9절"예수께서 그에게 물으셨다. '네 이름이 무엇이냐?'…"과 의미가 통한다는 것이다. 누군가의 이름을 안다는 것은 그를 통제할 능력을 갖는 것과 마찬가지라는 통념이 있었다.56) 만약에, 간략하게 살펴볼 수밖에 없지만, 우리가 이런 식으로 9절을 이해한다면, 8절의 명령이 성공적이었는지를 묻는 것은 지나친 것이 될 것이다. 그렇지만, 만약에 "하나님을 의지해서" 귀신이 명령한 것과 귀신에게 "나오라"고 명령한 것이 어느 정도 겹쳤다고 한다면, 아마도 그 둘이 서로를 소멸시키고 말았을 것이며, 그렇기 때문에 예수는 한 번에 성공하지 못한 것이 되고, 9절이 필요하게 되는 것이다. 예수가 항상 한 번에 즉시 치유하는 것은 아니라는 것은 마가복음 8장 22-6절에서 시각장애인을 두 단계에 걸쳐서 치료하는 것에서 볼 수 있다.57) 뿐만 아니라, 사도행전 19장 13-19절은 귀신 축출에 성공하지 못한 사례를 보여주는데, 이것은 귀신들린 사람이 귀신 축출자를 신뢰하지 않았기 때문에 벌어진 일이다.

그러나 과연 9절을 귀신에 대한 주도권을 쥐기 위한 예수의 추가적인 시도로 이해하는 것이 타당한 것일까? 조금 전에 언급한 바와 같이, 고대 사회에서는 누군가의 이름을 아는 것은 그 사람을 통제할 힘을 얻

---

55) 참조. *Good News Bible*은 8절을 괄호로 묶어서 번역한다. 또한 Derrett, *Man* (n.s), 14 (1979), 288 그리고 그의 인용을 보라.

56) Green, *ANRW* II.19.2 (1979), 635 그리고 주석 65. 또한 Langton, *Essentials*, 28면 이하, 157; Weatherhead, *Psychology*, 65 그리고 Aune, *ANRW* II.23.2 (1980), 1546을 보라.

57) Loos, *Miracles*, 419면 이하. E. Best, "Discipleship in Mark: Mark 8.22-10.52", *SJT* 23 (1970), 325 는 이 이야기를 "예수가 첫 번째 시도에서 시각장애인을 완벽하게 보게 하지 못하고, 두 번째에 가서야 겨우 그의 시력이 회복된 '서투른' (botched) 치유"라고 부른다. 그렇지만, "The Miracles in Mark", *RevExp* 75 (1978), 539-554, reprinted in *Disciples and Discipleship* (Edinburgh: T & T Clark, 1986)에서, Best는 "기적이 어렵다는 것을 예수가 알게 되었다는 것을 암시하려고 의도적으로 두 단계로 만든 것은 아니"라고 말한다.

는 것과 같기 때문에 아마도 그렇게 보아야 할 것 같다. 그리고 더 나아
가서, 이러한 초자연적 갈등의 맥락에 나타난 이러한 개념의 역사성은
신뢰할 수 있는 것이다. 한편 우리는 왜 초기 교회가 전승에 이러한 요
소를 포함시키려고 했는지에 대한 교리적인 이유에 대해서는 알지 못
한다. 하지만, 우리는 귀신 축출자들이 통제권을 행사하려고 하는 대상
에 대한 이름을 요구하는 사례들에 대해서는 알고 있다.예. PGM IV.3039
면 이하, 그리고 PGM XIII.242면 이하를 보라 58) 마가복음 1장 25절에 대해서
논의할 때, 우리는 다른 귀신 축출자들이 종종 귀신들에게 이름을 말하
게 하거나 실토하게 하는데 상당한 어려움을 겪는다는 것을 살펴본 바
있다. 이 이야기에서는 예수가 그런 어려움을 겪는 것으로 보이지는 않
는다. 귀신이 즉시 자기 이름을 말하기 때문이다. 그러나 예수의 이런
성공이 조작된 것은 아닐까? 확신할 수는 없다. 하지만, 만약에 8절의
위치와 의미에 대한 우리의 해석이 정확하다면, 초기 교회는 예수가 항
상 즉각적인 성공을 하는 것으로 만들려고 하지는 않았던 것이다.참조.
막6:56, 8:22-26 따라서 공평하게 보자면, 귀신이 즉각적으로 대답했다는
보도는 정확하게 역사적 상황을 반영하는 것일 개연성이 아주 높아 보
인다.

폴 윈터Paul Winter는 귀신의 대답에서 – "내 이름은 레기온입니다.
이는 우리가 많기 때문입니다"9절 – "반–로마적 태도가 분명하게 드러
난다"고 말하는데, λεγιὼν레기온을 사용한 것에서 이를 확인할 수 있다
고 말한다.59) 윈터는 대항쟁Great Revolt 기간 동안에 로마 제10군단
Legio Decima Fretensis이 갈릴리에 주둔했는데, 이 이야기의 무대가 그

---

58) 또한 PGM I.162; IV.3037을 보라; 참조. A. Deissmann, *Light from the Ancient East* (London: Hodder and Stoughton, 1910), 257 그리고 주석 8; Klostermann, *Markusevangelium*, 49; C. Bonner, "The Technique of Exorcism", *HTR* 36 (1943), 44-45.

59) P. Winter, *On the Trial of Jesus* (Berlin: de Gruyter, 1961), 129. 참조. Theissen, *Followers*, 101-2 그리고 K. Wengst, *Pax Romana* (London: SCM, 1987), 65-68.

인근이며,60) 뿐만 아니라 이 군단의 상징이 수퇘지boar였다고 말한다. 그러나 베스파시안Vespasian이 가말라Gamala를 점령할 당시에 그는 제5군단, 제15군단만을 거느렸을 뿐만 아니라『유대 전쟁사』, 4.13, 로마의 군단은 특정한 지역에 제한되지 않았다.

예레미야스도 이 이야기를 돼지의 숫자와 로마 군단의 병사 숫자 간의 특이한 연관성을 통해서 이해하려고 한다. 그러나 그가 인용하는 병사들의 숫자는 군단이 아니다. 제정기 로마imperial period의 군단은 6,000명으로 구성되었으며, 반면에 텔로스τέλος, 로마의 군대구성 단위 중의 하나 [역주]는 2,048명으로 구성되었다.61) 그리고 여하튼지 2,000δισ χίλιοι, 디스킬리오이이라는 말을 쓰면서도, "대략"ώς, 호스이라고 말할 정도로 정확하지 않다는 것은 돼지 떼의 숫자에 특별한 의미가 부여되지 않았다는 것을 나타낸다. 따라서 돼지의 숫자와 로마 레기온 간에 특별한 연관성이 있는 것은 아니며, 초기 그리스도인들도 이 본문을 통해서 반-로마 감정을 드러내려고 한 것이 아니라고 보는 것이 가장 타당하다.62) 오히려, 로마인들이 점령한 지역에서, "레기온"은 귀신들린 사람에게 들어간 것으로 여겨지는 엄청난 귀신들의 숫자를 표현하기에 적절한 용어였다. 실제로, 어떤 사람을 "모든 레기온으로부터"from all legions 보호하도록 시리아말로 된 주문이 새겨진 대접Syriac incantation bowl도 있는데, 이것은 그런 용어가 이러한 상황과 낯선 것이 아니라는 것을 보여준다.63) 그리고 일반적으로 귀신들이 서로 연결되어 있고 그

---

60) Winter, *Trial*, 129. 그는 Josephus, 『유대 전쟁사』 3.233, 289 그리고 458, 485를 인용한다. '레기온'의 군사적 배경에 대해서는, J. Mateos, "Términos relacionados con 'Legión' en Mc 5,2-20", *Filologia Neotestamentaria* 1 (1988), 211-215를 보라.

61) Jeremias, *Promise*, 31. 주석 5. 참조. H. Preisker, *TDNT* IV, 68.

62) 이와 반대되는 의견은, Wengst, *Pax Romana*, 66.

63) J. A. Montgomery, *Aramaic Incantation Texts from Nippur* (Philadelphia: University Museum, 1913), 37.6-7; 참조. 7.17. 또한 b. Ber. 51a를 보라. 여기에 나타난 군사 용어의 적절성에 대해서는 Derrett, *Man* (n.s.), 14 (1979), 289를 보라.

귀신 떼거리가 어느 우두머리의 휘하에 있는 것으로 여겨졌는데, 그러한 다중적인 귀신들림은 종교사적으로 다양한 유사한 사례들을 통해서 잘 알려진 것이다.[64]

마가복음 5장 9절에는 "우리가 많기 때문입니다"라는 귀신의 직접적인 말이 있다. 이것은 본래부터 전승에 포함되어 있던 것일까? 종교사적 평행들은 그 이름을 아는 것도 중요했고 그 이름이 귀신의 정체와 어떻게 연결되어 있는지를 아는 것도 중요했으며, 뿐만 아니라 귀신의 실제 정체를 아는 것이 중요했다는 것을 보여준다. 이것의 좋은 사례가 PGM IV.1017-19에 나온다. 여기에서 어느 신이 자신의 이름과 정체를 드러낸다. "…내 이름은 $Ba\ddot{\imath}\nu\chi\omega\omega\omega\chi$바인코오오크이다. 나는 하늘에서 온 자다. 내 이름은 $Ba\lambda\chi\acute{a}\mu\eta\chi$발사메스이다." "우리가 많기 때문입니다"라는 표현은 귀신이 자신의 정체를 드러내는 이러한 양식과 부합한다. 누가가 귀신의 대답에서 이 표현을 삭제한 것은 초기 교회가 귀신의 대답을 그 양식에 맞추어서 구성하려고 하지 않았다는 것을 강하게 암시한다.

여기에 내재된 난점은 귀신들의 수numbers가 계속해서 변한다는 것이다.역주:1인칭 단수에서 1인칭 복수로 변하는 것을 가리킨다. 예를 들어서 귀신이 예수에게 대답하면서 "*내* 이름은 레기온입니다. 왜냐하면 *우리가* 많기 때문입니다"라고 말한다.참조. 5:7절 이하 그러나 수의 변화는 여기에서 관심의 대상이 되는 귀신이 여러 형태multiform라는 것을 분명하게 드러내준다.[65]

10절과 12절에서 귀신은 자비를 베풀어달라고 간청한다. 이야기의 이런 구성요소는 초기 교회가 삽입한 것으로는 보이지 않는데, 왜냐하

---

64) Derrett, *Man* (n.s.), 14 (1979), 288을 보라. 눅8:2을 보라.
65) A. R. Johnson, *The One and the Many* (Cardiff: University of Wales Press Board, 1942), 29면 이하 그리고 주석들; 참조. Klostermann, *Matthäusevangelium*, 113; Hull, *Magic*, 103.

면 앞서도 살펴보았듯이, 신약성서 외의 다른 귀신 축출 이야기들도 이러한 특징을 보여주기 때문이다.66) 그리고 마8:29과 눅8:31과는 대조적으로 그 간청의 비 신학적인 성격에 비추어 보았을 때, 그 요소를 추가할만한 동기를 발견할 수 없다. 귀신들이 특정한 지역에 매어있기 때문에 그 지역에서 떠나기를 원치 않았다는 주장이 제기되기도 했다.67) 마태와 누가에서 귀신이 피하고 싶어 했던 "괴로움"은 종말론적 징벌이다. 마8:29; 눅8:26 그리고 29 그러나 마가에서 귀신이 두려워하는 것은 단순히 "그 지역에서 축출" 당하는 것이다. 이 이야기에만 국한해서 본다면, 마가나 마가가 사용한 전승은 예수의 이 귀신 축출 이야기를 귀신들에 대한 최종적인 징벌이나 멸망과 연결시키지 않는 것으로 보인다.

귀신이 요구한 두 번째 부분은 그들이 언덕 경사면에서 풀을 뜯고 있던 돼지들에게 들어가게 해달라는 것이다.12절 우리가 이미 논의했듯이, 이 내용은 아마도 예수 전승에 본래부터 있던 것으로 보인다. 물은 귀신들이 안식처로 삼을 만한 곳 중의 하나로 인식되었기 때문에, 돼지들의 몰살은 귀신들이 새로운 집으로 뛰어 들어간 것으로 묘사된다.68) 돼지들의 행동 같은 이러한 기괴한 짐승 떼의 모습은 바라보는 이로 하여금 돼지들이 "마술에 걸렸다"고 판단하게 했음이 분명하다.69)

마가의 이 단락을 살펴본 결과 우리는 이 이야기에 대한 불트만의 결론을 지지하게 된다. 그는 이렇게 말한다. "확실히 이 이야기는 본질적으로 그 본래의 모습을 고스란히 간직하고 있다."70) 우리는 또한 슈바이처가 본문에 있는 비일관성과 명백한 과잉들이 초기 이야기 주변

---

66) 또한 Klostermann, *Markusevangelium*, 49 그리고 Twelftree, *Christ*, 2장을 보라.
67) Taylor, *Mark*, 282; W. Foerster, *TDNT* II, 6면 이하; O. Böcher, *Christus Exorcista* (Stuttgart: Kohlhammer, 1972), 20면 이하
68) 돼지들이 질주한 것에 대한 다양한 해석에 대해서는, Loos, *Miracles*, 390면 이하를 보라.
69) 돼지들의 행동에 대한 더 자세한 내용은, Derrett, *JSNT* 3 (1979), 5-6을 보라.
70) Bultmann, *History*, 210. 참조. Annen, *Heil für die Heiden*, 186.

에 자료들이 축적된 때문이 아니라 화자의 서툰 기술71) 때문일 것이라고 주장한 것도 지지할 수 있을 것이다. 또한 우리는 이 이야기의 대부분이 본래 예수 이야기를 충실하게 따르는 전승을 반영하고 있음이 거의 분명하다는 것을 보여주었다.72)

---

71) Schweizer, *Mark*, 112. 그러나 그는 여기에 두 가지 이야기가 있다고 보지는 않는다.
72) 참조. Latourelle, *Miracles*, 118-119.

8장 · 수로보니게 여인의 딸[1)]
막7:24-30(/마15:21-28)

우리는 이 단락에서도 이 이야기의 가장 초기의 모습을 재구성하기
위해 어떤 부분이 기독교의 편집인지 확인하고 그것을 제거하는 시도
를 할 것이다.

(24) 그리고 그는 거기서 일어나서 두로 경계지역으로 갔다. 그리고 그는 아무
도 알기를 원치 않았기 때문에 어느 집으로 들어갔다. 그러나 그는 숨을 수
없었다. (25) 그러나 곧바로 한 여인이 그에 대해서 들었는데, 그녀에게는 더
러운 영에 들린 작은 딸이 있었다. 그녀는 달려와서 그의 발 앞에 엎드렸다.
(26) 그 여인은 수로보니게에서 태어난 헬라인이었다. 그리고 그녀는 그에게
그녀의 딸에게서 그 귀신을 쫓아달라고 간구했다. (27) 그러자 그는 그녀에게

---

1) 관련문헌: A. Dermience, "Tradition et rédaction dans la péricope de la Syrophénicienne: Mark 7,24-
30", *RTL* 8 (1977), 15-29; Pesch, *Markus*. I, 391. 또한, Gnilka, *Markus* II, 43; G. Theissen, "Lokal-
und Sozialkolorit in der Geschichte der syrophönikischen Frau (Mk 7.24-30)", *ZNW* 75 (1984),
202-225; B. C. Wee, "The Syrophoenician Women - Mark 7.24-30: New Testament in the light of
the Old", *Compass* 18 (1, 1984), 38-40; Latourelle, *Miracles*, 175-176; R. S. Sugirtharajah, "The
Syrophoenician Woman", *ExpTim* 98 (1986), 13-15; Drewermann, *Markus*. I, 472-492; A. Stock,
"Jesus and the Lady from Tyre. Encounter in the Border District", *Emmanuel* 93 (1987), 336-339,
358; Guelich, *Mark* I, 381; G. R. O'Day, "Surprised by Faith: Jesus and the Canaanite Woman",
Listening 24 (1989), 290-301; Stock, *Method*, 209-215; F. Dufton, "The Syrophoenician Woman and
her Dogs", *ExpTim* 100 (1989), 417.

말했다: "자녀들로 먼저 먹게 해야 한다. 왜냐하면 자녀의 빵을 취해서 개들에게 던져주는 것이 합당치 않기 때문이다." (28) 그러나 그녀는 그에게 대답하여 말했다: "주여, 그러나 상 아래의 개들도 자녀들의 부스러기를 먹습니다." (29) 그리고 그는 그녀에게 말했다. "이것을 말했으므로 가라. 귀신이 너의 딸에게서 나갔다." (30) 그리고 그녀의 집으로 가서 그녀는 아이가 침대 위에 누워있고 귀신이 나간 것을 발견했다.

마가는 예수가 이방인 선교를 수행하는 부분에 이 이야기를 배치한다.7:24-8:26 2) 마가는 일반적으로 καί카이, "그리고"로 단락을 시작한다. 그러나 여기에서는 δέ데, "그러나"가 사용되는데, 다른 때에 마가가 δέ데를 사용해서 문단을 시작할 때는 그것들이 이야기의 중요한 단절을 의미하는 것이 분명하기 때문에1:14, 10:32 그리고 14:1 3) 여기에서도 마가가 이야기의 중요한 단절을 나타내려 한다는 느낌을 받는다. 비록 이 단락이 일차적으로 마가의 이방 선교에 속하기는 하지만, 예수의 율법에서의 자유 그리고 이방인의 수용성receptivity이라는 주제가 이 이야기의 초점으로 선명하게 부각되는데, 이는 이 이야기가 유대인의 율법주의에 대한 부분 뒤에 나오기 때문이다.7:1-23 4)

증거가 결정적인 것은 아니지만, 마가가 이 도입부를 손질한 것일 수도 있다.24절 5) 그러나 26절을 보면 그 여인이 수로보니게 사람이었다고 언급하는데, 마가가 26절의 출처보다 넓은 지역인 두로와 시돈

---

2) 그러한 선교의 역사성에 대해서는 Taylor, *Mark*, 633-636; Nineham, *Mark*, 197면 이하; Jeremias, *Promise*, 33을 보라.

3) C. H. Turner, "A Textual Commentary on Mark 1", *JTS* 29 (1926-7), 152.

4) Anderson, *Mark*, 189면 이하; Schweizer, *Mark*, 151; T. A. Burkill, "The Historical Development of the Story of the Syrophoenician Woman (Mark vii: 24-31)", *NovT* 9 (1967), 173; 그리고 "The Syrophoenician Woman: The Congruence of Mark 7.24-31", *ZNW* 57 (1966), 35.

5) Bultmann, *History*, 38, 64; Best, *Temptation*, 79; Pesch, *Markus*. I, 61; Kertelge, *Wunder*, 154를 보라.

지역을 이야기의 배경으로 설정하려고 했는지의 여부는 중요치 않다. 아래를 보라.6) 은신하려고 집에 들어갔다는 언급은 아마도 마가의 것으로 보인다.7) 비록 ἀλλά알라, "그러나",25절이 마가의 편집을 보여주는 중요한 지표가 아니기는 하지만,8) εὐθὺς ἀκούσασα유뚜스 아쿠사사, "곧 듣고"는 마가의 편집으로 보인다.9) 딸의 왜소함을 의미하는 θυγάτριον뚜가트리온, "작은 딸"은 마가의 표현일 가능성이 있다.10) 그러나 이것이 셈어의 영향 탓일 수도 있기 때문에,11) 그리고 그 구절이 관계를 나타내는 ἧς헤스, "whose"로 시작되고 인칭 대명사αὐτῆς, 아우테스, "그녀의"로 종결되는 것도 셈어의 영향 탓일 가능성이 있기 때문에,12) πνεῦμα ἀκάθαρτον프뉴마 아카따르톤, "더러운 영"13)을 포함해서 이 전체 구절을 마가 이전의 것으로 볼 수도 있다. 25절의 마지막 부분인 여인이 예수의 발 앞에 엎드리는 장면에는 마가의 편집으로 볼 부분이 없다.

26a절 "그 여인은 헬라인이었다"은 다른 여러 삽입구처럼 마가의 편집으로 보인다.14) 이것은 이 이야기의 배경에 대한 의문을 불러일으킨다. 질문은 다음과 같다. 마가나 혹은 초기 교회가 이 이야기에 이방이라는 배경을 집어넣은 것은 아닐까?

버킬의 견해는 수로보니게에서 생긴 이야기라면 그 여인을 "수로보니게 태생"이라고 묘사하지 않았을 것이라는 것이다.15) 그러나 여인에

---

6) Marxen, *Mark*, 69 그리고 주석 55를 보라. 마가가 지리적인 정보를 수정 없이 받아들인다는 Marxen의 견해에 대한 Burkill의 비판(*ZNW* 57 [1966], 35면 이하)가 옳다 하더라도, 요점은 바뀌지 않는데, 왜냐하면 이 독특한 단락의 내적 증거가 중요하기 때문이다.

7) Stein, *ZNW* 61 (1970), 78 그리고 주석 29를 보라. 참조. Wrede, *Secret*, 36.

8) Neirynck, *ETL* 57 (1981), 146.

9) εὐθὺς(유뚜스)에 대해서는 Kertelge, *Wunder*, 51 주석 58을 보라; 참조. *HSE* 72; Neirynck, *ETL* 57 (1981), 147.

10) 참조. Turner, *Grammar* IV, 28.

11) BDF 111.3.

12) Black, *Aramaic* 100면 이하; Turner, *Grammar* IV, 21; 참조. Taylor, *Mark*, 60.

13) 6장 주석 19 참조

14) Turner, *Grammar* IV, 26 그리고 그곳에서 언급하는 다른 것들.

15) Burkill, *ZNW* 57 (1966), 23-37 그리고 Burkill, *NovT* 9 (1967), 161-177.

대한 묘사는 이야기의 청중들을 위한 것이다. 그 여인을 헬라인이라고 묘사하는 것은 유대인들로 하여금 그녀가 헬라파 유대인이었다고 생각하게 할 수도 있다. "수로보니게 태생"이라는 말을 추가한 것은 그 여인이 그 지역 출신 이방인임을 확인해주는 것이다.16) 또한, 마가는 이방인들과 예수의 이방 선교에 대한 관심을 보이는데,17) 그렇기 때문에 그가 이런 모욕적으로 보일 수도 있는 이야기를 만들어냈을 가능성은 거의 없다. 따라서 전승에 나타난 장소에 대한 언급은 본래 이야기에 들어있던 부분으로 볼 수 있다.18)

27a절-"자녀들로 먼저 먹게 해야 한다"-은 뒤늦게 마가에 추가된 것이 아닌 것 같다.19) 다만 πρῶτον프로톤, "먼저"은 마가의 편집임을 나타내는 것일 수도 있다. 그러나 이 구절이 마가에게서 기원한 것이라고 주장하기에는 증거가 너무 빈약하다.20) 또한, 27-28절예수와 여인과의 대화 부분에 보면, 마가의 편집이라고 주장할만한 근거가 되는 증거가 거의 없다. 이방인들을 "개"21)라고 부르는 유대인들의 말투는 교회가 이 부분을 전혀 만들어내지 않았음을 보여준다.22) 그 구절들의 끝 부분도 여인이 "집"으로 간다는 언급을 제외하고는 마가의 편집으로 볼만한 것이 거의 없다.23)

---

16) Theissen, *Miracle*, 126. "Syrophoenician/Canaanite"가 공유하는 배후에 있는 아람어적 의미에 대해서는 G. Schwarz, "ΣΥΡΟΦΟΙΝΚΙΣΣΑ-ΧΑΝΑΝΑΙΑ(Markus 7.26/Matthäus 15.22)", *NTS* 30 (1984), 626-628을 보라.

17) Jeremias, *Promise*, 33; Taylor, *Mark* (색인을 보라); Nineham, *Mark*, 197면 이하.

18) 이와 반대되는 견해. J. D. M. Derrett, "Law in the NT: The Syrophoenician Woman and the Centurion of Capernaum", *NovT* 15 (1973), 161-186. 주석을 보강해서 *Studies in the NT* I (Leiden: Brill, 1977), 145에서 재출간 됨.

19) Bornkamm, Barth and Held, *Tradition*, 198에서 Held가 Bultmann, *History*, 38에 동조하면서 이러한 주장을 했다.

20) Pryke는 πρῶτον프로톤, 먼저)이 마가가 편집한 단어라고 인용한다(*Style*, 137). 그러나 *HSE*는 그 단어가 마가의 편집에 의한 단어로 열거하지 않는다.

21) 또한 Jeremias, *Promise*, 29를 보라.

22) 참조. Taylor, *Mark*, 347. 페니키아인들과 두로 사람들에 대한 유대인들의 태도에 대해서는 Josephus, *Ag. Ap.* 1.71를 보라.

23) Stein, *ZNW* 61 (1970), 78 그리고 주석 29를 보라. 참조. Wrede, *Secret*, 36.

이 단락에서 마가는 귀신 축출 이야기에는 거의 관심을 기울이지 않는다. 관심의 초점은 여인, 여인의 출신, 그녀의 믿음 혹은 인내, 그리고 그에 대한 예수의 말에 있다. 마가는 지금 우리가 보는 이 이야기를 대부분 전승에서 그대로 가져 온 것처럼 보인다. 그러나 그의 복음서에 맞추려고 도입부분은 개정한 것으로 보인다. 다음 장에서 우리는 예수 전승에 들어 있는 원거리 치유의 역사성에 대해서 논할 것이다.

9장 · 간질하는 소년[1]
막9:14-29(/마17:14-21/눅9:37-43a)

다시 한 번 우리는 역사적 예수의 전승에 속했을 것으로 볼 수 있는 요소들을 추적하고자 이 이야기에서 기독교의 편집을 구분하고 제거하는 작업을 할 것이다.

(14) 그리고 제자들에게 오면서 그들은 큰 무리가 그들 주위에 있는 것과 서기관들이 그들과 논쟁하는 것을 보았다. (15) 그리고 그들이 그를 보았을 때 곧 모든 무리가 크게 놀라며 그에게 달려와 그에게 인사했다. (16) 그리고 그는 그들에게 물었다. "왜 그들과 논쟁하느냐?" (17) 무리 중의 하나가 그에게 대답했다. "선생님, 내가 벙어리의 영이 들린 나의 아들을 당신에게 데리고 왔습니다. (18) 그리고 어디서든지 그것이 그를 사로잡으면 그것이 그에게 달려들어 넘어뜨리고, 그리고 그는 거품을 흘리고 이를 갈고 경직됩니다. 그래서 내가 당신의 제자들에게 그것을 쫓아달라고 부탁했습니다. 그러나 그들은 하지 못했습니다." (19) 그러나 그는 그에게 대답했다. "오, 믿음 없는 세대여, 내가

---

1) 관련문헌: Schürmann, *Lukas*. I, 568; Kertelge, *Wunder*, 174-9; Pesch, *Markus*. II, 97면 이하; Gnilka, *Markus* II, 45; Best, *Following*, 6장; H. Achinger, "Zur Traditionsgeschichte der Epileptiker-Perikope Mk.9, 14-29 par, Mt 17, 14-21 par, Lk 9, 37-43a" , in A. Fuchs (ed.), *Probleme der Forschung* (Wien: Herold, 1978), 114-143; Latourelle, *Miracles*, 154; Drewermann, *Markus*. II, 15-40.

164· 귀신 축출자 예수

얼마나 너희와 함께 있겠느냐? 내가 너희를 얼마나 참아야 하느냐? 그를 내게로 데리고 오라."(20) 그리고 그들은 그를 그에게 데리고 왔다. 그리고 그를 보는데 그 영이 곧바로 그를 경련을 일으키게 했다. 그리고 그는 거품을 흘리면서 땅 바닥에 엎드려져 굴렀다. (21) 그리고 그는 그의 아버지에게 물었다. "이런 일이 그에게 일어난지 얼마나 되었느냐?" 그리고 그는 말했다. "어릴 때부터입니다. (22) 그리고 그것이 그를 멸망시키려고 자주 불 속으로 그리고 물 속으로 그를 던져 넣습니다. 그러나 만약에 당신께서 무엇이든 할 수 있거든, 우리를 불쌍히 여기셔서 우리를 도와주십시오."(23) 그러나 예수는 그에게 대답했다. "할 수 있거든 이라니! 그를 믿는 자에게는 모든 일이 가능하다."(24) 곧 아이의 아버지가 부르짖으며 말했다. "내가 믿습니다. 나의 믿음 없음을 도와주십시오!"(25) 그러나 예수는 함께 달려오는 무리를 보시며 더러운 영을 꾸짖으시며 말씀하시기를 "벙어리 되게 하고 듣지 못하게 하는 영아, 내가 너에게 명령한다. 그에게서 나와라 그리고 다시는 그에게 들어가지 마라."(26) 그리고 그것이 부르짖으며 그를 크게 경련을 일으키게 하면서 나왔다. 그리고 그는 죽은 것처럼 되었는데, 그 때문에 그들 중 대다수는 그가 죽었다고 말했다. (27) 그러나 예수는 그의 손을 잡아 그를 일으켰고, 그리고 그는 일어났다.

(28) 그리고 그가 집에 들어갔을 때 그의 제자들이 그에게 사적으로 물었다. "왜 우리는 그것을 쫓아내지 못했습니까?"(29) 그리고 그는 그들에게 대답했다. "이것과 같은 일은 기도 외에는 일어날 수 없다."

이 단락은 마가 이전의 단계에서 두 개의 기적 이야기들이 결합되었다는 것이 불트만의 견해이다. 그는 이야기들이 서로 합쳐진 것은 아마도 질병과 치유의 유사성 때문일 것이라고 말한다.[2] 불트만은 이제는

---

2) Bultmann, *History*, 211. 또한, 예. Schweizer, *Mark*, 187; Anderson, *Mark*, 229; Nineham, *Mark*,

분명하게 구분하는 것이 어렵다는 것을 인정한다. 하지만, 아마도 14-20절이 첫 번째 이야기일 것이라고 말한다. 이 이야기는 그 초점이 스승 마술사와 그 마술사의 제자들 간의 대립에 있었을 것이라고 말하는데, 그 제자들의 치유하지 못한 무능함이 스승의 능력을 돋보이게 했다는 것이다. 두 번째 이야기는 21-27절인데, 믿지 못하는 믿음unbelieving faith이라는 모순을 묘사한다는 것이다.

자신의 이론을 뒷받침하려고 불트만은 세 가지 증거를 제시한다. (1) 제자들이 14-19절에서만 역할을 담당할 뿐, 그 이후 장면에는 등장하지 않으며, 반면에 17-19절에서는 단 한 번 보잘 것 없는 역할만 하던 아버지가 21-22절에서는 주된 역할을 한다. (2) 질병에 대한 묘사가 두 번 나타난다. 18절 그리고 21-22절. (3) 무리는 이미 14절에서 등장하는데, 25절에 의하면 처음으로 장면에 등장하는 것으로 나타난다.3)

그렇다면, 여기에는 정말로 두 개의 이야기가 들어있는 것일까?

1. 만약에 우선 28-29절에 나오는 제자들에 대한 언급이 마가의 편집에 의한 것이라고 가정해보자. 그러면 제자들은 실제로 19a절 이하의 장면에서는 사라지게 된다. 그렇지만, 이것이 필연적으로 두 개의 이야기가 있었다는 것을 나타내는 것은 아니다. 왜냐하면, 다른 이야기들의 경우에도 이야기 속에서 등장인물들이 등장했다가 사라지는 일이 있기 때문이다. 우리가 단일한 이야기라고 주장했던, 마가복음 5장 1-20절은 목동을 뒤늦게 이야기에 등장시킨다.7장 참조

242; P. J. Achtemeier, "Miracles and the Historical Jesus: A Study of Mark 9.14-29", *CBQ* 37 (1975), 476-477 그리고 W. Schenk, "Tradition und Redaktion in der Epileptiker-Perikope Mark 9, 14-29", *ZNW* 63 (1972), 76 주석 1; G. Petzke, "Die historische Frage nach den Wundertaten Jesu, dargestellt am Beispiel des Exorzismus Mark IX, 14-29 par", *NTS* 22 (1975-6), 186-188에서 언급하는 것들을 보라. 이에 대한 반대는 Loos, *Miracles*, 401을 보라.

3) Bultmann, *History*, 211.

2. 불트만의 두 번째 증거는 질병이 두 번 묘사된다는 것이다. 실제로는 세 번에 걸쳐서 묘사된다고 볼 수 있다.17c-18a, 20b, 그리고 21c-22a 이런 면이 이야기들이 합쳐진 것을 나타낸다고 볼 수도 있지만, 두 번 혹은 세 번의 "묘사"라고 주장하는 것이 정당하지 못하다고 보는 또 다른 설명이 가능하다.

첫 번째 묘사17b-18a "벙어리의 영이 들렸다. 그리고 어디서든지 그것이 그를 사로잡으면 그것이 그에게 달려들어 넘어뜨리고, 그리고 그는 거품을 흘리고 이를 갈고 경직된다"는 마가복음 5장 2-5절에서와 마찬가지로 도입부의 상황 설명 뒤인 이야기의 가장 처음 부분에 나온다. 이것은 기적 이야기에 대한 양식 비평의 분석에서 말하는 첫 번째 요소와 일치하는 것이다.4)

다른 귀신 축출 이야기들을 다루면서, 우리는 귀신 축출자와 맞닥뜨렸을 때 귀신이 가시적인visible 혹은 가청적인audible 놀라는 반응을 보이는 것이 반복해서 나타나는 요소라는 것을 이미 살펴보았다. 질병에 대한 두 번째 묘사20b절가 이 범주에 들어맞는다는 사실이 "그리고 그를 보는데…"라는 도입구에서 분명하게 드러난다.

또한, 지금까지 귀신 축출 이야기들을 살펴 본 바 귀신 축출자가 귀신의 이름을 알게 되고 그리고 그것을 통해서 그 귀신의 특성을 알게되는 것이 이야기의 중요한 부분이라는 것이 명확하게 드러났다.5) 질병에 대한 세 번째 묘사21-22절가 이 범주에 부합한다는 것은 이 부분이 질문"이런 일이 그에게 일어난지 얼마나 되었느냐?"으로 시작한다는 것을 통해서 뿐만 아니라, 귀신이 불이나 물을 좋아한다는 대답을 통해서도 드러난다. 따라서 질병에 대한 두 번 혹은 세 번의 묘사는 두 개의 이야기 가설을 설명하기 위한 필요조건이 못된다.

---

4) Kertelge, *Wunder*, 52.
5) 또한 Twelftree, *Christ*, II장을 보라.

3. 이 이야기에는 두 개의 무리가 – 하나는 14절에, 그리고 또 다른 하나는 25절에 – 나오는가? 불트만[6]은 ἐπισυντρέχει 에피쉰트레케이, "함께 달려오다", 25절가 그 영역에 들어오는 두 번째 무리를 가리키는 것이라고 본다. 그 단어는 고전 헬라어에서나 파피루스에서 인용된 평행구가 없다.[7] 그렇기 때문에 그 정확한 의미를 결정하기가 어렵다. 그럼에도, 문맥에 비추어 보았을 때, 그 의미는 아마도 무리가 한 장소로 집중되는 것을 가리키는 것으로 보인다.[8] 어쨌든지 간에, 25절에서 무리가 언급되는 것을 설명하기 위해 두 개의 이야기 가설이 필요한 것은 아니다. 그리고 그 무리는 14절에서 언급한 것과 동일한 무리를 가리키는 것일 수도 있다.[9] 우리는 이 이야기가 보여주는 증거에 비추어 볼 때 두 개의 이야기 가설은 필요하지 않다는 결론을 내릴 수 있을 것이다.[10] 이제 우리는 이야기의 어떤 부분이 편집자의 것이며, 어떤 부분이 예수의 활동에 대한 최초의 보도까지 거슬러 올라갈 수 있는지에 대해서 정당한 개연성에 근거해서 논의해야 한다.

예상했던 것이기는 하지만, 마가의 편집은 도입부분에서 특히 두드러진다. 그러나 그렇다고 해서 그것에 대해서 논할 필요는 없는데, 왜냐하면 이 이야기는 아버지가 자신의 귀신들린 아들을 제자들에게 데리고 왔으나 그 소년을 치유하지 못했다고 말하는 17절에서 시작하는 것으로 보는 것이 타당하기 때문이다.[11] 도마 행전Acts of Thomas, 8:75-81을 보면, 사건의 순서가 비슷한 이야기가 나온다. 그런데 그 이야기

---

6) Bultmann, *History*, 211.
7) 참조. Taylor, *Mark*, 400; MM 247.
8) 이 단어의 아람어적 배경에 대해서는 Taylor, *Mark*, 400; Black, *Aramaic* (1946), 85 주석 3을 보라.
9) 또한 M. -J. Lagrange, *Evengile selon Saint Marc* (Paris: Gabalda, 1920), 241; A. Plummer, *The Gospel According to St. Luke* (Edinburgh: T & T Clark, 1922), 220; Swete, *Mark*, 200을 보라.
10) 또한 Petzke, *NTS* 22 (1975-6), 188을 보라.
11) 도입부분에 대한 마가의 편집에 대해서는 Petzke, *NTS* 22 (1975-6), 194-195를 보라.

가 막 9장의 귀신들린 소년 이야기에 어떤 식으로든 의존한다는 흔적은 없다.12)

1. 우리는 이미 질병에 대한 세 번의 묘사17b-18b, 20, 21b-22에 대해서 설명했다. 즉, 그것들은 귀신 축출 이야기의 일반적인 "양식"과 부합한다는 것이다. 우리는 이 묘사들이 이 이야기의 아주 초기 모습에 속한다고 보아야 하는데, 왜냐하면 그것들은 마가의 다른 부분에 있는 묘사 형식과도 맞지 않으며참조. 1:23,26, 3:11, 5:2면 이하, 7:25, 묘사에 사용된 어휘도 초기 교회의 어떤 특별한 관심도 보이지 않기 때문이다.

2. 9장 19절에 나오는 예수의 책망은 본래 이야기에 속한 부분인가 아니면 교회의 편집에 의한 부분인가?

예수가 "믿음 없는 세대"라고 꾸짖으실 때 그 의도한 대상이 제자들이라는 것은 αὐτοῖς아우토이스, "그들에게", 참조. 20a를 사용한 것에서 분명하게 나타난다. 복수로 되어 있기 때문에, 이것은 제자들만을 가리키는 것일 수도 있고 혹은 무리를 가리키는 것일 수도 있다. 그러나 무리는 여기에서 관심의 대상이 아니다. 그리고 그 단락의 결론은 제자들이 분명히 관심의 중심이라는 것을 보여준다.

많은 요인이 제자들과 그들의 무능에 대한 언급이 마가의 것임을 가리키는 것으로 보인다. (a) 각 단락의 마지막 부분에 대한 마가의 편집 작업은 우리로 하여금 제자들에 대한 이러한 언급에서 마가의 손길을 의심하도록 만들었다. (b) 아버지의 절망적인 울부짖음, "내가 믿습니다. 나의 믿음 없음을 도와주십시오!"9:24에 비추어 보았을 때 그 책망은 본래는 아버지를 향한 것이었을 수도 있다. (c) 마가에서 믿음이 치유에서 중요한 요소로 언급되는 곳이면 어디에서든 믿음은, 그것이 환자의 것이 되었든5:34; 10:52 아니면 환자를 위해서 행동하는 사람의 것

---

12) 참조. Achtemeier, *CBQ* 37 (1975), 473.

이 되었든2:5; 5:36, 언제나 치유를 원하는 자의 믿음이다. 9장 19절이 만약에 제자들을 대상으로 한 것이었다면, 그것은 이런 사례의 예외가 되는 것이다.

따라서 비록 마가가 18b-19절에 나오는 제자들의 무능함에 대한 언급을 부각시킨 책임이 있다 하더라도, 그 책망은 이 이야기에 없어서는 안 될 부분인데, 마가는 이것을 전승에서 전해 받은 것처럼 보인다. 초기 교회는 – 마태와 누가가 보여주는 바와 같이 – 이 말에서 신명기 32장 5절이 반영된다고 보았다.13) 어떤 학자들은 그런 결론을 내리는 것이 그 구절이 가장 초기의 자료에 포함된다는 것에 의문을 던지는 것이라고 생각한다.14) 그러나 마가복음 9장 19절에서 신명기 32장 5절이 사용되는 방법은 초기 교회가 그 구절을 일반적으로 사용하는 방법과는 중요한 차이가 있다. 초기 교회에서는 신명기 32장 5절을 신앙의 공동체와 대조되는 이방 세계의 특징을 나타내려고 사용하는 것으로 보인다.마12:39; 빌2:15 그리고 행2:40을 보라 15)

3. 제자들의 믿음이 아니라 아버지의 믿음을 다루는 24절도, 전승에 본래부터 있던 것으로 보인다.16) 그러나 22b-23절은 부활절 이후의 공동체에서 유래한 것일 수도 있다. 불쌍히 여겨달라는 아버지의 부르짖음은 믿음에 대한 예수의 말씀을 돋보이게 하는데, 그 말씀들이 부활절 이전에 이미 존재했다고 보기는 어렵기 때문이다. 한편 도움을 요청하는 아버지의 부르짖음은 예수의 책망과 잘 맞아떨어지며, 예수를 친절한 모습으로 보여주지는 않는다. 그런 연유로 예수는 아버지에게 다

---

13) 예. R. H. Gundry, *The Use of the OT in Matthew's Gospel* (Leiden: Brill, 1967), 83-84; Schürmann, *Lukas*. I, 570 주석 25; Beare, *Matthew*, 369를 보라.

14) 예. H. E. Tödt, *The Son of Man in the Synoptic Tradition* (London: SCM, 1965), 224; Käsemann in *Essays*, 40을 보라.

15) H. E. W. Turner, *Historicity and the Gospels* (London: Morbray, 1963), 73면 이하를 보라. 15장에서 인용됨.

16) 참조. 막1:40, 5:23,28; 눅5:5. 또한 Theissen, *Miracle*, 54면 이하.

소간의 비통함을 안겨주게 된다. 그런 면에 비추어 볼 때 이 부분은 아마도 본래 이야기에 포함되어 있던 것으로 보인다.

4. 25절은 예수의 귀신 축출 기술에 대해서 알려준다. "그가 꾸짖었다"ἐπετίμησεν, 에페티메센라는 말은 다음과 같은 예수의 말을 묘사하고자 사용된 것이다. 예수는 이렇게 명령한다. "벙어리 되게 하고 듣지 못하게 하는 영아, 내가 너에게 명령한다. 그에게서 나와라 그리고 다시는 그에게 들어가지 마라."

(a) 마가복음 5장 8절을 다루면서 우리는 초기 교회가 귀신에게 하는 말의 세부적인 부분들을 덧붙여야 할 특별한 이유가 없었다는 것을 살펴보았다. 그리고 다른 한 편, 귀신 축출 마술에서 귀신의 이름을 사용하는 것은 오래되고 잘 알려진 관행이었다.17) 따라서 우리는 예수의 말씀에 들어 있는 이러한 요소가 역사적 진정성이 있는 전승에 속한 것이라는 결론을 내릴 수 있다.

(b) "내가 너에게 명령한다"ἐγὼ ἐπιτάσσω σοι[에고 에피타쏘 소이], 참조. 막1:27 이 표현도 귀신들이나 잡신들을 마술로 통제하려는 상황을 다루는 마술 문헌을 통해서 익히 알려진 것이다. 예를 들자면, PGM XIII.171을 보면 "내가 큰 자에게…위대한 신의 악령인 너에게 명하노니…"라고 기록하고 PGM VII.331을 보면 "…주 아누비여Lord Anoubi, 내가 당신께 명하노니…"라고 기록한다.18) 비록 정확하게 일치하는 관용적 표현이 다른 귀신 축출자들의 이야기에서 발견되지는 않지만,19) 귀신 축출자의 명령에서 사용된 어휘는 일치한다. 페쉬Pesch는 아마도 ἐγώ에고, "나"가 예수의 믿음과 믿음 없는 자의 무능력을 대조시키고자 전승에 삽입된 것으로 보인다고 주장한다.20) 그러나 우리가 아래에서 논하겠

---

17) Lucian, *Philops*. 16; Philostratus, *Life* 3.38; 4.20; (참조. Acts Thom. 3:31-23).
18) Eitrem, *Notes*, 27을 보라.
19) 참조. Kee, *NTS* 14 (1967-8), 240.

지만[18장], 여기에서 ἐγώ에고, "나"를 사용한 것은 예수에 대한 본래 전승의 일부분으로 보는 것이 가장 타당해 보인다.[10장~18장 참조]

(c) "… 그리고 다시는 그에게 들어가지 말라"καὶ μηκέτι εἰσέλθῃς εἰς αὐτόν, 카이 메케티 에이셀떼스 에이스 아우톤 바벨론 자료에 보면 귀신이 사람에게 다시 들어간다는 고대의 믿음을 설명해주는 것을 볼 수 있다.

> "에리두의 주문을 외워라…
>
> 그 악한 영, 그 악한 귀신이 물러날 것이다.
>
> 그리고 친절한 영, 친절한 귀신이 남게 된다."[21]

PGM IV.3024면 이하에 보면 마음대로 떠도는 귀신이 사람에게 들어가는 것을 막아주는 문장처럼 보이는 것이 있다. "그 천사로 내려오게 하라… 그리고 귀신이 이 피조물 주위를 날아다닐 때 그로 하여금 귀신을 잡아들이도록 하라…"[22] 뿐만 아니라, 이 말이 마가복음 9장 25절에서 분명히 반복된다는 것은 이것이 헬라와 유대 자료 모두에서 잘 알려진 것이었음을 보여준다. PGM IV.1254에 보면 귀신이 축출된 이후에 부적을 붙이는 것에 대한 유대인의 처방이 나온다. 엘리아자르가 "귀신에게 그에게 절대로 돌아가지 말라고 명령했다…"고 하는 언급도 있다.Josephus, 『유대 고대사』 8.47 아폴로니우스가 쫓아낸 귀신은 "젊은 청년을 혼자 내버려 둘 것이며 절대로 다른 사람에게 다시 들어가지 않겠다고 맹세했다."Philostratus, 『전기』, 4.20 이런 것에 비추어 볼 때, 예수가 사용한 방법에 대한 보고는 종교사적 평행들과 맞아떨어진다. 그

---

20) Pesch, *Markus*. II, 94; 참조. V. Howard, *Das Ego Jesu in den synoptischen Evangelien* (Marburg: N. G. Elwert, 1975), 86-97.

21) Thompson, *Devils* II, 85, 참조. 8; I, 206, 207, (etc.).

22) 또한 Eitrem, *Notes*, 26; 눅11:24-26; Deissmann, *Light*, 252 주석 2; Thompson, *Devils* II, 59 그리고 85를 보라.

러나 바로 그렇기 때문에, 공관복음서 전승이 전승되는 과정에서 선택한 이야기하기 기법story telling technique 양식에 잘 들어맞게 구성된 것은 아닐까? 모방한 문학적 기법을 정확하게 찾아내는 것은 어려운 일이다. 요세푸스는 μηκέτ᾽ εἰς αὑτὸν ἐπανήξειν메케트 에이스 아우톤 에파넥세인, "그에게로 돌아가지 말라" 혹은 일부 사본에서는 ἐπανελθεῖν[에파넬떼인, 돌아가다],『유대 고대사』 8.47이라고 기록하는 반면에 마가복음 9장 25절에는 μηκέτι εἰσέλθῃς εἰς αὑτόν메케티 에이셀떼스 에이스 아우톤이라고 되어 있다. 내가 아는 한 25절 전체가 완전하게 일치하는 평행은 아무 곳에도 없다. 25절의 마지막 부분에 있는 관용적 표현은 이야기Josephus, 『유대 고대사』 8.47, 그리고 "마술 파피루스"에 나오는 관례적 주문PGM IV.3024-25를 보라, 뿐만 아니라 부적들참조. PGM IV.1294에서도 분명하게 찾아 볼 수 있다. 게다가 마가와 그가 사용한 전승은 예수의 귀신 축출 용어를 제시함에 있어서 완벽하게 일치시키려는 의지를 전혀 보여주지 않는다. 즉 그들이 고집하는 문학적 패턴은 없다는 것이다. 마지막으로, 후대의 복음서 저자들이 전승에 들어 있는 이런 유형의 예수의 말에 대해서 주저했다는 것에 비추어 볼 때참조. 마17:18/눅9:42, 25절은 귀신 축출자인 예수의 말을 있는 그대로 반영한다고 충분히 확신할 수 있다.

5. 26-27절은 귀신이 나가는 것에 대해서 언급한다. 귀신이 난폭하게 떠나가는 것에 대한 보고들은 고대 세계에서 널리 알려진 것이었다.17장 참조 그리고 그러한 모습은 예수의 다른 이야기들에서도 찾아 볼 수 있다.막1:26, 5:13 다시 말해서, 이 장면에서 마태17:18와 누가4:35가 침묵하는 것에 비추어 볼 때, 이야기 중에서도 이 요소는 아마도 목격자의 보고에서 유래한 것으로 보인다. 예수가 그 소년을 손으로 잡고 그를 일으킨다는 언급은 1장 31절 그리고 5장 4절과 아주 비슷할 뿐만 아니라 초기 그리스도인들이 죽은 자를 살리는 예수의 능력과 더불어서

예수의 부활을 떠올렸을 것이 분명하기 때문에[행2:24,32, 3:26, 13:33-34, 17:31을 보라.] 그런 표현 방법은 – 이 구절의 내용은 아니라고 하더라도 – 부활절 이후의 것으로 볼 수 있다. 이런 것과 관련해서, 유대인들의 세계에서는 손을 사용해서 치유하는 일이 아주 일반적이었기 때문에, 오히려 예수가 그런 방법을 사용하지 않았다면 그게 더 이상했을 정도였다는 것을 짚고 넘어갈 필요가 있다.[23]

6. 마지막으로, 28-29절은 예수에게 자신들이 귀신을 쫓아내지 못한 이유를 질문하는 제자들에 대한 내용이다. 어휘상으로 볼 때, 마가는 이 단락을 독특하게 마무리하는 것으로 보인다.[24] 그러나 이런 유의 귀신은 오직 "기도로"[25]만 내쫓을 수 있다는 언급은 마가의 것으로 보이지 않는데, 왜냐하면 마가는 예수가 사용한 방법 혹은 치유, 혹은 다른 어떤 것에서도 기도를 필요조건으로 제시하지 않기 때문이다. 이런 점은 낯선 귀신 축출자가 단순히 능력 있는 이름만을 부른다는 보도를 보더라도 그러하다.[막9:38-41 26]] 6장 13절에서 언급하는 제자들이 사용할 귀신 축출의 방법은 기도가 아니라 기름을 바르는 것이다.[27] 28-29절이 마가가 사용한 전승에서도 이 부분에 있었는지는 말하기 어렵다. 그러나 이 문단에서 분명하게 나타나는 믿음 주제[19,23,24절]와 결론에 해당하는 구절에 있는 기도 주제 간의 불일치를 고려할 때, 마가가 여기에 삽입한 것으로 볼 수 있을 것이다. 왜냐하면, 이러한 불일

---

23) 손을 사용하는 것에 대해서는, D. Daube, *The NT and Rabbinic Judaism* (Salem: Ayer, 1984), 224-246 그리고 *DNTT* II, 152면 이하를 보라.

24) εἰς(에이스, ~안으로), οἶκος(오이코스, 집), μαθητής(마떼테스, 제자), ἴδιος(이디오스, 은밀히), ἐπηρώταυ(에페로탄, 묻다), δύνασθαι(두나스타이, ~을 할 수 있다, 2회 등장) 그리고 ἐξέρχεϲθαι(엑세르켁스타이, 나가다)를 주목하라. 그리고 *HSE* 19, 72-4, 76, 78을 보라.

25) 일부 본문에는 "금식"에 대해서 언급한다. Taylor, *Mark*, 401 그리고 Metzger, *Commentary*, 101을 보라.

26) Nineham (*Mark*, 242)은 제자들이 "그의 이름으로 귀신을 쫓아내지[18절]" 못했다고 말하는데, 이는 잘못된 것이다. (강조해서 표현한 것은 내가 한 것이다). 이 부분(29절)에 비추어 볼 때 그런 방식의 귀신축출은 없었다.

27) 사도 이후 시대의 교회의 귀신축출에 대해서는 16장 주석18 참조.

치가 마가의 전승에 본래부터 있을 수도 있겠지만, 불일치라는 것은 일반적으로 전승의 전달과정에서 생략되거나 다듬어지게 마련이기 때문이다.28)

우리는 이 이야기에 들어 있는 요소들 중에서 역사적 예수 전승에 속하는 것으로 볼 수 있는 것을 추적하기 위해 기독교의 편집을 제외하려는 목적으로 이 장을 시작했다. 귀신 축출자로서의 예수의 능력을 강조하려고 예수의 책망19절이 아버지에게서 제자들에게로 전향되는 방식으로 제자들의 무능을 부각하였다. 이 이야기에 마가가 특별히 간섭한 것은 교회를 위한 적용으로 마무리되는 부분일 것이다. 다른 한편, 우리는 이 단락에서, 질병에 대한 묘사, 책망, 예수가 사용한 방법, 그리고 귀신이 난폭하게 떠나는 것을 포함하는 상당한 양의 신뢰할 수 있는 역사적 회상을 보게 된다.29)

---

28) "불일치"를 편집의 증거로 보는 것에 대해서는 Stein, ZNW 61 (1970), 78-79 그리고 5장 참조.
29) 참조. Achtemeier CBQ 37 (1975), 473 "…(여기에는) 복음서에서 이 이야기를 후대의 관심사항에 부합하도록 수정했을 법한 후대의 이해관계 같은 것은 전혀 찾아 볼 수 없다. 우리는 어느 정도는 자신 있게 현재 세 공관복음서에 나오는 이야기들이 본질적으로 각각의 복음서 저자들에게 전승된 형태를 반영한다고 말할 수 있다.." 참조. 마가 전승의 재구성에 대해서는 Schenk, ZNW 63 (1972), 93-94를 보라. 또한 Latourelle, *Miracles*, 152-4도 보라. 이와 반대로, 이야기가 역사적 사건보다는 초기 교회를 반영한다는 주장에 대해서는, Petzke, *NTS* 22 (1976), 180-204를 보라.

10장 · 바알세불 논쟁[1)]
마9:32-34, 12:22-30/막3:22-27/눅11:14-23

이 사건은 우리의 주제와 관련해서 복음서에 나오는 자료들 중에서 가장 중요한 부분 중의 하나이다. 여기에는 Q자료도 포함되는데, 아마도 우리는 간략한 귀신 축출 이야기를 포함하는 Q를 대할 수도 있을 것이다. 예수에 대한 비난마12:24/눅11:15/막3:22, 참조. 30절은 그동안 여러 가지로 해석되어 왔는데, 그렇기 때문에 우리는 몇 가지 의문점에 대해

1) 관련문헌: Pesch, *Markus*. I, 220면 이하. 또한 S. Aalen, " 'Reign' and 'House' in the Kingdom of God in the Gospels", *NTS* 8 (1961-2), 215-240; E. C. B. MacLaurin, "Beelzeboul", *NovT* 20 (1978), 156-160; Gnilka, *Markus* I, 143; A. J. Hultgren, *Jesus and His Adversaries* (Minneapolis: Augsburg, 1979); A. Fuchs, *Die Entwicklung der Beelzebulkontroverse bei den Synoptikern. Traditionsgeschichtliche und redaktionsgeschichtliche Untersuchung von Mk 3,22-7 und Parallelen, verbunden mit der Rükfrage nach Jesus* (Linz: SNTU, 1980); B. Chilton, "A Comparative Study of Synoptic Development: The Dispute between Cain and Abel in the Palestinian Targums and the Beelzebul Controversy in the Gospels", *JBL* 101 (1982), 553-562; J. -M. Van Cangh, " 'Par l esprit de Dieu - par le doigt'. Mt 12,28 par Lc 11,20", in Delobel (ed.), *Logia* 337-342; R. Meynet, "Qui donc est 'le plus fort'? analyse rhétorique de Mc 3,22-30; Mt 12,22-37; Luc 11,14-26", *RB* 90 (1983), 334-350; F. Neirynck, "Mt 12,25a/Lc 11,17a et la rédaction des évangiles", *ETL* 62 (1986), 122-133; Drewermann, *Markus* I, 311-321; C. Mearns, "Realized Eschatology in Q? A Consideration of the Sayings in Luke 7.22, 11:20 and 16.16", *SJT* 40 (1987), 189-210; L. M. White, "Scaling the Strongman's 'Court' (Luke 11:21)", *Forum* 3 (1987), 3-28; B. J. Malina and J. H. Neyrey, *Calling Jesus Names: The Social Value of Labels in Matthew* (Sonoma, CA: Polebridge, 1988), 특히 3-32; D. E. Oakman, "Ruler's Houses, Thieves and Usurpers: The Beelzebul Pericope", *Forum* 4 (1988), 109-123; P. Sellew, "Beelzebul in Mark 3: Dialogue, Story, or Saying Cluster?" Forum 4 (1988), 93-108; M. D. Goulder, *Luke. A New Paradigm* 2 vols. (Sheffield: JSOT, 1989), II, 502-509; Guelich, *Mark* I, 166-186; A. O. Nkwoka, "Mark 3:19b-21: A Study of the Charge of Fanaticism Against Jesus", *Biblebhashyam* 15 (1989), 205-221; Stock, *Method*, 129-138을 보라.

서 답변해야만 한다. 만약에 그 비난이 역사적으로 신뢰할만한 것이라고 한다면, 그것이 의미하는 것은 무엇이었을까? 바알세불이라는 용어는 무슨 의미였던 것일까? 그 용어의 기원은 무엇인가? 뿐만 아니라 우리는 이 본문이 예수의 귀신 축출 방법과 그가 그의 주변 사람들에게 주었을 충격에 대해서 말해주는 바에 대해서 물어야만 한다. 이 논쟁의 역사성과 의미를 논구하려면, 먼저 마태복음 12장 28절, 누가복음 11장 20절에 나오는 성령/손가락 어록을 다른 시각에서 분석할 필요가 있다. 강한 자의 비유막3:27에 대한 베스트Best의 분석과 해석을 존중한다면, 우리는 이 구절들이 사탄의 추락에 대한 예수님의 이해와 어떤 관련이 있는지에 대해서도 질문을 던질 필요가 있다.

마12:22-30	마9:32-34	막3:22-27	눅11:14-15,17-23
(22) 그때 그에게 한 눈 멀고 벙어리 귀신들린 사람을 데려왔다. 그리고 그는 그를 고쳐주었다. 그러자 말 못하던 남자가 말을 하고 보게 되었다. (23) 그리고 모든 무리들이 놀라 말하였다. "이 사람은 다윗의 자손이 아니냐?" (24) 그러나 바리새인들은 그것을 듣고 말하였다. "이 사람은 귀신의 왕 바알세불에 의존하지 않고는 귀신들을 쫓아내지 못한다." (25) 그러나 그들의 생각을 아시고 그는 그들에게 말했다. "어느 나라든 서로 나뉘면 망하고 어느 도시나 집든 나뉘면 유지되지 못한다. (26) 그리고 만약에 사탄이 사탄을 내어 쫓으	(32) 그리고 그들이 떠난 뒤에, 보라 그들이 그에게 벙어리 귀신들린 사람을 데리고 왔다. (33) 그리고 귀신이 쫓겨 나가자 벙어리가 말을 했다. 그리고 무리들이 놀라서 말했다. "이스라엘에서 이와 같은 것을 보지 못했다." (34) 그러나 바리새인들은 말했다. "귀신의 왕을 힘입어서 귀신들을 내어 쫓는 것이다."	(22) 그리고 예루살렘에서 내려온 서기관들이 말했다. "그는 바알세불에 들렸다." 그리고 "귀신의 왕을 힘입어서 귀신들을 내쫓는다." (23) 그래서 그들을 불러서 비유들을 들어서 그는 그들에게 말했다. "어떻게 사탄이 사탄을 내쫓을 수 있느냐? (24) 그리고 만약에 나라가 서로 나뉘면, 그 나라는 유지될 수 없다. (25) 그	(14) 그리고 그는 귀신 하나를 내쫓았다. [그리고 그것은] 벙어리 귀신이었다. 그러나 귀신이 나가자, 벙어리가 말을 했다. 그리고 무리들이 놀랐다. (15) 그러나 그들 중의 어떤 이들은 말했다. "귀신의 왕 바알세불을 힘입어서 그가 귀신들을 내쫓는다." … (17) 그러나 그는 그들의 생각을 알고 그들에게 말했다. "어느 나라든 서로 나뉘면 망한다. 그리고 어느 집이든 서로 나뉘면 무너진다. (18) 그리고 또한 만약에 사탄이 나뉘어서 스스로 대적한다면, 어떻게 그의 나라가 유지될 수 있겠는가? 너희는 내가 바알세불을 힘입어서 귀신들

마12:22-30	마9:32-34	막3:22-27	눅11:14-15,17-23
면, 그는 스스로 나뉘는 것이다. 그러면 어떻게 그의 나라가 유지되겠는가? (27) 그러나 만약에 내가 바알세불을 힘입어서 귀신들을 내어 쫓는다면, 너희의 자녀들은 누구를 의지해서 그들을 내어 쫓는 것이냐? 그러므로 그들이 너희의 재판관이 될 것이다. (28) 그러나 만약에 내가 하나님의 영을 힘입어서 귀신들을 내어 쫓는 것이라면, 하나님의 나라는 너희에게 왔다. (29) 또는 어떤 사람이 강한 자를 먼저 결박하지 않고서야 어떻게 강한 자의 집에 들어가 그의 세간을 약탈할 수 있겠느냐? 그런 다음에야 그의 집을 약탈 할 수 있을 것이다. (30) 나와 함께 하지 않는 자는 나를 대적하는 자이다. 그리고 나와 함께 모으지 않는 자는 흩는 자이다.		리고 만약에 집이 서로 나뉘면 그 집이 유지될 수 없을 것이다. (26) 그리고 만약에 사탄이 스스로에게 반란을 일으켜서 갈라진다면, 그는 버틸 수 없고 끝장나고 말 것이다. (27) 그러나 강한 자를 먼저 결박하지 않고는, 아무도 강한 자의 집에 들어가 그의 세간을 약탈할 수 없다. 그런 다음에야 그가 그의 집을 약탈한다.	을 내쫓는다고 말한다. (19) 그러나 만약에 내가 바알세불을 힘입어서 귀신들을 내쫓는다면, 너희의 자녀들은 누구를 힘입어서 그들을 내쫓는 것이냐? 그러므로 그들이 너희의 재판관이 될 것이다. (20) 그러나 만약에 내가 하나님의 손가락으로 귀신들을 내쫓는 것이면, 하나님의 나라가 너희에게 왔다. (21) 강한 자가 완전 무장을 하고 그의 궁전을 지키고 있다면, 그의 세간들은 안전하다. (22) 그러나 더 강한 자가 그를 공격해서 그를 제압하면, 그가 의지하던 그의 무기들을 그가 벗겨버린다. 그리고 약탈한 것들을 나누어 준다. (23) 나와 함께 하지 않는 자는 나를 대적하는 자이다. 그리고 나와 함께 모으지 않는 자는 흩는 자이다.

　　마가는 이 단락을 예수가 미쳤다는 소문을 들은 가족들이[2] 예수를 붙잡고자 오고 있다는 말로 시작한다.3:19b-21 이 내용의 진정성이 분명한 까닭은 초기 교회가 이것을 창작해냈을 법하지 않기 때문이다.[3] 뿐만 아니라, 요한계열의 전승에도 비슷한 언급이 나온다.예. 요10:20 마가

---

2) 마가가 οἱ παρ' αὐτοῦ(호이 파르 아우투, 그의 곁에 있는 자들)라는 말로 예수의 "친구들"이 아니라 "가족"을 나타내려고 한다는 점은 마가가 예수의 어머니와 형제들을 언급하는 단락의 결론부분을 보면 분명하게 알 수 있다(3:31). 더 자세한 것은 J. E. Steinmueller, "Jesus and οἱ παρ' αὐτοῦ (Mark 3:21-21[2])", *CBQ* 4 (1942), 355-359; BAGD, 610을 보라.

3) Taylor, *Mark*, 235.

가 현재의 문맥에[4] 31-35절을 삽입한 것에 비추어 볼 때, 마가가 19b-21절을 이 독특한 단락의 도입구로 추가한 것으로 보인다.[5]

1. 귀신 축출 이야기 마12:22-23/눅11:14

마태가 이 두 구절을 완전히 수정했다는 것은 두 말할 나위 없이 명백하다. 이 점은 특히 마태복음 9장 32-33절에서 두 번씩 반복해서 언급되는 것에서 확실하게 나타난다.

마12:22-23	마9:32-33	눅11:14
그때 그에게 한 눈 멀고 *벙어리 귀신들린 사람을 데려왔다. 그리고 그는 그를 고쳐주었다. 그러자 말 못하던 남자가 말을 하고 보게 되었다.* (23) 그리고 모든 무리가 놀라 말하였다. "이 사람은 다윗의 자손이 아니냐?"	그리고 그들이 떠나간 뒤에, 보라 그들이 그에게 *벙어리 귀신들린 사람을 데리고 왔다.* (33) 그리고 *귀신이 쫓겨 나가자 벙어리가 말을 했다. 그리고 무리가 놀라서 말했다.* "이스라엘에서 이와 같은 것을 보지 못했다."	그리고 그는 *귀신 하나를 내쫓았다. [그리고 그것은] 벙어리 귀신이었다. 그러나 귀신이 나가자, 벙어리가 말을 했다. 그리고 무리들이 놀랐다.*

마태의 본문들 두 곳에 모두 나오고 누가의 것과 평행되는 부분들은 위에서 이탤릭체로 표시된 부분 Q 전승에서 유래한 것이라고 볼 수 있다.

마태의 구절들이 누가와 일치하지 않는 곳에서 사용된 προσ φέρειν프로스페레인, "데리고 오다"[6] 그리고 δαιμονίζομαι다이모니조마이, "귀신들린"[7]는 누가가 편집한 흔적이라기보다는 마태의 어휘로 보아야 할 것 같다.

12장 22절에 나오는 귀신들린 사람이 눈이 멀었을 뿐만 아니라 말

---

4) 마가가 31-35절을 편집했다는 것에 대해서는, 예. Schweizer, *Mark*, 83면 이하; Taylor, *Mark*, 245; J. D. Crossan, "Mark and the Relatives of Jesus", *NovT* 15 (1973), 85면 이하, 96면 이하; Stein, *NovT* 13 (1971), 193면 이하; Mann, *Mark*, 251-252를 보라.

5) Bultmann, *History*, 29면 이하를 보라; 참조. Dibelius, *Tradition*, 47.

6) Hawkins, *Horae Synopticae*, 7; Turner, *Grammer* IV, 43.

7) 이 표현은 다음과 같은 곳에도 나온다. 요10:21; 눅8:36; 막1:32, 5:15,16,18; 마4:24, 8:16,28,33; 9:32, 12:22, 15:22.

도 하지 못한다는 내용은 마태의 편집이 분명하다. 치유 받은 사람은 벙어리였는데 말하게 되었고 *또 보게 되었다*고 묘사된다. 그러나 *καὶ βλέπειν*카이 블레페인, 그리고 보게 되다은 어색하게 덧붙여진 것처럼 보인다. 게다가 신약성서에 나오는 모든 치유 중에서 구약에 그 전례가 없는 것은 보지 못하는 자가 보게 되는 것이다. 따라서 메시아 시대에 대한 희망의 표시가 소경이 보게 될 것이라는 것이었다.사29:18, [32:3], 35:5, 42:7,16,18-20, 43:8, 61:1 8) 또한 구약성경에서 말할 수 있게 된다는 주제가 등장하는 유일한 곳에서 볼 수 있게 된다는 주제가 동시에 등장한다는 것사35:5,6은 마땅히 주목해야 하는 점이다. 11장 4-6절에서 마태는 이미 이 구약성경 구절들에 대한 관심을 보인 바 있다. 그리고 마태가 지속적으로 강조하는 중요한 주제들 중의 하나가 바로 예수가 구약성경의 메시아 희망을 성취한다는 것이다.9) 따라서 이러한 종말론적이고 메시아적 문맥에서마12:22-28, 마태가 이미 메시아적 치유가 일어나고 있음을 강조하려 하고, 이를 위해서 Q를 그의 방식에 맞게 개정하고자 했다는 것은 당연한 것이다. 이러한 경향은 공관복음서 중에서 *τυφλός*튀프로스, "소경"이 상대적으로 마태에 자주 나온다는 점과 부합한다.10) 따라서 마태복음 9장 32-33절의 내용은 아주 이른 시기의 것임이 거의 분명하다.11)

마태복음 12장 23절에 나오는 무리의 놀람을 나타내는 어휘도 마태에게서 유래했다는 쪽으로 증거가 기울고 있다. 즉, 그 표현이 마태가 선호하는 기적에 대한 전형적인 반응으로 보인다는 것이다.12) 뿐만 아

---

8) 70인역에는 "소경이 시력을 회복한다"라고 되어 있다. 참조. RSV의 설명.
9) 또한 S. McConnell, *Law and Prophecy in Matthew's Gospel* (Basel: Th.D. Thesis, 1969), 154면 이하; Gundry, *OT in Matthew's Gospel*, 208면 이하를 보라.
10) 마태 17회, 마가 5회 그리고 누가 8회.
11) 이와 동일한 견해로는 C. Burger, *Jesus als Davidssohn: Eine Traditionsgesschichtliche Untersuchung* (Göttingen: Vandenhoeck & Ruprecht, 1970), 77-79이 있다.

니라, 마태복음 9장 33절에 있는 반응이 12장 23절의 반응과 전혀 비슷하지 않다. 그리고 "다윗의 자손"이라는 칭호는 누가복음에는 나오지 않는데, 마태가 특별한 관심을 보이는 칭호이다.13) 따라서 마태복음 12장 23절에 나오는 무리의 모습을 나타내는 표현들은 Q까지 거슬러 올라갈 수 없는 것들이다.

이러한 검토에 비추어 보았을 때, 누가가 아주 유사하게 따르는 공동 원천 자료인 Q에는 벙어리 귀신들린 사람이 치유되어서 말하게 되었고, 그로 말미암아 무리가 놀랐다는 간략한 이야기가 포함되어 있었음을 확인할 수 있다.14)

그럼에도, 풀러R. H. Fuller는 이 기적 이야기가 편집에 의한 구성이라고 생각한다.15) 그는 이 이야기가 "그 말씀 전승을 전달하려고 정교하게 고안된" "이상적인 장면"16)이라고 말한다. 그는 이것을 다음과 같이 보충해서 설명하는 것으로 보인다. 1. "결국, 교회는 상황적인 배경이 아니라 말씀에 관심을 두었다." 그리고 2. "바알세불과 관련된 말씀 전승들은 마가복음과 Q에서는 상황적인 배경 없이 전해 내려왔다."마 12:22 등 17)

마가가 귀신 축출 이야기를 그 단락의 배경으로 사용하지 않는다는 것은 사실이다. 하지만, Q도 그렇지 않다고 말하는 것은 의문의 여지가 있다. 왜냐하면 마태복음과 누가복음 모두 논쟁 앞부분에 귀신 축출

---

12) 7:28, 9:8을 보라. 참조. 15:31, 21:14. 누가는 그 표현을 7:16과 13:17에서만 사용한다. 참조. B. Gerhardsson, *The Mighty Acts of Jesus According to Matthew* (Lund: CWK Gleerup, 1979), 74; Theissen, *Miracle*, 69.

13) 마태 10회, 마가 4회, 누가 5회. J. M. Gibbs, "Purpose and Pattern in Matthew's Use of the Title 'Son of David' ", *NTS* 10 (1963-4), 446-464; J. D. Kingsbury, *Matthew: Structure, Christology, Kingdom* (London: SPCK, 1976), 99면 이하 그리고 주석들을 보라.

14) 참조. J. S. Kloppenborg, *The Formation of Q* (Philadelphia: Fortress, 1987), 121-122.

15) Fuller, *Miracles*, 25 주석 1. 그는 마9:27-31, 32-34도 마찬가지라고 본다.

16) Fuller, *Miracles*, 32. 참조. Theissen, *Miracle*, 114, "… 기적 이야기도 (마찬가지로) 실제로는 경구를 위한 서론이다."

17) Fuller, *Miracles*, 32.

이야기를 배치하기 때문이다. 그런데 풀러는 이것이 Q 자료가 아니라고 주장하지 않는다. 뿐만 아니라 풀러는 어느 복음서 저자가 다른 복음서 저자에게 의존한다고도 주장하지 않는다.

풀러에게 가장 중요한 점은 "교회는 상황적인 배경이 아니라 말씀에 관심을 두었"기 때문에 이 귀신 축출 이야기가 고안되었다는 것이다. 그러나 최소한 마태복음과 누가복음은 상황적 배경에 대한 자료에 관심이 있었음을 보여준다. 그리고 왜 그들은 상황적 배경 면에 있어서 그렇게 긴밀하게 일치하는 것일까? 풀러가 제시하는 증거에 근거해서 보면, 그것은 귀신 축출 이야기가 마태 이전의 것이며 동시에 누가의 자료라고, 혹은 마태 이전의 것이거나 누가의 자료라고 가정하는 것이 가장 합리적이다. 만약에 누가가 마태에 대해서 전혀 몰랐다고 가정한다면,[18] Q 전승이 벙어리 귀신들린 사람이 고침을 받고, 그 사람이 말을 하게 되고 그로 말미암아 무리가 놀랐다는 이런 내용들을 담은 간략한 귀신 축출 이야기를 담고 있었다고 보는 것이 타당하다.[19]

누가는 ἐκβάλλων에크발론, "쫓아내다", 11:14라는 말을 사용해서 치료를 묘사한다. 반면에 마태는 12장 22절에서 ἐθεράπευσεν에떼라퓨센, "그가 나았다"라고 말하는데, 9장 33절에서는 ἐκβληθέντος에크발레뗀토스, "쫓아내다"를 사용한다. 이러한 점들은 Q가 예수가 귀신 축출을 행하는 것을

---

18) 이러한 견해를 뒷받침하는 사례에 대해서는, F. G. Downing, "Towards the Rehabilation of Q", *NTS* 11 (1964-5), 169-187; 그리고 A. M. Honoré, "A Statistical Study of the Synoptic Problem", *NovT* 10 (1968), 95-147, 특히 135를 보라. 누가가 마태를 사용했다는 것에 대해서는, 예. A. W. Argyle, "Evidence for the View that St. Luke used St. Matthew's Gospel", *JBL* 83 (1964), 390-396 그리고 R. T. Simpson, "The Major Agreements of Matthew and Luke Against Mark", *NTS* 12 (1966-7), 273-284를 보라.

19) 참조. T. W. Manson, *The Sayings of Jesus* (London: SCM, 1949), 82면 이하; A. Polag, *Fragmenta Q* (Neukirchen-Vluyn: Neukirchener Verlag, 1979), 50면 이하. Q에는 오직 "말씀" 자료만 있었다는 주장이 종종 제기된다(S. Petrie, "'Q' is Only What You Make It", *NovT* 3 [1959], 29를 보라). 그러나 눅11:14 말고도, Q에는 눅4:2-13, 7:1-10,18-23, 11:29-32이 있었을 수도 있다. Kümmel, *Introduction*, 68을 보라. Kee, *Miracle*, 205는 눅7:1-10은 Q 전승에서 유래한 유일한 기적 이야기라고 말한다.

묘사하기 위한 용어로 ἐκβάλλω에크발로, "쫓아내다"20)를 사용했을 것이라고 짐작하게 한다. 이 단어에 대해서는 간단하게나마 조금 더 자세하게 논의하게 될 것이다.

귀신 축출 이야기가 간결하다는 것은 Q가 예수의 귀신 축출 방법에서 어떤 특별한 것을 발견하지 못했다는 것과 귀신 축출 이야기가 성격상 일차적으로 뒤에 이어지는 것을 이끄는 역할을 하는 것으로 보았다는 것을 의미한다. 이러한 서론격인 귀신 축출이 *벙어리* 귀신에 대한 것이라는 점이 중요하다. 그 귀신 축출이 Q에게 종말론적 함의가 있었다는 것은 그 단락의 뒷부분에서 분명하게 나타난다. 그렇지만, 이미 도입부분에서 귀신 축출의 종말론적 차원이 확인되는데, 이는 메시아 시대에 대한 희망 중의 하나가 벙어리가 기쁨의 노래를 부르는 것이기 때문이다. 사35:5,6. 그리고 위의 내용을 참고하라

비록 마태가 이 짤막한 이야기에 특별한 관심을 보이기는 하지만, 이 이야기의 역사적 신뢰성은 이 이야기가 우연한 기회에 Q에 전달되었다는 것을 통해서 그 개연성이 높아진다. 뿐만 아니라, 귀신 축출에 대한 이어지는 논쟁은 귀신 축출이 처음 행해졌다는 것을 전제로 한다. 그리고 불트만에 따르면, "본래부터 전승에 속해 있던 이야기 중 예수의 어떤 행동에 대해서 지극히 일반적인 용어로 시작하려고 하는 이야기는 하나도 없다."21) 따라서 마가가 혹은 그의 선배들이 귀신 축출 이야기를 배열했으며, 예수가 미쳤다고 하는 예수의 가족들의 부담과 잘

---

20) 사실상, 누가는 이 단어를 추가했을 것으로 보이지는 않는데, 왜냐하면 이 단어가 누가가 마가에게서 취사선택한 자료에는 14회 등장하는 반면에(막1:12,34,39,43, 3:15,22,23, 5:40, 6:13, 9:18,28,38, 11:15, 12:18[8]), 누가는 이 단어를 5회만 사용하기 때문이다(막3:22, 9:18,38, 11:15 그리고 12:8에서 인용). 그리고 우리가 아는 한 누가는 이 단어를 그의 전승에 단 한번 추가했다(눅20:21; 참조. 막12:5). 한편 마태는 이 단어를 거의 누락 없이 사용하지만(막1:12/마4:1; 막1:39/마4:23; 막1:43/마8:4; 막7:26/마15:25; 막9:18/마17:16), 마태는 θεραπεύω(떼라퓨오, 치료하다)를 선호한 것으로 알려져 있다(*HSE*, 62를 보라).

21) Bultmann, *History*, 13; 또한 J. Jeremias, *NT Theology* (London: SCM, 1971), 91을 보라.

맞아떨어지기 때문에3:21 3장 21절과 3장 31-35절 사이에 귀신 축출에 대한 논쟁과 관련된 나머지 자료들을 삽입했을 것으로 보인다.

2. 비난 마12:24/막3:22/눅11:15절 22)

마태와 누가=Q는 비난이 예수에 대한 것이라는 점에서 마가와 일치한다. 그러나 이런 비난은 누가 하는 것인가? 마태는 바리새인들이었다고 말하고 마가는 서기관들이었다고 말한다. 누가는 무리 중의 어떤 이들이었다고 말한다. 각각의 복음서 저자들이 이 점에서 각자의 성향을 따른다. 마태는 바리새인들을 예수의 대적자로 만드는데 관심을 기울이는 것으로 보인다.23) 마가의 관심은 서기관들을 예수의 대적자로 만드는 데 있다.24) 이러한 것은 전승이 전달되는 과정에서 적당한 이름들을 취사선택하는 경향과 일치한다.25) 그렇지만, 누가는 종종 그의 자료에서 그러한 특별한 언급들을 누락시키곤 한다.26) 따라서 우리는 누가 예수에 대한 비난을 주도했는지는 알 길이 없다.

그렇다면 어떤 성격의 비난이었는가? 누가복음 11장 15b절"…그가 귀

---

22) 눅11:16은 Q 자료일 가능성보다는 막8:11에 가깝다 (참조. 마16:1, 12:38). 그렇기 때문에 이 구절이 Q 자료에는 없었을 것이다. T. Schramm, *Der Markus-Stoff bei Lukas* (Cambridge: Cambridge University Press, 1971), 46면 이하.

23) Hill, *Matthew*, 215; 참조. T. F. Glasson, "Anti-Pharisaism in St. Matthew", *JQR* 51 (1960-1), 316-320; R. Hummel, *Die Auseinandersetzung zwischen Kirche und Judentum im Matthäsevangelium* (Munich: Chr. Kaiser, 1966), 12-17; S. van Tilborg, *The Jewish Leaders in Matthew* (Leiden: Brill, 1972).

24) M. J. Cook, *Mark's Treatment of the Jewish Leaders* (Leiden: Brill, 1978), 85면 이하 그리고 J. C. Weber, "Jesus' Opponents in the Gospel of Mark", *JBR* 34 (1966), 214-222를 보라.

25) E. P. Sanders, *The Tendencies of the Synoptic Tradition* (Cambridge: Cambridge University Press, 1969), 188면 이하를 보라. 또한 S. Schulz, *Q: Die Spruchqelle Der Evangelisten* (Zürich: Theologischer Verlag, 1972), 204면 이하. 주석 206; 그리고 B. M. Metzger, "Name for the Nameless in the NT. A Study in the Growth of Christian Tradition", in P. Granfeild and J. A. Jungmann (eds.), *Kyriakan: Festschrift Johannes Quasten* 2 vols. (Münster Westfalen: Aschendorff, 1970) I, 79-99를 보라.

26) 다음의 장소에서 누가는 마가 자료에 나오는 서기관들에 대한 언급을 제거한다. 눅4:32, 11:15,37,38, 9:37, 10:25,27, 18:31, 20:41, 22:47,54, 23:35. 자주는 아니지만, 누가는 마가 자료에 나오는 바리새인에 대한 언급도 제거한다. 눅5:33, 11:16,37, 22:20.

신의 왕 바알세불을 힘입어서 귀신들을 쫓아낸다"과 마태복음 12장 24절을 비교해보면, Q가 마태복음 12장 24절보다는 누가복음 11장 15b절에 더 잘 보존되어 있다는 것이 드러난다. 마태복음 12장 27절, 누가복음 11장 19절에 비추어 볼 때, "바알세불"은 아마도 Q에 있었던 것으로 보인다. 예수가 바알세불에 "들렸다"참조. 막3:22는 언급을 Q가 갖고 있었다고 볼만한 증거는 없다. 그렇지만, 예수가 "바알세불에 들렸다"*Βεελζεβοὺλ ἔχει*, 베엘제불 에케이고 하는 훨씬 심각한 비난이 마가에 나오는 것에 비추어 보았을 때 마가의 내용을 생략한 것으로 볼 수 있을 것이다. 이 표현은 마가나 다른 어떤 초기 교회가 창안해낼 아무런 이유가 없기 때문에 가장 개연성이 높은 진정성 있는 전승 중의 하나이다.

바알세불에 들렸고 바알세불을 힘입어서 귀신들을 쫓아낸다는 이러한 두 가지 비난은 본래 어떤 의미를 갖고 있었을까?27) 예수의 청중들은 그가 특정한 이방 신을 활용해서 귀신 축출을 한다고 생각했을까?28) 이러한 생각 중에는 "바알세불"Beelzebul이 열왕기하 1장 2절에 나오는 에그론의 신의 이름인 "바알-제붑"Baal-Zebub을 유대인들이 비꼰 것이라는 견해도 들어 있다. 그러나 (a) 바알세불과 에그론의 팔레스타인 신의 이름을 연결시키는 것은 상당히 후대의 것처럼 보인다-제롬c.AD 340-420보다 이전의 근거가 없다.29) (b) 신약성서 바깥에서는 바알세불을 오리겐*CC* VIII.25과 히폴리투스*Refutation* 6.34가 언급한다. 그러나 그들은 에그론의 이름과 전혀 결부시키지 않는다. (c) 요세푸스는 아하시야 사건을 언급하면서『유대 고대사』 9.19, "아크론에그론의 파리-

---

27) 이것이 마술에 대한 비난이라는 견해에 대해서는, 아래의 24장을 보라; J. H. Neyrey, "Bewitched in Galatia: Paul and Cultural Anthropology", *CBQ* 50 (1988), 72-100은 갈라디아인들이 귀신에 사로잡히고 사탄의 조종을 받고 있던 거짓 교사들에 의해서 마법에 걸렸다는 바울의 책망에 대해서 논하고 있다(갈 3.1).

28) W. Manson, *The Gospel of Luke* (London: Hodder and Stoughton, 1930), 138은 그렇게 보고 있다; 참조. BAGD.

29) Plummer, *Luke*, 301.

신Fly-God"이라는 문구를 사용한다. 그런데 그는 전통적으로 "파리-신"Fly-God이라는 의미가 있는 것으로 여겨지던 히브리어 바알-제붑의 뒷부분을 번역하려고 70인역과 동일한 단어를 사용한다.30) 따라서 요세푸스도c.37-100 열왕기하 1장 2절의 바알제붑과 "바알세불"의 관계에 대해서는 몰랐던 것으로 보인다.

바알세불의 의미에 대한 의미 있는 단서가 마태복음 10장 25절에 있다. "그들이 집 주인을 바알세불이라 불렀는데, 그의 집에 속한 사람들에게는 얼마나 더 심하게 비방하겠느냐."31) 비록 드물기는 하지만, 구약성경에서 "제불"זבל은 하늘heaven의 동의어로 사용되는데, 아마도 "거하는 곳"dwelling이라는 의미인 것으로 보인다. 왕상8:13/대하6:2; 사 63:15; 합3:11 유사한 의미가 쿰란 사본에서도 발견된다.32) 헬라 시대에 바알은 야훼 신앙의 주요한 제의적 경쟁자였는데, 특히 안티오커스 4세 때에 더욱 그러했다.33) 구약성경 후기 문헌에서 "하늘의 주"Lord of Heaven라는 말은 오로지 야훼에게만 사용하는 명칭이었다.34) 그리고 유대교와 신약성서에서 이방 신들은 귀신들이라고 불려졌다.35)

"귀신들의 우두머리인 사탄에게 이방인의 신들의 우두머리라는 말보다 더 적합한 이름이 어디 있겠는가? 그는 그에게 합당한 이름으로 불리우는 것이 마땅한데도 그러지 않았다 − …이 칭호는 야훼에게만 한정된 것이다 − 그러나

---

30) St. J. Thackeray, *Josephus* VI, 12 n.(a.)에 나오는 『유대 고대사』 9.19에 대한 Ralph Marcus의 주장.
31) 아래에 이어지는 내용의 대부분은 L. Gaston, "Beelzebul", *TZ* 18 (1962), 247-255에 의존한다. 참조. E. C. B. MacLaurin, "Beelzeboul", *NovT* 20 (1978), 156-160.
32) 1QM 12.1, 2; 1QS 10.13; 1QH 3.34.
33) E. Bickermann, *Der Gott der Makkabäer* (1937), 특히 50면 이하; Gaston, *TZ* 18 (1962), 252 주석 21이 인용. 참조. Hengel, *Judaism and Hellenism* I, 261; II, 172.
34) 스1:2, 5:11,12, 6:9,10, 7:12,21,23; 느1:4,5, 2:4,20; 시136:26; 단2:18,19,37,44, 4:34, 5:23; 토비트 13:11; 마카비하15:23.
35) 70인역 시95:5; 고전10:20; 참조. 70인역 신32:17; 시105:37; 바룩4:7; 계9:20.

'하늘의 주'라는 이 이름은 어딘지 약간 기만하는 듯한 느낌을 줄 수도 있었다."36)

우리는 여기에서 예수가 사탄에게 사로잡혔다는 이유로 비난받았다고 결론 내릴 수 있다. 여기에 사용된 단어들, 바알세불Beelzebul = 바알샤마임Baalshamaim=사탄Stan은 예수와 그 주변의 사람들이 쉽게 알아들을 수 있는 명료한 것들이다.37)

따라서 무리는 예수가 귀신 축출을 행하기 때문에 그가 사악한 인물이고, 하나님이 아니라 사탄에게 사로잡힌 존재라고 생각하게 된 것이다.참조. 막3:22 이미 언급한 바와 같이, 이러한 비난의 역사성은 거의 의심의 여지가 없다.

여기에서 검토한 자료들에 근거해서 4부의 결론을 이끌어내려면, 먼저 우리는 예수가 귀신 축출자라는 것을 지켜보았던 사람들이 어떻게 그와 같은 비난을 할 수 있었는지에 대해서 질문해보아야만 한다.22장 그리고 24장

3. 예수의 대답 마12:25-30/막3:23-27/눅11:17-23

(a) 예수의 대답의 첫 번째 부분의 정확한 표현이 무엇인지 확인하는 일 때문에 시간을 지체할 필요는 없다. 그 의미하는 바가 분명하기 때문이다. 즉, 예수가 바알세불/사탄을 힘입어서 귀신들을 쫓아낸다는 것은 사탄이 나뉘었다는 것을 의미하기 때문에 불가능하다는 것이다. 심지어 만약에 예수가 사탄을 힘입어서 귀신을 내쫓는다고 한다면, 즉

---

36) Gaston, *TZ* 18 (1962), 253. 참조. W. E. M. Aitken, "Beelzebul", *JBL* 31 (1912), 34-53.
37) 참조. Gaston, *TZ* 18 (1962), 253. Gaston은 더 나아가서 하늘에 대한 동의어들 중에서 제불 (*Zebul*)이 사용된 것은 바알세불 논쟁에 가담한 바리새인들이 성전에 대한 모종의 주장이 있었음을 알아챘기 때문일 것이라고 주장한다(254). 그리고 Aitken, *JBL* 31 (1912), 34-53을 보라.

사탄이 서로 나뉘어서 스스로 대적하는 것이라면, 예수의 귀신 축출은 사탄과 그의 왕국이 무너졌음을 나타내는 더욱 확실한 증거라는 것이다.38)

(b) 이어지는 논박—최소한 Q에서는—은 비난을 반격하기 위한 것인데, 그들에게 속한 사람들은 누구를 힘입어서 귀신들을 내쫓는지는 상관하지 않으면서, 예수가 사탄과 한통속이라고 비난하는 것은 모순임을 꼬집는 것이다.

마가는 유대인 귀신 축출자들에 대한 Q의 어록만이 아니라, 예수의 권위 있는 능력의 원천에 대한 것들도, 그리고 하나님나라마12:27/눅11:19-20에 대한 Q의 어록들도 갖고 있지 않았음이 분명하다. 하나님나라, 성령 그리고 예수의 귀신 축출 간의 관계에 대해서 마가가 분명히 관심을 기울이는 것에 비추어 볼 때, 우리가 현재 Q에서 볼 수 있는 이러한 어록들을 마가도 활용할 수 있었거나 혹은 마가가 그것을 가능한 포함하려 했다고 생각할 여지는 거의 없다.

예수가 던지는 질문은 이것이다. "너희의 자녀들은 누구를 힘입어서 귀신들을 내쫓는 것이냐?"39) 이 질문에 대한 자연스러운 대답은 당연히 "하나님"이다. 게다가 문맥은 단 두 가지 대답, 즉 사탄 아니면 하나님만을 제시한다.40) 문제는 다음 구절이다.마12:28/눅11:20 예수는 *자신의 귀신 축출*이 하나님나라의 도래를 나타내는 표지mark라고 주장한다. 그렇다면 Q는 예수와 동시대인들인 귀신 축출자들과 그들의 귀신

---

38) 예수가 비유를 말할 때 제자들을 불렀다는 언급은 아마도 마가의 편집으로 보인다. Taylor, *Mark*, 239; Schweizer, *Mark*, 83면 이하; Dibelius, *Tradition*, 237; Kertelge, *Wunder*, 126 주석 505; Best, *Temptation*, 117; Schreiber, *ZTK* 58 (1961), 16을 보라. ([역주] 저자는 막3:23에 나오는 "그들"이 제자들을 가리키는 것으로 해석한다.)

39) οἱ υἱοὶ(호이 휘오이, 아들들)에 대해서는 C. E. Carlston, *The Parables of the Triple Tradition* (Philadelphia: Fortress, 1975), 18 주석 11을 보라.

40) 유대인 귀신 축출자들이 "하나님을 힘입어서" 귀신을 축출했다는 것은 PGM IV.3019면 이하에서 분명하게 나타난다.

축출에 대해서는 어떻게 생각하는 것일까? 누가복음 11장 19,20절과 평행을 이루는, Q의 현재의 본문배열을 기준으로 볼 때, 그동안의 일반적 견해는 Q가 유대인들의 귀신 축출이 어떤 식으로든지 하나님나라의 도래와 관련 있다고 생각했다는 것이 해석상 확실하다는 것이었다. 신약성서 비평학자들이 그동안 이러한 해석을 다양한 방식으로, 그리고 강경하게 회피해온 것은 당연한 것이다.41) 예를 들어서, 크리드 Creed는42) 19절이 초기 교회 공동체와 유대인 대적자들 간의 논쟁 상황에서 후대에 삽입된 것이라는 불트만의 가설43)을 신뢰했다. 그러나 비록 유대인 귀신 축출자들에 대한 언급이 "후대"의 것이라 하더라도, 이미 마태와 누가가 사용한 Q 자료의 한 부분이었다. 뿐만 아니라, Q자료의 현재의 배열을 수정한다면, 누가복음 11장 19절과 20절은 더 이상 평행일 수가 없게 된다는 것인데, 그것은 아무런 도움도 되지 않는다. 왜냐하면 유대인 귀신 축출자들에 대한 Q의 이해라는 문제는 여전히 대답되지 않은 채로 남게 될 것이기 때문이다.

예수의 동시대인들은 귀신 축출에 성공하지 못했다거나 단지 부분적으로만 성공했을 뿐이라고 추정하는 하비A. E. Harvey의 주장은 받아들일 수 없다.44) 이런 주장을 뒷받침하는 것이 본문에는 전혀 없을 뿐만 아니라, 사실상 유대인 귀신 축출자들의 권위에 대해서 묻는다는 것이마12:27/눅11:19 그들이 성공했다는 것을 전제로 하는 것이다. 뿐만 아니라, 앞으로 이 연구에서도 살펴보겠지만, 캐러고니스C. C. Caragounis

---

41) 예. N. Perrin, *Rediscovering the Teaching of Jesus* (New York: Harper & Row, 1976), 63; W. G. Kümmel, *Promise and Fulfilment* (London: SCM, 1957), 105-106.

42) J. M. Creed, *The Gospel According to St. Luke* (London: Macmillan, 1930), 160면 이하. Carlston, *Parables*, 18도 19절과 20절이 모순된다고 본다. 그리고 Schweizer, *Matthew*, 284도 보라.

43) Bultmann, *History*, 14. 이 주장을 Kümmel, *Promise*, 105-106이 지지했다. 두 구절들 간의 관계의 기원에 대한 더 자세한 내용에 대해서는, G. R. Beasley-Murray, "Jesus and the Spirit", in Descamps et de Halleux (eds.), *Mélanges Bibliques*, 468 주석 1을 보라.

44) Harvey, *Constraints*, 109.

처럼 예수의 귀신 축출은 절차order가 달랐다고 말하는 것은 불가능한데, 왜냐하면 예수의 귀신 축출에는 유대와 헬라의 귀신 축출의 특징들characteristica이 전혀 없었기 때문이다.[45]

그러나 또 다른 대안이 남아 있다. 마태복음 12장 28절/누가복음 11장 20절에 이르는 단락이 귀신 축출과 하나님나라의 시작 간의 관계에 대한 것이 *아니라*는 것이다. 어쨌든지 간에 바리새인들의 비난과 예수의 대답은 오로지 예수의 *권능의 원천*에 대한 것만 다룬다는 것이다. 따라서 Q가 유대인 귀신 축출자들에 대해서 말하는 것을 종합해보면 결국에는 그들이 어떤 방식으로든지 예수와 동일한 권능의 원천을 공유한다는 것이다. 예수가 다른 귀신 축출자들을 협력자들로 받아들인다는 이러한 개념은 누가복음 11장 23절마12:30과 예수의 이중 긍정positive doublet – "누구든지 우리를 반대하지 않는 자는, 우리를 위하는 자이다"눅9:50/막9:40을 주목할 때 훨씬 개연성이 높아진다. 누가복음과 마가복음 모두, 이 말은 제자 요한이 낯선 귀신 축출자가 예수를 따르지 않기 때문에 제자들이 귀신 축출하는 것을 못하게 하려 했다는 보고에 뒤이어 나온다. 따라서 Q만 홀로 예수가 다른 귀신 축출자들에 대해서 용인했으며, 최소한 일정 부분 그들을 협력자로 간주했다고 보는 것은 아니다. 예수의 대답은 전적으로 앞에 나오는 비난에 근거한 것이기 때문에 이 대답의 역사성에 대해서 확신할 수 있다.

(c) 성령/손가락 어록마12:28/눅11:20은 앞으로 우리가 다루려고 하는 구절들 중의 하나이다. "그러나 만약에 내가 하나님의 성령누가에는 "손가락"을 힘입어서 귀신들을 내어 쫓는 것이라면, 하나님나라는 너희에게 왔다." 그러나 Q와 예수의 공생애 사역의 맥락에서 이 구절을 이해하

---

45) C. C. Caragounis, "Kingdom of God, Son of Man and Jesus' Self-Understanding", *TynBul* 40 (1989), 230-231. 더 자세한 것은 아래의 IV장을 보라.

고 해석함에 있어서 우리는 다음과 같은 많은 문제에 직면하게 된다. Q에서는 이 구절을 어떤 단어들로 나타냈는가? 왜 Q에서는 예수의 귀신 축출이 하나님나라의 도래와 결부되었는가? 이 말씀이 역사적 예수에게까지 소급될 수 있는가? 그리고 만약에 그렇게 할 수 있다면, 예수에게 그것은 어떤 의미였는가?

(i) 여기에서 Q가 "성령"이나 "손가락"이라는 단어를 갖고 있었는지에 대한 논쟁을 완전히 다시 논의할 필요는 없다. Q에는 본래 "성령"이라는 단어가 있었다고 볼만한 합리적인 이유가 있다.46) 어떤 선택을 하더라도 그 의미는 비슷하다. 구약성경에서 "하나님의 손가락"이라는 용어는 하나님의 직접적인 행동을 가리키는데 사용된다. 그래서 출애굽기 31장 18절을 보면, 돌 판에 하나님의 손가락finger이 글씨를 썼다고 나온다. 또한 출8:19; 신9:10 그리고 시8:3을 보라 그리고 쿰란의 "전쟁 두루마리"War Scroll를 보면, 하나님께서 사탄을 향하여 그의 손hand을 드셨다고 기록한다.1QM 18.1-15 또한 하나님의 영Spirit의 활동은 하나님 자신의 활동을 의미했다. 에스겔 11장 5절을 보면, 주의 영이 에스겔에게 내려와서 그에게 주의 말씀을 전한다. 가장 흥미로운 것은 에스겔 8장 1절에 나오는 주의 손이 에스겔에게 내려와서 환상을 보여주었다는 것이다. 따라서 이것들은 "손"과 "영"이 동의로서 사용된 사례들인 것이다. 더 나아가서, 구약성경에서 "하나님의 손가락"은 "하나님의 손"의 다른 표현이고, 다른 의미는 있을 수 없다.47)

(ii) 왜 예수의 귀신 축출은 하나님나라의 도래와 연결된 것일까? 이

---

46) 관련문헌에 대해서는 Dunn, *Jesus*, 44면 이하와 R. W. Wall, " 'The Finger of God' Deuteronomy 9.10 and Luke 11:20", *NTS* 33 (1987), 144-50; van Cangh in Delobel (ed.), *Logia*, 337-342 그리고 Caragounis, *TynBul* 40 (1989), 8-10을 보라.

47) 또한 대상28:11-19; R. G. Hamamerton-Kelly, "A Note on Matthew 12.28 par. Luke 11:20", *NTS* 11 (1964-5), 168; C. K. Barrett, *The Holy Spirit and the Gospel Tradition* (London: SPCK, 1947), 144 그리고 각주들을 보라. 헬라 세계에서 신의 손가락이 능력의 상징이라는 것에 대해서는 Clement of Alexandria, *Stromata*, 6.16.133을 보라.

구절에는 세 가지 구성요소가 있다. 귀신 축출자"나"[48], 귀신 축출의 권능의 원천성령, 그리고 이 두 요소들의 결합에 딸린 의미인 *하나님나라*의 도래. 그렇다면, 예수의 귀신 축출과 하나님나라의 도래가 연결된 것은 *예수가* 귀신 축출을 행했기 때문인가 아니면 예수가 *하나님의 영*으로 귀신 축출을 했기 때문인가? 그보다, 정말로 이 두 가지 중에서 하나를 선택해야만 하는 것인가?

일반적으로 이 구절의 핵심 요소가 예수가 "하나님의 영"을 힘입어서 혹은 사로 잡혀서by or in 귀신 축출을 하는 것이라는 데에는 인식을 같이한다.[49] 그렇지만, 앞의 구절마12:27/눅11:19에 대해서 우리가 바로 앞에서 살펴본 바에 따르면, Q가 유대인들이 예수와 같은 편에서 귀신을 축출한다고 받아들이는 것으로 본다면참조. 낯선 귀신 축출자 – 막9:38-41/눅9:49-50, 그동안 주장되던 바와 같이 예수의 권능의 원천이 유일한 것은 아닐 수도 있다는 것이 된다. 그러나 달리 보자면, 유대인 귀신 축출자들이 비록 동일한 "하나님"의편에서 귀신 축출을 하지만, 예수의 권능에 대해서는 아직까지 아무도 모르는 것이다. 즉, 그의 동시대인들과의 대조를 통해서반의적인 의미를 주는 &[데, 그러나]에 주목하라, 예수는 그에게 권능을 부여하신 분이 하나님의 영이라는 것을 주장하는 것이다. 하나님의 영은 유대 랍비들의 권능의 원천이 아니었다.[50] 최소한 우리는 'Q가 예수에 대해서 어느 누구도 하지 않은 주장을 하고 있다' 고 말할

---

48) 눅11:20에 나오는 ἐγώ(에고, "나")의 정체에 대해서는 Nestle-Aland, *NT Graece* ed. XXVL에 있는 비평도구(apparatus)를 보라.

49) 예. Dunn, *Jesus*, 44면 이하.

50) 또한 Str-B II, 526면 이하를 보라. 이와는 반대로, Hengel, *Charismatic Leader*, 64 주석 102는 예수의 사역 전반에 대해서 이렇게 말한다. "예수와 비교해서, 그 시대의 묵시-메시아적 예언자들은 '성령'에게 자유롭게 호소했음이 분명하다. 에세네파([역주]본문에는 Easter로 되어 있으나 저자가 인용하고 있는 헹겔의 책에는 Essene로 되어 있음)의 본문들과 묵시 문헌에 의하면, 유대교에서는 실제로 성령에 사로잡혔다고 주장하는 것이 전혀 낯선 것이 아니었다…." 그러나 나는 "성령"이 귀신 축출을 위한 권능의 원천으로 요청되었다는 것을 보여주는 어떠한 증거도 발견할 수 없었다.

수 있다.

비록 ἐγώ에고, "나"가 신약성서의 모든 곳에서 대조를 암시하거나 강조용법으로 사용되는 것은 아니지만,51) 스타우퍼Stauffer는 "공관복음서에 나오는 예수의 말에서 강조용법으로 ἐγώ에고가 사용되는 때는 상대적으로 드물다. 예수가 이것을 언급하는 때는 신적인 능력과 권위의 차원에서 경고하거나 약속하고 명령하는 때이다."52)라고 정확하게 말한다.

단 한 번 예외적으로 Q가 예수의 인격에 관심을 집중시키려고 예수의 입을 통해서 ἐγώ에고를 사용한다.마8:9/눅7:8 *)따라서 우리는 하나님나라의 도래와 예수의 귀신 축출이 Q에서 연결되는 까닭은 *예수가 성령을 통해서 귀신들을 쫓아내기 때문이라고 볼 수 있다.*

마태복음 12장 28절/누가복음 11장 20절을 보면, Q에서 예수가 ἐκβάλλω에크발로, "쫓아내다"라는 말을 하고 있음을 볼 수 있다. 어느 정도의 의미를 부여해서 이 단어를 사용했는지를 판단하기는 어렵다. 내가 아는 한도에서는 – 마가에 의하면 – 귀신 축출과 관련해서 사용된 것은 이것이 처음이다. 복음서 이전의 문헌, 예를 들어서 토비트 6장 17절을 보면, 귀신들이 "쫓겨나는" 것이 아니라 *도망친다.*φείγω[퓨고] 마태복음 12장 28절/누가복음 11장 20절의 두 가지 내용, 즉 귀신들을즉, 사탄 [마12:26; 눅11:18] – 하나님의 대적 쫓아내는 것과 하나님나라의 도래를 고려해볼 때, 70인역이 ἐκβάλλω에크발로를 사용하는 방법은 그 단어가 Q

---

51) BDF 227.1면 이하; 참조. N. Turner, *A Grammar of NT Greek* III (Edinburgh: T & T Clark, 1963), 37면 이하.

52) E. Stauffer, *TDNT* II, 348.

*) [역주] 원문의 내용은 다음과 같다. "The only other time Q uses ἐγώ on the lips of Jesus it is to draw attention to the person of Jesus (Matthew 8:9/Luke 7:8)." 그런데 마8:9; 눅7:8에 나오는 ἐγώ에고는 예수님의 입이 아니라 백부장의 입을 통해서 발설된다. 오히려 Q 7:3절에 해당하는 마8:7절에 예수의 입을 통해서 ἐγώ에고가 발설된다. 이에 해당하는 누가의 구절은 분명치 않다. 따라서 저자의 정확한 의도가 분명치 않아서 원문의 내용을 밝힌다.

에서 어떤 의미를 주는지 유추하는데 도움이 될 것이다.

70인역에서 $\acute{\epsilon}\kappa\beta\acute{\alpha}\lambda\lambda\omega$에크발로는 거의 대부분, 하나님께서 택한 백성 이스라엘을 향한 하나님의 목적을 성취하기 위한 하나님의 방침 속에서 패배하기도 하고 혹은 유지되기도 하는, 적이 쫓겨 나감으로써 결국 *하나님의 목적이 성취되는* 맥락에서 등장한다. 이러한 목적 중에서 가장 자주 등장하는 것이 약속된 땅을 차지하는 것이다. 두 가지 사례를 들어서 이것을 설명해보도록 하자. 첫째로, "네가 번성하여 그 땅을 기업으로 얻을 때까지 내가 그들을 네 앞에서 조금씩 쫓아내리라.$\acute{\epsilon}\kappa\beta\acute{\alpha}\lambda\lambda\omega$에크발로"출23:30 둘째로, "영원하신 하나님이 네 처소가 되시니 그의 영원하신 팔이 네 아래에 있도다. 그가 너희 앞에서 대적을 쫓으시며$\acute{\epsilon}\kappa\beta\acute{\alpha}\lambda\lambda\omega$에크발로 멸하라 하시도다. 이스라엘이 안전히 거하며… 곡식과 새포도주의 땅에…"신33:27-28 70인역에서 $\acute{\epsilon}\kappa\beta\acute{\alpha}\lambda\lambda\omega$에크발로가 사용되는 것에 비추어 보았을 때, Q는 예수가 하나님의 목적—하나님나라의 도래—이 이루어지도록 하나님의 대적을 내쫓았다고 암시하는 것으로 보인다.

(iii) 성령/손가락 어록의 역사성에 대해서 어떻게 평가할 수 있을까? 그 어록이 분명히 역사적 예수의 것이라는 점은 다음과 같은 이유로 명백해 보인다. (1) "나라"는 예수의 공생애 사역의 핵심주제였다.53) (2) 하나님나라가 *이미 왔다*$\acute{\epsilon}\phi\theta\alpha\sigma\epsilon\nu$[에프따센]는 것은,54) מטא 'tm, "닿다", "그치다"*)에 상응하는 표현인데, 그 어록이 예수 자신의 사역에서 나온 것임을 암시한다.55) (3) 또한, 그 구절은 독특한 예수의 설교 형태인 반제평행구antithetic parallelism의 한 부분이다.56) (4) 초기 교회는 예수의 귀

---

53) N. Perrin, *The Kingdom of God in the Teaching of Jesus* (London: SCM, 1963), 10장; 그리고 *Rediscovering*, 1장; Jeremias, *Theology*, §11; R. H. Hiers, *The Historical Jesus and the Kingdom of God* (Gainesville: University of Florida Press, 1973), 2장; J. R. Butts, "Probing the Polling, Jesus Seminar Results on the Kingdom Sayings", *Forum* 3 (1987), 98-128.

54) $\acute{\epsilon}\phi\theta\alpha\sigma\epsilon\nu$(에프따센)에 대해서는 Kümmel, *Promise*, 106-9를 보라. 참조. Jeremias, *Theology*, 34.

*) [역주] 원문에는 מאטא이 아니라 מטא로 되어 있다. 잘못 기록된 것으로 보인다.

신 축출과 구원의 시작을 연결시키지 않았다.29장 참조 57) 종합해보건 대, 이러한 요인들은 성령/손가락 어록의 역사적 신빙성을 긍정하는 쪽으로 기울게 한다.58) 이 어록이 예수에게 어떤 의미가 있었는지에 대해서는 29장에서 살펴볼 것이다.

(d) 강한 자의 비유마12:29/막3:27/눅11:21-22에서, 누가는 Q의 강한 자 의 비유11:21-22를 따르는 것인가반면에 마12:29은 막3:27을 따른다 혹은 마가 복음 3장 27절을 개정한 것인가? 누가는 최소한 순서에 관한 한 여기 에서는 Q를 따른다.참조. 마12:28/눅11:20 그리고 마12:20/눅11:23 즉, 누가는 마태와 순서에서는 같다. 마가를 그렇게 늘여서 재서술하는 것은 누가 의 특징이 아니다.59) 그리고 만약에 그가 마가에 의존해서 그렇게 했 다면, 누가가 마가의 어휘 중에서 $ἰσχυρός$이스퀴로스, "강한 자"만 선택해 서 사용한다는 것은 이상한 일이다. 몇 가지 근거를 보면 누가가 $τὰ$ $ὑπάρχοντα$타 휘파르콘타, "세간"를60) 즐겨 사용한다는 몇 가지 증거가 있다. 그러나 누가가 이 구절에서 $τὰ$ $σκῦλα$ $αὐτοῦ$ $διαδίδωσιν$타 스퀼라 아우투 디아디도신, "약탈한 것을 나누다"라는 표현을 사용함으로써 이사

---

55) G. Dalman, *The Words of Jesus* (Edinburgh: T & T Clark, 1902), 107. Jeremias, *Theology*, 103면 이하; Barrett, *Spirit*, 140; D. Flusser, *Jesus* (New York: Herder, 1969), 90; H. Baltensweiler, "Wunder und Glaube im NT", *TZ* 23 (1967), 243-248.

56) Jeremias, *Theology*, 14. 또한 Dalman, *Words*, 202-203을 보라.

57) Twelftree, *Christ*, IV장을 보라.

58) 이 어록의 역사성에 대한 광범위한 지지에 대해서는, Beasley-Murray in Descamps et de Halleux (eds.), *Mélanges Bibliques*, 468을 보라. 그리고 G. R. Beasley-Murray, *Jesus and the Kingdom of God* (Grand Rapids: Eerdmans and Exeter/Paternoster, 1986), 356 주석 28는 그 어록 이 "우리가 예수의 어떤 어록에 대해서도 주장 할 수 없는([역주]원문에는 'which we can make for any saying of Jesus' 라고 되어 있다) 최고 수준의 진정성이 있는 것이라고 말할 수 있 다. 즉 예수의 활동을 분명하게 특징짓는 종말론적 능력의 분위기로 충만하다"고 하는 불트 만의 말(Bultmann, *History*, 162)을 인용한다. 또한 J. D. G. Dunn, "Matthew 12.28/Luke 11:20 - A Word of Jesus?" in W. H. Gloer (ed.), *Eschatology and the New Testament* (Peabody: Hendrickson, 1988), 31-49; Caragounis, *TynBul* 40 (1989), 8 주석 39를 보라.

59) Marshall, *Luke*, 477.

60) Q에는 단 한 번만 나온다(마24:47; 눅12:44) - Edwards, *Concordance*에 의하면, 마 2회(마 24:47은 제외), 반면에 눅 14회(눅12:44은 제외) 그리고 행 25회 그리고 바울 12회. [역주] 원 문에는 마24:42절로 되어 있다.

야 53장 12a절 $\tau\hat{\omega}\nu$ $i\sigma\chi\upsilon\rho\hat{\omega}\nu$ $\mu\epsilon\rho\iota\hat{\epsilon}\hat{\iota}$ $\sigma\kappa\hat{\upsilon}\lambda\alpha$, 톤 이스퀴론 메리에이 스퀼라, 강한 자와 약탈한 것을 나눌 것이다 *)을 암시하기는 하지만, 누가는 늘 그렇듯이 알렉산드리아 사본을 따르지 않는다.61) 따라서 이 구절에서 누가는 마가보다는 전승을, 아마도 Q를, 따르는 것으로 보인다.

이 비유가 언제나 이러한 문맥에 나오는 것이 주제 때문만이 아닌 것은 아래를 보라, Q와 마가도 동일한 문맥을 보여주기 때문이다.62) 그렇다면 어떤 점에서 강한 자의 비유가 예수의 말을 반영한다고 말할 수 있을까? 귀신들린 사람을 "집"에 비유하는 것은 당시에 동방에서는 흔한 것이었다.63) 뿐만 아니라 두 복음서 전승이 이 비유를 갖고 있고 마가, 마태와 누가, 도마 복음서도 이 비유를 갖고 있다.35 따라서 이 비유는 예수의 진정한 어록에 속했을 것이 거의 분명하다.

그렇다면 복음서 저자들은 이 비유를 어떻게 이해했을까? 이 비유에는 두 가지 구성요소가 있다. 먼저, 강한 자가 결박되거나 $\delta\acute{\eta}\sigma\eta$, 데세 혹은 제압된다. $\nu\iota\kappa\acute{\eta}\sigma\eta$, 니케세 그리고 그런 다음에, 두 번째로, 그의 집이 약탈당한다. 사탄에 대한 결박이 광야에서의 시험에서 이미 일어났다는 견해가 폭넓은 지지를 받고 있다.11장 참조 예를 들어서, 에른스트 베스트 Ernst Best는 $\delta\acute{\eta}\sigma\eta$ 데세가 부정과거 가정법이기 때문에, 비유에 나오는 결박은 이전에 있었던 특정한 행동, 즉 광야에서의 시험을 가리킨다고 주장한다.64) 그러나 마지막 절에 있는 부정과거 가정법은 일회적인 행동만 서술하는 것은 아닐 뿐만 아니라, 행동의 시기에 특별한 강조점을 두지 않는 행동을 나타내기도 한다.예. 요17:1,21을 보라 그리고 부

---

*) [역주] 개역개정성경에는 "존귀한 자"로 번역되고 있지만, 대부분의 영어성경에는 "the Strong"(KJV, NAS, NIV, NRSV)이나 "the Mighty"(NAV, NJV)로 번역되고 있다.

61) Lindars, *Apologetic*, 85; T. Holtz, *Untersuchugen über die alttestamentlichen Zitate bei Lukas* (Berlin: Akademia-Verlag, 1968).

62) Taylor, *Mark*, 240; Crossan, *NovT* 15 (1973), 92.

63) P. Joüon in J. Jeremias, *The Parables of Jesus* (London: SCM, 1972), 197.

64) Best, *Temptation*, 13.

정과거 가정법에 이어서 $\dot{\epsilon}\dot{a}\nu$ $\mu\dot{\eta}$에안 메, "~하지 않는다면", 막3:27가 나오기 때문에, 분명하지 않은 미래의 일회적인 행동을 나타낸다는 것을 배제할 수는 없다. 약탈되는 "세간들"$\tau\dot{a}$ $\sigma\kappa\epsilon\dot{\upsilon}\eta$, 타 스퀴에이 복수plural라고 해서 이것을 광야의 시험에서의 단 한 번의 결박에 이은 다수의 귀신 축출을 언급하는 은유라고 해석할 필요는 없다.65) 왜냐하면 "세간들"은 집합적인 개념일 것이기 때문이다. 누가도 그렇게 이해한다.눅11:21; 참조. 8:3, 12:15,33,44, 14:33, 16:1, 19:8; 행4:32 게다가, 만약에 마가가 광야에서의 시험 이야기처럼 결박이 과거에 있었던 특정한 사건이었던 것으로 표현하고자 했다면, 그 결과로 인한 약탈을 현재의 구절에서와 같이 미래시제가 아니라 현재시제로 나타냈어야 했을 것이다.$\kappa\alpha\dot{\iota}$ $\tau\acute{o}\tau\epsilon$ $\cdots$ $\delta\iota\alpha\rho\pi\acute{a}$ $\sigma\epsilon\iota$[카이 토테 … 디아르파세이], "그리고 그런 다음에야 그가 약탈할 수 있을 것이다" 또한 앞으로 보겠지만11장 참조, 광야의 시험 이야기를 가지고 사탄의 패배라는 개념을 뒷받침하기란 거의 불가능하다. 그러므로 이 비유에는 광야의 시험 전승을 사탄의 패배로 보게 해주는 것이라고는 전혀 없는 것이다.

그렇다면 예수와 그의 청중들은 이 비유를 어떻게 이해했을까? 27절에 있는 강한 자는 사탄으로 이해했음이 분명하다. 그리고 23절을 보면"어떻게 사탄이 사탄을 쫓아낼 수 있는가?", *사탄은 귀신 축출을 통해서 쫓겨나는 것으로 묘사된다.* 게다가, 결박한다그리고 풀어준다는 개념은 귀신 축출과 치유라고 하는 귀신들과 관련된 문맥에 아주 잘 어울리는 것들이다. 예를 들어서, 누가복음 13장 16절에서 치유는 사탄에게 "묶인" 여인을 "풀어주는" 것이다. 마가복음 7장 35절에서는 "묶인" 혀가 치유된다.참조. 막5:3b/눅8:29 그리고 더 나아가서 다이스만Deissmann은 고

---

65) M. M. B. Turner, "Prayer in the Gospels and Acts", in D. A. Carson (ed.), *Teach Us to Pray: Prayer in the Bible and the World* (Grand Rapids: Baker and Exeter/Paternoster, 1990), 320 주석 14.

대 사회에서는 사람이 귀신의 영향으로 묶이거나 사로잡힐 수 있다는 사상이 일반적이었다고 말한다.66) 또한 27절에 나오는 먼저 결박하고 그런 다음에 약탈하는 순차적인 형태는 귀신들과 관련된 고대의 방법과 맞아 떨어진다. 예를 들어서, "마술 파피루스"에서 이런 모습이 묘사된다. 먼저, 귀신을 결박하거나 제한하는 명령을 한다. 그런 다음에 귀신에게 명령한다. 모든 때에 동일한 순차적인 행동을 통해 진행된다. 예. PGM IV.3037면 이하를 보라 집이라는 은유에 주목해보면, 그 비유가 예수와 그의 청중들에게 어떤 의미가 있었는지에 대한 더 많은 통찰을 얻을 수 있다. 누가복음 11장 24-26절에서는 집의 은유가 귀신에게 사로잡힌 한 개인을 묘사하려고 사용된다. "집"이 위험에 처한 것이다.67) 마찬가지로 마가복음 3장 27c절에서도 강한 자, 즉 "집 주인"3:22에게서 빼앗아 오는 것은 집이다.

따라서 결론적으로 말해서, 우리가 여기에서 보는 것은 *귀신 축출에 대한 비유*이다. 강한 자인 사탄은 결박되고 그의 집, 즉 귀신들린 사람을 그에게서 빼앗아 온다.68) 만약에, 우리가 제시하는 것처럼, 결박이 귀신 축출의 한 부분을 가리키는 것이라고 여겨졌다면, 크랜필드가 27절과 23b-26절 사이에서 보았던 긴장은 해결되는 것이다.69)

이 부분의 결론으로, 우리는 간략한 귀신 축출 이야기, 그리고 비난과 예수가 귀신 축출을 통해서 사탄을 쫓아낼 수 있다고 하는 생각을

---

66) Deissmann, *Light*, 306 그리고 주석 5. 또한 307면 이하를 보라; 그리고 F. Büchsel, *TDNT* II, 60 특히 주석 3을 보라.

67) 참조. 도마 복음서 35에서도 위기에 처한 것은 집 안의 살림살이가 아니라 집이라고 나온다.

68) 참조. R. Otto, "The Kingdom of God Expells the Kingdom of Satan", in B. Chilton (ed.), *The Kingdom of God* (London: SPCK and Philadelphia: Fortress, 1984), 30. 반대 견해에 대해서는, M. Limbeck, "Jesus und die Donen. Der exegetische Befund", *BK* 30 (1975), 7-11을 보라. '강한 자'가 사탄을 위해서 방어해주는 제자(the disciple)라는 주장에 대해서는 Meynet, *RB* 90 (1983), 334-50을 보라.

69) Cranfield, *Mark*, 138.

보여주는 강한 자에 대한 비유를 포함하는 대답 안에 역사적으로 신뢰할 만한 자료가 담겨 있다고 말할 수 있다. 우리는 이 중요한 단락을 토대로 이후에 더 많은 부분에 대해서 논할 것이다.18장과 29장 참조

11장 · 시험[1)](#)

막1:12,13 그리고 마4:1,2,11/눅4:1,2,13

이 본문에 주목하는 이유는 이 본문을 검토하는 것이 다음과 같은 질문에 대답하는데 도움이 될 것이기 때문이다. 역사의 예수가 사탄을 패배시킨 것은, 광야의 시험에서인가, 귀신 축출에서인가, 십자가에서 인가, 혹은 미래의 어느 시점일 것인가, 그도 아니면 이것들 중에서 이 것저것이 결합된 어떤 때인가?

마4:1,2,11절	막1:12,13절	눅4:1,2,13절
1) 그 때 예수는 마귀에게 시험을 받도록 성령에 이끌리어 광야로 들어갔다. (2) 그리고 40일 낮과 40일 밤을 금식하니, 배가 고팠다… (11) 그러자 마귀가 그를 떠났고, 그리고 보라, 천사들이 와서 그에게 수종 들었다.	(1) 그리고 곧 성령이 그를 광야로 몰아냈다. (13) 그리고 그는 광야에서 40일 동안 사탄에게 시험을 받았다. 그리고 그는 광야에서 들짐승들과 함께 있었으며, 그리고 천사들이 그에게 수종 들었다.	(1) 그리고 예수는 성령으로 충만해서 요단에서 돌아왔다. 그리고 성령에게 이끌리어 광야로 갔다. (2) 40일 동안 마귀에게 시험을 받기 위해서였다. 그리고 그는 그 날들 동안 아무 것도 먹지 않았고, 그 날들이 끝났을 때 그는 배가 고팠다… (13) 그리고 마귀가 모든 시험을 다한 뒤에 그는 잠시 동안 그를 떠났다.

---

1) 관련문헌: Jeremias, *Theology*, 68; Pesch, *Markus*. I, 98-100; Fitzmyer, *Luke* I, 519; F. Neugebauer, *Jesu Versuchung: Wegentscheidung am Anfang* (Tübingen: Mohr, 1986); Kloppenborg, *Formation of Q*, 246-262; Guelich, *Mark* I, 36; Drewermann, *Markus*. I, 142-161; Stock, *Method*, 50-57; G. H. Twelftree, "Temptation of Jesus" in J. B. Green and S. McKnight (eds.), *Dictionary of Jesus and the Gospels* (Downers Grove: IVP, 1992).

1. 우선, 누가는 사탄이 시험에서 완전히 패배했다는 생각을 전달하려고 하지 않았다는 것이 거의 확실해 보이는데, 왜냐하면 그는 "마귀가… 잠시 동안 그를 떠났다"고 말하기 때문이다.4:13 이것은 누가에 나오는 사탄에 대한 다른 언급들에서 확인된다.[8:12], 10:18, 11:18 그리고 13:16 따라서 이러한 것은 누가는 사탄이 예수의 공생애 사역 전반에 걸쳐서 활동했다고 생각했다는 증거이다. 그렇기 때문에 누가복음 4장 13절과 22장 23절 사이의 기간이 "사탄의 활동에서 자유로운 시간"[2] 이라고 설명하는 콘첼만Conzelmann의 주장은 타당성이 거의 없다.[3]

2. 시험과 사탄의 패배 간의 관계가 마태복음에서는 명확하지가 않다. 4장 10절에서 사탄은 "물러가라"$\acute{v}\pi\alpha\gamma\epsilon$, 휘파게는 말을 듣고 있고, 4장 11절에서 사탄은 예수를 "떠난다"$\acute{\alpha}\phi\acute{\iota}\eta\sigma\iota\nu \ \alpha\acute{v}\tau\grave{o}\nu$, 아피에신 아우톤. 그러나 마태가 바알세불 논쟁12:22-32과 예수가 베드로를 "사탄아 내 뒤로 물러가라"16:23고 책망한 내용을 담고 있는 것에 비추어 볼 때, 마태도 사탄의 활동이 시험 이후로 예수의 공생애 사역 기간 동안에 지속적이었다고 보았던 것으로 보인다.

3. 만약에 마태나 누가가 시험을 사탄의 패배로 보지 않았다면, Q에 대해서는 어떻게 말할 수 있을까? 사실상, 마태와 누가의 비교에서 거의 동일한 상황을 보게 된다. 마태복음 4장 11a절/누가복음 4장 13절에 나오는 마귀가 떠났다는 언급은 Q에서도 볼 수 있다.[4] 그러나 그 구절의 하반절은 아마도 빠진 것으로 보인다. 천사가 수종든다는 마태의 언급은 마가에게서 온 것이다.1:13 그러나 $\acute{\iota}\delta o\acute{v}$이두, "보라"와 $\pi\rho o\sigma\tilde{\eta}\lambda\theta o\nu$프로셀톤, "오다"은 전형적인 마태의 표현인데 이 부분은 마태

2) H. Conzelmann, *The Theology of St. Luke* (London: Faber and Faber, 1969), 170.
3) 더 자세한 것은 S. Brown, *Apostacy and Perseverance in the Theology of Luke* (Rome: Pontifical Biblical Institute, 1969), 6면 이하 그리고 Baumbach in J. Rohde, *Rediscovering the Teaching of the Evangelists* (London: SCM, 1968), 243면 이하를 보라.
4) Schulz, *Q*, 181.

에게서 유래한 것으로 보인다.5) 그리고 누가는 $\kappa\alpha\iota\rho\acute{o}s$카이로스, "때"에 특별한 관심을 보이지는 않는 반면에, $\check{\alpha}\chi\rho\iota$아크리, "~할 때까지"를 선호한 다.6) 그리고 오직 누가만이 $\check{\alpha}\chi\rho\iota$ $\kappa\alpha\iota\rho o\hat{v}$아크리 카이루, "얼마 동안"라는 문구를 사용한다.여기와 행13:11 따라서 그 문구를 4:13절에 첨가한 것은 누가임이 가장 분명해 보인다.7)

만약에 이것이 맞는다면 Q의 시험 이야기는 아마도 사탄이 예수를 떠난다는 간단한 언급으로 끝났을 것이다. 그렇다면 이러한 것을 근거 로 해서 Q의 시험 이야기에 사탄의 패배라는 아주 중요한 주제가 나타 난다고 결론 내리는 것은 거의 불가능하다. 사실상, 다른 Q의 자료를 보면, 마태와 누가에서와 마찬가지로, 우리는 사탄이 시험에서 패배한 것이 아니라는 뚜렷한 인상을 받게 된다. 왜냐하면, 바알세불 논쟁10장 참조과 - 그리고 이것이 만약에 Q에 속한 것이라면 - 70인의 귀환이 패배한 적enemy이 아니라 패배하는 *과정 중에* 있는 적에 대해서 묘사 하기 때문이다.8)

4. 에른스트 베스트Ernst Best는 사탄의 패배는 마가복음의 시험 이 야기에 속한 *것이라고* 주장한다.9) 마가의 시험 이야기 부분을 일차적 으로 검토한 후에, 베스트는 그 이야기 안에 압도적으로 설득력 있는 주제도 없으며, 뿐만 아니라 어떤 방식으로든 시험 이야기의 결과가 암 시된다는 증거조차도 없다고 말한다.10) 그렇기 때문에 베스트는 마가 의 다른 부분, 즉 바알세불 논쟁을 살펴 보아야 한다고 말한다.3:19b-35

---

5) $\iota\delta o\acute{v}$(이두, 보라), 마 62회, 막 7회, 눅 57회. $\Pi\rho o\sigma\acute{\epsilon}\rho\chi\epsilon\sigma\theta\alpha\iota$(프로세르케스따이, 오다), 마 52 회, 막 5회, 눅 10회; 또한 Schulz, *Q*, 181을 보라.

6) Hawkins, *Horae Synopticae*, 16; 참조. Schürmann, *Lukas*. I, 214 주석 198.

7) 참조. E. Klostermann, *Das Lukasevangelium* (Tübingen: Mohr, 1929), 61.

8) Twelftree, *Christ*, 109를 보라.

9) Best, *Temptation*, 15; 참조. Carlston, *Parables*, 135 그리고 주석 30; M. D. Hooker, *The Message of Mark* (London: Epworth, 1983), 37; Kee, *Medicine*, 73; Beasley-Murray, *Jesus and the Kingdom*, 108-111, 특히 366 주석 4.

10) Best, *Temptation*, 10.

그런데 이것에 대해서는 이미 다루었고, 이제는 시험 이야기와 그 인접 문맥을 살펴보자.

만약에 침례와 시험 단락이 각기 다른 전승의 흐름을 나타낸다는 것을 보여주는 내적 증거가 있다 하더라도,[11] 마가는 어쨌든 그것들을 병치시킨다. 현재 문헌상의 상관관계가 최소한 공관복음서의 것보다 이전의 것이라는 점은 동일한 상관관계가 Q에 나오는 두 단락들 사이에도 존재한다는 것을 통해서 간접적으로 암시된다. 따라서 우리는 마가복음에서 이 구절들이 서로 간에 의미를 주고받고 있다고 이해하는 것이 당연하다. 그리고 우리는 마가의 전체 구도 속에서 이 구절들 간에 모종의 일관된 이해가 있을 것이라고 보아도 좋을 것이다.

마가복음에서 시험 단락은 단 두 개의 간단한 문장으로 되어 있다. 그래서 마가가 여기에서 어떤 것을 염두에 두는지 직접적으로 이끌어내기는 어렵다. 마가복음의 나머지 부분에 나타난 사탄의 역할을 살펴보면, 어떤 일관된 목적이 있는 것으로 보인다.[12] 3장 23절과 26절을 보면 예수가 그의 사역이 사탄의 권위와 힘을 빌어서 하는 것이라는 바리새인의 비난에 대해서 대답한다. 8장 33절에서 베드로는 예수가 하고자 하는 사명을 비껴가게 하려고 하다가 "사탄아 내 뒤로 물러가라…"는 책망을 받는다. 이 두 가지는 예수의 사역을 비난하거나 *그의 사역에서 비껴가게 하려는 것*과 관련 있다. 이러한 양상을 4장 15절에 적용하는 것은 어렵지 않다. 사탄은 씨 뿌리는 자의 "사명"mission을 파괴한다고 언급된다. 다음으로 $\pi\epsilon\iota\rho\acute{\alpha}\chi\zeta\omega$페이라조, "시험하다"를 살펴보면, 이 단어가 각기 다른 세 곳에서 사용되는 것을 볼 수 있다.8:11, 10:2, 12:15 그런데 이 세 번 모두 바리새인과의 대결 상황에서 사용된다. 8장

---

11) Lohmeyer in Best, *Temptation*, 4 그리고 주석 1.
12) 1:13, 3:23,26, 4:15, 8:33. 마가는 $\delta\iota\acute{\alpha}\beta o\lambda o\varsigma$(디아볼로스, 악마)를 사용하지 않는다.

11절에 나오는 말이 흥미롭다. 바리새인들은 예수에게 자신을 증명하는 표적을 요구한다. 우리는 이것과 사탄이 예수에게 성전 꼭대기에서 몸을 던져서 예수의 아들 됨을 입증하라고 시험하는 Q의 시험과 비교할 수밖에 없다. 그렇다면, 마가는 광야시험에서 사탄이 취한 행동이 *예수를 그의 사명에서 비껴가게 하려는* 시도와 관련 있는 것이라고 보았다는 것을 1장 9-13절에서 나타내는 것이다.

베스트는 오직 마가의 기록에만 의존할 때에 우리는 시험의 결과에 대해서는 아무 것도 모르게 된다고 말한다.13) 그러나 "하나님의 택한 자"를 시험의 시기에 안전하게 보호하는 것이 광야에서 천사의 임무였는데, 이러한 광야에서 천사가 섬긴다는 개념에 대한 구약성경의 배경에 비추어 보았을 때,14) 우리는 마가가, 비록 구체적으로 말하지는 않지만, 긍정적인 결과를 암시할 가능성을 염두에 두고 있어야 한다. 만약에 우리가 천사에 대한 마가의 언급을 고찰하기 위해 구약성경의 배경을 검토한다면, 비록 마가가 시험의 성공적인 결과를 마음에 두고 있다 하더라도, 반드시 사탄에 대한 *최종적인 승리*라는 생각은 갖고 있을 필요는 없었다는 것 또한 가능하다는 것을 알게 될 것이다. 물론, 단지 어려운 시기를 안전하게 지나는 것만을 의미하는 것일 수도 있다.

따라서 1장 13절의 마지막 부분 때문에 앞에서 주장했던 것침례 단락과 시험 단락이 서로 연관 있다는 것 - 역주이 엉뚱한 방향으로 흐르게 되는 것은 아니다. 오히려 그 마지막 부분이 마가의 시험 이야기에서 위험에 처한 것은 예수의 *사명*이라는 생각을 확증해준다. 그리고 마가가 침례와 시험 이야기에 이어서 곧바로 예수가 사역을 시작1:14-15하는 것을 보여준다는 사실을 감안하면, 마가의 시험 이야기가 예수의 사명과 관

---

13) Best, *Temptation*, 10.
14) U. W. Mauser, *Christ in the Wilderness* (London: SCM, 1963), 101; 왕상19:5,7을 보라. 출14:9, 23:20,23, 32:34, 33:2.

련 있다고 보는 것이 더욱 힘을 얻게 된다.

따라서 단락 자체에서도 확인되듯이, 마가의 시험 이야기는 승리를 말한다. 그러나 그 승리는 사탄에 대한 *최종적인 결박이나 제압이 아니다.*[15] *그것은 예수가 복음을 전파하는 자신의 사명과 관련해서 사탄을 이긴 것이다.*1:14-15; 참조. 1:1 [16]

공관복음서 전승들 중에서 시험 이야기에서 사탄의 *최종적인 패배*를 보여주는 곳은 없다. 따라서 검토한 바와 같이 복음서 전승들 중 어떤 것도 시험 이야기가 사탄의 최종적 패배라는 사상과 연결되어 있다는 생각을 전달하지 않는다. 사탄의 패배의 의미에 대해서 예수가 어떻게 생각했는지, 그 역사적 예수의 경험을 알아보고자 시험 이야기의 배후를 살필 이유는 없다. 뒤에 이어지는 장의 관련된 부분에서 더 자세한 결론을 도출하게 될 것이다.

---

15) 참조. R. Yates, "Jesus and the Demonic in the Synoptic Gospels", *ITQ* 44 (1977), 39-42; Guelich, *Mark* I, 38. 이것에 반대하는 견해로는 Nineham, *Mark*, 63면 이하; A. Jühlicher (*Die Gleichnisreden Jesu*, 2 vols. [Tübingen: Mohr, 1910] II, 226)는 시험 이야기와 강한 자의 비유를 연결시키는 것에 대해서 경고한다. 왜냐하면 시험 이야기에서는 예수가 성공적으로 자신을 방어하는 반면에, 강한 자의 비유에서는 사탄이 방어하는 처지가 되기 때문이다. 그렇기 때문에 "바리새인도 복음서 저자들도, 심지어는 예수 자신조차도 시험 이야기에서 사탄의 결박을 읽어낼 수 없을 것이다"(Beasley-Murray, *Jesus and the Kingdom*, 109-10에서 인용)라고 말한다.

16) 또한 H. P. Thompson, "Called-Proved-Obedient: A Study in the Baptism and Temptation narratives of Matthew and Luke", *JTS* 11 (1960), 1-12를 보라.

12장 · 요한에 대한 예수의 대답[1)]
마11:2-6/눅7:18-23

누가복음 7:21절에서 더러운 영에서 고침 받는 것이 언급되기 때문에, 우리는 간략하게라도 이 단락을 다루지 않으면 안 된다. 우리는 그 구절의 기원에 대해서 논할 필요가 있다. 이 구절이 귀신 축출자로서의 예수의 활동과 관련된 예수의 자기 이해와 상관있는 것으로 보이기 때문에, 이 구절 안에 있는 다양한 요소들의 역사성에 대해서 고찰할 필요가 있는 것이다. 마태와 누가는 이 이야기를 다음과 같이 기록한다.

마11:2-6	눅7:18-23
(2) 그런데 요한은, 그리스도께서 하신 일들을 감옥에서 전해 듣고, 자기의 제자들을 예수께 보내어, (3) 물어 보게 하였다. "오실 분이 당신이십니까? 그렇지 않으면, 우리가 다른 분을 기다려야 합니까?"	18) 요한의 제자들이 그에게 이 모든 일들을 보고 했다. 그리고 그의 제자 둘을 불러서 요한이 (19) 그들을 주에게 보내며 말하기를 "오실 분이 당신이십니까 아니면 우리가 다른 분을 기다려야 합니까?" (20) 그리고 그들이 그에게 가서 그 사람이 말했다. "침례 요한이 우리를 당신에게 보내며 말하기를 '오실 분이 당신이십니까 아니면 우리가 다른 분을 기다려야 합니까?'" (21) 그 때에 예수께서는 질병과 고통과 악령으로 시달리는 사람을 많이

---

1) 관련문헌: Jeremias, *Theology*, 43 그리고 103-105; Dunn, *Jesus*, 55-60; Marshall, *Luke*, 289; S. Sabugal, *La Embajada mesiánica de Juan Bautista (Mt 11,2-6 = Lc 7,18-23)* (Madrid: SYSTECO, 1980); Fitzmyer, *Luke* I, 669; W. Wink, "Jesus' Reply to John Matt 11:2-6/Luke 7.18-23", *Forum* 5 (1989), 121-128.

마11:2-6	눅7:18-23
(4) 예수께서 그들에게 대답하셨다. "가서, 너희가 듣고 본 것을 요한에게 알려라. (5) 눈 먼 사람이 보고, 다리 저는 사람이 걸으며, 나병 환자가 깨끗하게 되며, 듣지 못하는 사람이 들으며, 죽은 사람이 살아나며, 가난한 사람이 복음을 듣는다. (6) 그리고 나에게 걸려 넘어지지 않는 사람은 복이 있다"	고쳐주시고, 또 눈먼 많은 사람을 볼 수 있게 해주셨다. (22) 예수께서 그들에게 이렇게 대답하셨다. "너희가 보고 들은 것을, 가서 요한에게 알려라. 눈먼 사람이 다시 보고, 다리 저는 사람이 걷고, 나병환자가 깨끗해지고, 귀먹은 사람이 듣고, 죽은 사람이 살아나고, 가난한 사람이 복음을 듣는다. (23) 나에게 걸려 넘어지지 않는 사람은 복이 있다."

이 이야기에서 우리의 관심을 끄는 것은 누가복음 7장 20-21절이 마태복음에는 나오지 않는다는 점이다. 이 자료가 원래 Q의 일부분이었다는 것은 누가가 7장 21절에서 반복되는 부분을 평소와는 달리 그대로 남겨두는 것을 통해서,[2] 그리고 그와 같은 반복들이참조. 눅 15:21-22; 19:34 전통적인 성경적 특징으로 간주된다는 사실을 통해서 암시되는 것으로 볼 수도 있다.[3] 다른 한편으로, 여러 가지 특징적인 부분들이 이 두 구절이 누가에 의한 것이라는 쪽으로 결론을 내리게 한다.

첫째, 어휘가 누가의 편집을 나타낸다.[4] 둘째, 7:21절은 문맥 상 어색한 첨가이다.[5] 셋째, 7:22절에 있는 부정과거, "너희가 보고 들은 것"εἴδετε καὶ ἠκούσατε[에이데테 카이 에쿠사테], 참조. 눅10:23-24/마13:16-17은 누가에 의한 것으로 보이는데, 이는 그래서 요한의 제자들이 그들이 본

---

2) 누가가 반복을 회피하는 것에 대해서는, H. J. Cadbury, *The Style and Literary Method of Luke* (New York: Kraus, 1969), 83-90을 보라.

3) Schürmann, *Lukas*. I, 410 주석 18.

4) Παραγίνομαι(파라기노마이, "오다", HSE, 79); δέ(데, "그러나", Cadbury, *Style*, 142면 이하); ἀνήρ(아네르, "사람", Hawkins, *Horae Synopticae*, 16); πρός(프로스, "앞으로", HSE, 81; 참조. Hawkins, *Horae Synopticae*, 21 그리고 45); 아마도 ἐν ἐκείνῃ τῇ ὥρᾳ(엔 에케이네 테 호라, "마침 그 때에", 참조. Black, *Aramaic*, 109); θεραπεύω ἀπό(떼라퓨오 아포, "~을 고치다", Hawkins, *Horae Synopticae*, 19 그리고 41; Marshall, *Luke*, 291); πνευμάτων πονηρῶν(프뉴마톤 포네론, "악한 영", 8.2; 11:26 [par. 마12.45]; 행19:12,13,15,16; 마가는 이 문구를 사용하지 않는다. 참조. Marshall, *Luke*, 291); χαρίζομαι(카리조마이, "은혜로 주시다", 복음서에서 눅 3회, 참조. Marshall, *Luke*, 291).

5) 참조. Marshall, *Luke*, 290; Stein, ZNW 61 (1970), 78.

것seen과 들은 것heard을 확실하게 전달한 것으로 만들기 위한 것이었다.6) 따라서 우리는 Q 전승이 마태복음에 가장 잘 보전되어 있으며, 예수가 "…악한 영으로부터" 치유한다는 표현은 누가의 첨가라고 결론 내릴 수 있다.눅7:21 7) 이 점에 대해서는 잠깐 동안이나마 더 자세하게 논해야 할 필요가 있다.

이 단락의 도입부는8) Q가 요한이 예수의 활동에 대해서 의구심을 가졌던 것으로 이해했음을 보여준다.마11:2, τὰ ἔργα[타 에르가, "그 일"] 그리고 눅7:18, περὶ πάντων τούτων[페리 판톤 투톤, "이 모든 일에 대하여"] 침례 요한은 이렇게 묻는다. "오실 분이 당신이십니까 아니면 우리가 다른 분을 기다려야 합니까?"마11:3/눅7:19 예수는 이에 대답하면서 치유 기적을 포함해서 본 것과 들은 것에 주목하라고 말한다. 그러나 예수는 단순하게 기적을 통해서 자신의 신분을 입증하는 것이 아니다. 그는 요한이 하나님나라가 도래했음을 볼 수 있도록 하고 있는 것이다. 실제로 예수가 말했던 그 구절은 바로 이점을 반영한다.사35:5와 6a "그 때에 눈먼 사람의 눈이 밝아지고, 귀먹은 사람의 귀가 열릴 것이다. 그 때에 다리를 절던 사람이 사슴처럼 뛸 것이다" 이 구절은 메시아의 인물됨에 대해서는 아무런 언급도 하지 않는다.9) 오히려 새 시대의 모습에 대해서만 언급한다.

예수는 요한이 바로 이 모습에 주목하기를 원했던 것이다. 이사야 61:1절마11:5/눅7:22, 참조. 사29:18-19을 암시하면서도, 복음을 가져오는 자에 대한 모든 언급은 누락시키고 있다. 그럼으로써 소식을 전하는 자가 아니라 가난한 자에게 선포되는 좋은 소식이 강조된다.10) 그러나 이사

---

6) 참조. Creed, *Luke*, 106 그리고 W. Manson, *Luke*, 78면 이하.

7) 참조. Polag, *Q*, 40.

8) 더 자세한 토론은 Schulz, *Q*, 190면 이하를 보라.

9) R. T. France, *Jesus and the OT* (London: Tyndale, 1971), 96. 이와 대조되는 것으로는, 시 146.7b-8a.

10) 참조. Harvey, *Trial*, 9 그리고 n. 21; 또한 그의 *Constraints*, 112. 가난한 자의 정체에 대한 격정

야 61:1절을 언급하면서 대답이 핵심적인 사상을 드러내는 절정에 도달할 때, 예수야말로 종말론적 사건들에서 가장 중요한 요인이라는 암시가 나타난다. 왜냐하면, 스탠톤Stanton이 말하듯이, "가난한 자들에게 좋은 소식을 전하는 것은 하나님 자신이 아니라 하나님의 영으로 기름부음을 받은 사람, 즉 예수"이기 때문이다.11) 이러한 결론은 사람들이 새로운 시대의 모습을 인식하는데 예수가 오히려 방해 요인이 될 수 있다는 그 단락의 절정마11:6/눅7:23에 나오는 언급을 통해서 더욱 확실해진다. 따라서 Q에 의하면, 예수의 기적과 선포는 하나님나라가 이미 도래했다는 것을 보여주는 것이며, 이것은 역으로 기적을 행하고 가난한 자에게 선포하는 사람의 정체가 무엇인지를 보여주는 것이다.

마태와 누가는 이러한 관점을 취한다. 그러나 자신들의 독특한 관심을 더불어서 표현하고 있다. Q가 이 단락을 예수의 인격과 권위를 강조하는 문맥에 배치한 반면에,12) 마태는 이것을 하나님나라의 도래라는 맥락에 둠으로써11-13장, 예수와 하나님나라가 쌍둥이 주제이며, 예수가 말과 행동에서 그리스도라는 것을 보여준다.13) 누가는 중요한 의미가 있는 7장 21절을 첨가한다. "그 때에 예수께서는 질병과 고통과 악령으로 시달리는 사람을 많이 고쳐주시고, 또 눈먼 많은 사람을 볼 수 있게 해주셨다."14) 이 삽입절은 요한의 제자들에게 그들이 보고 들

적인 문제제기에 대해서는, 예. D. P. Seccombe, *Possessions and the Poor in Luke-Acts* (Linz: SNTU, 1982)를 보라.

11) G. N. Stanton, "On the Christology of Q", in B. Lindars and S. S. Smalley (eds.), *Christ and Spirit in the NT* (Cambridge: Cambridge University Press, 1973), 30, 참조. 32. 참조. Dunn, *Jesus*, 60면 이하.

12) Q의 순서에 대해서는, V. Taylor, "The Original Order of Q", in *NT Essays* (London: Epworth, 1970), 95-118을 보라.

13) Bornkamm, Barth and Held, *Tradition*, 251가 주장한다.

14) Schürmann (*Lukas*. I, 410 주석 18)은 마태가 자신이 사용하는 자료를 요약하는 것은 습관 때문에 그런 것이고, 그래서 눅7:21은 Q에 있었을 것이라고 생각한다. 그러나 누가가 편집해 넣은 기적이 오히려 균형을 깨뜨리기 때문에 이것은 누가의 창작으로 보아야 한다(참조. Marshall, *Luke*, 290면 이하).

은 것을 전하라고 하는 예수의 명령을 부각시켜 준다. 그러나 이 구절은 또한 예수가 행했던 것에 더욱 관심을 집중시키게 한다. 그리고 그 기적들은 예수의 정체를 입증한다.[15] 본 연구를 위해서 누가가 예수가 오실 분이심을 입증하는 혹은 증거의 한 부분으로 악령으로 시달리는 사람을 치유하는 것을 포함시키는 것에 주목하지 않을 수 없다. 10장 18절을 보면13장 참조, 참조. 4:40, 누가가 귀신 축출을 자신의 하나님나라 이해에서 특별히 중요한 것으로 나타내고 싶어 하는 것을 알 수 있다. 귀신 축출과 예수의 정체, 그리고 하나님나라 사이의 관계는 아래의 4부에서 살펴볼 것이다.

만약에 7장 21절이 누가의 작품이라 하더라도, 이 단락은 예수가 자신의 귀신 축출을 어떻게 이해했는지에 대해서는 우리에게 거의 아무런 도움도 되지 않는다. 그러나 그 본문의 나머지 부분의 역사성은 어떻게 되는가? 베어F. W. Beare는 "예수의 언명들은 시적인 구조로 구성되어 있으며, 따라서 메시아 시대의 놀라운 일들을 찬양하는 기독교의 찬양에서 기원한 것일 수도 있다"고 말한다.[16] 그러나 그 같은 구조는 초기 기독교의 창작이라기보다는 사실은 예수가 실제로 한 말ipsissima verba을 나타낼 가능성이 더 많다.[17] 불트만은 "십중팔구는, 침례 요한의 질문은 공동체의 산물이며 침례 요한으로 하여금 예수의 메시아 됨을 증언하도록 하는 본문에 속하는 것이었을 개연성이 높다"고 말한다.[18] 그러나 비록 갇혀 있다고는 하지만, 초기 교회가 주요 증인 중의 한 사람이 예수의 사역에 의구심을 품은 것처럼 보이는 전승을 창작해

---

15) 참조. Conzelmann, *Luke*, 191. 이것이 예수의 기적에 대한 지배적 견해이다. John Locke, *Works* (London: Tegg, Sharp and son, 1823) "사람들에게 [자신이 메시아라는 것을] 확신시키려고 그는 기적을 행했다. 그리고 그들이 이것에 동의하는지 혹은 동의하지 않는지에 따라서 그의 교회에 속하게 되든지 혹은 그렇지 않든지 결정되었다." 7:7-18을 보라.

16) Beare, *Matthew*, 257.

17) Jeremias, *Theology*, 14-27, 특히 20-21.

18) Bultmann, *History*, 23. 또한 Fridrichsen, *Miracle*, 97-102를 보라.

냈을 것 같지는 않다. 뿐만 아니라, 던Dunn은 이러한 대화의 역사성에 대한 의문에 대해서 철저하게 논구하고 다음과 같이 결론 내린다.

"질문과 대답은 예수의 공생애의 상황에 아주 잘 들어맞는다. 오히려 둘 중의 하나나 혹은 둘 전부가 부활절 이후의 상황에서 처음으로 등장한 것일지도 모른다는 주장은 일관성이 없다. 따라서 최소한 이 이야기의 본질적인 부분은 역사성이 있는 것으로 간주해야 마땅하다. 마태복음 11장 4-6절에 있는 예수의 말씀들은 침례 요한의 제자들이 제기했던 그러한 질문에 대한 대답으로 볼 때에만 의미가 통한다."19)

이 결론이 옳다면, 그것은 마태복음 12:28절과 누가복음 11:20절에 나오는 말씀에 대한 중요한 수정 혹은 조정을 의미한다. 그 본문에서는 하나님나라와 관련해서 예수의 귀신 축출만 관심의 대상이 되고 있다. 그러나 여기에서는 치유, 그리고 특별히 가난한 자들에 대한 예수의 선포가 관심의 대상이 되고 있으며, 예수가 보기에는 이것이 분명한 하나님의 종말론적 다스림인 것이다.20)

---

19) Dunn, *Jesus*, 60.
20) Dunn, *Jesus*, 60면 이하를 보라. 참조. Bultmann, *History*, 126.

13장 · 제자들의 선교[1)
막6:7-12,30/마10:1-15/눅9:1-11,17-20

부활절 이후 기독교 공동체의 귀신 축출 사역을 연구하는 것은 이 연구의 범위를 넘어서는 것이다.[2)] 그러나 선교명령에 대해서는 간략하게나마 검토해보는 것이 필요한데, 왜냐하면 그것이 역사적 예수가 자신의 귀신 축출을 어떻게 이해했는지를 일부 반영할 수도 있기 때문이다. 그리고 예수의 귀신 축출과 제자들의 귀신 축출 간의 관계에 대해서도 간략하게 살펴볼 필요가 있다. 제자들의 선교에 대한 네 가지 각기 다른 보고들이 우리에게 전해진다. 핵심 부분은 다음과 같다.

마10:1	막6:7	눅9:1
(1) 그리고 열두 제자를 부르셔서, 더러운 귀신을 제어하는 권능을 주셨고, 그들이 더러운 귀신을 쫓아내고 온갖 질병과 온갖 허약함을 고치게 하셨다.	(7) 그리고 예수께서 열두 제자를 부르셔서, 그들을 둘씩 둘씩 보내시며, 그들에게 악한 귀신을 제어하는 권능을 주셨다.	(1) 그리고 예수께서 그 열둘을 한 자리에 불러놓으시고, 모든 귀신을 제어하고 병을 고치는 능력과 권능을 주셨다.

---

1) 관련문헌: Schürmann, *Lukas*. I, 498면 이하; Jeremias, *Theology*, 231; Pesch, *Markus*. I, 331면 이하; Gnilka, *Markus* I, 236; J. D. M. Derrett, "Peace, Sandals and Shirts (Mark 6:6b-13 par)", *HeyJ* 24 (1983), 253-265; Fitzmyer, *Luke* II, 849-850, 864 그리고 Fitzmyer, *Luke the Theologian. Aspects of his Teaching* (New York: Paulist, 1989), 164-169; Drewermann, *Markus*. I, 390-404; Guelich, *Mark* I, 318-324; Stock *Method* 179-181. 아래에 이어지는 논의가 간략하다고 해서 상대적으로 적은 문헌을 살펴도 되는 것은 아니다.

마10:1	막6:7	눅10:17~20
		(17) 일흔[두] 사람이 기쁨에 차서, 돌아와 보고하였다. "주님, 주님의 이름을 대면, 귀신들까지도 우리에게 복종합니다." (18) 예수께서 그들에게 말씀하셨다. "사탄이 하늘에서 번갯불처럼 떨어지는 것을 내가 보았다. (19) 보아라, 내가 너희에게 뱀과 전갈을 밟고, 원수의 모든 세력을 누를 권세를 주었으니, 아무것도 너희를 해하지 못할 것이다. (20) 그러나 귀신들이 너희에게 굴복한다고 해서 기뻐하지 말고, 너희의 이름이 하늘에 기록된 것을 기뻐하여라"

한Hahn은 이 다양한 전승들이 단 두 가지 자료에서 기인한다고 설득력 있게 주장한다.[3] 마가복음 6장 7-12절의 한 부분은 누가복음 9장에 나오고, 다른 부분은 누가복음 10장에 나오는데, 이 부분은 Q인 것으로 보인다.[4] 마태복음 10장 1-14절은 이 두 기사를 합쳐 놓은 것으로 보인다.[5] 그런데 의문이 생긴다. 이 두 전승이 하나의 공통 선교 담화를 보여주는 것일까 아니면 두 개의 선교 담화를 보여주는 것일까? 마가와 누가에 나오는 투박한 평행 관계를 보여주는 두 전승의 형태에 비추어 보건대, 하나의 원천 자료가 이 두 전승의 배후에 있다고 보는 것이 가장 나을 것 같다.[6] 그리고 22장 35절에서 누가가 열 두 제자에

2) Tewlftree, *Christ*, IV장을 보라.
3) F. C. Hahn, *Mission in the NT* (London: SCM, 1965), 41-46. 그리고 Jeremias, *Theology*, 231.
4) Hahn, *Mission*, 41면 이하; 참조. D. Lührmann, "The Gospel of Mark and the Sayings Collection Q", *JBL* 108 (1989), 62.
5) Schramm, *Markus-Stoff*, 26-29 그리고 Hahn, *Mission*, 41; F. W. Beare, "The Mission of the Disciples and the Mission Charge: Matthew 10 and Parallels", *JBL* 89 (1970), 2; Jeremias, *Theology*, 231.
6) Hahn, *Mission*, 42면 이하.

게 주었던 교훈을 회상하는 장면에서, 그는 9장 1–3절*)이 아니라 10장 4절,7) 즉 70(2)인의 선교를 암시한다.8)

1. 이 자료에 대한 베어F. W. Beare, 위의 각주 5를 보라의 연구에 입각해서 보자면, 부활절 이전에 예수가 제자들을 선교를 위해 파송한 적이 있는지 묻는 것은 당연하다. 맨슨T. W. Manson은 한 가지 이상의 전승이 증언하는 것에 근거해서 이렇게 말한다. "제자들의 선교는 예수의 생애에서 가장 확실하게 입증되는 것 중의 하나이다."9) 그러나 우리가 방금 주목했듯이, 이 전승들은 하나의 공통 자료로 소급되는 것으로 보인다. 그리고 다른 한편으로, 베어는 "만약에 그러한 선교가 있었다고 하더라도, 복음서들은 우리에게 그 다음에 대해서는 아무런 말도 해주지 않는다. 특히 마태복음을 보면, … 전체 이야기명령을 제외하고가 단 몇 단어로 축약된다. '이 열 둘을 예수께서 보내셨다.' 10:5 그리고 마가와 누가는 그들이 돌아와서 성공한 일에 대해서 보고했다는 것만 추가할 뿐이다."10) 베어는 결국에는 선교 명령이 교회가 만들어낸 자료들에 속하는 것이 분명하다는 불트만의 견해에 동의한다.11)

그러나 이 자료 안에는 이것이 교회에서 유래한 것이 아님을 암시하는 분명한 단서들이 있다.

(a) 두 전승 중에서막6:7–13 그리고 눅10:1–11, [7–20], 누가의 것이 더 원형에 가까워 보인다.12) 그리고 마가가 누가복음 10장 4절에 나오는 선

---

*) [역주] 원문에는 9장 11-12절로 되어 있다.
7) Marshall, *Luke*, 412; 또한 T. W. Manson, *Sayings*, 74를 보라.
8) δύο(듀오, 둘)에 대한 해석에 대해서는 특별히 Metzger, *Commentary*, 150면 이하; 그리고 "Seventy or Seventy-Two Disciples", *NTS* 5 (1958-9), 299-306을 보라; 참조. 또한 Beare, *JBL* 89 (1970), 1 주석 1.
9) *Sayings*, 73; 참조. G. B. Caird, "Uncomfortable Words II Shake off the Dust from your Feet (Mk. 6:11)", *ExpTim* 81 (1969-70), 41. "선교 명령은 복음서의 기록 중에서 다른 어떤 것보다 가장 확실하게 입증된다."
10) Beare, *JBL* 89 (1970), 12.
11) Beare, *JBL* 89 (1970), 13. Bultmann, *History*, 145; 반대 견해로는 Jeremias, *Theology*, 133.
12) Hahn, *Mission*, 43; 참조. Beare, *JBL* 89 (1970), 10; Bultmann, *History*, 145.

교를 위한 제한 조건들이 자신의 교회에는 부적절하다고 느꼈다는 것에 주목할 필요가 있다.13) 누가복음 10장 4절의 전반적으로 부정적인 성향은 팔레스타인의 *삶의 정황*Sitz im Leben과 잘 부합한다.14) 길을 가는 도중에 아무하고도 인사하지 말라는 명령은 동양의 보편적 풍습과는 전혀 어울리지 않는다. 그렇기 때문에 이것이 부활절 이후의 공동체에게서 유래했다는 것은 개연성이 없다.15)

(b) 제자들이 선포했던 것은 하나님나라였다.16) 만약에 제자들이 선포한 메시지의 주제가 부활절 이후의 것이라면, 하나님나라가 아니라 "예수"에 대한 것이었을 것이다. 제자들의 메시지에 기독론적인 것이 없다는 것은 그것이 부활절 이전 전승의 한 부분일 가능성을 보여주는 것이다.17)

(c) 평화를 의인화 한다거나 "평화의 아들"18)발에서 먼지를 떨어버리는 것19)과 같은 팔레스타인의 분위기도 이 자료들 중에서 최소한 일정 부분은 그 기원을 부활절 이전에 둔다는 것을 나타낸다.20) 따라서 선교 명령이라는 틀은 초기 교회가 제공한 것이라 하더라도,21) 부활절 이전에 예수가 제자들을 선교를 위해 파송했을 개연성이 아주 높은 명백한 증거가 있는 것이다.22)

2. 우리가 관심을 갖고 살펴보아야 할 두 번째 질문은 이것이다. 제자들에게 주어진 선교 명령 안에 귀신을 쫓아내라는 구체적인 명령이

---

13) Caird, *ExpTim* 81 (1969-70), 41.
14) 반대 견해에 대해서는 P. Hoffmann, *Studien zur Theologie der Logionquelle* (Münster: Aschendorff, 1972), 312-331 그리고 Schulz, *Q*, 415를 보라.
15) B. S. Easton, *Luke* (Edinburgh: T & T Clark, 1926), 160.
16) 더 자세한 것은 Kümmel, *Promise*, 22면 이하, 105면 이하를 보라.
17) 참조. Jeremias, *Theology*, 232.
18) Str-B II, 166을 보라.
19) Str-B I, 571; 참조. Caird, *ExpTim* 81 (1969-70), 41을 보라.
20) 참조. Jeremias, *Theology*, 232 그리고 주석 1.
21) Marshall, *Luke*, 413.
22) 참조. Hengel, *Charismatic Leader*, 74.

과연 있었는가? 이런 질문이 제기되는 이유는 우리가 가진 어느 자료에는막6:7 예수가 제자들에게 더러운 영들을 제압할 권세를 주신다는 것이 나오는 반면에참조. 막3:15, 다른 자료에는 단순히 병자를 치유하는 것만 언급하기 때문이다.Q/눅10:9 누가복음 10:17절에서 제자들이 돌아와서 귀신 축출을 성공적으로 했다고 말하는 것에 비추어 볼 때, 마가가 원 자료의 선교 명령에는 없었던 귀신 축출에 대한 언급을 덧붙인 것으로 보인다.23) 왜냐하면 누가는 자신이 사용한 자료에 나오는 그러한 언급들을 모두 빼놓지 않고 다 포함시켰을 것으로 보이기 때문이다. 따라서 제자들에게 귀신을 축출하라는 선교 명령은 주어지지 않았던 것으로 볼 수 있다. 그러나 제자들에게 귀신 축출이라고 하는 구체적인 명령이 주어졌는지를 밝히는 것은 어렵지만, 아마도 제자들이 스스로 귀신 축출을 했을 것이라고 주장하는 것은 어렵지 않다.

첫째로, 마가복음 9장 14-29절에는 제자들이 귀신들을 내쫓지 못했다고 하는 마가 이전의 것이며 역사적 근거가 있는 전승이 나온다. 둘째로, 마가는 제자들이 귀신 축출자가 될 수 있다고 생각했다.3:15; 6:7,13 셋째로, 낯선 귀신 축출자들에 대한 단락은 예수의 추종자들도 귀신 축출자였다는 것을 가정한다.막9:38/눅9:49 넷째로, 선교에서 돌아온 70(2)인이 "원수를 제어할 권세"를 받았다는 언급은, 앞으로 살펴보겠지만, 최소한 팔레스타인에서 유래한 것이다.눅10:19 비록 예수가 실제로 했던 구체적인 명령을 복원할 수는 없지만, 이러한 여러 가지 증거들은 제자들이 부활절 이전에 귀신 축출에 가담했을 것이라는 가정을 뒷받침해준다.24) 그리고 예수가 하나님나라를 선포하도록 제자들을 파송한 것과 하나님나라와 사탄의 나라의 몰락 그리고 귀신 축출 간

---

23) 마가는 귀신 축출에 특별한 관심을 보인다. Twelftree, *Christ*, 116-122를 보라.
24) 참조. Jeremias, *Theology*, 95; Hengel, *Charismatic Leader*, 73-74.

의 관계를 고려해 볼 때아래의 4부와 6부를 보라, 예수가 하나님나라를 선포하라는 자신의 명령에 귀신 축출 사역이 포함된다고 생각했을 수도 있다는 점을 덧붙여도 좋을 것이다.

3. 그렇다면 제자들의 귀환은 어떤가? 제자들의 귀환에 대한 기록에 어떤 역사적 근거가 있는가?막6:30/눅10:17-20 마가복음을 보면 마가가 그 부분에 손을 댔다는 것을 알 수 있다. 편집한 것이 확연하게 드러날 정도이다.25) 본래 마가가 본문의 효과를 핑계로 세부적인 내용을 만들어내는 습관은 없기 때문에,26) 제자들의 귀환에 대한 언급은 최소한 마가가 물려받은 전승에 포함되어 있었던 것이지 그 이상은 아니라고 말할 수 있다.

제자들이 행한 것과 가르친 것에 대한 두 부분으로 구성된 보고가 마가의 편집에 의한 것일 수도 있다. 하지만, 우리가 이미 살펴본 바와 같이6장 참조, 마가는 그 두 가지를, 최소한 예수의 사역에서만큼은, 하나로 묶으려고 한다. 그렇기 때문에 이 전승의 역사성에 대한 통찰을 얻으려면 불가피하게 누가복음 10장 17-20절에 기댈 수밖에 없다.

이 본문이 누가가 창작한 것이라는 주장도 그동안 제시된 바가 없고,27) 그렇다고 해서 이 본문이 누가의 자료인 "L"에서 왔다는 것이 일반적으로 인정되는 것도 아니다.28) 오히려 전승에서 자료들을 취합해

---

25) 참조. Taylor, *Mark*, 318.

26) Taylor, *Mark*, 318.

27) 비교적 최근에 Hoffmann이 이 견해를 주장했다. Hoffmann, *Logionquelle*, 248면 이하. 이 주장의 핵심은 눅10:1이 누가의 것이라는 것이다. 그러나 이 구절이 편집에 의한 것이라는 주장은 누가가 자신이 사용한 자료에서 가져온 것인 눅10:17-19과 비교했을 때 설득력이 없다. 그리고 Hoffmann은 10:17-20이 누가의 선교 신학에 잘 부합한다고 말한다. 그러나 이러한 주장은 누가가 자신의 선교 신학과 일치하는 자료를 포함시켰다는 것 외에는 아무 것도 입증해주지 않는다. S. Jellicoe ("St. Luke and the 'Seventy [-Two]'", *NTS* 8 [1960-1], 319-321)은 누가가 70인역을 애용했고, 이런 경향 때문에 그가 아리스테아스의 편지(the Letter of Aristeas)를 사용하게 되었는데, 이것이 누가다운 것이라고 주장한다. - "아리스테아스가 파견한 72인은, 자신들이 번역해서, 율법에 대한 지식을 헬라 세계에 전달했다. 따라서 70(2)인은 복음의 소식을 통해서 그 율법의 완성을 선포하도록 하나님께 위임받은 것이다"(321). 또한 S Jellicoe, "St. Luke and the Letter of Aristeas", *JBL* 89 (1961), 149-155를 보라. G. Sellin,

서18절과 19절 누가의 편집을 거쳤다고 보는 것이 더 개연성 있다.29) 이 단락에 들어있는 팔레스타인적 요소들은30) 이 자료들이 초기의 것임을 암시하는데, 특히 귀신 축출과 사탄의 멸망을 연결시키는 부분이 그러하다. 왜냐하면 초기 교회에서는 이러한 연관성을 주장하지 않았기 때문이다. 따라서 이 보고가 역사적으로 신뢰할만한 자료들을 전달해 줄 가능성은 아주 높다.

특히 관심을 끄는 것은 10장 18절이다. "사탄이 하늘에서 번갯불처럼 떨어지는 것을 내가 보았다." 이 구절은 예수가 경험한 환상에 대해서 말하는 낯선 보고이기도 하고,31) 표현 자체도 낯설기 때문에 종종 신뢰할 수 있는 예수의 말을 반영하는 것으로 간주되곤 한다.32) 이 구절은 그동안 수많은 각기 다른 사건을 가리키는 것으로 해석되어 왔다.33) 예를 들면, 카두C. J. Cadoux는 또 다른 시험Temptation에 대한 환상을 의미하는 것일 가능성이 있다고 말한다. 그러나 그러한 견해는 시험사건에 사탄에 대한 승리가 나타나고 있다는 것을 전제할 때에만 가능한 주장이다.34) 랭턴Edward Langton은 "유대 묵시문헌에서 아주 많이

"Komposition, Quellen und Function des Lukanischen Reisebrichtes (Lk. 9.51-19.28)", *NovT* 20 (1978), 115도 이 견해를 따른다.

28) T. W. Manson, *Sayings*, 73면 이하; A. M. Hunter, *The Work and Works of Jesus* revised edition (London: SCM, 1973), 203 그리고 208; G. B. Caird, *The Gospel of St Luke* (Harmondsworth: Penguin, 1963), 144. 이 본문이 Q에서 유래했다는 견해에 대해서는, B. H. Streeter, *The Four Gospels: A Study of Origins* (London: Macmillan, 1924), 289면 이하 그리고 291 그리고 in W. Sanday (ed.), *Studies in the Synoptic Problem* (Oxford: Clarendon, 1911), 192 그리고 J. C. Hawkins in Sanday (ed.), *Studies*, 135를 보라. 반대 견해에 대해서는, Kloppenborg, *Formation of Q*를 보라.

29) 참조. Bultmann, *History*, 158 주석 1; Fitzmyer, *Luke* II, 859.

30) A. Schlatter, *Das Evangelium des Lukas* (Stuttgart: Calwer, 1960), 281. 또한 Str-B II, 167면 이하를 보라.

31) 예수가 본 환상에 대해서는, Kümmel, *Promise*, 133 그리고 주석 27을 보라; 참조. Fitzmyer, *Luke the Theologian*, 166-169.

32) Kümmel, *Promise*, 133면 이하와 각주들; J. Jeremias, *Die Sprache des Lukasevangeliums* (Göttigen: Vandenhoeck & Ruprecht, 1980), 187-189를 보라.

33) 여기에서 언급한 두 가지 해석 이외의 것에 대해서는, 예. Jeremias, *Parables*, 122 주석 33을 보라.

언급하는 최초의 천사들의 타락"을 가리킨다고 말한다.35) 그러한 견해
는 이 구절을 현재의 문맥에서 떼어낼 때에만 가능하다.36) 그러나 바
알세불 논쟁에 들어있는 진정한 예수의 말씀들10장 참조이 귀신 축출을
사탄의 패배와 연결시키기 때문에 누가복음 10장 18절도 현재의 문맥
에 들어가게 된 것이라고 볼 수 있다.

겉으로만 보자면, 이 구절은 예수가 사탄이 신속하게 그리고 완전히
정복당하는 것을 보았다는 것을 전해주는 것으로 보인다.37) 그러나 면
밀하게 살펴보면, 이 구절은 다른 이야기를 전해주고 있는 것처럼 보인
다. 현대적인 시각은 번갯불이라는 은유를 보자마자 곧바로 가장 빠른
빛에 대한 개념을 전달하는 것으로 파악한다. 그러나 신약성서에서 이
단어가 사용되던 또 다른 시대에서는 강조점이 속도가 아니라 밝음이
다.마24:27; 28:3; 눅11:36; 17:24; 계 4:5; 8:5; 11:19 그리고 16:18 이것은 특히 계
시록이 그러한데, 계시록에서 이 단어는 경이롭고 인상적인 하나님의
선명한 행동을 나타내려고 사용된다. 지속성이나 속도와는 아무런 상
관이 없다. 따라서 사탄이 번갯불처럼 떨어졌다는 것이 반드시 사탄의
패배가 신속했다거나 완전했다는 것을 의미했다고 볼 필요는 없다. 오
히려 그것은 명백하고 경이롭다는 것을 의미했음이 분명하다. 이 구절
의 헬라어 시제에 지나치게 의미를 부여하는 것은 안 되겠지만
ἐθεώρουν[에떼오룬, "내가 보고 있었다"] 미완료; πεσόντα[페손타, "떨어지는 것을"] 부
정과거 분사, 귀신 축출과 관련해서 이러한 명백하고 경이로운 사탄의 패
배는 지속적인 과정으로 간주된다.38) 만약에 이것이 맞는다면, 이 단

34) C. J. Cadoux, *The Historic Mission of Jesus* (London: Lutterworth, 1941), 66. 반대 견해로는, W.
　　Foerster, *TDNT* VII, 157 그리고 주석 28.
35) Langton, *Essentials*, 170.
36) Kümmel, *Promise*, 113이 그렇게 한다.
37) Jeremias, *Parables*, 122 그리고 E. Linnemann, *Parables of Jesus* (London: SPCK, 1966), 102.
38) 참조. Moule, *Idiom*, 206.

락 특히 누가복음 10:18절은 우리에게 예수가 그의 제자들의 귀신 축출을 사탄의 패배와 관련 있는 것으로 보았다는 것을 말해주는 것이다. 뿐만 아니라, 이것은 성령/손가락 어록마12:28;/눅11:20이 예수가 자신의 귀신 축출을 종말론적 의미가 있는 것으로 보았다는 주장을 간접적으로 확증해주기 위한 배경임을 나타내는 것이다. 사탄의 패배가 완결된 것이 아니라39) 현재에도 진행되고 있다는40) 예수의 바로 이러한 견해는 당시의 유대교에는 전례가 없는 것이다.

---

39) S. Vollenweider, " 'Ich sah den Satan wie einen Blitz vom Himmel fallen' (Lk 10:18)", *ZNW* 79 (1988), 187-203.
40) Jeremias, *Theology*, 95를 보라.

14장 · 간략한 요약문

우리가 지금까지 검토한 긴 이야기들을 제외하고, 귀신 축출에 대해서 언급하는 그래서 간략하게나마 검토할 필요가 있는 예수의 사역에 대한 일반적인 요약문들을 복음서들과 사도행전에서 찾아볼 수 있다. 복음서에 나오는 이러한 요약문들에는 마가복음 1.32-34절마 8:16-17/눅4:40-41; 마가복음 1:39절마4:24/눅4:44 그리고 마가복음 3:7-12마 4:24-25/12:15-16/눅6:17-1)이 있다. 사도행전 10장 38절에서 누가는 예수가 "두루 다니시면서 선한 일을 행하고, 마귀에게 억눌린 사람들을 모두 고쳐 주셨다. 그것은 하나님께서 그와 함께 하셨기 때문이다"라고 말한다. 만약 이 간략한 진술이 역사적 예수를 설명하는데 도움이 된다면, 우리는 이 자료의 기원에 대해서 논구해보아야만 한다.

1. *마가복음 1:32-34절.*[1) 이 단락이 특정한 시간과 장소와 결부되어 있기 때문에[2) 3장 7-12절과 같은 요약문이 아니라는 빈센트 테일러의 반대 때문에 머뭇거릴 필요는 없다. 그러한 주장은 단지 일부분만

---

1) 관련문헌: Pesch, *Markus.* I, 136; Gnilka, *Markus* I, 85; Guelich, *Mark* I, 63; 마가복음에 나오는 간략한 보고들에 대해서는, W. Egger, *Frohbotschaft und Lehre: Sammelberichte des Wirkens Jesu im Markusevangelium* (Frankfurt: Knecht, 1976); C. W. Hedrick, "The Role of 'Summary Statements' in the Composition of the Gospel of Mark: A Dialogue with Karl Schmidt and Norman Perrin", *NovT* 26 (1984), 289-311 그리고 각주들을 보라.

2) Taylor, *Mark*, 180. 요약문의 성격에 대해서는, Hedrick, *NovT* 26 (1984), 293-294 그리고 311을 보라.

본 것인데, 왜냐하면 일반적이고도 평이한 방식으로 새로운 정보를 제공하면서 예수의 치유 행위가 분명히 요약되기 때문이다. 이 구절은 편집과 마가 이전의 전승이 혼합된 것인데, 역사적 사건을 반영한다고 보는 것이 당연하다.[3] 그러나 귀신과 귀신 축출에 대한 언급은 "귀신 들린 사람"[1:32], "그는 귀신들이 말하는 것을 허락하지 않았다. 그들이 예수가 누구인지를 알았기 때문이다"[1:34]일반적으로 역사적 자료라기보다는 편집이라는 것에 동의한다.[4] 따라서 이 단락을 진정성 있는 역사적 자료에 대한 탐구에서 제외시키는 것이 최선이다.

2. *마가복음 1:39절*.[5] 이 구절은 마가의 편집이라는 것에 일반적으로 동의한다.[6] 따라서 우리는 이 구절도 예수의 지상 사역의 *삶의 자리*까지 거슬러 올라갈 수 있는 자료에 대한 탐구에서 제외시켜야 한다.

3. 완전히 편집에 의한 것으로 보이는 *마가복음 3장 7-12절*[7]에 대해서도 마찬가지 상황이다.[8] 그럼에도, 예를 들어서, 켁Keck과 슈바이처Schweizer는 구체적 상황은 전승 자료의 핵심이라고 주장한다.[3:7과 8] 그러나 그러한 자료의 삶의 자리를 추정하는 것은 어렵다.[10] 어쨌든, 이 두 구절은 예수와 귀신 축출에 대해서 아무 것도 말해주지 않는다.

4. *사도행전 10:38절*. 이 구절을 논할 때, 사도행전에 나오는 설교의

---

3) Gnilka, *Markus* I, 85-86; Pesch, *Markus*. I, 135; 참조. Best, *Disciples*, 181.
4) 예. Schweitzer, *Mark*, 54; Gnilka, *Markus* I, 86 그리고 주석 1; Pesch, *Markus*. I, 133-135. 또한 Pryke, *Style*, 11에서 언급하는 것들을 보라. 반대 견해에 대해서는, Guelich, *Mark* I, 63-64를 보라.
5) 관련문헌: Pesch, *Markus*. I, 140; Gnilka, *Markus* I, 87-89; Guelich, *Mark* I, 67.
6) Schweizer, *Mark*, 54; Gnilka, *Markus* I, 88; Guelich, *Mark* I, 70.
7) 관련문헌: Pesch, *Markus*. I, 202; Gnilka, *Markus* I, 132; C. R. Kazmierski, *Jesus, the Son of God* (Würzburg: Echter, 1979); Guelich, *Mark* I, 141.
8) Best, *Following*, 36 그리고 주석 55.
9) L. E. Keck, "Mark 3.7-12 and Mark's Christology", *JBL* 84 (1965), 341-358; Schweizer, *Mark*, 79; 그리고 Pesch, *Markus*. I, 198은 막3:7-12절 전체가 마가 이전의 것이라고 본다.
10) Best, *Following*, 36 그리고 주석 55; Keck, *JBL* 84 (1965), 341-358을 비판하는 학자들에 대해서는 Best, *Following*, 49 주석 55를 보라. 또한 Nineham, *Mark*, 112를 보라.

한 부분을 구성하는 자료를 다룬다는 사실을 고려해야 한다. 이 설교의 주체에 대해서 많은 논란이 있었다.11) 그동안 등장한 설교의 주체에 대한 가장 중요하고 영향력 있는 연구들 중의 하나로 꼽히는 연구에서,12) 디벨리우스는 누가가 그 설교들을 작성했을 뿐만 아니라 그 구조까지 만들었다고 주장했다.13) 특히 10장 38절은 베드로 설교의 한 부분인데 10:34-43, 디벨리우스는 초기 교회가 백부장의 회심에 대한 전설에 나오는 상대적으로 긴 설교를 보존했을 것 같지 않다는 것을 근거로 분명히 누가가 작성한 것이라고 주장했다.14) 어쨌든, 이 자료는 지상의 예수의 사역이 아니라 초기 교회의 상황에서 기원한 것이기 때문에, 우리가 이 논란에 뛰어들 필요는 없다.

복음서와 사도행전에 나오는 요약 보고문에 대해서 비록 간략하게 서둘러서 살펴보았지만, 우리는 이 요약문들 중에 역사적 예수의 생애에서 기원한 것으로 볼 수 있는 예수와 귀신 축출 관련 자료는 전혀 없다는 것을 확인할 수 있다. 따라서 우리는 이것을 역사적 예수의 모습 서술에서 제외해야 한다. 그렇지만, 이 자료들은 초기 교회가 예수를 귀신 축출자로 기억했으며, 귀신 축출이 예수 사역의 독특하고도 중요한 부분이었음을 보여준다.15)

---

11) 관련문헌: F. F. Bruce, "The Speeches in Acts - Thirty Years After", in R. J. Banks (ed.), *Reconciliation and Hope* (Exeter: Paternoster, 1974), 53-68 그리고 G. H. R. Horsley, "Speeches and Dialogue in Acts", *NTS* 32 (1986), 609-614. 설교에 대해서는 특히, F. Neirynck, "Ac 10,36-43 et l'Evangile", *ETL* 60 (1984), 109-117을 보라.
12) Bruce in Banks (ed.), *Reconciliation*, 56.
13) M. Dibelius, "The Speeches in Acts and Ancient Historiography", (1949) in his *Studies in the Acts of the Apostles* (ed.) H. Greeven (London: SCM, 1956), 138-185.
14) Dibelius, *Studies*, 110.
15) 또한 Best, *Disciples*, 181을 보라.

IV

귀신 축출자 예수

15장 · 역사적 방법론

　지금까지 우리는 두 가지 과제를 수행했다. 2부에서 우리는 귀신 축출자 예수와 관련된 복음서 자료를 비추어 볼 배경을 살펴보았다. 그런 다음에, 3부에서는 귀신 축출자 예수와 관련된 1차 자료에 포함된 교회의 편집을 확인하고 제거하려고 했다. 다음으로, 우리는 역사적 예수의 사역 중에서 귀신 축출과 관련해서 복구 가능한 가장 초기의 보고들을 재구성하고자 했다. 이를 위해서 우리는 역사성과 관련된 불가피한 질문들을 자주 제기했다. 그래서 몇몇 경우에 우리는 이미 역사성의 문제에 관한 결론들에 도달한 바 있다.

　그럼에도, 여기에서의 우리의 과제는 역사성이라는 질문에 집중하는 것이다. 우리는 어떤 자료들이, 비록 아직 논의하지는 않았지만, 예수의 사역을 목격한 자들의 가장 초기의 보고에서 기원한 것인지 살피기 위해 이 재구성된 보고들에 역사적 비평 방법을 적용해야만 한다. 따라서 우리가 이제 논의해야 하는 중요한 질문은 예수에 대한 이야기들 중에서 역사적으로 진정성 있는 전승을 확인하기 위해 우리가 어떤 기준을 사용해야 하는가이다.

　역사적 예수의 어록을 복원하는 것과 관련해서 그동안 엄청난 규모의 논의가 있었다. 종종 논란거리가 되기도 하고 여러 가지 수정안이 제시되곤 하지만, 이러한 논의를 통해서 그러한 어록들을 확인하기 위한 것으로서 우리가 익히 알고 있는 소위 말하는 "기준들"criteria이 등장했다. 데니스 폴코우Dennis Polkow는 기준들의 우선순위를 제대로 제시했다. (1) 첫째, 편집된 부분을 배제하라. 그리고 (2) 전승을 배제하라. 둘째, 진정성 있는 자료들은 기본적인 기준들의 검증을 통과해야 한다. (3) 비유사성dissimilarity 1) (4) 일관성 그리고 (5) 중복적인 입증. 그런 다음에 이차적인 기준들이 자료에 적용된다. (6) 팔레스타인적 상황, (7) 자료가 예수의 사역의 방법, 형태, 기능 그리고 내용과 부합하는 지의 여부 그리고 (8) 학자들의 합의.2) 이러한 소위 말하는 "기준들"은, 벤 마이어Ben F. Meyer가 개인적인 대화에서 나에게 지적해준 바와 같이, 역사성을 추론하는 방법 혹은 역사성을 나타내주는 표지일 뿐이다.

　본 연구에서 우리의 관심은 예수의 어록의 진정성에 있지 않다. 오

---

1) 이 기준이 가장 폭넓게 사용된다. C. A. Evans, "Authenticity Criteria in Life of Jesus Research", *Christian Scholar's Review* 19 (1989), 6-31; C. A. Evans, *Life of Jesus Research: An Annotated Bibliography* (Leiden: Brill, 1989), 107-8; Hollenbach, *BTB* 19 (1989), 15-16을 보라. Turner, Historicity, 74는 비유사성 혹은 비연속성이라는 기준을 수정해야 한다고 주장하는데, 이 주장에 주목할 필요가 있다. 그는 이렇게 말한다.
　　"복음서와 초기 교회의 관심 사항이 겹치는 부분이 있는데, 다루는 범위가 서로 다를 때 우리는 그것이 확실한 역사적 근거가 있는 것이라고 충분히 확신할 수 있다."
　그는 계속해서 다음과 같이 말한다.
　　"본문이 보여주는 것이 교회 단계일 수도 있고, 제자들의 공동체 단계일 수도 있다. 그리고 이방인들에 대한 우리 주님의 선교를 가리키는 것일 수도 있다."
2) D. Polkow, "Method and Criteria for Historical Jesus Research", in K. H. Richards (ed.), *SBLSP* (Atlanta: Scholars Press, 1987), 336-356. 참조. R. Latourelle, "Authenticité historique des miracles de Jésus: Essai de criteriologie", *Gregorianum* 54 (1973), 225-262; R. H. Stein, "The 'Criteria' for Authenticity", in R. T. France and D. Wenham (eds.), *Gospel Perspectives* I (Sheffield: JSOT, 1980), 225-263; M. E. Boring, "Criteria of Authenticity. The Lucan Beatitudes As a Test Case", *Forum* 1 (1985), 3-38; revised as "The Historical Critical Method's 'Criteria of Authenticity': The Beatitudes in Q and Thomas as a Test Case", in C. W. Hedrick (ed.), *The Historical Jesus and the Rejected Gospels, Semeia* 44 (Atlanta: Scholars Press, 1988), 9-44; G. H. Twelftree, "*EI　ΔE···EIΣΩ EKBAΛΛΩ　TA　ΔAIMONIA···*" in Wenham and Blomberg (eds.), *Gospel Perspectives*, 6, 370 그리고 Blomberg, "Concluding Reflections on Miracles and *Gospels Perspectives*", in Wenham and Blomberg (eds.), *Gospel Perspectives* 6, 445-449; Evans, *Jesus Research*, 100-112. 다음에 나오는 토론을 보라. "Objectivity and Subjectivity in Historical Criticism of the Gospels", by B. F. Meyer in his *Critical Realism and the NT* (Allison Park: Pickwick, 1989), 129-145.

히려 예수의 활동에 대한 이야기 혹은 보고들의 역사성에 있다. 지금까지 역사적 예수 연구 분야에서 이러한 과제를 수행하기 위한 방법적 도구들tools에 대한 연구는 거의 진행된 바가 없다.3)

예수의 진정한 어록을 연구하고 재구성함에서, 최소한 이론적으로는, 예수의 *진정한 말*ipsissima verba은 아닐지라도, 예수의 *진정한 의도* ipsissima sensus를 복구하는 것은 가능하다.4) 그러나 이야기 자료를 가지고는 완전히 복잡하게 얽혀 있는 본문들 배후의 사건을 복구하거나 재생해내는 일은 거의 불가능하다. 다시 말해서 우리는 그것을 돌이킬 수 없는 과거 속에서 잃어버린 것이다. 이야기들을 가지고는 도저히 해석의 차원과 한계를, 그리고 이야기되는 사건들을 처음으로 접했던 사람들의 선별적인 보고들을 꿰뚫고 지나갈 수가 없다. 우리는 재구성할 수 있는 가장 초기의 보고 혹은 사건 서술이 역사적 예수의 생애에 있었던 사건을 반영하는지, 혹은 그렇지 않은지, 반영한다면 어떤 식으로 하는지를 판단하는 일 외에는 할 수 있는 것이 없다.5)

그러나 어록 자료와 이야기 자료의 차이, 그리고 기준의 다양한 가

---

3) 그러나 다음의 연구들을 보라. Mussner, *Miracles*, 27-39; R. Pesch, *Jesu ureigene Taten? Ein Beitrag zur Wunderfrage* (Freiburg: Herder, 1970) 그리고 F. Mussner, "Ipsissima facta Jesu?" *TRev* 68 (1972), cols. 177-185.

4) 참조. Vermes, *Judaism*, 81:
"그 유명한 예수가 *직접 한 말*(ipsissima verba)의 경우에, 이러한 탐구는 현대의 연구가 쉽게 승인 할 수 없는 복음서 전승을 어느 정도는 신뢰한다는 것을 전제로 하고 있다. … 그러나 최소한 스승의 교훈의 일부분을 파악하는 것은 불가능한 일은 아니지 않은가? 나는 예수가 실제로 한 말을 처음 상태 그대로는 아닐지라도 그가 말하고자 했던 것, 즉 *본래적 의미* (ipsissima sensus)는 알 수 있다고 주장한다."

5) 참조. H. D. Betz: "그렇다면 기적 이야기란 무엇인가? 기적 이야기는 기적 그 자체도 아니고 기적에 대해서 말해주는 것도 아니다. 오히려 그것은 '말로 표현될 수 없는' 사건을 전달하고 알려주기 위한 일종의 언어로 된 외피로 사용하도록 특별하게 고안된 이야기이다." "The Early Christian Miracle Story: Some Observations on the Form Critical Problem", in R. W. Funk (ed.), *Early Christian Miracle Stories*, Semeia 11 (Missoula: Scholars Press, 1978), 70.
이와는 대조적으로, M. Mandelbaum, *The Anatomy of Historical Knowledge* (Baltimore and London: Johns Hopkins University Press, 1977), 그리고 예를 들어서, L. O. Mink, "Narrative Form as a Cognitive Instrument", in R. H. Canary and H. Kozicki (eds.) *The Writing of History* (Madison: University of Wisconsin Press, 1978), 129-149, D. Carr, "Narrative and the Real World: An Argument for Continuity", *History and Theory* 25 (1986), 117-131 그리고 *Time, Narrative and*

치를 고려하면서, 동일한 기준들이 이야기 자료의 역사적 진실성을 검증하는 도구로 사용될 수 있다. 예를 들면, 중복 입증의 기준이 사용될 수 있다.6) 만약에 어떤 예수의 활동의 방법이나 양식-여성들과 어울렸다든가 혹은 죄인들과 함께 식사를 했다는 것과 같은-이 한 가지 이상의 복음서 전승에서 입증된다면, 이런 종류의 활동이 역사적 예수의 사역에 속하는 것이었을 가능성이 확실히 높아지게 된다. 더 자세한 것은 아래의 2를 보라 물론, 그 각각의 이야기들의 신뢰성을 입증하려면 다른 기준들을 개개의 이야기들 혹은 그 이야기의 특정 부분들에 적용해서 검증하는 것이 필요할 것이다. 이러한 기준들을 신중하게 사용하는 것 말고도, 우리가 사용해야 할 다른 것들이 있다는 것을 제안하고자 한다.

먼저 에른스트 트뢸취Ernst Troeltsch로 시작해보자. 그가 쓴 『신학에서 역사적 방법과 신학적 방법에 관하여』Über historische und dogmatische Methode in der Theologie, 1898는 지금도 점차로 증가하는 과거에 대한 우리의 지식과 이해의 문제에 대한 논의의 출발점으로 인정받고 있다.7) 이 논문에서 트뢸취는 역사적 방법에 대한 세 가지 원리를 제시한다. 첫째, 비평의 원리 혹은 방법론적 의심의 원리p.731-732는 역사가가 내린 결론들을 절대적인 것으로 볼 수는 없으며, 오히려 다소 간의 차이가 있지만 단지 하나의 가능성으로서, 항상 더 심오한 의문과 수정을

History (Bloomington: Indiana University Press, 1986)은 개인적인 경험이나 사회적인 경험 모두 인간의 경험은 이야기적인 성격을 띠고 있으며, 따라서 이야기 서술은 그 형식에 있어서 일련의 사건들과 완전히 다른 것도 아니며, 역사적인 이야기라는 것이 그 이야기가 묘사하고 있는 사건을 왜곡하거나 변형시키는 것도 아니라고 주장한다. 또한 B. Hardy, "Toward a Poetic of Fiction: An Approach through Narrative", *Novel* 2 (1968), 5-14; P. Munz, *The Shape of Time* (Middletown: Wesleyan University Press, 1977); F. Olafson, *The Dialectic Action* (Chicago and London: University of Chicago Press, 1979); J. Passmore, "Narratives and Events", *History and Theory* 26 (1987), 68-74; A. P. Norman, "Telling it like it was: Historical Narratives on their own Terms", *History and Theory* 30 (1991), 119-135를 보라.

6) 이 기준을 언급하는 학자들에 대해서는 Stein이 제시하는 목록을 보라. Stein in France and Wenham (eds.), *Gospel Perspectives* I, 255 주석 13.

7) E. Troeltsch, *Gessammelte Schriften* 4 vols. (Tübingen: Mohr, 1913), II, 729-753.

향해 열려있어야 한다는 것을 의미한다.8) 두 번째 원리는 유비의 원리이다.p.732 이에 대해서는 아래에서 간략하게 논할 것이다. 세 번째 원리는, 상관성correlation 혹은 인과관계causation의 원리인데p.733, 이는 역사가는 모든 사건에 확인 가능한 원인 혹은 일련의 원인들이 있음을 가정하는 것을 의미한다.9)

1. 트뢸취의 두 번째이자 기본이 되는 유비의 기준canon of analogy이 앞으로 우리의 연구에서 중요한 도구로 활용될 것이다. 트뢸취는 유비의 기준에 대해서 다음과 같이 설명한다.

> "우리의 눈앞에서 일어난 것과 우리에게 주어진 것을 비교하는 것이 비평의 핵심이다. 우리는 우리가 눈으로 보는 바 환상illusion, 전위displacement, 신화형식myth formation, 사기fraud, 그리고 당파성party spirit 같은 것들을 가지고 우리에게 전승되어 내려 온 것 안에서 유사한 것들을 발견할 수 있다. 우리가 알고 있듯이 전형적인 것, 통상적인 것과 일치하며, 반복해서 입증되는 사건과 조건들의 유형은 사건의 개연성을 나타내는 표지인데, 이를 통해서 비평가들은 실제로 일어난 것으로 인정할 것인지 혹은 한쪽으로 밀어 놓을지를 결정할 수 있다. 과거에 일어난 동일한 종류의 사건들 간의 유비를 살피는 것은 그것들의 개연성을 평가하게 해줄 뿐만 아니라 기존에 알려진 다른 것을 통해서는 알 수 없는 것을 해석하게 해준다."10)

다른 역사가들이 이 원리를 채택하거나 재진술해 왔다. 예를 들면,

---

8) 참조. Van A. Harvey, *The Historian and the Believer* (London: SCM, 1967), 14.
9) 더 자세한 내용은, M. Bloch, *The Historian's Craft* (Manchester: University of Manchester Press, 1954), 5장; E. H. Carr, *What is History?* (London: Macmillan, 1961), 4장 그리고 P. Gardiner, *The Nature of Historical Explanation* (Oxford: Oxford University Press, 1961), 3부를 보라.
10) Troeltsch, *Gesammelte Schriften* II, 732. W. Pannenberg, *Basic Questions in Theology* I (London: SCM, 1970), 43-44에서 재인용.

마르크 블로흐Marc Bloch는 다음과 같이 말한다. "최종 분석을 할 때면, 의식적으로든지 무의식적으로든지, 우리는 쓸 만한 것들을 가지고 과거를 재구성하려고 무척이나 애를 쓴다. 그럴 때면 언제든지, 필요할 때마다, 우리는 우리의 일상 경험을 끄집어내고 그리고 그 경험들을 새로운 색채로 조절한다."[11]

그러나 이 원리는 신랄한 비판을 받았다. 트뢸취가 설명하는 바와 같이, 이 유비의 원리는 모든 역사적 사건의 "근본적인 동질성" Gleichartigkeit을 주장한다.p.732 판넨베르그는, 트뢸취에게 이것은 "모든 차이가 하나의 형태로 통섭되어야 하는, 보편적 동질성"을 의미한다고 설명한다.[12] 그러나 이것은 역사가의 세계관이 과거의 세계관을 지배한다는 것을 의미한다. 그러나 어느 역사적인 사건도, 남김없이 철저하게, 동시대의 혹은 옛적의 유비를 통해서 담아낼 수 있는 것은 없으며, 뿐만 아니라 역사가의 지식과 현재의 경험도 인간 실존의 모든 가능성을 다 담아낼 수는 없다는 것은 거의 분명한 사실이다.[13]

이러한 사실이 유비의 원리의 긍정적 사용과 부정적 사용 사이의 분기점이라는 중요한 지점으로 우리를 이끌어 간다.[14] 이 도구의 긍정적

---

11) Bloch, *Craft*, 44. 참조. D. Hume, "우리가 공통적으로 스스로 우리의 이성을 따라 행하는 교훈은 우리가 경험하지 못한 것을 우리가 가진 것과 비교하는 것이다…" *On Human Nature and the Understanding*, ed. with a new introduction by A. Flew (London: Collier Macmillan, 1962), 121. 참조. 또한 W. Dilthey는 이렇게 말한다.
"만약에 내가 [과거의 어떤 사람을]…하나의 인격으로 인식하고, 연속성과 일관성의 관점에서 그의 정신세계를 이해하려고 한다면, 나는 그의 경험 속에서 나에게 친숙한 것과 연결된 일련의 것들을 찾아내야만 한다. 나의 정신적인 체계에 대한 인식을 바탕으로 그의 경험을 이해하며, 나의 정신적인 체계에 대한 인식이 그의 경험에 대한 나의 이해를 지배하는 정도에 비례해서 이 작업을 수행할 수 있다."
W. Dilthey, *Gesammelte Schriften* 12 vols.(Leipzig and Berlin: Teubner and Göttingen: Vandenhoeck & Ruprecht, 1958) Ⅶ, 14. Harvey, *Historian*, 98에서 재인용.
12) Pannenberg, *Questions* I, 46.
13) 참조. Pannenberg, *Questions* I, 45-46. 참조. 판넨베르그는 이렇게 말한다. "… 역사적 탐구는 언제나 이미 주어진 의미의 맥락, 즉 탐구하고자 하는 대상에 대한 편견에서 시작된다. 그러나 그 편견은 검증된 현상에 근거해서 연구하는 과정을 통해서 수정되고 교정된다." Pannenberg, *Jesus - God and Man* (London: SCM, 1968), 109.
14) 다음에 이어지는 것에 대해서는, T. Peters, "The Use of Analogy in Historical Method", *CBQ* 35

사용이란 의문시 되는 역사적 사건에 대한 유비를 발견할 수 있다면, 역사가의 판단은 그 사건의 역사성을 인정하는 쪽으로 흐른다는 것을 의미한다. 그러나 다른 한편으로, 만약에 동시대의 유비가 발견되지 않는 때에는 유비의 원리를 엄격하게 혹은 부정적으로 사용한다는 것은 역사가가 보고된 사건의 역사성을 부정하게 된다는 것을 의미한다. 그러나 이것은 역사에는 어떠한 변화도 없다는 것을, 즉 유비적인 사건이란 모든 세부적인 부분까지도 정확하게 동일해야 한다는 것을 가정하는 것이기 때문에 부당하다.15) 이처럼 이 도구를 부정적으로 사용하는 것이 부당한 또 다른 이유는, 그것이 역사가가 모든 가능한 그리고 완벽한 유비들을 가까이 두며, 역사가의 세계관이 과거를 결정지을 뿐만 아니라 과거에 대한 자신의 이해를 지배한다는 것을 가정하기 때문이다.16)

다시 한 번 판넨베르그에게 기대보자. "전승된 자료가 기존에 알려진 비교 가능성을 무너뜨리기 전까지는, 모든 사람 중에서 가장 뛰어난 접안렌즈를 가진 역사가조차도 그동안 어떤 일이 있었는지에 대해서는 무지할 수밖에 없다."17)

다른 말로 하자면, 그리고 우리의 연구와 관련해서 말하자면, 유비의 기준은 우리가 유비를 손에 쥐고 있을 때에만 예수의 귀신 축출 사

(1973), 480과 Pannenberg, *Questions* I, 44-50에 나오는 논의를 보라.

15) 참조. E. Meyer: "[역사 기록]이라는 것도 전형적인 양식과 맞물려 있음이 분명하다. 그러나 무엇보다도 그리고 가장 우선적으로 다양성과 맞물려 있다." in Pannenburg, *Questions* I, 46 주석 87.

16) 참조. R. M. Frye, "A Literary Perspective for the Criticism of the Gospels", in D. G. Miller and D. Y. Hadidian (eds.), *Jesus and Man's Hope* 2 vols. (Pittsburgh: Pittsburgh Theological Seminary, 1971) II, 199:
"야만인들은 모든 사건을 판단하고 이해하고 해석하면서 자기들의 일시적인 혹은 문화적인 편협성이 가장 뛰어나다고 맹목적으로 주장한다. 그리고 학식 있는 야만인들도 똑같은 짓을 하는데, 다만 각주를 달 뿐이다."
또한 H. G. Gadamer, "The Continuity of History and the Existential Moment", *Philosophy Today* 16 (1972), 230-240, 특히 238을 보라.

17) Pannenberg, *Questions* I, 50.

역에 대해서 보고하는 사건들의 역사성을 판단하는데 유용하게 사용되는 것이다. 만약에 유비가 정확하게 일치하지 않기 때문에, 겹치지 않고 남는 부분이 있다고 하더라도, 우리는 이 남는 부분들을 더 자세하게 검토할 책임이 있다. 그러나 보고된 사건이나 남는 부분 중에서 어느 것도 버려서는 안 된다. 또한 동시대의 것이든 고대의 것이든 유비가 없다고 하더라도, 판단은 유보되어야 하며 다른 진정성의 기준들이 그 보고에 적용되어야 한다. 바로 이것이 이제 우리가 하려는 것이다.

2. 만약에 우리가 연구하려고 하는 예수의 활동이 간접적으로 혹은 우연히 언급된다면, 역사적 자료임을 나타내는 표지라고 볼 수 있다. 아서 마윅Arthur Marwic은 이 문제에 대해서 다음과 같이 말한다. "일차 자료가 생성된 목적이 역사가의 목적과 거리가 멀면 멀수록, 대체로 그런 일차 자료가 가장 중요하다고 말할 수 있다."[18] 이 말은 *부수적인 전승의 기준*criterion of incidental transmission이라는 것이 있다는 말이다.[19] 다시 한 번 예를 들자면, 만약에 바알세불 논쟁 단락에 나오는 강한 자의 비유가 진정한 것으로 판명된다면, 우리는 예수가 귀신 축출자라고 하는 부수적인 증빙 자료를 갖게 되는 것이다.

3. 위에서 언급한 것에 비추어 볼 때, 만약에 어록의 종류 혹은 범주가 역사적인 자료에 근거해서 나온 것이라고 확정된다면, 이것과 일치하는 것으로 알려진 활동들은 최소한 역사성과 관련한 의심은 받지 않아도 되는 것이다. 그러나 자세하게 따져보지도 않는다는 말이 아니라, 자동적으로 역사성에 관한 한 진정한 것으로 인정된다는 말이다 우리의 주제와 관련해서 예를

---

18) A. Marwick, *The Nature of History* (London: Macmillan, 1970), 136.
19) Marwick, *History*, 136은 공식적 기록과 사적 서신이라고 하는 "의도적 기록"과 "의식하지 않은 증언"을 나누는 헨리 궈락(Henry Guerlac)의 구분에 관심을 보인다. H. Guerlac, "Some Historical Assumptions of the History of Science", in A. C. Crombie (ed.), *Scientific Change* (London: Heinemann, 1963)을 보라. 또한 J. D. Milligan, "The Treatment of an Historical Source", in *History and Theory* 18 (1979), 184를 보라.

들자면, 만약에 바알세불 논쟁 단락에 나오는 어록의 일부 혹은 전부가 진정한 예수의 전승에서 유래한 것이 거의 분명한 것으로 입증된다면, 예수가 귀신 축출자였다고 암시하는 예수의 진정한 어록을 발견할 수 없다기보다는, 우리는 복음서 전승에 나오는 귀신 축출 이야기의 역사성에 대해서 훨씬 호의적으로 판단하기 쉬운 것이다.20) 따라서 *신뢰할 수 있는 어록 자료와의 일치coherence with reliable sayings material*라는 기준을 사용할 수 있다.

4. 정경자료 이외의 증언은, 신중하게, 복음서 이야기 이면의 사건들의 역사성을 검토하는데 사용될 수 있다. 따라서 예를 들자면, 예수가 제자들을 선택한 것은 유대 전승의 지지를 받을 수 있는 것이다.*b. Sanh. 43a* 21)

5. 마지막으로, 예수의 침례와 예수의 십자가 처형 같은, 최소한 전승 전달의 초기 단계에 속하는 보고들은 초기 교회가 전수하기에는 당혹스러운 것들이기 때문에 역사적으로 신뢰할 수 있는 것으로 볼 수 있다.

이러한 역사적 방법의 원리들을 염두에 두고 이제 귀신 축출자 예수의 모습을 서술해보자.

---

20) 참조. Pesch, *Jesu ureigene Taten?* 25, 147, 151, 153-154. 마12:43; 눅11:24-26은 귀신 축출이라는 개념을 가정하지만, 예수가 귀신 축출자였다고 가정하지는 않는다.

21) G. H. Twelftree, "Jesus in Jewish Traditions", in D. Wenham (ed.), *Gospel Perspectives* 5 (Sheffield: JSOT, 1984), 289-341을 보라.

16장 · 예수는 귀신 축출자였는가?

　우리가 지금까지 뒤로 미루어왔지만, 이제는 대답하기에 충분한 증거를 가진 근본적 질문은 역사적 예수가 정말로 귀신 축출자였느냐 아니면 그렇지 않느냐는 것이다.[1]

　귀신 축출이 악한 영적인 존재를 사람에게서 쫓아내는 것이고, 따라서 누군가에게는 믿기지 않는 방식의 치유이기 때문에, 이 질문에 대한 대답은 역사적 예수에 대한 전승의 한 부분인 기적에 대한 보고들을 인정하는 성향을 가진 20세기의 독자들을 전제로 할 것이다. 역사적 예수를 연구하는 최근의 그리고 나이 지긋한 수많은 연구자가 예수에 대한 전승에서 초자연적인 보고들을 삭제하고 싶어 하기 때문에, 이 문제에 대해서 간략하게 논의하는 것이 필요하다.[2] 이러한 견해에 반대하며, 따라서 기적에 대한 보고들을 예수 전승의 일부분으로 받아들이는 것에 개방적이기 때문에, 우리는 특별히 두 가지 주장에 대해서 의문을 제기할 필요가 있다.

---

1) 이 논의에 대해서는, Dunn and Twelftree in *Churchman* 94 (1980), 211-215을 보라. 그리고 이 단락에 나오는 일부 자료들의 초기 형태에 대해서는 Twelftree in Wenham and Blomberg (eds.), *Gospel Perspectives* 6, 361-400을 보라.

2) 예. W. Bousset, *Kyrios Christos* (New York and Nashville: Abingdon, 1970), 100; M. Grant, *Jesus* (London: Weidenfeld and Nicholson, 1977), 39. J. Engelbrecht, "Trends in Miracle Research", *Neotestamentica* 22 (1988), 139-161에 나오는 논의를 보라.

첫째로, 우리는 흄Hume이 주장하는 견해에 대해서 의문을 제기해야 한다. 그는 기적이란 "…주로 무지하고 야만스러운 민족들 가운데에서 많이 볼 수 있는" 것이라고 말했다.3) 내가 다른 곳에서 살펴 본 바에 의하면, 고대에는 기적이 의문의 여지없이 자명한 것으로 받아들여졌다는 수많은 증거가 있다.4) 한편, 그랜트R. M. Grant는 AD 1세기는 쉽게 믿는 경향이 증가하던 시기였다고 주장했다. 그러나 그랜트가 제시하는 증거들 중의 어떤 것들은 의심스럽다.5) 예를 들면, 『유대 고대사』, 2.167-170에 에서 요세푸스는 메시아적 예언자가 유대 반란 바로 직전에 했던 기적적인 약속들이 그 시대의 전반적인 특성은 분명히 아니라고 말한다. 그리고 하비A. E. Harvey도 언급하듯이, 플리니Pliny가 『Natural History』, 31:18-24에서 기록하는 것"in Judaea rivus sabbatis omnibus siccatus"/"유대의 강들이 안식일이면 모두 말라버린다" [역주]은 "아마도 간헐천이라는 잘 알려진 현상을 약간의 상상을 덧붙여서 말하는 것으로 보인다. 예루살렘에도 유명한 사례가 있다."6) 따라서 기적 이야기들이 지금 우리가 보는 것보다 훨씬 믿을만한 것으로 당시에 여겨졌다는 이유 때문에 쉽게 무시해서는 안 된다.

둘째로, 예수 전승이 생겨났던 당시의 환경은 전설적인 이야기가 예수 전승에 덧붙여질 수 밖에 없었다고 하는 일반적으로 인정되는 부분에 대해서도 의심해보아야 한다.7) 예수가 비록 기적을 일으키는 능력을 신뢰하던 그 시대의 사람들과 더불어 살았지만, 예수를 둘러싼 기적

---

3) Hume, *On Human Nature* (ed.), Flew, 123. 참조. R. J. Sider, "The Historian, The Miraculous and Post-Newtonian Man", *SJT* 25 (1972), 309-319; M. Maher, "Recent Writings on the Miracles", *New Blackfriars* 56 (658, 1975), 165-174; R. Young, "Miracles and Credulity", *RelS* 16 (1980), 465-468; D. Odegard, "Miracles and Good Evidence", *RelS* 18 (1982), 37-46.
4) Twelftree, *Christ*, 5장을 보라; 참조. Harvey, *Constraints*, 101-102는 다른 중요한 증거들을 언급한다. 반대 견해로는, Best, *Disciples*, 179.
5) Harvey, *Constraints*, 102 주석 21을 보라.
6) Harvey, *Constraints*, 102 주석 21.
7) 나는 이 점을 Harvey, *Constraints*, 99면 이하에서 배웠다.

전승은 다른 고대의 기적 전승과는 종류order가 다르다는 점을 주목해야 한다. 예를 들어서, 복음서에 나오는 전승들과는 달리, 유대 전승에서는 기적을 일으키는 사람들이라 하더라도 절름발이나 중풍 병자를 치유할 수 있을 것이라고 여기지는 않았다.8) 또한, 유대 전승에는 랍비가 죽은 자를 살렸다는 내용은 없다.9) 이러한 점들에 대해서 논하면서, 하비Harvey가 "… 예수의 기적 전승에는 전형적인 돌팔이 이야기꾼leg-end-mongering의 탓으로 손쉽게 돌리기에는 너무나 많은 독특한 특징이 있다. 뿐만 아니라, 그 전승들 중의 대부분은 일반적인 전설의 진행과는 너무도 다른 그리고 그것이 모종의 역사적 회상에서 기인한 것이라고 보지 않고는 설명하기 어려운 상세하고도 정확한 내용들을 담고 있다. 그리고 복음서 자체도 … 전설의 발전 과정에서 흔히 볼 수 있는 특징인 기적 자체를 즐기는 것과 이상하리만큼 대조되는 놀랄 만큼 절제된 이야기들을 보여준다"고 결론 내리는 것은 당연한 것이다.10)

따라서 우리는 다시 그 질문으로 돌아오게 된다. 예수는 귀신 축출자였는가? 공관복음서에 나오는 어록과 이야기 자료를 통해서, 귀신 축출이 역사적 예수 사역의 한 부분이었다고 결론 내릴 수밖에 없을 것 같다는 것을 살펴보았다. 비록 예수에게 $\dot{\epsilon}\xi o\rho\kappa\iota\sigma\tau\acute{\eta}s$엑소르키스테스, 귀신 축출자, exorcist라는 명칭이 사용된 적은 없지만참조. 행19:13, 이제는 예수가 귀신 축출자였음이 거의 분명하다는 것을 보여주는 증거들을 한데 모아보고자 한다.

1. 복음서에 나오는 어록 자료의 역사성을 확정짓기에는 이르지만, 우리는 예수의 귀신 축출자로서의 능력을 전제로 하는 공관복음 전승

---

8) Harvey, *Constraints*, 100; 참조. Smith, *Parallels*, 81-84.
9) 참조. Bultmann, *History*, 233.
10) Harvey, *Constraints*, 100. 참조. W. Kirchschläger, "Wie über Wunder reden?" *BLit* 51 (1978), 252-254.

에 나오는 예수의 어록에서 시작할 수밖에 없다. 바알세불 논쟁 단락에 서[막3:22-27 그리고 마12:22-30; 눅11:14-23, 10장 참조], Q와 복음서 저자들은 귀신 축출과 관련된 두 가지 어록을 동시에 사용한다. 그 어록들은 예수가 하나님의 성령을 힘입어 귀신을 축출한다는 것[마12:28/눅11:20], 그리고 강한 자의 비유[막3:27/마12:29, 그리고 눅11:21절 이하(?)Q]이다. 누가복음 13장 32절에는 헤롯에 대한 경고가 나온다. "가서 그 여우에게 전하기를, '보라, 오늘과 내일은 내가 귀신을 내쫓고 병을 고칠 것이요, 사흘째 되는 날에는 내 일을 끝낸다' 하여라."[11] 이 어록들과 바알세불 들렸다는 비난은 예수 전승 중에서 논란의 여지가 없는 역사적인 내용에 속하는 것들인데, 예수를 귀신 축출자라는 관점에서 볼 때에만 의미가 통한다. 이것들이 귀신 축출 사역을 전제로 하기 때문이다.[12]

2. 3부에서 우리는 공관복음서 전승들 안에서 귀신 축출 이야기들이 역사적 예수와 결부되어 있는데, 이것이 타당하다는 것을 볼 수 있었다.[막 1:21-28, 가버나움 회당의 귀신 들린 자; 5:1-20, 수로보니게 여인의 딸; 9:14-29, 간질하는 소년 그리고 마 9:32-33; 12:22/눅 11:14, 벙어리 귀신들린 자]

그러나 누가복음 4장 38-39절에 나오는 시몬의 장모를 치유한 누가의 이야기에 대해서는 어떻게 말할 수 있을까? 누가는 예수가 "열병을 꾸짖으시니, 그것이 그녀에게서 떠났다"[ἐπετίμησεν τῷ πυρετῷ καὶ ἀφῆκεν αὐτήν에페티메센 토 퓨레토 카이 아페켄 아우텐] 4:39라고 말한다.[13] 그러나 이야기의 흐름을 언뜻 보기만 해도, 누가가 이 이야기의 자료로 사용하는 것이 마가복음 1장 29-31절이라는 것이 드러난다.[14] 마가복

---

11) 더 자세한 것과 이 어록의 역사적 신뢰성에 대해서는, 10장과 Twelftree in Wenham and Blomberg (eds.), *Gospel Perspectives* 6, 364-365를 보라. 참조. Dunn, *Jesus*, 44 그리고 H. Koester, *Introduction to the NT* 2 vols. (Philadelphia: Fortress and Berlin and New York: de Gruyter, 1982) II, 79.

12) 참조. Latourelle, *Miracles*, 167-168.

13) 예수가 여인을 만나는 것에 대해서는, Twelftree in Wenham and Blomberg (eds.), *Gospel Perspectives* 6, 394 주석 17을 보라.

음에서는 "그가 와서 그녀를 손으로 잡고 그녀를 일으키니, 열병이 그녀를 떠났다"라고만 기록한다. 즉 다른 말로 해서, 4장 38-39절에 있는 누가의 "귀신 축출" 이야기는 누가의 편집 작업에 기인한 것이다.

우리가 위의 5장에서 이미 언급했듯이, 우리는 누가복음 13장 10-17절에 나오는 "질병의 영에 걸린 여인"γυνὴ πνεῦμα ἔχουσα ἀσθενείας, 귀네 프뉴마 에쿠사 아스떼네이아스에 대한 이야기도 고려의 대상에서 제외시켜야 한다. 비록 일종의 "악한" 영이 질병의 원인으로 간주되기는 하지만, 이야기의 특징들이 전통적인 귀신 축출 이야기들과는 전혀 다르다는 것에 비추어 보았을 때, 누가가 이 이야기를 귀신 축출 이야기에 속하는 것으로 보았을 것 같지는 않다.15) 따라서 우리에게는, 최소한 그 핵심이 역사적 예수의 사역에서 기원한, 네 가지 주요한 이야기들과 바알세불 논쟁과 관련된 한 가지 간략한 이야기가 남는 셈이다.

3. 공관복음서와 사도행전에는 초기 교회가 예수를 귀신 축출자로 보았다는 것을 보여주는 예수의 사역에 대한 포괄적인 간략한 요약문들이 나온다.막1:32-34/마8:16-17/눅4:40-41; 막1:39/마4:24/눅4:44; 막3:7-12/마4:24-45; 12:15-16/눅6:16-19; 4:41; 14장 참조 사도행전 10장 38절에서 누가는 예수가 "마귀의 권세 아래 있는 모든 사람을 치유한다"고 언급한다. 그러나 우리가 검토한 결과 이 자료 중에는 역사적 예수의 생애에서 기원한 것이 거의 확실하다고 볼 수 있는 것이 없었다. 이러한 각각의 자료들이 보여주는 것은 최소한 초기 교회가 예수를 귀신 축출자로 보아 왔다는 것이다.

4. 신약성서의 바깥으로 눈을 돌리면, 예수가 귀신 축출자였을 것으로 추정하는 주목해야 할 더 많은 증거가 있다.

---

14) Schramm, T. Schramm, *Markus-Stoff*, 85-91. 이 단락에 나타난 누가의 의도에 대해서는 Twelftree, Christ, 104를 보라.

15) Twelftree in Wenham and Blomberg (eds.), *Gospel Perspectives* 6, 394 주석 11과 18을 보라.

(a) 능력이 있었다고 입증되었거나 현재 능력 있는 것으로 인정받는 귀신 축출자들의 *이름*들은 종종 다른 귀신 축출자들의 주문에서 사용되곤 했다.16) 신약성서 시대에 솔로몬의 이름은 아마도 가장 널리 애용되던 다른 귀신 축출자의 "이름"이었을 것이다. Pseudo-Philo, 『성서고대사』 60; Josephus, 『유대 고대사』 8.46-49를 보라. 『유대 고대사』 8.42-49에서, 요세푸스는 다른 귀신 축출자의 "이름"을 사용하는 중요한 의미에 대해서 설명한다. 그는 솔로몬이 지혜롭고, 현명하며, 음악을 작곡하고, 주문과 귀신 축출하는 방법을 만들어내는 뛰어난 능력에 존경을 표하는 것으로 이 이야기를 시작한다. "귀신들을 대항할 때 사용하는 기술들" 『유대 고대사』 8.45과 관련된 솔로몬의 능력을 입증하고자, 요세푸스는 귀신 축출에서 솔로몬의 이름을 사용한 엘리아자르의 이야기까지 동원한다.

또한, 성경 외부의 자료들은 예수의 이름이 귀신 축출을 위한 주문에서 효력 있는 요소로 간주되었음을 보여준다. 『켈수스를 논박함』 Contra Celsum에서, 오리겐은 그리스도인들에 대해서 이렇게 말한다. "…그들은 어떤 주문을 통해서 소유할 수 있는 그런 힘을 갖게 된 것이 아니다. 그들은 예수의 이름을 통해서 힘을 갖게 된 것이다…"I.6; I.67 마술 파피루스에서도 주문을 만들 때 예수의 이름을 사용하는 것을 볼 수 있다. "내가 너에게 히브리 사람 예수의 하나님을 힘입어서 명령한다…."PGM IV.3019면 이하; 참조. IV.1227 분쉬Megara R. Wünsch는 어느 납으로 된 서판의 탈문脫文, lacuna을 복구하려면 "예수"의 이름을 집어넣어야 한다고 주장한다.17) 또한 유대인 치유사들Jewish healers도 자신들의 주

---

16) 고대의 마술에서 예수의 이름이 사용된 것에 대한 더 폭넓은 연구를 위해서는, Aune, *ANRW*, II.23.2 (1980), 1545-1549를 보라. 또한 S. V. McCasland, *By the Finger of God* (New York: Macmillan, 1951), 110-111을 보라.
17) Eitrem, *Notes* 9 그리고 각주들을 보라.

문 목록에 예수의 이름을 포함시켰다. 이러한 것이 랍비들이 예수의 이름을 사용해서 치유하는 것을 금했다는 것에서 명백하게 드러난다.18)

　신약성서에서도 그런 류의 행습에 대한 증거를 볼 수 있다. 마가복음 9장 38절눅9:49을 보면, 요한이 예수에게 와서 이렇게 말한다. "선생님, 어떤 사람이 당신의 이름으로 귀신들을 쫓아내는 것을 우리가 보았습니다." 사도행전 19장 13절을 보면, 스게와의 아들들이 다음과 같은 주문으로 귀신 축출을 시도한다. "내가 바울이 전파하는 예수를 힘입어 너희에게 명령한다." 아마도 여기에 마태가 거짓 예언자의 특징으로 소개하는 장면을 포함시킬 수 있을 것이다. 그들은 이렇게 말한다. "주여, 주여, 우리가 … 당신의 이름으로 귀신들을 내쫓고, 당신의 이름으로 많은 능력을 행하지 않았습니까?"마7:22

　신약성서는 또한 기독교 공동체가 예수의 이름을 귀신 축출에서 사용한 것을 보여준다. 70(2)인이 기쁨으로 돌아와서 말한다. "주여, 귀신들조차도 당신의 이름이면 우리에게 복종합니다!"눅10:17 사도행전 16장 18절에서 바울은 말로 귀신을 쫓아내는 인물로 묘사된다. "내가 예수 그리스도의 이름으로 네게 명하노니 나오라…" 그리고 후대의 것이지만, 마가의 긴 종결은 초기 교회가 귀신 축출에서 예수의 이름을 사용했다는 또 다른 증거이다. "그리고 믿는 자에게는 이러한 표적이 따를 것이다. 내 이름으로 그들이 귀신들을 쫓아낼 것이며 …"16:17

　그리고 마지막으로, 예수의 "이름"을 사용하는 것과 관련해서, 우리는 사도시대 이후의 교회에서 예수의 이름이 여전히 귀신들을 쫓아내는 효과적인 방법으로 사용되었다는 것에 주목할 필요가 있다. 예를 들

---

18) 참조. *t. Hul.* 2.22절 이하;*j. Šabb.* 14.4.14d; *j. ʿAbod. Zar.* 27b. 유대인 귀신 축출자들이 예수의 이름을 사용한 것에 대해서는, D. Chowlson, "Das letzte Passahmahl, Christi", *Mémoires de l'acad. imp. des sciences de S. Pétersbourg* VII, 41, 1, Petersburg, 1882, 100-107, cited in Fridrichsen, *Miracle*, 170 주석 29을 보라. 마술 대접(magic bowl)에서 예수의 이름을 사용하는 것에 대해서는, Geller, *JJS* 28 (1977), 149-155를 보라.

어서, 아르노비우스Arnobius는 예수의 이름을 "들으면 악한 영들이 도망친다"고 말한다. *Adv. Gent.* 1.46 19)

따라서 다른 귀신 축출자들이 예수의 이름을 사용했다는 것을 보여주는 다양한 자료는 역사적 예수가 귀신 축출자로 여겨졌다는 가장 강력한 증거 중의 하나일 것이다.

(b) 주문에서 예수의 이름이 사용되는 것에 대한 언급 외에도, 예수가 귀신 축출자라는 것과 관련된 전승을 은연중에 보여주는 것일 수도 있는 예수를 언급하는 사례들이 있다. 랍비들이 *b. Sanhedrin* 43a에서 그런 전승의 일부를 보존하고 있다. "예수는 유월절 전날 저녁에 교수형에 처해졌다. 그 이전 40일 동안 전령이 소리쳐 외쳤다. '그는 마술을 행했으므로 끌려 나와 돌에 맞게 될 것이다…'"

내가 다른 곳에서 주장했듯이, 이 전승이 본래 나사렛 예수를 가리키는 것으로 볼 필요는 없다.20) 그럼에도, 조금 전에 살펴 본 바와 같이, 유대인들이 예수의 이름을 치유에 사용하지 못하게 금한 것은 예수가 능력 있는 치유자이자 귀신 축출자로 여겨졌다는 증거일 수도 있다. *t. Hul.* 2.22-3; *j. Šabb.* 14.4; *j. 'Abod. Zar.* 2.2; *b. 'Abod. Zar.* 27b

또한, 오리겐은 예수가 귀신 축출자로 여겨졌다는 전승을 은연중에 비추는 것일 수도 있는 켈수스Celsus의 말을 인용한다. "그는 이집트에서 비밀리에 양육되었으며, 자신을 노동자로 위장했다. 그리고 그의 손으로 어떤 마법적인 힘을 단련한 후에, 그는 그곳에서 돌아왔다. 그리

---

19) 참조. Justin, *Dial.* 303; 76.6; 85.2; *Apology*, 2.6. 사도시대 이후의 귀신 축출이라는 주제는 이 연구의 범위를 넘어서는 것이다. W. M. Alexander, *Demonic Possession in the NT* (Edinburgh: T & T Clark, 1902), 129-233; A. Harnack, *The Mission and Expansion of Christianity* I (London: Williams and Norgate, 1908), 126-146; Wm. W. Everts, "Jesus Christ, No Exorcist", *BS* 81 (1924), 355-362; J. S. McEwin, "The Ministry of Healing", *SJT* 7 (1954), 133-152; W. Michaelis, "Exorzismus", *RGG* II, 833-834를 보라.

20) Twelftree in Wenham and Blomberg (eds.), *Gospel Perspectives* 5, 319-321. 나는 이제는 *b. Sanh.* 43a가 "막3:22절에 나오는 바리새인들이 예수를 대적하며 비난한 것을 반영하고 있을지도 모른다"고 생각하지 않는다. Dunn and Twelftree, *Churchman* 94 (1980), 213.

고 그 힘을 빌미로 스스로 하나님의 칭호를 취하였다"*CC* I.38; 참조. I.60

21)

비록 *b. Sanhedrin* 43a과 오리겐이 보여주는 단편적인 증거들이 우리에게 직접적인 의미를 주기에는 너무 후대의 것이지만, 이 자료들은 예수가 귀신들을 아주 성공적으로 통제했던 것으로 여겨졌다는 전승이 당시에도 면면히 이어지고 있었다는 것을 보여준다. 이러한 전승은 유대인들과 그리스도인들 간의 계속되던 논쟁을 통해서 더욱 강화되었다.

지금까지 나는 요한계열 자료의 증언을 외면해왔다. 요한복음, 요한서신들 그리고 요한 계시록은 귀신 축출에 대해서도, 그리고 예수가 귀신 축출자라는 것에 대해서도 전혀 언급하지 않는다. 잠깐이면 우리는 예수가 귀신 축출자였음이 거의 분명하다고 하는 상당한 양의 그리고 상당히 신뢰도 높은 증거들을 제시할 수 있다. 이러한 증거에 비추어 볼 때, 요한문서의 저자가 예수가 귀신 축출자였다는 전승에 대해서 아무 것도 몰랐다고 주장하는 것은 타당성이 없어 보인다. 오히려 요한계 문헌이 이런 전승을 억누르거나 무시하는지도 모른다. 이 문제를 어떻게 설명할 수 있을까?

요한이 예수를 동시대인들의 치유 기법을 사용해서 치유하는 것으로, 즉 그 시대의 사람의 모습으로 묘사하는 것을 난처하게 생각했을 것 같지는 않다.22) 왜냐하면 요한은 원거리 치유4:46-54와 침spittle을 사용하는 것9:1-7 같은 다른 치유자들에게 익숙한 치유 기법들을 아무렇지도 않게 포함시키기 때문이다.23)

한편, 요한신학의 많은 부분이 예수를 귀신 축출과 결부시키는 것을

---

21) 또한 *Pistis Sophia*, 102.255, 258; 130.332-5; *Hippolytus, Refutatio*, 7.15, 20 그리고 K. Berger, "Die königlichen Messiastraditionen des Neuen Testaments", *NTS* 20 (1974), 10 주석 38을 보라.
22) Taylor, *Mark*, 171.

막는 것으로 보인다. 첫 번째는 예수의 기적의 역할에 대한 요한의 생각이다. 우리가 지금 예수의 기적의 역할에 대한 요한의 이해가 어땠다고 말하는 것보다 요한복음의 가장 이른 시기에 부가된 종결 부분을 보는 것이 낫다. 그 내용은 다음과 같다. "예수께서 제자들 앞에서 이 책에 기록되지 아니한 다른 표적도 많이 행하셨으나, 오직 이것만을 기록한 것은 너희로 예수께서 하나님의 아들 그리스도이심을 믿게 하고, 또 너희로 믿고 그 이름을 힘입어 생명을 얻게 하려는 것이다"20:30-31 다른 말로 하면, 요한은 기적들이 예수의 정체를 드러냄으로써 독자들로 하여금 그가 그리스도였다고 판단하게 하는 역할을 하는 것으로 보았다는 것이다. 따라서 요한은 이목을 끌만한 기적을 택하지 않고, 오히려 하나님의 역사라고 생각할 만한 - 물이 포도주로 변하는 것 같은 - 기적들을 선택했던 것이다. 이와는 반대로, 예수를 다른 많은 치유자가 행하는 귀신 축출을 통해 병을 고치는 상대적으로 평범한 치유와 결부시키는 것은 진부해보였을 것이다.

요한계열의 자료들이 예수를 귀신 축출자라고 언급하지 않게 하는 두 번째 요인은 하나님나라 주제의 역할이 약해진 것과 상관있는 것으로 보인다. 공관복음서에서는 귀신 축출과 하나님나라가 아주 밀접하게 연결되어 있다. 그렇기 때문에 요한이 그 두 가지 중에서 어느 하나를 배제한다면 아마도 그로 말미암아 다른 것도 배제되는 것으로 보았을 것이다.

세 번째로, 공관복음서에서 사탄의 패배는 예수의 귀신 축출과 연결된다. 요한에게 사탄의 패배는 십자가와 연결된다.참조. 요14:30, 16:11 요한 신학에서 이러한 전환이 있었기 때문에 다른 그리스도인들이 사탄

---

23) 17장과 Twelftree, *Christ*, 2장을 보라. 다음에 이어지는 내용에 대해서는, Twelftree, *Christ*, 88-90을 보라. 참조. Kee, *Miracle*, 231.

의 패배와 연결시켰던 귀신 축출에 대한 언급이 제거된 것으로 보인다. 아마도 이러한 이유들 때문에 요한계열의 자료들이 예수가 귀신 축출 자였다는 전승을 억누른 것으로 보인다.

우리가 여기에서 살펴 본 증거들은 예수가 귀신 축출자였음을 암시하며, 귀신 축출자인 예수에 대한 이야기들을 예수의 지상에서의 생애에 대한 전승에 포함시켜야 한다는 3부 전체에 걸친 결론을 뒷받침해 준다. 달리 표현 하자면, 역사적 예수는 귀신 축출자였으며,24) 뿐만 아니라, "예수가 귀신 축출자로 활동한 것을 포함하지 않는 예수에 대한 역사적인 서술은 모두 왜곡된 것이 분명할 것"25)이라는 학자들의 합의에 동의해야 한다는 것이다.

---

24) 예. Strauss, *Life*, 415-437, 특히 436; Richardson, *Miracle*, 68-74; Käsemann in *Essays*, 39-40; Robinson, *New Quest*, 4장; Fuller, *Miracles*, 2장; Perrin, *Rediscovering*, 65; O. Betz, *What Do We Know about Jesus?* (London: SCM, 1968), 58; Hahn, *Titles*, 292; Jeremias, *Theology*, 86-92; Böcher, *Christus*, 166-170; G. Vermes, *Jesus the Jew* (Glasgow: Fontana, 1976), 58-65; Dunn, *Jesus*, 44; Koster, *Introduction* II, 78-79; Best, *Disciples*, 181. Eitrem, *Notes*, 20, 참조. 57. Eitrem은 ὁρχίσω σε(오르키조 세, 네게 명령하노니)를 사용하는 것을 근거로 귀신 축출을 정의하면서, 예수는 그 표현을 사용하지 않았기 때문에 귀신 축출자가 아니었다고 주장한다. 그러나 이러한 주장은 귀신 축출자를 지나치게 협소하게 정의하는 것이다(위의 2장을 보라).

25) Achtemeier, *CBQ* 37 (1975), 491. 반대 견해로, Pesch, *Jesu ureigene Taten?* 17-34는 비록 예수 자신의 말과 유대 문헌이 예수가 귀신 축출자라고 증언하지만, 복음서의 귀신 축출 이야기들은 초기 교회의 관심에 많은 영향을 받았기 때문에, 그 이야기들을 가지고 예수가 귀신 축출자였다는 것을 입증할 수 없다고 주장한다.

17장 · 귀신 축출자인 예수[1)

이 연구를 통해서 우리는 귀신 축출자인 역사적 예수의 모습을 서술함으로써 역사적 예수에 대한 이해를 증진시키고자 노력하고 있다. 그 첫 번째 단계로, 우리는 초기 교회가 예수가 귀신 축출자라는 전승을 유지했다는 것을 확인해 보았다. 또한 자료에 대한 검토를 통해서 역사적 예수가 아주 유명한 귀신 축출자였다는 것을 보여주었다.

우리는 앞의 내용을 토대로 역사적으로 신뢰할 수 있고 역사적 예수의 전승에 속하는 것이 확실하다고 여겨지는 복음서 전승에 나타난 예수와 귀신 축출을 결부시키는 요소들을 한데 모아 볼 수 있다. 이제 우리는 이 책을 저술하는 동기가 된 가장 근본적인 질문에 대답할 자리에 이르렀다. *예수가 귀신 축출자였다면, 현장에서 그를 목격했던 사람들은 귀신 축출자인 예수의 방법에 대해서 뭐라고 말했을까?*

1. 귀신들린 자

예수와 접촉했던 귀신들린 사람이라고 알려진 사람부터 시작하는 것이 당시 사람들이 예수를 어떻게 보았는지를 이해하는데 도움이 될 것 같다. 뿐만 아니라, 귀신들린 사람의 정체를 알면 예수의 사역 핵심

---

1) Twelftree in Wenham and Blomberg (eds.), *Gospel Perspectives* 6, 368-383.

을 이해하는데 도움이 될 것이다.

최근에 인기를 끄는 주장은 귀신들림과 정신적 질병이 "사회적 긴장 때문에 발생했거나 혹은 악화되었다"는 것과 그것이 "사회적으로 용인되었던 압제에 대한 간접적 저항이거나, 혹은 회피 수단이었다"는 것이다.2) 따라서 귀신들린 자는 사회적으로 뿌리 뽑힌 사람이자 팔레스타인의 사회 경제적 위기 때문에 사회의 변두리로 내몰린 사람으로 보인다는 것이다.3) 그러나 복음서의 자료들을 검토해보면 예수가 치유했던 귀신들린 사람들에 대한 이러한 견해는 수정이 불가피하다. 이러한 기록들은 아주 우발적으로 전승된 것들인데15장 참조, 신뢰할만한 역사적 자료를 제공해준다.

가버나움 회당의 귀신들린 자막1:21-28는 더러운 영에 사로잡힌 것으로 묘사된다. 우리는 위에서6장 귀신들린 자의 혼란스럽고 예측할 수 없는 특징은 종종 그 사람이 바로 그런 모습을 보였다는 것을 의미한다고 주장했다. 혹은, 귀신이 영적인 대적을 만났을 때만 그 정체를 드러낸 것일 수도 있다. 어쨌든지 간에, 복음서 전승은 그 사람을 유대인 주류 사회에 속한 사람이며, 자신의 공동체에서 종교적인 삶을 영위하는 사람으로 묘사한다. 더러운 영에 사로잡힘으로 인한 이전의 징후에 대해서는 아무 말도 하지 않는다.

거라사의 귀신들린 자에 대한 이야기는막5:1-20 다른 상황을 보여준다. 그는 사회의 변두리인 무덤 사이에 살았는데, 아마도 매장용 동굴

---

2) Derrett, *Man* (n.s) 14 (1979), 288은 H. Bietenhard, "Die Dekapolis von Pompeius bis Traian: ein Kapitel aus der neutestamentlicher Zeitgeschichte", *ZDPV* 79 (1963), 24-58과 S. T. Parker, "The Decapolis Reviewed", *JBL* 94 (1975), 437-441을 인용한다; P. W. Hollenbach, "Jesus, Demoniacs, and Public Authorities", *JAAR* 49 (1981), 575; Theissen, *Followers*, 2부. 참조. R. Otto, *The Kingdom of God and the Son of Man* (London: Lutterworth, 1943), 43은 "귀신들림이라는 아주 강력한 경향이 팔레스타인 지역에 만연했었다"고 말하는데, Theissen, *Miracle*, 250이 아무 증거도 없이 이 주장에 동의한다.

3) 참조. Theissen, *Followers*, 36 그리고 앞의 각주.

burial caves이었던 것 같다. 민19:11,16; 11QTemple 48.11-13; 49.5-21; 50.3-8 그리고 *Acts of Andrew* 6; Jerome Letter 108.13을 보라 "부정"하게 되었다는 것은 그가 하나님께 배척당한 것으로 간주될 수도 있었으며참조. *m.Kelim*; 사35:8, 성전에 들어가거나 예배에 참예하는 것 혹은 의식적인 식사에도 참여할 수 없다는 것을 의미했다.

울부짖으면서 돌로 자기 몸을 문지르는 것은 과격하게 진행되었던 애도 의식mourning ritual에서 기원한 것일 수도 있다.4) 이 이야기가 매장 무덤들을 배경으로 만들어진 것일 가능성이 아주 농후하다. 거라사의 귀신들린 사람을 제압하려는 시도가 실패했다는 것을 보면막5:3-4, 쇠사슬로 묶는 것이 난폭한 귀신들린 사람을 다루는 방법 중의 하나였다는 것이 드러난다. 이것은 또한 아마도 이전에 다른 귀신 축출자들의 시도가 실패했다는 것을 의미하는 것일 수도 있는데, 왜냐하면 마술 대접들을 보면 이런 식으로 쇠고랑과 족쇄를 채우는 것과 유사한 것이 나오기 때문이다.5)

귀신들리면 누구나 사회에서 격리되는 것은 아니었다. 간질하는 소년막9:14-29은 여전히 가족들 곁에 머물렀던 것으로 나타난다. 그리고 아버지가 그를 예수의 제자들에게 보이려고 함께 온 것을 보면, 그 소년은 충분히 통제할 수 있었던 것으로 보인다.

수로보니게 여인의 귀신들린 딸도 마찬가지로 가족의 일원으로 남아 있었다. 그러나 그 여인은 딸을 집 바깥으로 데리고 나오지 않는다. 혹시 그 소녀가 다른 사람들에게 위험했다거나 집을 나올 수 없었을 만큼 심각하게 아팠던 것은 아닐까? 헬라 문화의 영향을 받은 이 여인은 아마도 사회의 지도층 출신이었던 것으로 보인다.6) 사회의 주변인은

---

4) Derrett, *Man* (n.s.) 14 (1979), 287을 보라.
5) M. J. Geller, "Jesus' Theurgie Powers: Parallels in the Talmud and Incantation Bowls", *JJS* 28 (1977), 141-155에 나오는 언급들을 보라.

전혀 아니었을 것이다. 그리고 이 여인은 당시에는 귀신들림이 사회적인 조롱거리였기 때문에 자신의 병든 딸 때문에 당혹스러워하는 것으로 비춰진다. 참조. Philo *In Flaccum* 36, 40 그리고 만약에 집에서 돌본다는 것이 부유의 표시라면,[7] 간질하는 소년 이야기와 마찬가지로, 그것은 이 가족의 경제적 수준이 평균 이상이었다는 증거일 수도 있다.

간략하게 살펴 본 결과, 우리는 예수와 만났던 귀신들린 사람들이 모두 팔레스타인 사회의 주변인들이었다고 말할 수 없다는 결론에 이르게 된다. 그들 중에는 평소에는 아무런 징후도 보이지 않은 채, 자신이 속한 사회의 주류에서 삶을 영위하면서 자신의 공동체에서 종교적인 모임에 참여하던 사람도 있었고, 아마도 부유한 부모를 둔 소녀와 소년도 있었던 것으로 보인다. 뿐만 아니라 공동체의 가장자리에 있는 무덤에 내팽겨진 초자연적 힘을 가진 사람도 있었다. 이처럼 다양한 부류의 고통 받는 자들이 존재하는 것을 볼 때, 예수의 동시대인들이 예수의 사역 중에서 귀신 축출에만 어떤 특별한 관심을 보였을 것 같지는 않다.

예수의 이야기들을 검증해 본 결과, 목격자들의 보고 속에서 귀신 축출자로서 예수가 보여주는 여러가지 독특한 방법들을 확인할 수 있다.

2. 원거리 귀신 축출Exorcism at a Distance

수로보니게 여인의 딸을 원거리에서 귀신 축출 했다는 이야기막 7:24-30의 역사성에 대해서 어떻게 말 할 수 있을까? 첫째로, 단락 안에

---

6) 참조. Theissen, *ZNW* 75 (1984), 202-225.

7) Hollenbach, *JAAR* 49 (1981), 571, 는 G. Rosen, *Madness in Society: Chapters in the Historical Sociology of Mental Illness* (Chicago: University of Chicago Press, 1968, reprinted 1969), 64, 69, 126-135를 인용한다.

는 원거리 치유를 할 수 밖에 없었다는 이유가 전혀 보이지 않는다. 그 딸은 어머니와 동행할 수도 있었고, 아마 들것에 실려서라도 올 수 있었을 것이다. 참조. 막2:3 그리고 9:14-29 둘째로, 단락에는 어떤 식으로 치유해달라는, 이 경우에는 귀신을 쫓아달라는 언급이 전혀 없다. 그러나 귀신이 떠났다고 언급하는 30절은 일반적으로 교회의 편집으로 간주되지 않는다.[8] 그리고 우리는 앞에서 이야기의 배경이 되는 25절은 진정성 있는 것으로 보인다고 주장했다. 셋째로, 이것과 비슷한 이야기들이 있다. 특히 그 중의 하나는 탈무드에 나오는데, 백부장의 소년을 치유한 이야기와 비슷하다. 마8:5-13; 눅7:1-10

"이 일은 랍비 가말리엘의 아들이 병으로 쓰러졌을 때의 일이다. 그는 자기의 제자들을 랍비 하니나 벤 도사에게 보내서 그를 위해서 기도해주십사 요청했다. 그는 그들을 보자, 위층에 있는 방으로 가서 기도를 드렸다. 그가 내려와서, 그들에게 말했다.

'가라. 그에게서 열이 떠났다.'

그들이 그에게 말했다.

'당신은 예언자십니까?'

그가 그들에게 말했다.

나는 예언자도 아니고, 예언자의 아들도 아니다. 다만 내가 받은 축복 때문이다. 내 기도가 내 입에서 거침없이 흘러나오면, 나는 병자가 좋아진 줄로 안다. 만약에 그렇지 않으면, 그 병이 심각하다고 안다.'

그들이 바닥에 앉아서 시간을 기록하고 표시해두었다. 그들이 랍비 가말리엘에게 당도했을 때, 그가 그들에게 말했다.

'하늘이 도우셨다! 너희는 늦지도 않았고 이르지도 않았다. 어떻게 이럴 수가

8) 참조. Pryke, *Style*, 16, 143.

있을까. 그 시간에 열이 그에게서 떠났고 그가 우리에게 마실 물을 달라고 했다'" *b. Ber.* 34b 9)

탈무드에 나오는 이 이야기와 마가복음 7장 24-30절의 내용은, 동일한 상황에서 유래한 것이기는 하지만, 독립적인 것이 분명하다.10) 이와 관련해서, 판 데르 루스van der Loos는 에피다우루스Epidaurus에 있는 아스클레피오스Aesculepius 신전에서 딸이 치유되었다는 꿈을 꾼 한 여인에 대한 이야기를 인용한다.11) 그러나 이 이야기는 신약성서의 이야기와는 거의 관련이 없다. 마가복음 7장의 이야기와 더 밀접하게 연결되는 또 다른 이야기가 필로스트라우스의 *Life of Apollonius* 3.38에 나온다. 이 이야기와 예수의 이야기 사이에 문학적 연결고리는 없지만, 둘 다 원거리 치유라는 주제를 공유한다. 우리는 이런 현상이 헬라나 유대적 환경에서 아주 친숙했으며, 따라서 예수가 이런 식으로 귀신 축출을 했다고 해서 헬라나 유대적인 배경에 비추어 보았을 때 예수가 독특한 위치를 점하는 것은 아니라고 결론 내릴 수 있다. 예수는, 당시의 다른 귀신 축출자들처럼, 원거리에서도 치유할 수 있는 귀신 축출자로 소문이 났다는 점을 충분히 확신할 수 있다.12)

3. 극적인 초기 대결

바알세불 논쟁과 연결된 아주 간략한 이야기를 보면, 예수와 벙어리 귀신들린 사람이 대결했다고 하는 언급이 없다마9:32-33/12:22/눅11:14.

---

9) Vermes, *Judaism*, 8에서 인용.
10) 참조. Fiebig, *Jüdische Wundergeschichten*, 22.
11) R. Herzog, *Die Wunderheilungen von Epidauros* (Leipzig: Deitrich, 1931), 17 in Loos, *Miracles*, 330. 참조. Kee, *Miracle*, 3장.
12) 수로보니게 여인의 딸 이야기의 역사성 문제에 대해서는, S. Légasse, "L' épisode de la Cananéenne d' après Mt 15,21-28", *BLE* 73 (1972), 21-24; Mann, *Mark*, 319; 참조. Drewermann, *Markus*. I, 483-492를 보라.

하지만, 다른 네 가지 주요한 귀신 축출 이야기들에는 예수와 귀신들린 자, 혹은 마가복음 7장 25절에서는, 예수와 병자의 어머니 간의 극적인 초기 대결 장면이 나온다.

마가복음 1장 23절을 보면, 한 사람이 가버나움 회당에서 예수를 만나자 큰 소리를 지른다. ἀνέκραξεν, 아네크락센 그로 말미암아 갑작스럽게 그 사람이 귀신들렸다는 것이 드러난다. 그리고 마가복음 9장 20절을 보면, 예수를 쳐다보던 귀신이 소년에게 경련을 일으킨다. 그 때문에 "그 소년은 입에 거품을 물고 땅 바닥에 엎어져서 굴렀다." 마가복음 5장 6-7절에서는 거라사의 귀신들린 사람은 예수를 보자 달려와서 예수 앞에 무릎을 꿇고 엎드려서 προσεκύνησεν αὐτῷ, 프로세퀴네센 아우토 소리를 질렀다.

우리는 이 두 인물의 행동에 대한 교회의 통상적인 해석christian interpretation에 일단 의구심을 갖게 된다. ἀνακράζειν 아나크라제인, 소리 지르다과 관련해서, 우리는 이 단어가 헬라세계에서 종교적 의미를 가졌을 뿐만 아니라,13) 귀신들린 자와도 연결된다는 점에 주목하게 된다. 헬라인들과 로마인들은 대체적으로 그런 현상을 야만스럽다거나 하찮은 잡신들과 관련된 것으로 보았다.14) 따라서 마가가 그 단어를 사용한다는 것에서는 마가가 귀신들린 사람에게 관심을 보인다는 것 말고는 아무것도 추론해 낼 수가 없다. 70인역에서 ἀνακράζειν 아나크라제인은 특별히 어떤 개인이나 나라의 위기상황에서 하나님께 부르짖거나 구원을 요청하는 상황에서 사용된다.15) 이와는 대조적으로, 신약성서는 그런 의미로는 ἀνακράζειν 아나크라제인을 사용하지 않는다. 물론 마가복음 1장 23절/누가복음 4장 33절은 예외라고 주장할 수도 있다. 따라서

---

13) Grundmann, *TDNT* III, 898.
14) Grundmann, *TDNT* III, 899.
15) Grundmann, *TDNT* III, 899.

우리는 마가복음 5장 7절에서 이 표현이 사용되지만, 아무런 종교적 동기를 발견할 수 없다.

그러나 προσκυνεῖν프로스퀴네인은 상황이 다르다. Προσκυνεῖν프로스퀴네인, 즉 경배하려고 무릎 꿇는다는 이 표현은 병사들이 예수를 조롱하면서 경배하는mocking worship 장면에서 사용된다.막15:19 16) 그리고 Προσκυνεῖν프로스퀴네인, 즉 다른 사람의 발 앞에 꿇어앉는 것은 경배를 의미한다. 예를 들면, 누가복음 5장 8절을 보면, 시몬 베드로는 예수의 발 앞에 무릎을 꿇고서 예수를 주라고 고백한다. 마가는 이 단어를 유일하게 7장 25절에서만 사용한다. 3장 11절에서는 귀신들이 예수 앞에 엎드리거나 하나님의 아들이라고 경배한다. 그리고 5장 33절에서는 예수의 옷자락을 만진 한 여인이 두려움에 떨면서 예수의 발 앞에 엎드려 있다. 그런데 이 마지막 두 구절은 종종 편집에 의한 것으로 간주된다.17) 그렇다면, 마가나 혹은 그의 선배들이 예수와 귀신들린 사람들 간의 극적인 대결에서 벌어진 일을 "경배"라고 해석했을 가능성이 있는 것이다.

그럼에도, 우리는 계속해서 예수를 만난 귀신들린 자들이 울부짖으며 땅 바닥에 엎드렸을πίπτειν,피프테인 가능성을 검토해보아야 한다. 귀신들린 자들과의 조우를 언급하는 모든 구절이 마가가 편집한 흔적으로 보이는 것은 놀랄 일이 아니다. 그러나 그 증거만 가지고 자료들이 전적으로 마가가 지어낸 것이라고 확신할 수는 없다.18)

사실상, 초기 교회가 예수에 대한 이야기 안에 극적인 초기 대결이라는 요소를 삽입할 이유가 없다고 판단할만한 근거들도 있다. 한편, 회당의 귀신들린 자에 대한 이야기를 검토해보면막1:21-8, 6장 참조, 공관

---

16) 참조. H. Greeven, *TDNT* VI, 763.
17) 그런 견해를 주장하는 학자들에 대해서는 Pryke, *Style*, 14를 보라.
18) 더 자세한 것은 Twelftree in Wenham and Blomberg (eds.), *Gospel Perspectives* 6, 371을 보라.

복음서 저자들이 초기 교회의 관심 사항을 반영한다고 보는 한, 초기 교회가 예수에 대한 이야기들의 틀 안에 귀신들린 자와의 대결을 삽입했을 것으로는 전혀 보이지 않는다는 결론을 내리게 된다.

또 다른 한편, 예수 이야기에 나오는 귀신들린 자와의 대결이라는 것의 역사적 신뢰성은 고대에서만이 아니라 20세기에도 유사한 일들이 있다는 것을 통해서 더욱 강화된다. 필로스트라투스의 『아폴로니우스의 전기』Life of Apollonius 4.20을 보면, 아폴로니우스의 면전에서 한 젊은이가 귀신들린 현상을 드러낸다는 내용이 있다.19) 뿐만 아니라, 어떤 사람 안에 귀신이 들어 있다든가 그 사람 안에서 귀신이 활동하는 것이 유일하게 예수의 이름으로 대적할 때만 드러난다는 현대의 사례들도 있다. 쓰러지는 마술에 걸린 한 여인에 대한 이야기에도 비슷한 내용이 있다. "예수의 이름이나 그리스도라는 말을 언급하기만 하면, 그녀는 곧장 혼수상태가 되고 말았다." 그리고 또 다른 현대의 사례에 이런 내용이 있다. "…예수의 이름이 언급되는 바로 그 순간, 그는 코마 상태coma에 들어갔는데, 그의 다리가 밑에서부터 차고 올라오더니, 바닥에 큰 대자로 누워서 꼼짝도 하지 않았다."20)

마지막으로, 극적인 초기 대결이 진정성이 없다는 주장은 이런 내용이 기존에 있던 것과 문헌적으로 혹은 구전적으로 유사하다는 것에 근거하는 반면에,21) 증거들이 보여주는 바는 정확하게 그러한 자구적 의존에 반한다는 점을 지적할 수 있겠다.

따라서 우리가 제기했던 질문으로 돌아오자. 귀신들린 자들이 경악

---

19) 또한 Lucian, *Philops.* 16; (참조. 31); Philostratus, *Life*, 3.38; 4.20; (참조. *Acts of Peter*, 2.4.11; *Acts of Andrew 13* [Hennecke II, 403]; *Acts of Thomas*, 5.44절 이하; *Acts of John* "The Destruction of the Temple of Artemis", 40)을 보라; 그리고 Lucian, *Disowned* 6; *b. Pesaḥ* 112b-113a를 보라.

20) 인용한 사례들 각각에 대한 더 구체적인 내용은, G. H. Twelftree, "The Place of Exorcism in Contemporary Exorcism", *St. Mark's Review* 127 (1986), 25 그리고 Twelftree, *Christ*, 11을 보라.

21) Kertelge, *Wunder*, 52.

하는 반응을 보였다는 보고가 과연 귀신 축출자인 역사적 예수가 활동하던 것을 목격한 자들의 진술까지 거슬러 올라가는 것일까? 우리가 검토한 증거에 의하면, 예수의 동시대인들과 마찬가지로, 귀신 축출자인 예수도 그와 맞닥뜨린 귀신들린 자들을 당혹스럽게 만드는 것으로 비춰졌을 수도 있다.

4. 귀신들린 자의 말

마가복음 5장 20절을 보면 예수와 귀신들린 자의 초기 대결에서 귀신들린 자는 아무 말도 하지 않는다. 바알세불 논쟁과 관련된 간략한 이야기마9:32-33; 12:22/눅11:14에서는, 예수와 귀신들린 자 사이에 아무런 대화도 없다. 마가복음 7장 25-26절에서는 한 여인이 예수의 발 앞에 꿇어 엎드려서 자신의 딸을 치유해달라고 예수에게 간청한다. 그리고 나머지 두 가지 이야기에서는, 귀신들린 자이 초기 대결에서 압박감에 못 이겨서 말을 꺼낸다. "우리가 당신과 무슨 상관이 있나이까, 나사렛 예수여? 우리를 멸하러 왔나이까? 나는 당신이 누구인 줄 아노니, 하나님의 거룩한 자니이다!"막1:24 그리고 "내가 당신과 무슨 상관이 있습니까, 지극히 높으신 하나님의 아들 예수여? 내가 하나님을 의지하여 당신에게 명하노니, 나를 괴롭히지 마소서"막5:7

앞에서 이 구절들을 다루면서 예수가 바알세불과 손을 잡았다는 무고에서 예수를 변호하고자 귀신들이 이런 절규를 하는 것으로 구성했다는 가설을 부정한 바 있다.10장 참조 그렇다면 우리는 이런 질문을 던져야 한다. 귀신들 혹은 귀신들린 자들의 말은 무슨 의미인가?

지난 장에서 우리는 귀신들이 예수를 *나사렛 예수*막1:24, *가장 높으신 분하나님의 아들*막5:7, *하나님의 거룩한 자*막1:24라고 불렀다는 것과 귀신들이 "내가 아노니"막1:24, "내가 명하노니"막5:7 그리고 "내가 당신

과 무슨 상관이 있습니까'막1:24, 5:7라는 표현을 사용한 것의 역사성을 확인해 보았다.

이제 남은 것은 귀신들린 자가 하나님의 아들막3:11 그리고 5:7이라는 표현을 사용했는지를 검토하는 것이다.22) 그런데 우리는 마가복음 3장 11절그리고 평행구들을 제외시키지 않으면 안 되는데, 왜냐하면 일반적으로 그 구절을 편집적 요약구라고 보기 때문이다.14장 참조 23) 한편, 우리가 꼭 언급하고 넘어가야 하는 것은 최소한 복음서 저자들은 귀신들이 예수를 "하나님의 아들"로 불렀다고 보았다는 것이다. 그러나 우리는 마가복음 5장 7절을 더 세밀하게 살펴보아야 할 뿐만 아니라, 정말로 귀신들이 귀신 축출자 예수를 하나님의 아들이라고 불렀는가라는 질문을 던져보아야 한다.

그러나 하나님의 아들이라는 칭호는 유대인들이 구원을 가져 올 자로 기대하던 구원자에 대한 칭호가 아니었기 때문에, 큄멜Kümmel은 "귀신들린 사람이 예수를 '하나님의 아들' 이라고 불렀다는 것은 역사적으로 전혀 가능성이 없다"고 말한다.24) 큄멜은 하나님의 아들이라는 칭호는 헬라에서 기원한 것이라고 추측한다.25) 그러나 마가복음 5장 7절에 나오는 그 칭호가 본래부터 상당한 메시아적 의미를 갖고 있었다고 가정한다면, 그 칭호가 헬라에서 기원한 것이라 볼 수 있을까?

---

22) "하나님의 아들"에 대한 문헌의 양은 가히 압도적이다. 다음에 소개하는 문헌들 안에 대부분의 자료들이 소개된다. *TDNT* VIII, 334; *ThWNT* X/2, 1282면 이하; *DNTT* III, 665면 이하; 또한 "Sohn Gottes", in *RGG* (3rd. ed.) VI, 118-20 그리고 M. Hengel, *The Son of God* (London: SCM, 1976); Harvey, *Trial*, 39-44 그리고 J. D. G. Dunn, *Christology in the Making* (London: SCM, 1980)을 보라.

23) 예. Taylor, *Mark*, 225; Nineham, *Mark*, 112; Schweizer, *Mark*, 78면 이하; Guelich, *Mark* I, 142를 보라.

24) W. G. Kümmel, *Theology of the NT* (London: SCM, 1974), 74.

25) Kümmel, *Theology*, 76.

26) K. Berger, "Zum traditionsgeschichtlichen Hintergrund Christologischer Hoheitstitle", *NTS* 17 (1970-1), 422-424; Vermes, *Jesus*, 206-210은 주목할 필요가 있다. 또한 Vermes, *Judaism*, 72를 보라.

최근의 신약성서에 대한 연구들은26) 아버지-아들 개념과 "하나님의 아들"이라는 용어가 팔레스타인의 상황에서 아주 친숙한 것들임이 분명하다는 것을 보여준다.27) 헹겔Hengel은 신약성서 기독론의 "하나님의 아들" 칭호의 기원과 관련된 헬라계 자료들을 검토하고는 전반적으로 만족스럽지 않다는 말로 결론을 내린다.28)

반면에 구약성경과 유대교의 문헌에서 "(하나님의) *아들*"이라는 용어의 쓰임새를 살펴보면, 이 단어ב/בן[벤/바르]가 갖는 중요한 측면이 나타난다.29) 헹겔의 말을 인용해보자.

> "'*huios*'와는 달리, 이 단어는 심지어 가장 일차적인 차원에서 혈연상의 자손과 친족 관계를 나타낼 뿐만 아니라, 젊은 동료들, 학생들, 그리고 단체의 회원들, 국민 혹은 종교단체의 일원 혹은 특정 단체의 일원을 나타내는 종속관계에 대한 표현으로 널리 사용된다. 이러한 광범위한 의미의 차원에서, 이 단어는 구약성경에서 하나님에게 속했다는 것을 표현하고자 여러 가지 방법으로 사용되기도 했다."30)

헹겔은 세 가지 의미를 염두에 둔다. 첫째는, 천상의 어전회의의 구성원이다. 다니엘 3장 25절을 보면, 느부갓네살이 용광로의 맹렬한 불 속에서 "신들의 아들 같은 모습을 한" 한 인물을 본다.31) 둘째는, 출애굽기 4장 22-23절을 보면, 하나님의 백성 이스라엘을 "하나님의 아

---

27) Vermes, *Jesus*, 205-210; *JJS* 23 (1972), 28-50 그리고 24 (1973), 51-64; 참조. Flusser, *Jesus*, 98면 이하; Hengel, *Son*, 42 주석 85; J. D. G. Dunn, *Unity and Diversity* (London: SCM, 1977), 45 그리고 주석들.
28) Hengel, *Son*, 41.
29) 이미 여러 번 이 단어의 쓰임새에 대한 검토가 있었다. 예. E. Schweizer (et al.), *TDNT* VIII, 340-355; 그리고 최근의 것으로는 Hengel, *Son* 그리고 Dunn, *Christology*, 3장이 있다.
30) Hengel, *Son*, 21. 강조는 헹겔의 것이다.
31) Hengel, *Son*, 21면 이하; G. Fohrer, *TDNT* VIII, 347면 이하.

들"이라고 부르는 것이다. 셋째는, 이집트의 방식을 좇아서 다윗계 왕을 "하나님의 아들"이라고 불렀다는 것이다. 참조. 삼하7:12-14 32)

랍비 문헌으로 눈을 돌려보면, 우리는 독특한 일군─群의 사람들"행동의 사람"과 관련된 자료를 보게 된다. 그 자료는 거룩한 사람들 중에 어떤 이들이 하나님에 의해서 "아들"로 인정받았을 뿐만 아니라, 하나님께서 그들을 그렇게 부르셨다고 당시의 사람들이 생각했다는 것을 보여준다. 이러한 증거들 베르메스Vermes가 수집한 것인데위의 각주 26과 27을 보라, 그 내용을 요약하면 아래와 같다.

예를 들면, 하니나 벤 도사Hanina ben Dosa는 천상의 목소리가 그를 "하나님의 아들"이라고 인정했다고 혹은 선포했다고 한다. 그리고 랍비 메이어Rabbi Meier는 실제로 거룩하신 하나님께서 "메이어 나의 아들아"라고 불렀다고 한다. b. Ḥag. 15b 뿐만 아니라, 위대한 바벨론 출신 교사이며 갈릴리 전승의 수집가인 랍Rab에 의하면, 하니나 벤 도사의 살아생전에 다음과 같은 말이 매일 들렸다고 한다. "나의 아들 하나나의 [공덕] 때문에 온 세상이 그 양식을 얻는다. 그리고 나의 아들 하니나는 안식일 저녁에서 다음 안식일 저녁까지 쥐엄나무 열매 한 캅kab*)이면 충분하다" b. Ta 'an. 24b; b. Ber. 17b; b. Ḥul. 86a

원을 그리는 호니Honi the Circle-Drawer의 기도에서도 "아들"이라는 칭호는 하나님과 경건한 한 인물과의 관계를 나타내는 용어로 사용된다. "오, 세상의 주시여, 당신의 자녀들이 그 얼굴을 내게서 돌리나이다. 이는 내가 당신 앞에 있는 집의 아들과 같기 때문입니다." m. Ta 'an. 3.8

---

32) Hengel, Son, 22-23.

*) [역주] 캅(kab)은 이스라엘의 무게를 재는 단위인데, 정확한 양이 얼마인지는 알려져 있지 않다. 다만 여러 학자들이 요세푸스가 한 캅을 한 제스테(ζεστη)로 번역하는 것에 근거해서, 약 0.5리터로 추정한다. 왕하6:25을 보라.

이 연구의 맥락에서 볼 때, 이런 식의 하나님과의 대화를 귀신들이 들었다는 것은 중요하기 때문에 언급하고 넘어갈 필요가 있다. "그들은…장막 뒤에서 하나님의 목소리를 듣는다"*b. Ḥag.* 16a 그래서 사탄 혹은 귀신들의 여왕인 아그래쓰가 하니나에게 이렇게 말한다. "'하니나와 그의 가르침을 배려하라!' 는 하늘의 당부는 없었다. 그래서 나는 너를 해칠 것이다"*b. Pesaḥ.* 112a, 위의 3장에서 인용 따라서 랍비 자료에서 귀신들이 실제로 랍비들을 "하나님의 아들"이라고 부르지는 않지만, 분명한 것은 이 문헌들 안에 특별히 귀신들과 관련해서 하시드hasid가 아들됨sonship을 특징으로 하는 하나님과의 관계에 있었음을 나타내는 것들이 있다는 것이다.

하나님과 어느 특정한 개인의 관계와 관련해서 "하나님의 아들" 용어가 사용되는 사례가 솔로몬의 지혜*Wisdom of Solomon*에 분명하게 나타난다.

> "(의인)은 하나님을 안다고 고백하고,
> 스스로 하나님의 자녀라고 말한다…
> 그리고 하나님이 자기 아버지라고 자랑한다.
> 그가 한 말이 사실인지 두고 보자.
> 그리고 그의 인생 끝에 어떤 일이 벌어질지 시험해보자.
> 만약에 의인이 하나님의 아들이면, 그는
> 그를 도울 것이다…"2.13, 16b–18a 33)

여기에서, 다시 한 번 "하나님의 아들"이 하나님과의 특별한 관계와 연결되거나 혹은 그런 관계를 나타내고 있다.

---

33) RSV역. 참조. 마4:6/눅4:10-11.

이와 동일한 주제가 쿰란 문헌에 들어 있는 단편에도 분명하게 나타난다. 4QPsDan Aa에 나오는 행들lines을 읽어보면 아래와 같다.

"[그러나 당신의 아들은] 땅 위에서 위대한 자가 될 것이다. [오 왕이여! 모든 이(사람)들이 [평화]할 것이다. 그리고 모든 이들이 [그를] 섬길 것이다. [그는] [위]대한 [하나님]의 [아들이라 일컬음을 받을 것이다]… 그는 하나님의 아들 [로] 찬양을 받을 것이다. 그리고 그들은 그를 가장 높은 이의 아들이라 일컬을 것이다 …"34)

이 단편의 보존 상태가 좋지 않기 때문에, 3인칭 남성 단수가 누구를 지칭하는지 말한다는 것이 불가능하다.35) 그럼에도, 이 행들은 "하나님의 아들"이 하나님과의 특별한 관계에 있는 인물을 나타내는데 사용되는 사례를 보여준다. 우리는 또한 "하나님의 아들"이 "가장 높으신 이[의 아들]"Most High*)과 동의어로 혹은 최소한 유사한 칭호로 나타남을 지적할 수 있다. 참조. 막5:7

이 증거가 보여주는 바는, 첫째로, 지리-문화적 범주가 유효한 이상, "하나님의 아들"이라는 칭호는 헬라계 유대교만이 아니라 팔레스타인 유대교에서도 친숙했던 것으로 보인다. 둘째로, 우리는 이 칭호의 한 가지 중요한 기능이 하나님과 의인의 친밀한 관계를 나타내는 것임

---

34) 이 번역은 Fitzmyer가 임시로 번역한 것이다. J. A. Fitzmyer, "The Contribution of Qumran Aramaic to the Study of the NT", *NTS* 20 (1973-4), 393.

35) Fitzmyer, *NTS* 20 (1973-4), 392에 나오는 토론을 보라. Dunn, *Christology*, 47은 막3:11과 5:7 모두를 귀신들린 사람의 신앙고백으로 본다. 그러나 우리가 살펴보았듯이, 3:11은 전적으로 마가가 다시 쓴 것일 가능성이 있기 때문에 5:7만 귀신들린 사람의 신앙고백으로 볼 수 있다. 그럼에도, Dunn이 그 칭호는 "굳이 하늘에서 보냄 받은 신적인 존재라는 개념을 끌어들이지 않고도 단순히 하나님께서 특별히 임명한 혹은 하나님의 은총을 받은 사람을 은연중에 나타내는 것으로 보인다"라고 말한 것은 옳다.

*) [역주] 원문에는 "Most High"라고만 되어 있다. 그러나 위의 인용구에 비추어 보았을 때 "Son of"가 빠진 것으로 보인다.

을 보게 된다. 또한, 이 칭호는 특히 악한 영을 물리치는 것과 관련해서 하나님의 권위를 가지고 활동하는 것으로 여겨지는 인물을 가리키는 것이었을 수도 있다.36) 셋째로, 쿰란에서 나온 자료에 비추어 보았을 때, 이 칭호가 유대의 메시아 칭호였을 수도 있다.

이 마지막 견해는 아주 초기 교회가 이 "메시아" 칭호를 귀신들의 말 속에 넣는 것이 적절하다고 생각했을 수도 있다는 것을 보여준다. 그러나 초기 교회들은 "하나님의 아들"을 신앙고백을 위한 칭호로 자주 사용한 것으로는 보이지 않는다.37) 히브리서 1장 5절은 초기 교회가 부활절 이전의 예수가 아니라 승천하신 예수를 가리키기 위해서 시편 2편 7절과 사무엘하 7장 14절을 서로 연결시키는 것을 전승을 통해서 넘겨받았음을 암시한다.38) 즉, 이 칭호는 탄생이나 성육신 기독론이 아니라 "양자" 기독론을 가리킨다는 것이다.39) 던의 두 번째 주장은 "만약에 예수를 하나님의 아들로 고백하는 것이 초기 그리스도인들의 증언에서 별로 중요하지 않았다면, *헬라계 유대 기독교의 선교 확장을 통해서 그 쓰임새가 중요하게 되었음이 분명하다*"는 것이다.40)

이러한 두 가지 주장, 즉 이 칭호가 상대적으로 후대에 사용되었다는 것과 특별히 헬라계의 관심을 끌었다는 것은 이 칭호가 가장 이른 시기의 초기 교회에 의해서 귀신들의 말 속에 첨가된 것이 아니라는 것을 암시한다. 하지만, 귀신들린 자들이 이 칭호를 사용하는 때에도, 이 칭호는 예수가 메시아라거나 존재론적으로 아들이라는 것을 나타내는

---

36) Vermes, *Jesus*, 206-210.
37) Dunn, *Unity*, 45.
38) Dunn, *Unity*, 45.
39) Dunn, *Unity*, 45.
40) Dunn, *Unity*, 46. 강조는 던의 것이다.
41) 참조. Harvey는 다음과 같이 말한다. "… '하나님의 아들'이라는 표현은 아마도 비범한 수준의 경건을 성취한 의롭고 흠 없는 사람을 가리키는 것에 다름 아니었을 것이다. 그리고 이 칭호가 그리스도 당시에 어떤 더욱 심오한 의미를 주었다는 확실한 증거는 없다" (*Constraints*, 163). 또한 위의 각주 27에 있는 Dunn의 글을 보라.

것이 아니라 하나님과 예수의 관계를 나타내는 것이었다.41)

다른 한 편, 가장 이른 시기의 초기 교회가 전승에 그 칭호를 집어넣을 필요가 있었을 것 같지도 않다. 마가복음에 나오는 귀신들의 말들을 보면 대적자의 이름, 특징 그리고 기원에 대해서 말하고, 이 말들이 방어적인 말들이었음을 감안한다면, 그리고 "하나님의 아들"에 대해서 조금 전에 우리가 언급한 것에 비추어 보았을 때, 이 칭호는 예수가 귀신 축출자로 활동한 신분을 가리키기에 아주 적절한 것이다. 즉 귀신들이 초자연적 능력으로 예수의 정체를 알아차린 것이 아니라는 말이다.42) 오히려, 유대 전승을 보면 예수 같은 치유자가 종종 권능의 원천으로 "하나님"께 의존하곤 하는데, 예수도 그런 귀신 축출자의 하나로 보였던 것이다. 그래서 귀신들은 예수와 하나님과의 연대를 폭로함으로서 예수를 무장해제하려고 했던 것이다. 따라서 "하나님의 아들"은 마가복음 5장 7절의 신뢰할만한 역사적 전승에 속하는 표현이 거의 확실하다고 결론 내릴 수 있다.

5. 예수가 귀신 축출에서 사용하는 말들43)

지난 장에서 논의한 것을 토대로, 우리는 귀신 축출자 예수가 귀신들에게 했던 말 중에 "나오라…"막5:9; "내가 네게 명하노니…"막9:25; "…그리고 그에게 다시는 들어가지 말라"막9:25라는 말이 있다는 것을 확정할 수 있다. 이러한 예수의 말을 통해서 여러 가지 중요한 내용들이 드러난다.

---

42) 예. L. Morris, *The Gospel According to St. Luke* (London: IVP, 1974), 109 그리고 156; Maynard, *NTS* 31 (1985), 584, "이 관용구("Tí ἐμοὶ καὶ σοί [티 에모이 카이 소이]")가 사용되는 모든 공관복음서의 구절을 보면 귀신이나 귀신들린 사람이 예수의 신성을 알아보고 있다" (강조는 저자의 것이다).

43) 더 자세한 내용은, Twelftree in Wenham and Blomberg (eds.), *Gospel Pespectives* 6, 378-381을 보라.

*) [역주] 저자는 이 인용문의 저자가 E. Stauffer라고 말하고 있는데, 사실은 Albrecht Oepke이다.

첫째로, 예수는 귀신 축출이 통하게 하려고 특정한 문구를 사용하지 않았다는 것이 일반적 관점이다. 예를 들어서, 스타우퍼E. Stauffer *)는 이렇게 말한다. "복음서에는 마술 주문 같은 것이 없다. 치유를 위한 가장 보편적인 방법은 예수의 능력 있는 말이다."44) 만약에 우리가 논증하는 것이 옳다면, 이런 주장은 잘못된 것이다. 우리는 예수가 최소한 초자연적 제압이 필요한 상황에서 사용되곤 하던, 그리고 당시의 사람들이 쉽게 알아차렸을 종류의 말과 특정한 표현들 혹은 주문이나 특정한 문구를 사용했다는 것을 이미 살펴보았다. 데이비드 오운David Aune의 말을 인용해보자. "일부 신약성서 학자들이 생각하는 '아들의 능력 있는 말'과 '마술 주문' 사이의 엄청난 차이는 전혀 존재하지 않는다."45) "복음서의 이야기들에 나오는 예수가 귀신에게 하는 짧고 권위 있는 명령은 마술적 명령을 위한 특정한 문구들이다."46) 이 말들이나 주문을 "마술"이라고 부르는 것이 옳은지 그른지에 대해서 5부에서 추적해볼 것이다. 우선 우리는, 증거들을 고려해보았을 때, 예수는 귀신에게 명령할 때 최소한 알아들을 수 있는 의식문formulae이나 주문*)을 사용하는 분명한 그 시대의 사람이었다는 것을 언급할 수 있다.47)

---

44) E. Stauffer, *TDNT* III, 210; 또한 예. W. Grundmann, *TDNT* II, 302; McCasland, *Finger*, 110-115: "… 그는 어떤 문구나 주문, 제의적인 혹은 마술 도구들을 사용하지 않고, 자신의 개인적인 명령을 통해서 귀신들을 내쫓았다." (112); Taylor, *Mark*, 176; E. Fascher, *Die formgeschichtliche Methode* (Giessen: Töpelmann, 1924), 127면 이하; S. E. Johnson, *The Gospel According to St. Mark* (London: Black, 1960), 48; Latourelle, *Miracles*, 167을 보라.

45) Aune, *ANRW* II.23.2 (1980), 1532. Aune은 여기에서 E. Stauffer, *TDNT* II, 626을 예로 든다.

46) Aune, *ANRW* II.23.2 (1980), 1532. 이 점을 지적하면서, Aune은 O. Böcher, *Das Neue Testament und die dämonischen Mächte* (Stuttgart: Katholisches Bibelwerk, 1972), 33면 이하가 귀신들에 대한 예수의 명령을 *Wortzauber*(언어마술)라고 올바르게 표현했다고 언급한다. 또한 H. Remus, "'Magic or Miracle?' Some Second-Century Instances", *SecCent* 2 (1982), 138을 보라. Remus는 이렇게 말한다: "공관복음서의 예수가 단지 말로 기적을 행했다고 말하는 것은 잘못이다. 그 기적들 중에 많은 것은 단지 우연일 뿐이고, 나머지는 예수가 교묘하게 속인 것이거나 도구를 사용한 것이다."

*) [역주] '알아들을 수 있'(recognizable)다는 것은 의식문이나 주문이 때로는 알아들을 수 없는, 의미없 는 말로 된 경우가 있는데, 예수는 무슨 뜻인지 알 수 있는 말을 사용했다는 뜻으로 보인다.

둘째로, 이것과 관련해서 귀신 축출자인 예수의 말들이 다른 문헌의 내용과 얼마나 평행되는지에 대한 궁금증이 있다. 바레트Barrett는 마가복음 1장 23절에 나오는 침묵 명령에 대한 평행은 없는 것으로 보인다고 말한다.48) 실제로, 위의 2부에서 인용한 구절들을 보면, 일부 고대 귀신 축출자들은 분명히 귀신들에게 말을 하게 하는데 엄청난 어려움을 겪는다.PGM XIII.242면 이하 반면에, 예수는 그런 어려움이 없는 것처럼 보인다. 예수의 귀신 축출 사역에 대한 가장 이른 시기의 회상에서, 귀신들린 자들은 확실히 예수가 등장하는 것 때문에 입을 연다.막 1:23-25; 5:7-9; [참조. 3:11]

그렇지만, 예수의 "침묵" 명령이 "잠잠하라/조용히 있어라"라는 의미로 볼 수 있는 요소들을 내포하지만, 이 단어를 사용해서 나타내고자 하는 그 의미에는 분명히 이러한 것보다 강력하고 폭넓은 의미를 내포했음이 분명하다. 따라서 마가복음 1장 25절은 "결박되다" 혹은 "재갈 물리다"로 해석하는 것이 가장 타당하다.6장 참조 따라서 바레트가 마가복음 1장 23절에 나오는 예수의 명령이 평행이 없다고 말하는 것은 틀린 것이다.위의 각주 48을 보라

셋째로, "네 이름이 무엇이냐?"막5:9고 묻는 예수의 말을 문맥에 비추어 해석해 보았을 때, 비록 어떤 이들에게는 기독론적으로 불쾌한 의미를 줄 수도 있지만, 예수가 치유 사역에서 항상 첫 번에 성공한 것은 아니라는 것이 분명하게 드러난다. 마가복음 8장 22-26절에 나오는

---

47) 예수의 다양한 치유 방법과 그 방법들과 소위 "마술"이라고 부르는 것과의 관계에 대해서는, Hull, *Magic* 그리고 Aune, *ANRW* II.23.2 (1980), 1537을 보라. Aune는 결론에서 이렇게 말한다: "불행하게도, '마술'이라는 용어는 대부분의 학술적인 토론에서 무의미한 개념(red herring)이었다." 그는 계속해서 자신의 연구에 대해서 이렇게 말한다: "우리는 그 용어를 어떤 편견도 없이 사용했으며, 다만 필연적이고 보편적인 종교체계의 현존하는 하부구조로서 마술이 갖는 실용적이며 종교적인 차원에서의 비정상적인 특징들을 가리킬 때에만 사용했다" (p.1557).

48) Barrett, *Spirit*, 57.

두 단계로 진행되는 소경 치유가 이러한 주장을 뒷받침해주는 증거가 된다. 따라서 이전에 내가 제안한 바대로, 마가복음 5장 9절에서 예수가 질문을 던졌을 그 때, 이미 예수는 귀신에게 그 사람에게서 나가라고 명령을 내렸던 것이다. 그러나 귀신은 그 명령에 복종하지 않고, 말대답을 통해서 예수의 공격을 피해가려고 시도했다. 그래서 첫 번째 시도가 실패로 돌아가자, 예수가 귀신을 제압할 다른 방법으로 귀신의 이름을 묻고 있음이 분명하다.49)

6. 자비를 베풀어 달라는 귀신들의 간청

마가복음 5장 10-12절을 보면, 귀신들이 예수에게 제압당하자 자비를 베풀어달라고 간청하는 장면이 나온다. "그리고 그에게 그 지역에서 그를 내보내지 말기를 간절하게 간구했다. 그때 산에 먹이고 있는 돼지의 큰 떼가 있었다. 그리고 그들이 그에게 간구하며 말했다. '우리가 그들에게 들어갈 수 있게 우리를 돼지들로 보내소서.'"

성경 외부 자료에서, 현존하는 귀신 축출 이야기 중 이러한 특징을 보이는 가장 앞 선 시기의 사례는 제1 에녹서1 Enoch 12-14장이다. 그 내용을 보면 이렇다. 아자젤Azazel과 그의 동료들은 그들의 임박한 파국에 대해서 듣고는 두려움에 사로잡혀서 떨고 있다. 아자젤은 에녹에게 하늘의 주님 앞에 가서 자기들을 위해서 빌어 달라고 부탁한다. 그러나 그 간청은 거절된다. 또 다른 사례가 희년서Jubilees 10장에 나온다. 그 내용을 보면, 악한 영들의 우두머리인 마스테마Mastema가 자비를 베풀어달라고 간청한다. 이때 그 간청이 받아들여진다. 이러한 사례들, 그리고 마8:9; 눅8:31과는 달리 마가복음에 나오는 모티브에는 아무런 신학적 관심이 없다는 점을 고려해서, 우리는 이미 이러한 자비를 구하

---

49) 더 자세한 내용은, Twelftree in Wenham and Blomberg (eds.), *Gospel Perspectives* 6, 379를 보라.

는 간청이 예수의 귀신 축출에 대한 본래 보고의 일부분이었다고 제안한 바 있다.7장 참조

7. 귀신의 이동

우리는 7장에서 돼지 사건이 귀신 축출이 성공했음을 입증하려고 예수가 의도적으로 보여준 것이라는 주장이 종종 제기되었다는 것을 언급한 바 있다.50) 그러나 이러한 주장을 반박하면서, 나는 다음과 같은 세 가지 점을 고려해야한다고 주장했다. 첫째, 귀신들은 사람들에게 바다가 아니라 돼지에게로 옮겨가는 것을 원하는 존재로 여겨졌던 것으로 보인다. 둘째, 때로는 효과적인 치유를 위해서 종종 귀신들을 환자에게서 어떤 대상물, 즉 돌멩이나 나무 조각 혹은 단지나 물로 옮겨가게 하는 것이 필요하다고 생각했다. 귀신들이 들어 있다고 여긴 이러한 사물들을 치료의 효과를 위해서 멀리 던지거나 파괴하기도 했으며, 경우에 따라서는 이러한 행위는 귀신이 그 장소를 떠났다는 것을 상징하기도 했다.51) 그리고 셋째, 마가복음 5장 이야기에 나오는 치유의 증거는 돼지 떼의 몰살이 아니라, 사람들이 치유된 사람이 "옷을 입고 제정신이 돌아온 채로 그곳에 앉아 있는 것"을 목격하는 것이다.15b절 따라서 돼지 떼 사건은 치유의 증거라기보다는, 치유의 한 부분으로 간주되는 것으로 보인다.52)

---

50) 예. Bultmann, *History*, 225; Dibelius, *Tradition*, 87-88을 보라.
51) Twelftree in Wenham and Blomberg (eds.), *Gospel Perspectives* 6, 399, 주석 80 그리고 위의 7장을 보라.
52) Twelftree in Wenham and Blomberg (eds.), *Gospel Perspectives* 6, 382 그리고 위의 7장을 보라.
53) Bonner, *HTR* 36 (1943), 47-49 그리고 "The Violence of Departing Demons", *HTR* 37 (1944), 334-336. Bonner는 두 번째 논문에서 현대의 사례들을 인용한다. 또한 Twelftree, *Christ*, 11-12를 보라.

8. 예수의 폭력적인 귀신 축출53)

예수는 인자한 생애를 살았다고 자주 묘사됨에도, 우리는 귀신 축출자인 예수에 대한 보고에서 상당히 폭력적인 설명을 듣게 된다. 마가복음 5장 11-13절을 보면 돼지 떼가 물에 빠져 몰살하는데, 아마도 이것이 가장 극명한 사례가 아닐까 한다. 마가복음 1장 26절에는 귀신 때문에 그 남자가 경련을 일으켰다고 나오고, 마가복음 9장 26절에는 귀신이 소년에게 경련을 일으키고 죽이려 했다고 나온다.

우리는 예수의 귀신 축출에서 왜 이런 장면이 연출되었는지에 대해서 역사적으로 가장 믿을만한 이유 두 가지를 들 수 있다. 첫째, 신약성서 외부에는 이 이야기와 비슷한 폭력적인 장면을 보여주는 이야기들이 있다. 그러나 그 이야기들은 신약성서와는 완전히 다른 것들이어서, 신약성서 저자들이 그 이야기들에 의존했다고 볼만한 것이 전혀 없다. 예를 들어서, 엘리아자르가 쫓아낸 귀신은 물 대접을 뒤집는다.

"그런 후에 그가 [귀신을 쫓아내는] 능력을 갖고 있다는 것을 옆에 선 사람들에게 확인시켜주고 입증하려고, 엘리아자르는 컵 혹은 발 씻는 대야에 물을 가득 담아서 조금 떨어진 곳에 두고, 귀신에게 그 사람에게서 나갈 때 그것을 뒤집어서 구경꾼들에게 그 사람에게서 나갔다는 것을 알 수 있게 하라고 명령했다"『유대 고대사』 8.49

또한, 아폴로니우스가 내쫓은 귀신도 폭력적으로 떠나간다.

"이제 아폴로니우스가 그를 응시하자, 그 사람 안에 들어 있는 귀신이 두렵고 흥분해서 부르짖는 소리를 내기 시작했는데, 낙인을 찍히거나 고문당하는 사람들이 내는 소리 같았다… 아폴로니우스는 마치 주인이 미덥지 못하고 교활

하며 수치를 모르는 노예와 그런 부류에게 하듯이 화를 내면서 그에게 말했다. 그리고 그는 그 젊은이에게서 떠나가고 떠나갈 때 눈에 보이는 증거를 보이라고 명령했다. 귀신은 '내가 저쪽에 있는 입상을 넘어뜨릴 것이다'고 말했다… 그러나 그 입상이 서서히 움직이기 시작하더니, 곧 넘어졌다. 그때 있었던 소동을 어느 누구도 묘사할 수 없을 것이다…." *Life* 4.20

예수의 귀신 축출에 대한 이야기 중에서 이 부분이 역사적으로 가장 믿을만하다고 보는 또 다른 이유는 마가가 이러한 폭력적인 면을 다른 곳에서 반복해서 활용하지도 않고, 또 그것에 관심도 없다는 것을 보여준다는 점이다. 그래서 1장 26절을 보면 귀신이 떠날 때 경련이 일어나는 반면에, 거라사의 귀신들린 자 이야기는 환자의 폭력적인 증상에 대한 묘사로 시작된다. 하지만, 후자의 이야기에서 폭력은 환자와 관련 있는 것이 아니라, 돼지 떼의 몰살과 관련 있다. 수로보니게 여인의 딸 이야기에는 폭력적인 내용이 전혀 없다. 9장에 나오는 귀신들린 소년에 대한 이야기는 이야기 전체가 폭력적인 분위기를 배경으로 한다. 만나는 장면이나 치유되는 장면 모두 폭력적이다.

결론. 이 단락에서 우리는 복음서 전승에 나오는 귀신 축출자인 역사적 예수에 대한 내용들을 찾을 수 있는 만큼 찾아서 한데 모아 보았다. 이를 통해서 우리는 예수가 치유한 귀신들린 자들이 모두 사회의 주변인 출신은 아니라는 것을 볼 수 있다. 또한 그 당시의 다른 귀신 축출자들과 마찬가지로, 예수는 원거리에서도 치유했고, 예수와 귀신들린 사람의 최초 극적인 대면은 귀신들이 자신들을 방어하기 위한 대화로 이어졌고, 예수는 귀신들에게 환자에게서 떠나가라고 명령했다. 우리는 예수가 소위 "마술" 주문이라는 것을 사용하지 않았다고 말할 수는 없으며, 예수의 명령하는 말들을 알아들을 수 있는 의식문formulae이나 주문으로 볼 수도 있다는 점을 언급했다. 우리는 또한, 약간은 불쾌한 기독론적 암시일 가능성도 있지만, 예수가 항상 처음 시도에서 성공하지는 않았다는 점을 언급했다. 그리고 귀신들린 사람들과 예수가 대화하는 도중에, 귀신들린 사람들은 자비를 베풀어달라고 간청했다는 점을 지적했다. 한편, 우리는 예수의 귀신 축출 중에서 어떤 것들은 폭력적인 성격을 보인다는 사실을 인정하지 않을 수 없다. 우리는 이제 예수의 독특한 방법이라고 알려진 특징들에 대해서 논의할 것이다.

18장 · 예수가 사용한 방법의 독특하고 유일한 특징들

2부에서 제시했던 자료들을 보면, 당시의 귀신 축출 방법들 중에 예수가 사용하지 않았던 방법이 있었음을 볼 수 있다.

1. 보조 도구의 부재

다른 많은 귀신 축출자의 방법에서 공통적 특징은 특정한 도구나, 장치, 또는 특정한 말의 도움을 받는다는 점이다. 고대 바벨론의 문헌을 보면, 머리카락, 매듭, 물, 석류나무 가지, 운석과 그릇들이 귀신을 쫓아내는 치유 제의와 관련해서 사용된 것으로 나온다. 고대 이집트의 파피루스를 보면, 예를 들면, 사람의 젖과 향기 나는 고무가 사용된 것으로 나온다. 토비트 8장 3절을 보면 향을 태우니까 귀신이 도망갔다는 기록이 나온다. 희년서 10장 10절과 12절을 보면, "약품들"이 사용되고, 창세기 외경 20장을 보면, 아브라함이 파라오에게 안수하는 장면이 나온다. 요세푸스의 책에서 엘리아자르는 뾰족한 나무뿌리pungent root에 반지를 끼워서 사용하고, 물이 담긴 대접을 사용한다. 또 다른 이야기에서, 요세푸스는 다윗이 음악을 연주해서 악령을 내쫓았다고 말한다. 랍비 문헌에서 확실하게 드러나는 것은, 유대인 귀신 축출 이야기들 중에서 도구의 힘을 빌어서 귀신을 쫓아내는 때가 특히 많다는 점이다. 예를 들면, 부적, 야자나무 가시, 나뭇조각, 재ashes, 흙, 송진pitch, 커민cumin, 미나릿과의 식물이나 그 열매[역주], 개털dog's hair, 실, 그리고 나팔 등을 사용하는 것으로 나온다. 사모사타의 루시안은 귀신 축출자들이 쇠로 만든 고리iron rings로 귀신들을 위협한다고 말한다. 그리고 "마술 파피루스"를 보면 귀신을 쫓아내도록 아주 다양한 전문적인 도구들이 광범위하게 사용되는 것을 볼 수 있다. 예를 들면, 부적, 감람나무 가지, 설익은 올리브에서 짠 기름, 마스티가 풀mastiga plants, 로터스 열매 속살lotus pith, 이 열매에는 환각작용을 일으키는 성분이 있다[역주], 마요라나marjoram, 그리고 귀신 축출자들이 내는 특수한 소리를 들을 수 있다.

이 모든 것은 "잠잠하고 그 사람에게서 나오라"막1:25 혹은 "벙어리 되게 하고 듣지 못하게 하는 영아, 내가 너에게 명령한다. 그에게서 나와라 그리고 다시는 그에게 들어가지 마라"막9:25는 명령과는 아주 거리가 멀어 보인다.1) 우리는 돼지 떼의 몰살이 역사적 예수에 대한 진정한 전승에 속한다고 보는 것이 타당하다고 주장했다. 그러나 그 돼지 떼는 귀신을 쫓아내려고 사용된 것이 아니고, 귀신들이 쫓겨난 다음에 들어갈 곳으로 사용되었다.

고대 사회에서는 귀신 축출을 할 때, 이런 저런 전문적인 보조도구들을 사용하는 것이 가장 많이 사용하던 방법으로 보인다. 심지어 랍비들도 그랬던 것으로 보인다. 그러나 그렇다고 해서 예수만 홀로 간단한 말을 사용하는 방법을 썼다고 말할 수는 없다. 아폴로니우스에게도 목소리의 음색과 눈으로 노려보는 방법이 성공의 중요한 요인들이었긴 하지만, 그의 『전기』 4.20를 보면 귀신 축출할 때 오직 말만 사용한 것으로 나온다. 예수가 말을 사용해서 귀신을 쫓는 방법이 유일한 것이

---

1) 참조. Hull, *Magic*, 68.

아니라는 것을 보여주는 더 중요한 사례가 유대를 배경으로 한 것들 중에서 나온다. 우리가 위에서 살펴보았듯이, 랍비 시므온은 어떤 소녀에게 들어간 귀신을 간단한 명령으로 쫓아냈다고 한다. "벤 테말리온 나가라! 벤 테말리온 나가라!"

그럼에도, 이러한 두 가지 유사한 사례들이 있으므로 유일한 것은 아니라고 하더라도, 예수가 아무런 보조 도구 없이 단순하게 귀신에게 말로 명령만 한 것은 예수가 사용했다고 알려진 방법들 중에서 가장 독특하고 특이한 것이었다.[2]

그러나 이러한 예수의 독특한 방법이 예수를 그 당시에 유행하던 귀신 축출 방법에 비해서 탁월한 위치에 두려고 했던 초기 교회의 창작이 었을까? 다른 치유 사역에서 예수는 단순한 말보다는 여러 가지 방법을 사용한 것으로 나온다.

귀먹고 벙어리 된 사람을 치유하고막7:33, 벳세다 근방에서 소경을 치유하고막8:23 그리고 나면서부터 소경된 사람을 치유하려고요9:6, 예수는 치유 과정의 일환으로 침을 사용하는 것으로 나온다. 침을 사용하는 것이 고대 세계의 치유 방법 중의 하나였다는 것을 보여주는 무수한 증거가 있다. 예를 들면, 바벨론 문헌에서,[3] 그리고 "마술 파피루스"에서[4] 그런 사례들을 볼 수 있고, 또한 플리니가 침을 사용한다.[5] 그리고 중요한 것은 랍비들은 침을 사용하는 것을 금한다는 것이다.[6] 따라서

---

2) 참조. R. Latourelle, "Originalité et Fonctions des miracles de Jésus", *Gregorianum* 66 (1985), 641-653.

3) F. W. Nicholson, "The Saliva Superstition in Classical Literature", *Harvard Studies in Classical Philology* 8 (1897), 23-40 그리고 주석 1; 또한 Hull, *Magic*, 76-78; Loos, *Miracles*, 306-313. 바벨론 문헌에 대해서는 특히, A. Jeremias, *Babylonisches im NT* (Leipzig: Hinrichs, 1905), 108; Eitrem, *Notes*, 46을 보라.

4) 예. PGM III.420.

5) Pliny, Nat. Hist. 28.37.

6) *b. Šeb.* 15b (참조. L. B. Blau, *Das alt jüdische Zauberwesen* [Strasbourg: Trübner, 1898], 68)을 보라. 에세네파에서도 침 사용을 금했다. Josephus, 『유대 전쟁사』 2.8.

내가 살펴 볼 수 있는 한, 칼빈, 페너Fenner, 스트랙과 빌러벡 그리고 판 데르 루스7)의 주장과는 정 반대로 예수의 침 사용과 고대 세계의 침 사 용이 다르다고 볼 만한 이유가 전혀 없으며, 혹은 예수나 복음서의 저 자들이 예수가 침을 사용하는 것이 다른 사람들이 침을 사용하는 것과 뭔가 다르다고 생각했을 법한 근거도 전혀 없다. 따라서 예수의 치유 방법과 관련해서, 초기 교회는 예수를 당시의 배경에서 분리시키거나 구분하려고 애쓰지 않았다는 것이 분명하다.

예수가 손을 사용하고 손을 얹는 것은 분명히 예수의 치유 사역의 독특한 점들이다.8) 그런데 이 방법은 또한 유대인들이 사용하던 치유 방법 중의 하나이기도 했다. 예를 들면, 창세기 외경 20장에 나오는 아 브라함이 파라오를 치유하는 이야기에서 이 방법이 사용되는 장면이 나온다. 이 치유 이야기는 일종의 귀신 축출이다. 하지만, 초기 교회는 예수의 귀신 축출 이야기들에 이 방법을 집어넣지 않았다.9) 이런 것에 비추어 볼 때, 만약에 이런 방법이 귀신 축출자인 역사적 예수가 이미 사용하던 방법 중의 하나였다면, 초기 교회가 이 내용을 왜 없애버렸는 지 설명이 안 된다.10)

복음서에는 예수의 귀신축출 사역의 사례들이 아주 적게 나오기 때 문에, 어떤 절대적인 결론을 도출해낸다는 것은 불가능하다. 그럼에도, 우리가 가진 증거에 비추어 볼 때, 예수가 보조 도구를 사용한 것으로

---

7) Loos, *Miracles*, 310 그리고 각주들을 보라.

8) E. Lohse, *TDNT* IX, 413-412; Aune, *ANRW* II.23.2 (1980), 1533을 보라.

9) Jongeling (et al.) (*Aramaic Texts* I. 99 주석 22)과 그 동료 편집자들은 "귀신을 축출하려고 손을 얹는 행위는 신약성서에 잘 나타난다. 특히 막5:23을 참고하라…"고 말하는데, 이는 잘못된 것이다. 막5:23은 귀신 축출과는 아무 상관도 없다. 그리고 1QapGen이 유일한 또 다른 증거 다. 참조. Aune, *ANRW* II.23.2 (1980), 1533,은 이렇게 말한다. "헬라계 전승에서는, 치유를 위 한 의식의 차원에서 손을 대는 것은 전설과 민담 속에서 신들이 사용하던 방법일 뿐, 인간 기적 행위자가 이 방법을 사용하는 때는 아주 드물다." Aune은 O. Weninreich가 AD 3세기보 다 이르지 않은 시기의 사례 몇 가지를 인용한다고 언급한다. O. Weninreich, *Antike Heilungswunder* (Giessen: Töpelmann, 1909), 45-48.

10) 예수가 "숨을 내쉬는 것"에 대해서는, Loos, *Miracles*, 325를 보라.

는 보이지 않는다. 따라서 예수가 독특하게도 보조 도구 없이 순전히 말로만 귀신을 축출했다는 것이 초기 교회의 창작은 아닌 것으로 보이며,[11] 역사적 예수의 참된 모습을 반영하는 것으로 보아야 한다.

만약에 우리가 "보조 도구"의 도움을 받는 오늘날의 치유와 그렇지 않은 치유에 대해서 주목해보면, 이교적이고 마술적인 전통이 얼마나 보조 도구들, 약품들, 그리고 기구들로 넘쳐나는지 금방 드러난다. 반면에 일반적으로 무명의 귀신 축출자들은 자신을 능가하는 권능의 공급자에게 의존한다. 예수, 아폴로니우스 그리고 일부 랍비들은, 특정한 유형의 보조 도구들을 사용하지 않고 치유하는 능력으로 명성이 높다는 것 말고도, 그들의 권능의 원천이 바로 자신들의 개인적인 능력이라는 공통점이 있다.3장 참조 지금 살펴보려는 것이 바로 이 점이다.

2. 드러내놓고 기도하지도 않고 권능에 호소하지 않음

우리가 위의 2부에서 살펴 본 귀신 축출의 아주 흔한 특징들 중의 하나가, 귀신 축출자들이 귀신 축출을 위한 의식rite의 전 단계에서, 자신이 어떤 권위를 사용하는지 드러내는 것이었다. 즉, 귀신 축출자는 권능의 공급자에게 도움을 호소하거나 효과적으로 귀신을 굴복시키고자 더 높은 권능과 자신을 일치시킨다.

고대 이집트에서 작성된 "에버스 파피루스"Ebers Papyrus를 보면, 치유사나 마법사는 자신을 누가 보냈는지 그리고 자신이 사용하는 방법과 그에 따른 치료법이 누구의 것인지를 선포함으로써 권능의 공급자를 선언하는 것으로 시작했다. 바벨론 문헌도 귀신 축출자가 자신을 신

---

11) 일부 변증가들은 예수의 기적의 진정성을 주장하려고 예수가 보조 도구나 약품을 전혀 사용하지 않았다는 점을 근거로 제시한다. Fridrichsen, *Miracle*, 89면 이하 그리고 Loos, *Miracles*, 305면 이하를 보라. E. R. Micklem은 *Miracles and the New Psychology* (Oxford: Oxford University Press, 1922), 105에서 예수가 가끔은 치유 사역에서 기름을 사용했다고 주장하는데, 아무 근거 없는 주장이다.

의 사자로 선언하는 것으로 시작했다는 것을 보여준다.

> "나는 에아Ea의 사제인 마법사이며,
>
> 나는 마르둑Marduk의 사자이다;
>
> (?) 병든 자를 살리려고
>
> 위대하신 주 에아께서 나를 보내셨도다."12)

이러한 관습이 오래 전부터 지속되었다는 것은 이런 내용이 "마술 파피루스"에서도 발견된다는 것을 통해서도 입증된다.예. PGM IV.3019

권능의 공급원으로 능력 있는 이름을 사용하는 일이 빈번했다는 것도 분명하게 드러난다. 예를 들자면, 우리가 이미 살펴 본 바와 같이 이 시기에 가장 자주 사용되던 이름 중의 하나가 "솔로몬"이었다.

한편 주문이나 마술 그리고 약품에는 귀신 축출자가 간절하게 호소하던 능력이나 이름들의 출처만이 아니라, 우리가 2부에서 언급했던 권능의 본질까지 나타난다. 이런 사례들을 바벨론 문헌, 고대 이집트 문헌, 마술 파피루스, 토비트, 희년서 그리고 랍비 문헌에서 볼 수 있다.

가끔 강력한 이름을 사용하거나 특정한 주문을 외우거나, 귀신 축출자가 가장 높은 능력을 가진 것으로 인정받는 권능에 호소한다고 볼만한 증거가 없는 경우에, 귀신 축출자가 치유 기술로 *기도*를 사용하는 것으로 전한다. 쿰란 사본은 아브라함이 악한 영을 쫓아내고자 파라오를 위해서 기도한다고 묘사한다.1QapGen 20 하나 벤 도사는 주문은 전혀 사용하지 않고 기도만 한다.*b. Ber* 34b; 참조. *b. Ta 'an.* 24b 13) 우리가

---

12) Thompson, *Devils* I, 13, 참조. XXV.
13) 참조. Honi와 Nakdimon이 비를 오게 한 것에 대해서는, Fiebig, *Jüdische Wundergeschichten*, 16면 이하를 보라.

위에서 살펴보았던 랍비 시므온이 간단한 명령만으로 로마 황제의 딸에게서 귀신을 쫓아낸 이야기는 확실히 예외적인 사례이다. 비슷한 방식의 또 다른 예외적인 사례가 아폴로니우스에 대한 전승에서 발견된다. 아폴로니우스는 기도하지도 않을뿐더러, 어떤 외부의 권능에 기대는 모습을 보이지도 않는다. 다만 그의 개인적인 능력만으로 유명한 귀신 축출자가 되었다고 한다.『전기』, 4.20 그러나 전체적인 인상에는 변함이 없다. 그 당시의 귀신 축출자들은 독특한 혹은 유명한 권능이나, 주문 혹은 기도를 사용해서 치유했다.

이런 내용들을 염두에 둘 때, 비로소 귀신 축출자인 예수의 말과 기술을 제대로 살펴볼 수 있다.막 1:25; 5:8면 이하; [7:29]; 9:25

(a) *예수는 어떠한 권능의 공급원에도 호소하지 않은 것으로 보인다.*14) 이 점은 예수의 실제 행동 습관을 분명하게 반영하고 있을 가능성이 아주 높다. 첫째로, 마태복음 12:28/누가복음 11:20여기에서 예수는 하나님의 성령이라는 권능을 힘입어서 일한다고 고백한다과 마가복음 3장 28절이 구절은 예수의 권능의 원천에 대한 질문과 성령에 대한 언급을 결부시킨다에 비추어 보았을 때, 예수에 대한 자료의 전승에 책임 있는 자들이 이러한 점을 예수가 귀신 축출하는 말 속에 반영하지 않았다는 것은 정말로 놀라운 일이다. 즉, 만약에 초기 교회가 다른 귀신 축출자들이 사용하는 기술을 예수에게도 적용시키려 했다면, 예수는 아마도 "내가 하나님혹은 하나님의 성령을 힘입어서 너에게 명하노니…"라고 말하는 것으로 묘사되었을지도 모른다. 그러나 그런 내용은 없다.15) 둘째로, 우리는 이미 바알세불 비난의 역사적 개연성에 대해서 확인한 바 있다.마12:24/눅11:15/막3:22.

---

14) 참조. Aune는 "… 예수가 스스로 귀신 축출이나 치유에 성공하기 위한 의식을 치루면서 하나님의 이름이나 어떤 다른 강력한 이름들을 불렀다고 주장할만한 아무런 증거가 없다" *ANRW* II.23.2 (1980), 1545라고 말하면서 Eitrem, *Notes*, 10면 이하를 인용한다.

15) Dunn and Twelftree, *Churchman* 94 (1980), 214-215.

10장 참조 이러한 비난은, 실제로 예수가 자신의 권능의 원천을 분명하게 밝히지 않았다고 볼 때에, 더 쉽게 이해할 수 있다.16) 따라서 우리가 갖고 있는 증거들은 예수가, 기술적인 차원에서, 어떤 외부의 권능에, 심지어는 하나님의 성령에도, 의존하는 것과는 거리가 멀었다는 것을 보여준다.

(b) 이러한 점들을 서로 연결해보면 예수는 어떠한 "능력 있는 이름"을 권능으로 사용하지도 않았으며 혹은 기술적인 도구로도 사용하지 않았다는 점이 드러난다. 즉, 예를 들면, 비록 전승은 마태복음 12장 28절/누가복음 11장 20절에 나오는 말씀과 예수가 사용한 방법을 일치시키려고 하지만, 다른 유대인들은 하나님의 이름을 사용한 반면에 예수는 사용하지 않았고참조. PGM IV.3019, 우리의 예상과는 달리 예수는 하나님의 성령도 사용하지 않았다. 그러나 초기 교회가 예수를 그의 동시대 치유자들과 거리를 두려고 했다는 주장은 성립할 수 없다. 왜냐하면 초기 교회가 주문을 사용하던 당시의 모습과 비슷한 형식의 예수가 귀신 축출할 때 사용한 말들을 보존하고 있기 때문이다.17장 참조

(c) 따라서 우리가 이미 살펴 본 바와 같이, 예수는 그 시대의 일원으로서 말씀 혹은 주문을 사용했다. 이것과 관련해서도, 우리는 초기 교회나 예수가 이러한 주문처럼 보이는 말과 표현이 실제로 귀신 축출을 일으킨 핵심요인이었다고 생각했는지에 대해서 물어야만 한다.

일단 초기 교회는 예수의 말 그 자체를 성공적인 치유를 위한 핵심요인으로 보지 않았음이 분명해 보인다. 만약에 초기 교회가 예수의 귀신 축출에서 예수의 말이 중요한 요인이라고 생각했는데도, 그들이 자신들의 치유 사역에서 그 말을 흉내 내지 않았다는 것은 놀라운 것이

---

16) 참조. Vermes, *Jesus*, 64. 우리는 예수가 비난을 받은 이유가 어떠한 인간적인 권위에도 호소하지 않았기 때문이라는 Vermes의 주장에 동의할 수 없다. 왜냐하면 Vermes 본인도 어떤 랍비들은 권위에 호소하지 않고도 귀신을 쫓았다고 언급하기 때문이다(p.66).

다. 사도행전 16장 18절이 보여주는 바와 같이, 초기 교회는 전혀 다른 단어를 사용하며 막9:25에 나오는 ἐπιτάσσω σοι[에피타쏘 소이, "내가 네게 명하노니"]가 아니라 παραγγέλλω σοι[파랑겔로 소이, "내가 네게 명하노니"]를 사용한다. "예수 그리스도"를 "권세 있는 이름"으로 사용한다. 예수가 실제로 귀신 축출하면서 사용한 말에 초기 교회가 어떤 특별한 의미를 부여하지 않았으며, 예수 자신도 그 말을 특별히 강조하지 않았음을 보여주는 가장 중요한 증거는 어떤 "말씀"도 담고 있지 않은 예수의 귀신축출에 대한 간략한 언급에서 찾아 볼 수 있다. 이러한 언급은 간명하게 예수가 귀신을 축출했다고만 진술할 뿐이다.예. 마12:22/눅11:14 비록 이러한 사례들이 많지는 않지만, 달리다굼17) ταλιθα κουμ, 막5:41과 에바다18) εφφαθα, 막7:34같은, 교회의 치유자들을 도우려는 목적으로 보존된 것으로 보이는,19) 공관복음 전승에 나오는 다른 종류의 치유와 관련된 예수의 독특한 말씀들이 보존되어 있는 것에 반해서, 귀신 축출 이야기들에서는 그렇게 하려고 하지 않았다는 점이 이러한 결론을 더욱 확증해준다.

만약에 예수 자신이 귀신을 제압하려고 주문의 힘에 의존한다고 생각했다면, 즉 다시 말해서, 특정한 양식의 말과 그 내용이 실질적으로 중요하다고 생각했음에도, 그렇게 다양한 양식과 내용의 주문이 나타난다는 것은 납득하기 어려운 일이다. 예수가 귀신축출 할 때 했던 말들을 열거해보면 이 점이 분명하게 드러난다.

"잠잠하고 그 사람에게서 나오라"막1:25

---

17) Str-B II, 10.
18) Str-B II, 17면 이하. M. Black, "ΕΦΦΑΘΑ…" in Descamps et de Halleux (eds.), *Mélanges Bibliques*, 57-60도 보라.
19) Aune, *ANRW* II.23.2 (1980), 1534-1535 그리고 주석 126. Aune의 주장과 다르기는 하지만, 귀신축출에 사용된 "본래" 말 속에 일정한 형식이 전승되어 내려오지 않는다는 점에 주목해야 한다.

"더러운 귀신아 그 사람에게서 나오라!" … "네 이름이 무엇이냐?"막5:8-9

"말 못하고 못 듣는 귀신아 내가 네게 명하노니 그 아이에게서 나오고 다시 들어가지 말라"막9:25

이 목록에 마가복음 7장 29절을 포함시킬 필요는 없다. 이 말은 귀신에게 한 말이 아니기 때문이다. 첫 번째 명령의 형식1:25은 결박 다음에 지시가 나온다. 두 번째 명령5:8-9은 지시, 상대방에 대한 부름 address, 그리고 제압하는 질문subjugating question이 이어진다. 그리고 세 번째9:25는 상대방에 대한 부름, 결박 그리고 두 가지 지시로 구성된다. 따라서 여기에서 살펴본 모든 형식에는 일관성이 없으며, 다만 각각의 형식에 일종의 제압하는 말이 포함된 최소한의 명령이 보존되어 있을 뿐이다. 그것도 각각이 다 다르고, "나오라!"는 명령만 일관되게 나올 뿐이다. 이러한 다양성은 귀신축출과 관련해서 귀신을 제압하고 나가라고 분명하게 요구하는 내용을 담은 모종의 정확한 양식의 말을 사용하는 것에 특별히 관심 있지 않았음을 보여준다.

(d) 귀신축출에 대한 일부 전승에서, 특히 유대적인 배경에서, 기도가 얼마나 중요한 역할을 하는지가 주목받아 왔다. 어떤 이들은 예수에게 기도가 얼마나 중요했는지를 보여주었다.20) 이렇게 기도에 비중을 두는 것은 상당 부분 초기 교회에서 기인한 것으로 보인다. 특히 누가는 예수의 기도 생활을 부각시키려는 의도를 가진 것으로 보인다.21) 여기에 역사적으로 신뢰할 수 있는 핵심적인 내용이 얼마나 되는가와 상

---

20) 예. Fiebig, *Jüdische Wundergeschichten*, 72; J. Jeremias, *The Prayers of Jesus* (London: SCM, 1967), 72-78; Dunn, *Jesus*, 15-21 (그리고 각주들)을 보라.

21) P. T. O' Brien, "Prayer in Luke-Acts", *TynBul* 24 (1973), 111-127; S. S. Smalley, "Spirit, Kingdom and Prayer in Luke-Acts", *NovT* 15 (1973), 59-71; 참조. 또한 Dunn, *Jesus*, 17 그리고 주석 23; A. A. Trites, "Some Aspects of Prayer in Luke-Acts", in P. J. Acthemeier (ed.), *SBLSP* (Missoula: SBL, 1977), 59-77 그리고 A. A. Trites, "The Prayer-Motif in Luke-Acts" in C. H. Talbert (ed.),

관없이, 비록 초기 그리스도인들의 치유에서는 기도가 분명하게 사용되었음에도약5:14-15; 참조. 막9:29, 그 어떤 전승도 예수의 기도가 귀신 축출 방법의 일부분이었던 것으로 보이게 하거나 그렇다고 진술하려고 하지 않는다는 점에 주목하는 것이 중요하다.22) 기도가 예수의 "치유" 방법의 일환으로, 혹은 연관된 것으로 나오는 유일한 예는 요한복음 11장 41-42절에 나오는 나사로를 죽음에서 일으킨 사건이다. 그러나 그 기도는 실제로는 치유의 일부가 아니었는데, 왜냐하면 예수가 아무런 요청의 말도 하지 않았기 때문이다. 예수는 이미 기도를 들으신 것에 대해서 감사할 뿐이다.23) 예수는 기도에서 아무 것도 요청하지 않은 것으로 그려진다.24) 오히려 기도는 주변 사람들을 위한 것이다. 왜냐하면 그들이 기적을 통해서 하나님의 영광을 볼 수 있기를 빌기 때문이다.25) 따라서 당시 유대교의 치유 그리고 예수에게 기도가 중요했다는 점에서 일치하는 복음서 전승에 나타난 기도의 중요성에 비추어 보았을 때, 기도가 동반되지 않는 귀신 축출 방법은 예수의 치유 과정을 충실하게 반영하는 것으로 보는 것이 제일 적합하다.

결론을 내리자면 이렇다. 비록 완전히 유일무이한 것이라고 주장할 수는 없지만, 예수가 어떤 권위 있는 힘에도 호소하지 않으며, 특별히 중요한 어떤 주문을 사용한 것도 아니고, 귀신들린 자를 치유하는 방법의 일환으로 기도도 사용하지 않았다는 점이 두드러진 특징들이다.

Perspectives on Luke-Acts (Danville: Association of Baptist Professors of Religion and Edinburgh: T & T Clark, 1978), 168-186.

22) 참조. Aune, *ANRW* II.23.2 (1980), 1533.

23) Bultmann, *John*, 407-408.

24) 참조. C. K. Barrett: "아버지와 아들이 완전하게 하나라는 관점에서 보자면, 말로 기도할 필요가 전혀 없다." *John*, 402.

25) B. Lindars, *The Gospel of John* (London: Marshall, Morgan and Scott, 1972), 401.

3. Ὁρκίζω 오르키조

당시 귀신축출 방법 중에서 예수가 사용하지 않은 세 번째 요소는 ὁρκίζω아람어 = שבע라는 말이었다. 이 단어의 사용에 대해서는 바로 앞 단락의 마지막 부분에서도 다룰 수 있었지만, 예수가 귀신에게 한 말 중에 이 말이 없다는 점이 중요할 수도 있기 때문에 이것을 별도로 다룰 가치가 있다고 본다. 일단 위에서 주문 혹은 마술과 관련해서 논의한 것에 비추어 보았을 때7장, ὁρκίζω오르키조는 "책망하다"to charge, "엄명하다"adjure, 혹은 "또 다른 존재로 누군가를 결박하다"bind some-one by another being를 의미한다. 이러한 의미는 마가복음 5장 7절. "내가 하나님을 의지하여 당신에게 명하노니, 나를 괴롭히지 마소서", 그리고 사도행전 19장 13절. "내가 바울이 전파하는 예수를 의지하여 너희에게 명하노라" 참조. 살전5:27에서 분명하게 나타난다.26)

이러한 점에 비추어 보았을 때, 예수에 대한 이야기들이 전승되는 과정에서 예수가 직접 말한 자료 안에서 ὁρκίζω오르키조가 발견되지 않는 것은 실로 놀라운 것이다. 데살로니가전서 5장 27절에서 ὁρκίζω오르키조의 파생어가 사용된다는 것은 초기 교회가 이 표현을 전적으로 배척하지 않았다는 것을 보여준다. ὁρκίζω오르키조는 권위 있는 힘에 호소하는 것과 관련해서 사용되는데, 공관복음에서는 이 단어를 마태복음 12장 28절/누가복음 11장 20절에서 볼 수 있는데, 이 구절들은 예수가 호소했던 능력이 하나님의 성령이었다고 말한다. 이 부분에서 예수가 주문을 사용한 것으로 전승이 변경되지 않는다는 것은 예수가 사용했던 주문에 대한 우리의 지식이 신뢰할 만 한 것이라는 점을 다시 한 번 보여준다.

귀신 축출과 관련된 형식구에서 ὁρκίζω오르키조는 귀신 축출자가 원

---

26) 7장 주석 51 참조.

하는 바를 수행하도록 더 강한 능력에 호소하는 행위의 일부로 사용된다. 확실히 예수는 권능의 공급자를 인정하지 않았으며, ὁρκίζω오르키조나 그에 버금가는 다른 것을 사용하지 않았다. 오히려 마가복음 9장 25절에서 ἐγώ/'쉬에고/아니, "내가"가 사용된 것은 예수의 이러한 습관과 부합하는 것이다. 공관복음에서 예수의 입을 통해서 ἐγώ/'쉬에고/아니27) 가 사용되는 때는 상대적으로 드물 뿐만 아니라,28) 예수가 귀신을 상대할 때마다 항상 사용되는 말도 아니다. 막9:25에서만 유일하게 사용된다 이것은 초기 교회가 마가복음 9장 25절에 그 말을 끼워 넣은 것이 아님을 암시한다. ἐγώ/'쉬에고/아니를 사용하는 것은 당시의 명령 주문incantation of adjuration에서 흔히 있던 일이 아니었다.29) 그렇기 때문에 예수가 이 말을 사용한 것은 예수를 귀신 축출자로 보는데 있어서 상당히 중요한 의미가 있는 것으로 볼 수 있다. 29장 참조

4. 증거현상의 부재

예수의 귀신 축출방법에 성공여부를 알려주는 증거현상이 포함되느냐에 대한 질문은 마가복음 5장에 나오는 "돼지 떼 사건"의 성격을 무엇으로 보느냐에 따라 달라진다. 그 단락에 대해서 논하면서, 돼지 떼의 몰살은 귀신 축출의 성공을 알려주는 증거로 보아서는 안 되며, 오히려 치유의 일부분으로 보아야 한다고 주장한 바 있다. 증거현상이 있었다면 분명히 예수에 대한 평판이 훨씬 좋아졌을 것이 분명하다. 그렇기 때문에, 예수에 대한 이야기에 이런 요소들이 포함되지 않은 채로 전승이 형성된 것이나, 마치 본래부터 있었던 듯이 보이도록 전승에 그

---

27) 이 점에 대해서는 E. Schweizer, *Ego Eimi* (Göttingen: Vandenhoeck & Ruprecht, 1965), 18면 이하; Jeremias, *Theology*, 250-255를 보라.
28) Stauffer, *TDNT* II, 348 (위의 10장에서 인용했음). 공관복음서에 나오는 ἐγώ(에고, 내가)에 대해서는 Howard, *Das 'Ego'*를 보라.
29) 사실상, 지금까지 막9:25의 용례와 비슷한 어떤 사례도 발견하지 못했다.

런 요소를 추가하지 않은 것이 오히려 이상한 것이다. 전승이 그런 것에 전혀 관심이 없는 것으로 보이고 마가복음 5장 11절 이하는 "증거현상"이 아니기 때문에, 이 요소는 예수의 귀신 축출방법의 구성요소가 아니었다고 보아야 할 것이다.

따라서 당시의 귀신 축출자들과는 달리 예수는 막5장의 돼지 떼를 제외하고는 어떤 보조 도구mechanical devices도 사용하지 않았을 뿐만 아니라, 드러내 놓고 기도하거나 권능에 호소하거나, 능력 있는 이름powerful name에 기대지도 않았고, 증거현상도 없었다.

우리는 이 마지막 세 단락에서 다음과 같은 두 가지 자연스러운 결론을 얻을 수 있다. 첫째, 권능에 기대지도 않았고, $\acute{o}\rho\kappa\acute{\iota}\zeta\omega$오르키조라는 단어도 사용하지 않았고, 증거현상도 없었으며, 단지 귀신에게 명령했을 뿐이고"내가"라는 강조용법이 단 한 번 사용된다, 그의 권능은 성령/하나님의 손가락이었다고 언급되는 것에 비추어 보았을 때, *예수의 귀신 축출방법은, 혁신적인 것은 아니었다하더라도, 최소한 아주 독특한 것이었을 것이다. 둘째, 예수는 자신의 능력을 발휘해서 사역한다는 것을 인지하면서, 동시에 자신의 사역을 통해서 하나님의 역사하심이 드러난다고 생각했다.*

19장 · 예수의 사역에 나타난 기적과 메시지

　여기에서 우리가 할 일은 예수의 귀신 축출과 설교 사역 간의 관계를 분석하는 것이다.

　복음서를 보면 예수의 활동들과 설교 사이에는 밀접한 관계가 있는 것을 볼 수 있다. 물론 이러한 모습의 대부분이 복음서 저자들과 그 선배들이 작업한 결과라는 데에는 의심의 여지가 없다. 이러한 관계는 여러 단계에 걸친 복음서 저자들의 작업을 통해서 분명하게 나타난다. 가장 기초적인 단계에서, 기적과 메시지는 서로 결합된 채 수행되는 것으로 표현된다. 예를 들어서, 마태는 "예수께서 온 갈릴리에 두루 다니사 저희 회당에서 가르치시며 천국 복음을 전파하시며 백성 중에 모든 병과 모든 약한 것을 고치시니"라고 말한다.마4:23/막1:39 1) 또 다른 단계에서는 자료가 사실상 하나의 다발로 묶이는데, 이로 말미암아 가르침과 기적이 서로 연결된다. 예를 들어서, 두 개의 자료군인, 마가복음 4장 35절-6장 44절과 6장 45절-8장 26절을 보면, 바다에서의 기적, 설교, 치유, 그리고 급식 기적feeding이 엇비슷하게 평행을 이루며 포함되는 것을 볼 수 있다.2) 그리고 마가복음의 첫 번째 부분은 아주 정교하

---

1) 또한 막1:21-22/눅4:31-32; 막6:1-6/마13:53-58/눅4:16-30을 보라.
2) Achtemeier, *JBL* 89 (1970), 265를 보라.

게 구성된 모습을 보여주는데, 예수의 하나님나라 선포1:14-15에 뒤이어서 치유 사건이 상세하게 서술된다.1:21-28 3) 또 다른 단계에서는 특별한 교훈이 예수를 통해서 혹은 예수와 관련해서 드러나게 하고자 기적이 그 연결고리로 활용된다. 예를 들면, 마가복음 4장 41절을 보면 기적이 연결고리로 등장하는 근본적 이유는 "이 사람이 누구인가…?"라는 점을 부각시키기 위해서이다. 그리고 마가복음 9장 28-29절을 보면여기에서 제자들은 자기들이 귀신을 쫓아내지 못한 이유를 묻는다, 복음서 저자가 기도에 대한 예수의 교훈을 엮어 넣고자 앞에 나오는 기적 이야기와 연결시키는 것이 분명하게 나타난다. 마지막으로, 우리는 또 다른 단계의 이런 상관관계를 언급할 수 있다. 기적과 메시지가 아주 촘촘하게 얽혀있어서 단일한 조직으로 보이는 때가 있는데, 마가복음 2장 1-12절과 3장 1-6절, 그리고 특히 요한복음에 나오는 기적들이 여기에 속한다.예. 요9:1-41 4)

예수의 사역에 나타나는 기적과 메시지 간의 이러한 긴밀한 관계는 제자들의 사역에서도 동일하게 나타난다. 마가복음 3장 14-15절을 보면 제자들을 "보내사 전도도 하며 귀신을 내쫓는 권능도 가지게 하려 하심이라"고 기록한다.참조. 6:12 누가복음 10장 9절에서는 제자들에게 "병자들을 고치고 … '하나님의 나라가 너희에게 가까이 왔다' 고 말하라"는 명령이 부여되고 있다.참조. 마10:1, 7/눅9:2

이 모든 것에도 불구하고, "말씀과 사역" 간의 이러한 관계가 역사적 예수에게까지 거슬러 올라가는 것인지, 혹은 초기 기독교 공동체에서 기인한 개념인지를 묻는 것은 중요하다. 이제부터 우리가 사용할 가

---

3) X. Léon-Dufour, *The Gospels and the Jesus of History* (London: Collins, 1968), 123.
4) 마가복음에 나오는 기적과 메시지에 대한 더 자세한 내용에 대해서는, R. T. France, "Mark and the Teaching of Jesus" in France and Wenham (eds.), *Gospels Perspectives*, I, 109-111을 보라. 참조. 막8.14-21절.

장 효율적인 방법은 예수의 선포와 활동과 관련된 혹은 그렇게 추정할 수 있는 몇 가지 예수의 말씀들을 주의 깊게 살펴보고, 이야기 구조 속에서 기적과 메시지가 서로 긴밀하게 얽혀있는 이야기들에 주목하는 것이다.

특별히 우리가 주목해볼 필요가 있는 네 가지 *말씀들*이 있다. 성령/손가락 말씀마12:28/눅11:20, 강한 자 비유막3:27/마12:29/눅11:21-22, 침례 요한에 대한 대답마11:5/눅7:22, 고라신과 벳세다에 대한 심판.마11:21-23/눅10:13-15.

우리는 앞에서 처음 세 가지 로기아의 진정성에 대해서 토론하고 그 진정성을 지지한바 있다. 세 번째 말씀인, 마태복음 11장 21-23절/누가복음 10장 13-15절에 나오는 심판 말씀에 대해서,5) 불트만은 이 말씀은 예수의 활동을 이미 완성된 것으로 회고하며 가버나움에서 교회의 선교가 실패한 것을 가정하기 때문에 초기 기독교 공동체의 산물이라고 말한다.6) 또한, 케제만도 요한계시록을 보면 이런 유의 저주와 축복이 초기 기독교의 예언적 선포 양식 중 하나이고, 이 독특한 구절도 그 중의 하나일 뿐임이 확인되며 마태복음 7장 22-23절에서 볼 수 있는 기독교적 양식을 채용했다고 주장한다.7) 그러나 이 구절과 마태복음 7장 22-23절"많은 권능"은 아주 미약한 연관성만 보일 뿐이며, 계시록에 나오는 "저주와 축복" 양식에는 "저주와 축복"이 짝을 이루지 않을 뿐만 아니라참조. 계8:13, 마태복음 11장 21-23절과 분명하게 평행을 이루지도 않는다. 이 구절은 선교의 실패를 전제로 하지도 않으며, 언급되는 마을들이 이 전승에만 나오는 것도 아니다. 그리고 어쨌든 1세

---

5) 아래에서 인용하는 문헌들과는 별도로, Fridrichsen, *Miracle*, 75면 이하를 보라.
6) Bultmann, *History*, 112. 그러나 이와 정반대의 말을 하기도 한다. 그의 *Jesus and the Word*, 124를 보라.
7) Käsemann, *NT Questions*, 100.

기 후반에 생산된 자료에 반영된 부활절 이후의 교회는 고라신에 전혀 관심을 보이지 않는다.8) 그리고 주목할 만한 것은, 이러한 양식이 지혜 자료에서도 발견된다는 점이다.9) 마지막으로, 이 구절에는 이 전승이 초기 아람어 자료에서 나온 것이라는 증거가 있다.10)

마태복음 11:21-23/누가복음 10:13-15절 배후에 있는 전승은 역사 적 예수에게로 거슬러 올라간다고 추정하는 것이 최선으로 보인다. 무 스너Mussner는 "만약에 부활절 이전 로기온이 단 하나만 존재한다면, 그것은 자기 고향 갈릴리의 도시들에 대한 예수의 애가일 것이다!"라 고까지 말한다.11)

역사적 예수의 사역에서 기원한 이 네 가지 말씀들은 기적과 사역을 연결시킨다. 마태복음 12:28/누가복음 11:20절을 보면, 예수는 자신의 귀신 축출을 하나님나라의 도래와 곧바로 연결시키고 있다. 하나님나 라는 예수가 선포하는 메시지의 핵심이다.참조. 막1:14-15 12) 마가복음 3:27/마태복음 12:29/누가복음 11:21-22절은 예수의 귀신 축출에다 단순히 더러운 영을 내쫓는 정도의 의미만 부여하는 것이 아니라, 그보 다 훨씬 더 큰 의미, 즉 사탄과 그의 왕국의 몰락 혹은 파멸이라는 의미 를 부여한다. 우리가 이미 살펴 본 바와 같이10장, 하나님나라의 확립은 사탄의 나라의 몰락과 직접적으로 관련 있다. 그리고 마태복음 11:21-23/누가복음 10:13-15절은 기적들을 예수의 선포의 특징, 즉 회개와

---

8) W. Grundmann, *Das Evangelium nach Lukas* (Berlin: Evangelische Verlagsanstalt, 1963), 211; 참조. E. Neuhausler, *Anspruch und Antwort Gottes* (Düsseldorf: Patmos, 1962), 200면 이하.

9) K. Berger, *NTS* 17 (1970-1), 10-40; 참조. D. Hill, "On the Evidence from the Creative Role of Christian Prophets", *NTS* 20 (1973-4), 271-274 그리고 J. D. G. Dunn, "Prophetic 'I' - Sayings and the Jesus Tradition: The Importance of Testing Prophetic Utterances Within Early Christianity", *NTS* 24 (1977-8), 181면 이하.

10) Jeremias, *Promise*, 50, 주석 1; 그리고 Jeremias, *Theology*, 10면 이하, 15면 이하, 그리고 19를 보라.

11) Mussner, *Miracles*, 21.

12) 참조. Perrin, *Kingdom* 그리고 Jeremias, *Theology*, 31-35.

결부시킨다. 참조. 막1:14-15 13) 마태복음 11:4/누가복음 7:22절은 예수의 말과 행동 모두를 종말론적 시대를 나타내는 국면들 혹은 특징으로 간주한다.

특히 두 가지 기적 *이야기가* 예수의 가르침 그리고 설교와 밀접하게 결부된다.

첫 번째 이야기는, 마가복음 2장 1-12절마12:9-14/눅6:6-11의 중풍병 환자와 그의 네 친구 이야기이다. 여기에서 교훈과 기적이 함께 등장하는 것은 본래 독립적으로 존재하던 전승을 서로 결합한 결과로 볼 수 있다.14) 따라서 우리가 자신 있게 결론내릴 수 있는 것은 초기 교회가 예수의 행위와 가르침을 서로 불가분리의 것으로 보았다는 것이다.

두 번째 이야기는, 마가복음 3장 1-6절마12:9-14/눅6:6-11의 손 마른 사람에 대한 이야기이다. 이 이야기는 세 가지 갈등 이야기 군群 중에서 가장 마지막에 나온다. 막2:18-3:6 불트만은 일반적으로 안식일 논쟁 이야기들의 기원은 초기 교회에서 있었던 논쟁보다 앞 설 수 없다고 생각한다.15) 그러나 초기 교회는 안식일 치유 때문에 유대인들과 갈등을 일으키지 않았다.16) 4절에 나오는 예수의 말씀이 이야기의 핵심이다. 안식일 준수를 중지하는 것이 초기 교회에게 어려운 일이었을 뿐만 아니라, 쉽게 결정할 문제도 아니었다는 것에 비추어 볼 때, 예수의 말씀은 진정성 있는 것으로 보인다.17) 그리고 그 말씀이 본문에서 묘사하는 것과 같은 특정한 행동을 전제로 하기 때문에,18) 그 말씀과 더불어 제시되는 상황도 진정한 것으로 볼 수 있을 것이다.

---

13) Jeremias, *Theology*, 152-156.
14) Taylor, *Mark*, 191면 이하; Schweizer, *Mark*, 60; Anderson, *Mark*, 98면 이하.
15) Bultmann, *Jesus*, 14; 참조. *History*, 12 그리고 각주들.
16) Schürmann, *Lukas*. I, 309면 이하; 참조. Marshall, *Luke*, 234.
17) Anderson, *Mark*, 111면 이하; W. Scott in *DNTT* III, 408. 참조. Jeremias, *Theology*, 6 그리고 208 면 이하
18) Anderson, *Mark*, 112.

이 이야기는 예수의 기적과 설교 간의 연관성에 대해서 무엇을 말해 주는가? 간략하게 말하자면, 여기에 나오는 치유와 교훈은 사람들로 하여금 사랑하라는 하나님의 명령참조. 막2:27을 이행하지 못하게 만드는 안식일에 대한 랍비들의 할라카를 예수가 근원적인 차원에서 반대한다는 것을 함께 나타내는 것들이다.19) 그리고 "말씀과 사역" 간의 이러한 견고한 관계는 역사적 예수의 사역까지 거슬러 올라갈 수 있다는 결론까지 밀고 나갈 수 있다.

기적과 메시지 간의 상관관계가 역사적 예수에게까지 거슬러 올라가는 것이므로, 이제 우리는 예수의 *귀신* 축출과 관련해서 이러한 상관관계의 본질에 집중할 수 있다.

이 상관관계는 종종 "표적"sign이라는 말로 표현되곤 했다. 즉, 기적은 그 자체로는 거의 아무런 의미가 없거나 혹은 전혀 의미가 없지만, 그 너머의 더 중요한 어떤 것을 가리킨다는 것이다. 즉 하나님나라의 도래라는 메시지를 전달한다는 것이다.20) 이러한 견해에 대해서는 두 가지 사례만 언급하는 것으로도 충분하다.21) 리더보스Ridderbos는 예수의 기적들은 단지 예수의 능력을 입증하기 위한 것일 뿐이며, 누가가 이런 태도를 취한다고 말한다.22) 프리드리셴Fridrichsen은 예수의 메시지 중에서 기적이 동반됨으로써 그 가르침을 확증해주는 메시지를 더 높이 평가한다.23) 불트만도 기적들, 특별히 귀신 축출을 하나님나라가 가까이 왔다는 증거로 본다.24) 이러한 견해가 최소한 신약성서에 반영

---

19) Jeremias, *Theology*, 208면 이하를 보라.
20) 참조. Loos, *Miracles*, 281에서 인용하고 있는 Sevenster의 주장; Kallas, *Significance*, 77.
21) 다른 사례들에 대해서는, Loos, *Miracles*, 280-286을 보라. 그리고 E. Schweitzer, *Jesus* (London: SCM, 1971), 43; M. Grant, *Jesus*, 33 그리고 주석 18; Aune, *ANRW* II.23.2 (1980), 1533 도 보라.
22) Loos, *Miracles*, 282에서 인용하는 Ridderbos의 주장.
23) Loos, *Miracles*, 282.
24) Bultmann, *Jesus Christ and Mythology*, 12면 이하; 이러한 주장은 Hiers, *SJT* 27 (1974), 37에서 도 인용된다. 이러한 견해를 주장하는 다른 사람들의 언급에 대해서는 38을 보라. 그리고 다

되어 있는 초기 교회 중 일부 집단의 관점이었다는 것은 의심의 여지가 없다. 그 중에서 가장 중요한 것은 예수의 기적이 예수 자신과 그의 메시지를 정당화해준다고 믿고 있는 요한복음이다. 다음과 같은 구절을 예로 들 수 있다. "내가 행하거든 나를 믿지 아니할지라도 그 일은 믿으라. 그러면 너희가 아버지께서 내 안에 계시고 내가 아버지 안에 있음을 깨달아 알리라 하시니"10:38; 참조. 2:23; 4:54; 12:18; 20:30 25) 사도행전에서는 예수의 기적들이 단 두 번 언급된다.2:22 그리고 10:38 그리고 각각에서 기적은 예수의 사역이 참된 것이었음을 입증하는 표적으로 이해된다.

위에서 언급했던 네 가지 예수의 말씀들을 검토해보았을 때, 결과는 전혀 다른 모습을 보여준다. 심판에 대한 말씀에서마11:21-23/눅10:13-15, 기적과 메시지의 관계는 그다지 분명하지 않다. 다만 기적이 회개를 불러일으킬 것을 기대했다는 점이 모든 구절에서 언급된다. 이것은 예수가 자신의 기적이 자신의 사역을 정당화해주는 것으로 보았음을 의미한다는 추정을 가능케 한다. 그러나 이런 견해와는 정반대되는, 예수가 표적을 거부한 것과 관련한 세 가지 전승을 제시할 수 있다. 그 세 가지 전승은 마가복음 8장 11절마16:1-4, Q마12:39/눅11:29 그리고 도마 복음 91이다.26) 이 전승들은 예수가 자신의 사역을 정당화하고자 기적을 사용

음도 보라. Kee, *Origins*, 62; Koester, *Introduction* II, 79; R. Leivestad, *Jesus in His Own Perspective* (Minneapolis: Augsburg, 1987), 125; H. K. Nielsen, *Heilung und Verkündigung* (Leiden and New York: Brill, 1987).

25) 참조. Hiers, *SJT* 27 (1974), 37면 이하, 그리고 Fridrichsen, *Miracle*, 63-72를 보라.

26) 나는 도마 복음이 공관복음 전승과는 독립적이라고 본다. 이에 대한 논의를 위해서는, 예. B. Chilton, "The Gospel According to Thomas as a Source of Jesus' Teaching", in Wenham (ed.), *Gospel Perspectives* 5, 155-175를 보라. b. *B. Mes.* 59b에 나오는 1세기 말, 랍비 엘리에제르 벤 히르카누스와 그의 동료들 간에 벌어졌던 교리 논쟁에 대한 전설적인 기록을 살펴보는 것도 흥미로운 일이다. 베르메스는 그 내용을 아래와 같이 전해준다.

"그의 모든 이론을 총동원했음에도, 여전히 그들을 설득할 수 없자, 물론 율법 논쟁에 기적이 끼어들 여지가 전혀 없다고는 하지만, 그는 한 가지 기적을 행했다. 그는 격앙된 채로 이렇게 소리 질렀다. '만약에 내 가르침이 옳다면, 하늘이 그것을 입증해줄 것이다!' 그러자 천상의 소리가 외쳤다. '그의 가르침이 옳은데, 너희는 왜 랍비 엘리에제르에게 대적하

했다는 견해참조. 마4:3/눅4:3에 대한 강력한 반증들이다. 침례 요한에 대한 대답에서마11:5/눅7:22 기적과 메시지는 동등한 역할을 한다. 이 둘은 동등하게 전체의 한 부분을 이룰 뿐만 아니라, 새 시대의 사건들이다. 강한 자 비유에서막3:27/마12:29/눅11:21-22; 10장 참조, *귀신 축출*은 사탄의 왕국이 몰락했다는 메시지를 예증해주는 것이 아니라, *그 자체가 바로 몰락*이다. 그리고 성령/손가락 말씀에서마12:28/눅11:20, 예수는 귀신 축출 그 자체가 하나님나라의 도래라고 말한다.27) 따라서 귀신 축출은, 오토 베츠가 생각하는 바와 같이, 하나님나라의 도래에 대한 예고가 아니다.28) 귀신 축출은 예수의 설교를 예증하거나, 확대시키거나 혹은 확증해주지 않는다. 귀신들을 쫓아내는 일을 통해서, 예수의 사명 그 자체가 수행되는 것이며, 구현되거나 성취되는 것이다. 간략하게 말하자면, *예수의 귀신 축출을 통해서 하나님나라가 활동하는 것이다.*29)

이것이 예수의 귀신 축출에 대한 결론이자 예수의 귀신 축출이 갖는 특징인데, 이것이야말로 다른 어느 것보다 더욱 예수를 당시의 배경과 상황에 비추어 설명해주는 것이다. 비록 예수가 사용했던 방법에서 볼 수 있는 다른 모든 특징은 고작해야 다른 자료 안에서 희미하게 나타

는 것이냐?' 그러나 이러한 개입은 질서에 어긋나는 것이었다. 왜냐하면 성경에 기록되기를 결정은 다수의 투표를 통해서 이루어진다고 되어있기 때문이다."(Vermes, Jesus, 81-82).

27) R. H. Hiers, *The Kingdom of God in the Synoptic Tradition* (Gainesville: Florida University Press, 1970), 63. 참조. Borg, *Conflict*: "… 예수의 귀신 축출은 역사의 세계 속에 구현된 하나님나라이다"(253).

28) O. Betz, "Jesu Heiliger Krieg", *NovT* 2 (1958), 128-129. 참조. Hiers, *SJT* 27 (1974), 35-47.

29) 참조. Yates, *ITQ* 44 (1977), 44 그리고 Leivestad, *Jesus*, 106-107. 그리고 Hunter, *Work*, 83; Kee, *Medicine*, 73도 보라. 참조. G. N. Stanton, *Jesus of Nazareth in NT Preaching* (Cambridge: Cambridge University Press, 1974):
"예수의 선포와 그의 사역 그리고 행위는 서로 불가분리의 관계이다. 그의 가르침은 단순히 그의 사역과 행위를 통해서 예증되는 일련의 예언적 진술이 아니었다. 왜냐하면 후자가 그의 말씀보다 훨씬 더 풍부한 '메시지' 이었기 때문이다. 이것과 비슷하게, 최근에 강조되는 바와 같이, 예수의 비유는 영원한 진리를 전달해주기 위한 것도, 예수의 선포를 설명해주기 위한 것도 아니었다. 비유는 그 자체로 '메시지' 였던 것이다."(175).참조. Borg, *Conflict*, 253.

나고 있을 뿐이지만, 이러한 기적과 메시지의 불가분리적 관계는 예수의 귀신 축출이 확실하게 유일무이한 것임을 보여준다. 예수의 귀신 축출은 단순한 "치유"가 아니었다. 그것은 하나님나라의 도래였다.30) 우리는 이 점을 예수의 자기 이해와 귀신 축출과의 관계에 대해서 논할 6부에서 다룰 것이다.

---

30) 플루다르크에 나오는 기적의 "표적"으로서의 가치에 대해서는, Kee, *Medicine*, 88-94를 보라. 그리고 바리새파 전승에 기적의 "표적"으로서의 가치에 대해서는 Kee, *Miracle*, 70-73, 155를 보라.

20장 · 결론들

이 장 전체는 앞의 두 장에서 얻은 결론들을 취합한 것이다. 우리는 귀신 축출자인 예수의 모습을 그려보려고 시도했다.

이 장에서 우리는 역사적 예수가 귀신 축출자였다는 것에 대해 아무런 의구심을 갖지 않는다. 마가복음 5장에 예수가 즉각적으로 귀신 축출에 성공하지 못한 사례가 있음에도, 성경과 성경 외부의 자료들은 예수가 대단히 강력하고 성공적인 귀신 축출자였다는 점에 대해서는 일말의 의구심도 남겨 놓지 않는다. 우리는 그가 "그 시대의 사람"이었다는 점에 대해서도 확신한다. 우리는 예수가 "오로지 말씀으로만" 치유했다는 20세기의 개념이 지나치게 단순화된 것일 뿐만 아니라, 심지어 예수의 치유 과정을 잘못 설명하는 것임을 안다. 그는 말씀 또는 주문을 사용하던 귀신 축출자였는데, 그것들은 그의 주변 사람들이 쉽게 이해할 것들이었다. 한번은 예수가 귀신 축출 방법의 일환으로 돼지 떼를 사용한 적도 있었다.

"기적 이야기들의 양식과 역사"에 대한 연구에서, 불트만은 공관복음서에 나오는 기적 이야기들과 유사한 요소들을 담은 고대 자료들을 다룬 적이 있었다.[1] 불트만이 이러한 "평행들"을 통해서 보여주려고

---

1) Bultmann, *History*, 218면 이하; Dibelius, *Tradition*, 133면 이하

했던 것은, 초기 교회의 구전 전승이 그 이야기와 기적 모티브에서 유대교와 헬라의 민간전승에 의존한다는 것이었다.[2] 그러한 국면이 어느 정도 1세기와 20세기 기독교 사이의 "문화충격"을 완화시켜 줄 수도 있겠지만, 이러한 역사적이며 해석학적 곡해는 받아들일 수 없다. 단도직입적으로 말해서 불트만의 주장은 입증되지 않은 것이기 때문이다. 불트만이 간파하지 못한 가장 중요한 요인은 민간 이야기들과 기적 모티브들이 귀신 축출에 대한 구전 전승 안으로 들어왔다는 것을 보여주려고 그가 제시한 증거들이 공관복음서 전승이 형성된 시기보다 후대의 것이라는 점이다. 따라서 불트만의 주장과는 반대로, 민간전승들과 기적 모티브들이 오히려 초기 기독교 전승에서 도움을 받아서 현재의 모습을 갖추게 된 것으로 추정하는 것이 그럴듯하고 합리적으로 보인다. 한 부분에 불과하긴 하지만, 이것이 굳이너프Goodenough의 놀라운 연구가 내린 결론 중의 하나였다.[3] 이곳 4부와 바로 앞의 3부에서, 이 연구는 기적 전승의 요소들이 바깥에서 공관복음서 전승 안으로 들어왔다고 주장하는 견해에 반대하고 있다.

　여러 가지 면에서, 귀신 축출자인 예수는 지극히 평범한 귀신 축출자였다. 귀신들은 예수가 그 자리에 있다는 것만으로도 고통스러워하거나 위협을 느꼈고, 귀신과 귀신 축출자 간에 실갱이도 있었고, 예수와 귀신들린 자 간에 익숙한 마술적인 대화가 오가기도 했다. 그리고 한 번은 예수가 귀신들린 사람을 원거리에서 치유한 일도 있었다. 그런 반면에, 비록 유일무이한 것은 아니지만, 예수의 귀신 축출은 그 진행과정에서 아주 독특한 특징을 보이기도 했다. 그 당시에 있었던 대부분의 귀신 축출과는 달리 어떤 보조 도구도 사용한 적이 없었는데, 특별히

---

2) Bultmann, *History*, 240.
3) Goodenough, *Symbols* II, 173면 이하 그리고 191.

고안된 도구를 사용하거나 손을 얹는 행위 같은 것도 없었다. 예수는, 귀신 들렸다가 치유된 자의 모습 외에는막5:15, 자신의 치유가 성공했다는 증거를 사용하거나 제공한 적이 없다. 다른 사람들과는 달리, 그는 자신의 권능자의 정체를 밝히지도 않았다. 심지어 그는 하나님의 성령에도 기대지 않았다.

따라서 예수의 귀신 축출 사역을 그의 동시대 사람들의 방법과 구별되게 하는 것은 그가 귀신 축출을 성공적으로 수행하려고 외부의 도움을 요청하지 않았을 뿐만 아니라, 또한 자신의 힘의 원천은 다른 어떤 것이 아니라 바로 자신의 인격임"내가…"을 의도적으로 강조하는 것으로 보인다. 우리는 헹겔Hengel이 다음과 같이 말하는 것에 동의할 수 있다.

> "…예수의 경우에 성령이 적은 비중을 차지한다는 문제가 있는데, 본래 전승에 성령이 드물게 등장하는 이유가, 예수가 하나님과의 직접적인 관계에서 얻은 권위에 대한 독특한 주장을 고려해 보았을 때, 예수가 매개자로서의 성령에 의지할 필요가 없었기 때문은 아닌지 생각해볼 필요가 있다."4)

비록 역사적인 탐구에서 어떤 것의 독특함을 주장하는 것이 위험한 일이기는 하지만, 예수가 자신의 귀신 축출에 단순히 정신적으로 문제가 있는 사람을 치유한 것을 넘어서는 차원의 의미를 부여하는 것은 바로 그러한 것에 해당했다. 예수는 상대적으로 흔한 현상인 귀신 축출을 종말론과 결부시킨 최초의 인물이었다. 그러나 예수가 교사와 귀신 축출자의 역할을 결합시킨 유일무이한 사람은 아니었다.5) 예수는 귀신

---

4) Hengel, *Charismatic Leader*, 63; 참조. R. Pesch, "Zur theologischen Bedeutung der 'Machttaten' Jesu. Reflexionen eines Exegeten", *TQ* 152 (1972), 203-213. 그리고 E. Fuchs, "Jesus dares to make God's will effective as if he himself stood in God's stead." Hengel, *Charismatic Leader*, 68에서 인용. 그리고 87도 보라.

축출을 성공적으로 수행하고자 유일하게 자신의 능력에만 의존했다는 것뿐만 아니라, 동시에 자신의 귀신 축출 사역 안에서 하나님 자신이 역사하고 계시며, 그 역사하심이 곧 하나님의 종말론적 나라의 도래라고 주장했다는 것으로도 그 시대의 한계를 넘어선다.

귀신 축출자인 역사적 예수는 실로 우리 시대에도 미지의 인물로, 그리고 낯선 존재로 우리에게 다가온다.6) 하지만, 역사적 예수에게서 낯설음을 제거해서는 안 된다. 중요한 것은 그의 동시대인들이 그를 어떻게 평가했으며 예수의 그러한 모습을 어떻게 해석했는지를 알아보려고 더욱 전진해야만 한다는 것이다. 그럼으로써 우리 20세기의 그리스도인들은 그를 더 잘 이해할 수 있을 것이며, 귀신 축출자 예수를 우리 시대를 위해서 어떻게 이해하고 해석해야 하는지 그 출발점이 되는 길을 발견할 수 있을 것이다.

---

5) R. Kampling, "Jesus von Nazaret – Lehrer und Exorzist", *BZ* 30 (1986), 237-248의 주장과는 정반대의 관점이다.
6) 참조. Schweitzer, *Quest*, 399 그리고 401.

V

외부인이 본 예수

21장 · 서론

    우리는 이제 1세기의 사람들이 귀신 축출자 예수에게 보였던 반응들을 탐구하는 자리에 있다. 어떤 의미에서, 이 일은 귀신 축출자인 역사적 예수를 복원하려는 우리의 목적에 비해서 부수적인 것이다. 그러나 만약에 우리가 예수의 사역의 이러한 측면에 대한 초기의 반응과 평가에서 최소한 모종의 인상을 얻을 수 있다면, 우리가 귀신 축출자 예수의 모습을 온전하게 그려내는데 도움이 될 것이다.

    예수에 대한 반응을 복원하기 위해 가장 손쉽게 사용할 수 있는 자료는 초기 교회의 기록들이다. 이것들에서 우리는 예수에 대한 초기 교회의 반응이 어땠는지 알아볼 수 있을 뿐만 아니라, 이러한 해석과 반응 말고도 최초의 청중들이 예수의 귀신 축출에 보인 최초의 반응을 어느 정도 복원할 수 있을 것이다. 신약성서를 제외하고, 예수를 귀신 축출자로 인정하는 다른 문헌들이 있는데, 우리는 예수의 귀신 축출 사역에 대한 초기 반응들의 복원에서 이 문헌들을 무시하지 않을 것이다.

    먼저, 우리는 지금 역사적인 탐구를 수행하고 있으며, 따라서 20세기를 사는 우리의 상황에서 귀신 축출자인 예수를 어떻게 이해하거나 범주화해야 하는지를 묻는 것이 아니라, 예수와 동시대의 사람들이 그에게 어떻게 반응했으며, 그를 이해했는지를 묻고 있다는 점을 강조할 필요가 있다.

이 일을 위해서 먼저 우리는 복음서의 자료들이 예수의 청중들이 그에게 보인 반응에 대해서 우리에게 무엇을 말해줄 수 있는지 보기 위해 예수의 귀신 축출과 관련된 복음서의 자료들을 분석해야 한다. 두 번째로, 성경 외부의 자료들의 도움을 받아서, 우리는 1세기와 2세기의 사람들이 귀신 축출자 예수를 어떻게 평가하고 범주화했는지에 대한 몇 가지 제안들을 비판적으로 평가할 것이다.1)

---

1) 참조. Borg, *Theology Today* 45 (1988), 280-292 그리고 B. J. Lee, *The Galilean Jewishness of Jesus* (New York: Paulist, 1988).

22장 · 예수의 청중

    귀신 축출자 예수에 대한 복음서의 자료들을 면밀하게 조사해보면, 크게 나누어서 네 가지 반응이 그 안에 들어 있는 것을 볼 수 있다. (1) 예수의 귀신 축출이 보는 이들을 *두렵고 놀라게* 했다는 말이 자주 등장한다.막1:27/눅4:36; 막5:14/마8:33/눅11:14 (2) 예수의 귀신 축출의 결과로 주변에 있던 사람들이 예수가 *미쳤고 귀신들렸다*고 말했다는 전승이 이따금 등장한다.막3:21,30; [요7:20; 8:48; 10:20] (3) 어떤 이들은 그가 귀신을 쫓아낸 것이 *바알세불을 힘입었기 때문*이라고 말했다.막3:22/마12:24/눅11:15 그리고 (4) 또 다른 이들은 귀신 축출자인 예수가 *메시아*라는 결론에 도달했다고도 한다.마12:23 이제 우리가 해야 할 일은 이러한 견해들을 기록한 복음서 기록의 역사성과 의미를 평가하는 것이다. 우리는 먼저 여기에서 두 가지 견해를 다루게 될 것인데, 그 비중 때문에, 다른 두 가지 견해들은 아래의 단락에서 개별적으로 다루게 될 것이다.

    1. 예수의 귀신 축출에 대한 반응인 *두려움과 놀람.*막1:27/눅4:36; 막5:14/마8:33/눅8:34 마12:23/눅11:14 이 반응은 종종 기적 이야기들의 전형적인 종결 모티브로 여겨지기도 한다.[1] 3장에서 마가복음 1장 27절에 대해서 논할 때 이러한 가정에 상당한 의구심을 나타내기도 했지만, 복음

---

1)Loos, *Miracles*, 131면 이하와 Theissen, *Miracle*, 69-71에서 인용하는 것들을 보라.

서 이야기들에 들어 있는 이러한 요소들의 역사성에 대해서는 판단을 내릴 수 없었다.

이 문제를 다룸에 있어서 앞으로 해야 할 일은 주변 사람들에게 두려움과 놀람을 불러일으킬 만한 어떤 것이 예수의 귀신 축출에 있었는지를 따져보는 것이다.

(a) 마가복음 1장 27절 – "다 놀라" – 과 관련해서 테일러Taylor는 유대인들에게 귀신 축출이 낯설지 않았을 것이기 때문에 $\theta\alpha\mu\beta\epsilon\omega$땀베오, "놀라다"가 오히려 눈길을 끈다는 점을 인정한다. 그러나 테일러는 이어서 "놀란 것은 예수가 … 아무런 마술 주문을 사용하지 않고 말씀으로 더러운 영들을 쫓아낸 때문이다"고 주장한다.[2] 예수가 사용한 방법이 단지 말씀뿐이었다는 테일러의 생각은 백부장이 예수에게 "말씀만 하시면" 자신의 하인이 나을 것이라고 부탁하는 마태복음 8:8/누가복음 7:7절에서 기인한 것으로 보인다.참조. 마8:16 그리고 눅4:36 하지만, 지난 장에서 우리는 이미 예수가 "마술 주문" 혹은 "주문"을 귀신 축출에서 사용했음을 살펴보았다.

(b) 우리는 또한 예수가 귀신 축출에서 보조도구를 사실상 사용하지 않는 것이 전승에서 삭제된 특징이 아니었음을 살펴보았다.4부 비록 말씀으로만 치유하는 것이 예수에게 유일무이한 것은 아니었을지라도, 예수의 귀신 축출을 지켜본 사람들에게는 놀랄만한 이유가 되었을 수도 있다는 점을 살펴보았다. 예수의 간결한 치유 방법도 마찬가지 역할을 했을 수도 있다.

(c) 마가복음 5장 14절을 보면 내리 달리는 돼지 떼를 보고 목자들이 도망갔다고 기록하고 있다. 돼지 떼 에피소드가 이 귀신 축출 이야기에

---

[2] Taylor, *Mark*, 176. 한편 Taylor는 Fascher, *Die formgeschichtliche Method*, 127면 이하를 인용한다.

포함되어 있는 것을 볼 때, 이 귀신 축출 때문에 그런 반응이 일어날 수밖에 없었다는 것은 당연한 것이다. 그러나 이 사건 때문에 두려워했다는 언급은, 우리가 이미 살펴보았듯이7장, 편집에 의한 것으로 볼 수 있다.

(d) 비록 예수가 사용한 방법과 동일한 사례들이 존재하기는 하지만, 지난 장에서 우리는 비슷한 치유를 소개하는 문헌이 있다는 보고가 거의 없다는 점을 살펴보았다. 따라서 군중은 그러한 귀신 축출자를 혹은 그렇게 성공적으로 귀신 축출을 하는 사람을 본 적 없었을 것이다.

결론적으로, 우리는 예수가 행한 것과 같은 귀신 축출이라면, 특히 그것에서 비범한 특징들이 종종 나타났기 때문에, 보는 이들을 두려움을 느끼게 하고 놀라게 했을 수 있음을 알 수 있다.

2. 미쳤다 그리고 귀신 들렸다.막3:21,30: [요7:20: 8:48: 10:20] 마가는 바알세불 논쟁을 시작하면서, "그와 함께 하던 자들이"those with him, οἱ παρ' αὐτοῦ[호이 파르 아우투] 예수가 "미쳤다"ἐξέστη, 엑세스테고 말했다고 기록한다.3) "그와 함께 하던 자들"이 예수의 친구들인지 혹은 가족인지를 밝히려고 우리가 매달릴 필요는 없지만, 마가는 이 문구를 통해서 "가족"을 나타내려 했던 것이 분명하다.3:31을 보라4) 이러한 비난이 예수의 삶의 상황까지 거슬러 올라간다는 것은 교회가 전승에 집어넣은 것일 가능성이 거의 없다는 것을 가리킨다. 사실상, 마태12:22: 참조. 46절 이하와 누가11:14: 참조. 8:19절 이하는 그 사건을 언급하지 않는다.10장 참조 이러한 비난의 역사성에 대한 확신은 유대인들이 예수가 미쳤다μαίνε

---

3) H. Wansbrough는 "미쳤"던 것은 군중이었다고 주장한다("Mark 3.21 – Was Jesus out of his Mind?" *NTS* 18 [1972], 133면 이하). 그러나 κρατῆσαι(크라테사이)가 "진정하다"라는 의미일 가능성은 전혀 없다. 참조. Dunn, *Jesus*, 384, 주석 115; D. Wenham, "The Meaning of Mark 3.21", *NTS* 21 (1974-5), 295면 이하; Nkwoka, *Biblebhashyam* 15 (1989), 205-221은 이 구절 안에 열광주의에 대한 비난이 잘못 들어와 있다고 본다.
4) E. Best, "Mark 3.20, 21, 31-35", *NTS* 22 (1975-6), 309-319; Guelich, *Mark* I, 172.

ται, 마이네타이고 비난하는 요한복음 10장 20절에 나오는 독립적인 전승을 고려할 때 더욱 견고해진다.

그러나 마가복음 3장 21절에 나오는 이러한 비난이 본래 예수가 귀신 축출자로 활동하는 것과 어떤 관련이 있었던 것일까? 요한복음에는 귀신 축출 이야기가 전혀 나오지 않지만, 미쳤다는 비난이 나온다. 그러나 요한은 일관되게 예수의 활동에 대한 모든 비난을 그의 가르침에 대한 것으로 바꾸어버린다. 때문에 이 점에 대한 요한의 증언의 가치에 대해서는 확신할 수는 없다.

결국 마가복음에서 해결책을 찾아야 한다. 바알세불 논쟁은 확실히 귀신 축출자인 예수와 연결되어 있다. 3장 19b-21절에 있는 비난들은 현재 마가복음에 있는 그 위치에 있었음이 매우 확실하다. 첫째로, 이 구절들이 마가의 편집에 의한 것임을 보여주기는 하지만,5) Q마12:22-23/눅11:14도 바알세불 논쟁의 도입부분에 기적에 대한 언급을 한다. 둘째로, 마가가 기록하는 바알세불 관련 비난3:22 중의 하나가 *귀신 들림*10장 참조이고, 귀신 들림이 미친 것과 동일한 것으로 여겨졌다는 것을 감안하면,6) 3장 21,22그리고 30절이 본래 같은 이야기에 속한 것이 아니었음에도, 함께 등장하는 이유를 이해할 수 있다.

우리는 왜 예수를 지켜보던 자들이 그가 귀신들렸다고 비난했는지, 그리고 예수의 귀신 축출을 사탄의 하수인으로 활동하는 것이라고 비난했는지 그 이유를 살펴볼 필요가 있다.막3:22/마12:24/눅11:15

예수가 자신의 권능의 원천을 밝히거나 "하나님의 이름으로" 귀신을 쫓아내지 않았다는 이유로 예수를 사탄과 한 패라고 비난하는 것은 불가능했다. 랍비 전승을 보더라도 자신의 권능의 원천을 밝히지 않았

---

5) Pryke, *Style*, 12. 참조. Best, *NTS* 22 (1975-6), 309면 이하를 보라.
6) Anderson, *Mark*, 121; 요10:20; (행12:15절 이하). Josephus,『유대 고대사』 6.168을 보면, 귀신이 나간 사울에 대해서 "제정신으로 돌아왔다"고 말한다. Vermes, *Jesus*, 64-65도 보라.

지만, 공동체에서 추방당하지 않았던 또 다른 유대인 귀신 축출자가 있었다는 것을 알 수 있다. b. Me˙il. 17b에 나오는 랍비 시므온

아마도 우리가 찾는 대답은 예수의 사역을 더 폭넓게 전반적으로 살펴봄으로써 예수가 종교 권력자들과 겪었을 어려움들을 확인했을 때 발견하게 될 것이다.

(a) 뒤에서 우리는 예수가 하시디즘을 따르는 카리스마적 인물들 ḥasidic charismatics과 몇 가지 점에서 유사한 점이 있는 것으로 비춰졌을 수도 있다는 점을 제안하게 될 것이다.26장 참조 과거에는 이러한 카리스마적 인물들이 엄격한 바리새파라는 주장이 제기되곤 했다.7) 가장 최근에는 하시디즘이 아주 개인적인 것으로 그리고 뿐만 아니라 가끔은 널리 확산되는 것을 거부했던 것으로 그리고 바리새파와는 다른 것으로 인식되었다.8) 베르메스는 카리스마적 유대교와 제도적 유대교 사이에 이러한 긴장감이 존재하는 데에는 두 가지 이유가 있다고 말한다.

첫째로, 하시디즘은 행습behaviour과 종교적인 관례religious observance 의 문제를 정형화conform하려 하지 않는다.9) 복음서를 통해서 우리가 아는 예수는 행습과 종교적 관례에서 전적으로 전통적이지는 않다. 예를 들어서, 예수는 평판이 좋지 않은 여성과 동료인 것으로 비춰진다. 예. 눅 7:36-50 뿐만 아니라 예수는 안식일 법을 무시하며예. 막3:1-5 모세의 율법에 저항하는 것으로 비춰진다.예. 마5:38-39 마가복음 7장 1-23절을 보면, 예수는 제의적 정결에 대한 바리새파의 규례를 공격하는 것으로 보인다.

---

7) 예. A. Büchler, *Types of Jewish-Palestinian Piety* (London: Jews College, 1922), 264.

8) S. Safrai, "Teaching of Piestists in Mishnaic Literature", *JJS* 16 (1 and 2, 1965), 15-33. 참조. Flusser, *Jesus*, 56; Neusner, *Traditions* III, 314. Vermes, *Jesus*, 80 그리고 주석 109, 110도 이 내용을 인정하며 인용한다.

9) Vermes, *Jesus*, 80; 참조. Green, *ANRW* II.19.2 (1979), 625, 646-647 그리고 Jeremias, *Theology*, 226도 보라.

둘째로, 카리스마적 인물들은 그들이 통제받지 않는 권위를 갖고 있다는 느낌 때문에 긴장감을 불러일으켰다. 베르메스의 말을 인용해보자. "'카리스마적 인물들'에게 있던 하나님과의 비공식적인 친밀함과 자신들의 말의 효력에 대한 확신은…기존의 경로를 통해 권위를·확보한 사람들의 미움을 받았다."10) 예수의 사역에서 볼 수 있는 이러한 사례로, 중풍병자가 용서받은 이야기막2:1-12와 성전을 정화한 이야기막 11:15-19/마21:12-17/눅19:45-48 그리고 요2:13-25를 들 수 있다. 그리고 예수는 대중의 기대에도 불구하고, 하나님에 대한 자신의 지위를 입증할 기적 보여주기를 거절한 것으로 전해진다.마12:38-42; 눅11:29-32 11)

(b) 더 나아가서, 예수의 공인되지 않은unauthenticated 혹은 아마도 스스로 부여한 권위에 입각한self-authenticating 부름에 응답한 자들 중에는 그의 가족조차 들어 있지 않았으며, 간혹 종교적으로, 정치적으로 그리고 사회적으로 버림받은 자들이 포함되어 있었다. 따라서 키Kee의 다음과 같은 말 속에서 그러한 비난을 받은 배경의 일부를 발견할 수

---

10) Vermes, *Jesus*, 80. 참조. Hollenbach, *JAAR* 49 (1981), 577.
"… 비록 대부분의 치유자들이 존경받고, 자신들 스스로를 그들 사회의 종으로 생각하지만, 소수의 사람들은 이러한 통합의 범주를 넘어서고 그로 말미암아 사회의 안정성을 위협하게 된다."
이 주장은 A. Kiev (ed.), *Magic, Faith, and Healing: Studies in Primitive Psychiatry Today* (New York: Free, 1964), 460-462의 견해에 의존한다.

11) 메시아가 기적을 일으키는 사람이거나 카리스마적 인물이어야 한다고 기대했던 것은 아니다. Schürer, *History* II, 525, 주석 42를 보라. "[메시아가 자신의 정체를 기적이라는 방법으로 입증할 것이라는] 이러한 견해는 랍비 문헌에는 없다. '…메시아가…기적을 행하는 사람이라는 말은 탄나이트 문헌 어디에도 없다.' (J. Klausner, *The Messianic Idea in Israel* [1904, New York: Macmillan, 1955], 506)." 오히려, 하나님과 특별한 관계를 주장했기 때문에 그것을 입증할 표적을 요구받았을 것으로 보인다. *b. Sanh.* 98a를 보라. 여기에서 랍비 요세 벤 키스마, 바벨론 사람 아모라, 그리고 그의 제자들이 오고 계시는 메시아로 말미암아 일어날 표적에 대해서 논의한다. 그리고 *b. B. Meṣ.* 59b에서는 랍비 엘리에제르의 가르침이 하늘에서 들려온 음성 덕분에 인정받는다(위의 19장 주석 26에서 인용됨). 참조. 마11:2-6/눅7:18-23; Josephus, 『유대 고대사』 20.97(거짓 예언자 드다가 "자신은 예언자였으며 자기의 명령으로 강이 갈라질 것이라고 말했다"고 기록한다); *b. Sanh.* 93b는 "냄새로 판단"하지 못해서 실패한 자칭 메시아인 바 코지바(Bar Koziba)에 대해 언급한다. 그리고 A. B. Kolenkow, "Relationship between Miracle and Prophecy in the Greco-Roman World and Early Christianity", in *ANRW* II.23.2 (1980), 1482-1491을 보라.

있다. "사람들이 제공한 신임장도 없고 기존 사회구조의 지원도 받지 못하는 이 예언자는 그가 속한 문화의 종교적이며 사회적인 기구들 모두에게 심각한 위협이다."12)

(c) 예수는 갈릴리 사람이었다. 갈릴리 사람들은 독립적이었으며, 공격적이었고 호전적인 사람들이었다. 요세푸스는 그들이 "항상 모든 적대적인 침입에 저항했는데, 왜냐하면 그 주민들은 갓난아이 때부터 전쟁에 단련되었기 때문이다"고 말한다.『유대 전쟁사』3.41 13) 베르메스는 예루살렘에서, 그리고 유대인 집단들 중에서 갈릴리 사람들은 순진한 사람들이라는 평을 들었다는 점을 우리에게 일러준다. "랍비들이 쓰는 상투적인 말을 보면, 갈릴리 사람은 일반적으로 *Gelili shoteh*, 즉 어리석은 갈릴리 사람으로 불린다. 갈릴리 사람은 전형적인 '농사꾼'이며, 시골뜨기이고, 암 하레쯔 *'am ha-arez*, 즉 종교적으로 무식한 사람으로 소개된다."14) 이런 맥락에서 우리는 마가복음 3장 22절에서 예수를 비판하는 자들이 예루살렘에서 올라온 서기관들이라는 언급을 주목하게 된다.

뿐만 아니라, 우리는 요세푸스가 예수 운동에 대해서 말한 것도 주목해야 한다. 사도행전 5장 34-39절을 보면, 예수와 그의 제자들이 대중적 메시아 운동을 일으켰던 드다Theuda와 갈릴리 사람 유다Judas the Galilean와 비교된다.15) 요세푸스는 유다와 드다대부분의 학자들은 사도행전

---

12) Kee, *Miracle*, 158.

13) S. Freyne, "The Galileans in the Light of Josephus' *Vita*", *NTS* 26 (1980), 397-413를 보라. 그는 갈릴리가 1세기의 군사적 혁명들의 본거지였다는 생각을 수정해준다. 그는 요세푸스가 갈릴리 사람들을 자신을 적극적으로 편드는 호전적인 지지자들로서, 이들의 임무는 갈릴리의 평화를 보존하는 것이었다고 묘사한다고 주장한다. 여기에서 우리는 예수가 결국 메시아적 선동가로 십자가에서 처형되었다는 불트만의 결론에 주목할 필요가 있다. *Jesus and the Word*, 29.

14) Vermes, *Judaism*, 5. 암 하레쯔에 대해서는 A. Oppenheimer, *The 'Am Ha-aretz: A Study in the Social History of the Jewish People in the Hellenistic-Roman Period* (Leiden: Brill, 1977)을 보라.

15) "갈릴리 사람들은 정말로 혁명적이었는가?"라는 질문에 대해서는, S. Freyne, *Galilee From Alexander the Great to Hadrian* (Wilmington: Glazier and Notre Dame: University of Notre Dame Press, 1980), 208-255에 있는 동일한 제목의 장을 보라.

에 나오는 드다와 동일 인물로 보지만, 모든 학자가 여기에 동의하는 것은 아니다16)를 노골적으로 비난한다. 요세푸스는 드다를 γόης고에스, "사기꾼", "불량배" 혹은 "협잡꾼"이며, 그가 사람들을 속였다ἀπτάω, 아프타오는 소문이 있다고 말한다.『유대 전쟁사』 20.97-99 이러한 파괴적인 지도자들과 운동들을 다루는 단락에서, 요세푸스는 예수와 그의 제자들에 대해서도 말한다. "이즈음에, 정확하지는 않지만 예수라는 현자가 살았다 … 왜냐하면 그는 놀라운 일들을 행했으며 생소한 그 진리를 기쁘게 받아들이는 그런 사람들의 선생이었다"『유대 전쟁사』 18.63절 이하 그리고 유대 정부의 견해만이 아니라 로마 정부의 견해까지 고려하던 요세푸스가 다음과 같은 말을 했는데, 이는 예수 운동을 염두에 두었다고 보는 것이 가장 타당할 것이다. "… 나는 내 조국이 겪은 불행에 대해 내 개인적인 감정을 감출 수 없으며, 내 개인적인 연민을 드러내지 않을 수 없다. 왜냐하면 시민들의 폭동 때문에 그러한 파괴가 초래된 것이며, 로마군이 어쩔 수 없이 성전에 침범하게 된 것은 유대의 폭군들tyrants, τύραννοι[뛰란노이] 때문이었다 …"『유대 전쟁사』 1:10 17)

그의 존재가 사회적으로 그리고 종교적으로 비정상적이며, 그리고 그가 잠재적으로 전복적인 운동으로 이끌고 있다고 여겨지던 것에 비추어 본다면, 예수가 기존질서에 상당한 위협을 주는 존재로 보였을 것이다. 따라서 예수가 종교 권력자들과 불화하게 되고 가장 심한 비난으로 저주받았다는 것은 놀라운 일이 아니다. 그가 귀신을 축출하면서 하나님이 아니라 바알세불 혹은 사탄의 하수인으로서 그런 일을 했다는 것이다.18)

---

16) Bruce, *Acts* (1952), 147 그리고 Haenchen, *Acts*, 252를 보라.
17) 이 구절들과 이 구절들의 재구성에 대한 더 자세한 것은 Twelftree in Wenham (ed.), *Gospel Perspectives* 5, 289-308을 보라.
18) 참조. Vermes, *Jesus*, 82: "할라카가 랍비 유대교의 중심이 되었기 때문에, 예수, 하니나, 그리고 다른 이들이 대중에게 종교적인 인기를 받았지만, 서서히 그러나 확실하게 참된 존경의

결론적으로, 본래의 목격자들은 귀신 축출자인 예수를 신앙적으로 비정상적이라고, 즉 귀신들렸다거나 사탄에 의해서 움직인다고 비난했을 가능성이 가장 크다.19) 신앙적으로 비정상이라는 비난이 사탄에 의해 조종되고 있다는 말과 같은 말이기는 하지만, 귀신 축출자인 예수가 미친 사람으로 간주되었는지에 대해서는 확신할 수 없다. 그의 귀신 축출이 청중들에게 두려움과 놀라움을 느끼게 해주었다는 점은 이미 살펴본 바와 같다.

영역에서 밀려나는 것은 불가피한 일이다." 그리고 Green, *ANRW* II.19.2 (1979), 646도 보라. "처음 두 세기의 수많은 증거는 기적을 일으키는 능력을 내세우는 카리스마적 인물들은 초기 랍비운동과 대립했으며 그 운동 내에서 거의 아무런 역할도 하지 못했다는 것을 보여준다. 하나님은 기적을 행하실 수 있다. 그러나 초기 랍비들은 그럴 수 없었다."

19) 이러한 결론은 *ANRW* II.16.1 (1978), 429에 나오는 J. Z. Smith의 연구와 일맥상통한다..
"나는 귀신들림에 대한 해석의 출발점으로 분류학 문제에 관심을 두는 메리 더글라스와 다른 학자들이 제기한 것으로서 최근에 관심을 끄는 일종의 모델을 제안할 것이다. 부정적 유의성(negative valence)은 정해진 자리에서 벗어난 일들(혼돈, 반역, 동떨어짐) 혹은 있어야 할 곳 외부에서 발견되는 일들(혼성, 비정상, 인접성)에 속한 것이다."
여기에서 스미스는 M. Douglas, *Purity and Danger: An Analysis of Concepts of Pollution and Taboo* (Harmondsworth: Penguin, 1970) 그리고 특히 R. Bulmer, "Why is the Cassary not a Bird?" *Man* (n.s.) 2 (1967), 5-25를 인용한다.

23장 · 메시아?

예수의 귀신 축출을 지켜본 사람들은 예수가 메시아라는 생각을 하게 되었을까?[1) 비록 이 질문이 실제로는 앞 장의 내용에 속한 것이기는 하지만, 이 문제가 기독론과 신학에서 차지하는 비중 때문에 따로 분리해서 다루고자 한다. 이사야 32장 1-20절 같은 구약성경의 구절들을 보고 메시아가 귀신 축출자일 것이라는 기대를 갖는다는 것은 거의 불가능하다. 그러나 예수의 귀신 축출이 그가 메시아라는 증거인가라는 질문은 예수가 귀신들린 자를 치유하는 것을 본 군중이 "이는 다윗의 자손이 아니냐?"라는 반응을 보인 것으로 상세하게 기록한 마태복음 12장 23절로 말미암아 더욱 명료해진다.[2)

그럼에도, 우리가 바알세불 논쟁 단락을 검토하면서, 10장에서 우리는 군중의 이러한 환호가 마태의 편집 작업에서 기인한 것으로 결론을 내렸다. 따라서 예수의 귀신 축출이, 최소한 군중에게는, 그가 메시아

---

1) 1세기의 메시아 기대에 대한 논의에 대해서는 Leivestad, *Jesus*, 5장; J. Neusner, W. S. Green and E. S. Frerichs (eds.), *Judaism and their Messiahs at the Turn of the Christian Era* (Cambridge, UK and New York: Cambridge University Press, 1987); I. M. Zeitlin, *Jesus and the Judaism of His Time* (Cambridge, UK: Polity, 1988), 38-44를 보라.

2) 복음서에서 "메시아"와 "다윗의 자손"을 동의어로 사용하는 것에 대해서는, G. F. Moore, *Judaism in the First Centuries of the Christian Era* 2 vols. (Cambridge, M. A.: Harvard University Press, 1946), II, 329 그리고 각주들; R. H. Fuller, *The Foundation of NT Christology* (London and Glasgow: Collins/Fontana, 1969), 111면 이하를 보라. 그리고 막3:11을 보라.

라는 것을 나타내거나 입증하지 못했다는 것이 자연스러운 결론일 것이다. 그러나 이 문제를 그런 식으로 내던져둘 수는 없는데, 왜냐하면 마태가 예수에 대한 그러한 반응에 대한 더욱 초기의 전승을 반영할 수도 있기 때문이다. 또한, 많은 학자의 연구가 그 당시의 메시아에 대한 소망은 메시아가 귀신들을 쫓아낼 것이라는 기대도 포함한다고 주장한다.[3] 따라서 그 질문은 여전히 유효하다. 예수의 귀신 축출이 예수의 청중들로 하여금 예수가 메시아라는 결론을 내리게 했는가?

두 가지 점만 확실하다면 이 질문에 긍정적으로 대답할 수도 있었을 것이다.

첫째로, 메시아가 악한 영들을 제거할 것이라는 기대가 있었다는 주장이 제기되고 있다. 그렇다면 예수의 귀신 축출이 그러한 기대의 성취로 보였을 수도 있다는 가정이 가능하다. 위의 각주 2를 보라 그 증거로 인용될 수 있는 것들은 다음과 같다. 레위의 유언Testament of Levi 18:11절 이하; 유다의 유언Testament of Judah 25:3; 스불론의 유언Testament of Zebulon 9:8; 단의 유언Testament of Dan 5:10절 이하; 르우벤의 유언 Testament of Reuben 6:10-12; 모세 승천기Assumption of Moses 10:1, 3; *Sifra of Leviticus* 26:6; *Pesiqta Rabbati* 36; 제1 에녹서1 Enoch 10:4 그리고 55:4.

둘째로, 마태복음 12장 23절을 고려하고 – "이는 다윗의 자손이 아니냐?" – 그리고 솔로몬이 귀신과의 싸움에 전문가였다는 전승을 생각한다면, 이 문맥에서 "다윗의 자손"이 어떻게 해서 오시는 이Coming One에 대한 가장 적합한 칭호로 여겨질 수 있었는지 이해할 수 있다. 여기에 더해서, "다윗의 자손" 칭호가 가장 초기 전승에 속하는 것이며

---

3) Str-B IV, 534면 이하; Russell, *Method*, 287; Barrett, *Spirit*, 57면 이하; P. Volz, *Die Eschatologie der jüdischen Gemeinde im neutestamentlichen Zeitalter* (Hildescheim: Olms, 1966), §31; Schürer, *History* II, 526-529; Sanders, *Jesus*, 161.

팔레스타인 바깥에서는 거의 사용된 적이 없다는 점을 덧붙일 수 있다.[4] 그리고 이 칭호가 기독교 시기 이전에 어떤 역사를 갖고 있는지 불확실하지만,[5] 1세기 후반에 랍비들 사이에서 이 칭호가 사용되었다는 증거는 일부 존재한다.[6]

그러면 우리는 이러한 증거에 대해서 어떻게 평가할 수 있을까? 예수의 귀신 축출이 예수가 메시아였다는 것을 보여주었는가?

첫째로, 우리는 귀신 축출과 관련해서 "다윗의 자손"이 사용되는 것을 고찰해볼 수 있다. 우리가 알기로, "다윗의 자손" 칭호가 기독교 이전의 문헌에서 처음으로 그리고 유일하게 등장하는 곳은 솔로몬의 시편Psalms of Solomon 17장 21(23)절이다. "그들을 위하여 그들의 왕, 다윗의 자손을 일으키소서."[7] 사무엘하 7장을 바탕으로 삼고 있는 17장 21(23)-46절을 보면,[8] 하나님께서 이방의 지배를 끝내고, 예루살렘을 다시 되찾고 이방인에게서 그것을 정화시킬 것이며, 정결과 의로 통치할, 한 왕을 일으키실 것이라는 소망이 나온다. 그러나 귀신 축출에 대한 혹은 귀신들을 처리하는 것에 대한 언급은 전혀 없다. 사해사본인 4QFlorilegium4Q174은 구약성경에 있는 몇 가지 종말론적인 본문에 대한 미드라쉬의 모음집인데, 여기에 "다윗의 어린 가지"에 대한 언급이

---

4) Burger, *Davidssohn*, 41. 마태가 이 칭호를 사용하는 것에 대해서는, J. D. Kingsbury, *Structure*, 99-103 그리고 인용하는 문헌들을 보라. 또한 B. M. Nolan, "The Figure of David as a Focus for the Christology of Matthew", *Scripture Bulletin* 12 (1981), 46-49 그리고 W. R. G. Loader, "Son of David, Blindness, Possession, and Duality in Matthew", *CBQ* 44 (1982), 570-585; D. J. Verseput, "The Role and Meaning of the 'Son of God' Title in Matthew's Gospel", *NTS* 33 (1987), 532-556; J. Bowman, "David, Jesus the Son of David and Son of Man", *Abr-Nahrain* 27 (1989), 1-22를 보라.

5) D. C. Duling, "The Promises to David and their Entrance into Christianity – Nailing Down a Likely Hypothesis", *NTS* 20 (1973-4), 68면 이하.

6) Klausner, *The Messianic Idea*, 392.

7) Dalman, *Words*, 317; Fuller, *Christology*, 33; Str-B I, 525. 솔로몬의 시편은 BC 1세기 중반에 기록되었다. O. Eissfeldt, *The OT: An Introduction* (Oxford: Blackwell, 1965), 613 그리고 R. B. Wright in *OTP* 2, 640-641.

8) Dalman(*Words*, 317)은 사실상 칭호는 사9:5 (70인역); 11:10; 렘23:5; 33:15절 같은 구절들에 의존하는 것으로 보인다고 말한다.

있다.1:11 그러나 이 인물의 역할 중에 귀신 축출이나 악한 영적 존재를 쳐부수는 것에 대한 언급은 없다. 이 인물과 악의 멸망과 약간의 연관성이 있을 수도 있는데, 왜냐하면 1장 7-9절에서 사무엘하 7장 11b절 "너를 너의 원수에게서 벗어나 쉬게 하리라"이 종말의 때에 주님께서 벨리알의 모든 자손에게서 벗어나 쉼을 주시는 것으로 해석되기 때문이다.9) 랍비 자료도10) 다윗의 자손이라는 인물을 자주 언급하지만, 귀신 축출이나 사탄과 귀신들을 물리치는 것과는 결부시키지 않는다.

만약에 우리가 다른 측면에서 이것을 바라본다면, 메시아가 악한 영들과 싸우실 것이라는 기대는 "다윗의 자손"이라는 용어나 칭호와 상관이 없다는 것을 보게 될 것이다. 이 칭호가 "솔로몬의 유언"예. 1:5-7 에서는 귀신들을 통제하는 것과 관련해서 사용된다. 그러나 이것은 전체적으로 그리스도인들이 완전히 개정한 것이기 때문에, 기독교 이전의 메시아에 대한 기대의 성격을 규정하는 데에는 사용할 수 없다. 따라서 메시아를 언급하는 문맥에서 이 칭호가 기독교 이전에 사용된 것이 분명한 때에도 귀신 축출이나 귀신을 처리하는 것과는 관련이 없다.

신약성서 시대에 기록된 유대교 문헌에서 "다윗의 자손"이라는 인물이 귀신 축출자가 될 것이라거나 어떤 방식으로든 악의 멸망과 직접적으로 관련 있을 것이라는 기대가 나타나지 않는다고 해서 놀랄 일은 아니다. 왜냐하면 최소한 랍비 유대교에서는 종말론적 인물의 인격이나 과업에 관심을 두기 보다는 그와 함께 그리고 그를 통해서 종말이 온다는 사실에 더욱 관심을 두었기 때문이다.11)

우리가 이미 살펴본 바와 같이, 이 칭호는 솔로몬의 시편 이후로 유

---

9) 이 본문에 대한 자세한 연구를 위해서는, G. J. Brooke, Exegesis at Qumran: *4QFlorilegium in its Jewish Context* (Sheffield: JSOT, 1985)를 보라.
10) Dalman, *Words*, 317; Str-B I, 525 그리고 Bousset and Gressmann, *Die Religion*, 226-227에서 인용되는 것들.
11) 참조. Lohse, *TDNT* VIII, 481.

대 문헌에서 자주 사용된다. 따라서 이 칭호를 특별히 기독교적 칭호라고 볼 수는 없다.12) 그러나 이 칭호와 치유하는 메시아와의 연결은 마태 전승에 보존된 기독교의 창안으로 보인다.마9:27; 12:23; 15:22; 20:30,31 그리고 『성서고대사』 60이 어렴풋이 암시하고 "솔로몬의 유언" 전체가 명시하듯이, "다윗의 자손"이라는 칭호가 강력한 치유의 의미를 가진 유용한 메시아 칭호였기 때문에,13) "다윗의 자손"과 귀신 축출의 창의적 연결이 발생했던 것이다. 따라서 간략하게 말해서, 기독교에서 "다윗의 자손"이라는 칭호를 사용하기 이전에는 오실 메시아에 대한 기대가 사탄과 귀신들을 처치하는 것과 연결된 적이 없다. 따라서 이 시대에 기록된 증거는 예수를 지켜보던 사람들이 예수의 귀신 축출을 보고 즉각적으로 마태복음 12장 23절에 나오는 환호하는 반응을 보였을 가능성을 지지해주지 않는다.

둘째로, 예수의 귀신 축출이 청중들에게 그가 메시아라는 것을 보여주었는지의 여부를 확인함에 있어서, 우리는 대망하는 메시아가 사탄과 그의 일을 멸망시킬 것이라는 증거로 인용되어 온 문헌들을 검토해야 하는데, 이를 통해서 그 문헌 안에 메시아가 귀신 축출자일 것이라는 기대가 포함되어 있었는지의 여부를 확인하게 될 것이다.

1. 대부분의 증거가 열 두 족장의 유언들Testament of the Twelve에서 나왔다는 것에 주목해야 한다. 이 자료를 기독교가 비롯된 배경의 일부로 사용하기에는 어느 정도 신중을 기할 필요가 있다. 왜냐하면 이 열 두 족장의 유언들 안에 그리스도인들이 끼워 넣은 내용들이 있다는 것

---

12) *Pss. Sol.* 17 (참조. Sir 47:11; 1 Macc 2:57); Dalman, *Words*, 317; Fuller, *Christology*, 33 그리고 위의 각주 8을 보라.

13) 참조. Duling, *HTR* 68 (1975), 235-252.

14) *JTS* 6 (1955), 287에 있는 M. de Jonge, *The Testaments of the Twelve Patriarchs: A Study of Their Texts, Composition and Origin* (Assen: Van Gorcum, 1953)에 대한 H. F. D. Spark의 논평이 제공해주는 참고문헌들을 보라. 유언서들에서 인용한 것들은 *OTP* 1에서 가져온 것이다.

이 오랫동안 받아들여졌기 때문이다.14) 현재 이 유언서들의 기원에 대한 논의가 활발하게 진행되는데, 데 존쥬de Jonge의 연구에서 이 논의가 처음으로 시작되었다.15) 이 논의는 이 단락의 앞부분에서 인용했던 유언서들에서 뽑아낸 구절들이 기독교에서 창작한 것인지의 여부를 확인할 필요가 있는 경우로 제한 할 것이다.

> 르우벤의 유언 6:10-12.
> "겸손한 마음으로 레위를 가까이하라. 그럼으로써 그의 입으로부터 축복을 받을 수 있을 것이다. 그는 이스라엘과 유다를 축복할 것이다. 그를 통하여 주께서 모든 백성이 보는 앞에서 통치하시기로 정하셨기 때문이다. 그의 후손 앞에 엎드리라. 그의 자손이 보이는 전쟁과 보이지 않는 전쟁에서 너를 위하여 죽을 것이기 때문이다. 그리고 그는 너희 중에서 영원한 왕이 되실 것이다."

우리는 이 구절을 증거에서 배제해야 한다. 사탄과 귀신들을 무찌른다는 언급이 분명치 않기 때문이다. 어쨌든 6장 5-12절 단락은 후대의 편집으로 보인다.16) 그리고 12절에 있는 영원한 왕이 보이는 전쟁과 보이지 않는 전쟁에서 죽는다는 어색한 언급은 예수를 가리키는 것으로 보인다.

---

15) de Jonge, *Testaments*. 현재 진행되는 논의에 대해서는, J. Becker, *Untersuchungen zur Entstehungsgeschichte der Testamente der zwölf Patriarchen* (Leiden: Brill, 1970); M. de Jonge, "The Interpretation of the Testaments of the Twelve Patriarchs in Recent Years", in M. de Jonge, *Studies on the Testaments of the Twelve Patriarchs: Text and Interpretation* (Leiden: Brill, 1975), 183-192; H. D. Slingerland, *The Testaments of the Twelve Patriarchs: A Critical History of Research* (Missoula: Scholars Press, 1977), 특히 6장; M. de Jonge, "The Main Issues in the Study of the Testaments of the Twelve Patriarchs", *NTS* 26 (1980), 508-524; H. W. Hollander and M. de Jonge, *The Testaments of the Twelve Patriarchs: A Commentary* (Leiden: Brill, 1985); M. de Jonge, "The Testaments of the Twelve Patriarchs: Christian and Jewish. A Hundred Years After Friedrich Schnapp", *NedTTs* 39 (1985), 265-275.

16) de Jonge, *Testaments*, 37.

레위의 유언 18:11b-12.

"거룩한 영이 그들 위에 있을 것이다.

그리고 벨리알은 그에 의해 결박될 것이다.

그리고 그는 그의 자녀들에게 악한 영들을 짓밟을 권한을 주실 것이다."

이 장 전체는 유다의 유언 24장과 일치하는 부분이 있는데, 아마도 그리스도를 높이는 찬양으로 보인다.[17] 그리고 6-7절은 예수의 침례를 묘사하는 것처럼 보인다.

"하늘들이 열리고,

영광의 성전으로부터 아버지의 음성으로, 마치 아브라함이 이삭에게 하듯이,

그를 성결케sanctification할 것이다.

그리고 가장 높으신 분의 영광이 그 위에 쏟아질 것이다.

그리고 이해와 성결의 영이 〈물에 있는〉 그의 위에 내릴 것이다"참조. 막1:10-11

"그리고 그의 별이 왕같이 하늘에서 솟을 것이다"3절는 마태복음 2장 2절을 반영하는 것으로 보인다. "그리고 그는 그의 자녀들에게 악한 영들을 짓밟을 권한을 주실 것이다"12b절는 누가복음 10장 19절과 비교할 수 있다. 12a절의 기원은 - "그리고 벨리알은 그에 의해 결박될 것이다" - 판단하기 어렵다. 만약에 이것이 예수가 강한 자를 결박한다는 내용이 나오는 마태복음 12장 29절/누가복음 11장 21절과 비교되는 것이라면, 12a절은 그리스도인이 썼을 가능성이 높다. 그러나 벨리알이 사탄을 가리키는 칭호 중에서 상대적으로 후대의 것이기는 하지

---

17) de Jonge, *Testaments*, 89; 참조. M. Black, "Messiah in the Testament of Levi xviii", *ExpTim* 60 (1948-9), 322.

18) 가장 먼저 등장하는 곳은 「시빌의 신탁」 3:63,73인데, BC 2세기 중반 즈음에 기록된 것이다

만,18) 짧게나마 기독교 이전에도 사용된 역사가 있다.예. 희년서 16:33 19) 모든 것을 고려해서 보자면, 이 구절이 비록 오래된 용어를 갖고 있기는 하지만, 확실히 기독교 이전의 것이라고 보기는 어렵다고 생각한다.

유다의 유언 25:3b
"죄를 짓게 하는 벨리알의 영이 더 이상 없을 것이다. 그는 영원한 불에 던져질 것이기 때문이다."

미혹의 영 혹은 죄의 영πνευμα πλάνη, 프뉴마 플라네스에 대한 언급은 디모데전서 4장 1절과 요한일서 4장 6절을 떠올리게 한다. 사탄을 영원한 불 속에 던져 넣음으로써 멸망시킨다는 생각은 마태복음 8장 29절을 반영하는 것일 수도 있다.참조. 눅12:5 따라서 우리는 여기에 나오는 이 개념들의 기원이 기독교 이전이라고 확신하기 어렵다. 어떤 것이든지 상관없이, 여기에는 특정한 인물이 관여한다는 언급도 없고 귀신 축출이 벨리알을 멸망시키는 방법이라는 사고도 없다.

스불론의 유언 9:8
"그리고 그 후에 의의 빛이신 주께서 친히 너희 위에 나타나시리니, 그의 날개 안에 치유와 긍휼이 있도다. 그는 모든 사람의 자손들을 벨리알로부터 해방하실 것이며, 모든 죄악의 영들을 짓밟을 것이다. 그는 모든 열방을 돌이켜 그를 열망하게 하실 것이다. 그리고 너희는 〈사람의 모습을 하고 있는 하나님〉을 볼 것인데,20) 그는 주께서 택하실 것이다. 예루살렘이 그의 이름이니라."

(J. J. Collins, "The Provenance and Date of the Third Sibyl", *Bulletin of the Institute of Jewish Studies* 2 (1974), 1-18. 참조. G. A. Barton, *ERE* II, 459. W. Bousset, *ERE* I, 587면 이하; R. H. Charles, *The Revelation of St. John* 2 vols. (Edinburgh: T & T Clark, 1920), II, 71면 이하; K. Galling, *RGG* (3rd ed.), I, 1025면 이하; W. Foerster, *TDNT* I, 607.
19) 앞의 각주와 Eissfeldt, *The OT*, 615면 이하 그리고 인용된 문헌들을 보라.

미혹의 영들을 짓밟은 것은 누가복음 10장 19-20절참조. 막16:18; 그리고 위에 있는 유다의 유언 25:3b도 보라을 반영하는 것으로 보인다. 하나님께서 사람의 모습으로 나타나실 것이라는 말은 기독교의 손질로 보인다. 반면에 겔1:26을 보라 벨리알의 멸망에 대한 언급이 기독교 자료인 것으로 보이는 문맥에 나오기 때문에 이 언급이 기독교 이전의 것이라는 확신이 떨어진다.

> 단의 유언 5:10-11a
> "그리고 너희를 위하여 유다 족속과 레위 족속에게서
> 주의 구원이 나타날 것이다.
> 그가 벨리알과 전쟁하실 것이다.
> 그가 우리의 목적인 바 승리의 복수를 허락하실 것이다.
> 그리고 그가 벨리알에게서 사로잡힌 자들, 즉 성도들의 영혼을 취하실 것이다…"

다시 한 번 우리는 두 번째 줄과 그 뒤에 이어지는 10절 후반절 이후의 절들을 기독교 작가들의 것으로 볼 수밖에 없다. 왜냐하면, 데 존 쥬de Jonge가 말하는 바와 같이,

> "… 일반적으로 '그리고 너희를 위하여 유다 족속과 레위 족속에게서 주의 구원이 나타날 것이라' 라는 말 뒤에, 곧바로 이어서 '그리고 그는 벨리알과 전쟁할 것이다…' 가 나온다. 이것이 메시아에 대해서 언급하는 기독교식 구절의

---

20) $\epsilon\nu$ $\sigma\chi\eta\mu\alpha\tau\iota$ $\alpha\nu\theta\rho\omega\pi\sigma\upsilon$(엔 스케마티 안뜨로푸, "사람의 모습을 하고 있는")는 유일하게 한 사본에서만 발견된다(M. de Jonge, *Testamenta XII Patriarcharum* [Leiden: Brill, 1964], 46).

21) de Jonge, *Testaments*, 87, 강조는 de Jonge가 한 것이다; 참조. 92.

시작이다."[21)

따라서 결론적으로 말하자면, 열두 족장의 유언들에서 취한 어떤 구절도 기독교 이전의 메시아 소망을 나타내는 것이라고 확신하는 것이 거의 불가능하다. 뿐만 아니라 벨리알을 멸망시킬 인물에 대한 내용이 항상 등장하는 것도 아니다.

2. *제1 에녹서* 55장 4절은 에녹의 비유의 일부분인데 마지막 심판에 대한 언급을 담고 있다.

> "너는 나의 택한 자가 영광의 보좌에 앉아서 어떻게 아자젤과 그의 동료들, 그리고 그의 군대를 영들의 주님의 이름으로 심판하는지를 보게 될 것이다."

최근까지 37-71장까지는 쿰란에서 발견되지 않았었기 때문에, 일부 학자들은 이 자료의 초기 기원을 의심했다. 그러나 현재 합의된 바는 에녹의 비유들이 유대교의 저작이며 AD 1세기에 작성되었다는 것이다.[22)

최후의 심판에서 택한 자 혹은 메시아는 아자젤과 타락한 천사들을 심판하는 자리에 앉는다. 그러나 여기에서도 마찬가지로, 귀신 축출이 있을 것이라는 언급은 없다. 따라서 우리는 이 본문에서 메시아가 귀신 축출자일 것이라는 기대가 있었다고 결론 내릴 수 없다.

3. 우리는 사탄과 그가 부리는 귀신들을 패배시킬 것이라는 기독교 이전의 메시아에 대한 소망과 관련해서 스트랙과 빌러벡이 인용하는

---

22) J. T. Milik (ed.) *The Books of Enoch* (Oxford: Clarendon 1976), 91; M. A. Knibb, "The Date of the Parables of Enoch: A Critical Review", *NTS* 25 (1979) 345-349; 참조. C. L. Mearns "The Parables of Enoch – Origin and Date", *ExpTim* 89 (1977-8) 118면 이하; E. Isaac in *OTP* 1, 7 그리고 Charlesworth in *Princeton Seminary Bulletin* 6 (1985), 102.

Sifra Leviticus 26.6과 *Pesiqta Rabbati* 36 23)을 검토해 볼 필요가 있다.

"랍비 시므온R. Shim´on이 말했다. 하나님은 언제 영광 받으시는가? 마지킨 Mazziqin[demons]이 하나도 없을 때, 혹은 마지킨이 있지만 아무 해도 끼치지 못할 때? 그래서 시편 92편 1절은 이렇게 말한다: 시, 안식일을 위한 노래. 즉 이것은 세상의 마지킨을 쉬게 하고, 그러므로 그들이 더 이상 해를 끼치지 않는 날을 위한 것이다"Sifra Leviticus 26.6

"그가사탄 그를메시아를 보았을 때, 그는 떨며 그의 얼굴을 떨어뜨리고 말했다. 진실로 이것이 메시아다. 그가 어느 날 나와 세상에 있는 민족들의 모든 천사 장들을 게힌놈Gehinnom으로 집어 던질 것이며…"Pesiqta Rabbati 36

그러나 이 구절들도 모두 기독교 이전의 소망의 본질을 보여주는 증거로 받아들일 수 없다. 앞의 구절은 AD 2세기 중반 이전의 것일 수 없으며24) *Pesiqta Rabbati*는 4세기에서 9세기 사이의 것이다.25)

4. 이제 우리에게 남은 혹시 쓸모 있을지도 모르는 것은 *모세 승천기* 10:1,3뿐이다.

"그때 그의 나라가 그의 모든 피조물을 통해 나타날 것이다.

그때 악마가 멸망할 것이다.

참으로 슬픔이 그와 함께 사라질 것이다 …

---

23) Str-B IV, 527. 이 내용을 Barrett, *Spirit*, 59에서 인용하는데, 아래에서 인용하는 내용은 여기에서 가져온 것이다.
24) 언급되는 랍비 시므온은 Barrett의 언급에 따르면(*Spirit*, 59) 2세기 사람이다.
25) Schürer, *History* I, 97; 참조. *EncJud* 13, 335를 보라.

왜냐하면 하늘에 계신 분이 그의 왕좌에서 일어서실 것이기 때문이다.

참으로 그가 그의 자녀들을 위해 그의 거룩한 곳에서 분노와 진노로 나올 것이다."

그러나 우리는 이 구절들도 마찬가지로 신용할 수 없다. 1절에 나오는 소망"그리고 그때 사탄이 더 이상 없을 것이다"은 어떤 메시아적 인물의 활동과 연결되지 않고, 주의 나라가 등장할 때 일어날 일로 언급된다. 3절은 특정한 인물하늘에 계신 분을 언급한다. 그러나 그는 사탄의 멸망과 상관없다. 그리고 그는 인간이 아니라 하나님 자신이시다.참조. 10.7 9장 1절을 보면, 영웅 탁소Taxo가 등장하는데, 그는 하나님나라 등장보다 앞서는 것으로 보인다. 그러나 그의 임무는 하나님나라를 세우는 것도 아니고 사탄의 멸망과도 관련 없다. 그의 임무는 단순히 그의 청중들에게 선한 일을 하라고 권면하는 것이다. 아마도 하나님나라의 도래를 준비하는 것으로 보인다.9:7, 10:1 따라서 우리가 아는 한, *모세 승천기*의 저자는 사탄과 싸울, 즉 홀로 귀신 축출자가 될 메시아적 인물을 찾지 않았던 것이 분명하다.26)

5. 마지막으로 우리는 *제1 에녹서* 10장 4절을 살펴보아야 한다. 여기에서 라파엘은 이렇게 말한다.

"아자젤의 손과 발을 결박하라 그리고 그를 어둠에 던져버려라!"

여기에는 하나님의 대리인이 등장한다. 그러나 귀신 축출은 언급되지 않는다. 이것은 "메시아"가 종말론적 나라에 반드시 필요했던 것은

---

26) 우리는 이 범주 안에 *유다의 유언* 25.3과 4QFlor 1.7을 포함시켜야 하는데, 여기에서도 사탄의 멸망은 새로운 상황의 한 부분이지 특정한 인물의 활동 결과가 아닌 것으로 나온다.

아니던, 그리고 "메시아"와 "메시아적 개념들"을 늘 함께 볼 수 있었던 것은 아니던 시기에 나온 문헌의 전형적인 모습이다.[27]

이러한 자료들에 대한 검토를 통해서 우리가 도출해낼 수 있었던 결론은 기독교 이전 시기의 문헌들에서 메시아적 인물과 메시아적 인물이 일상적인 귀신 축출 행위를 통해서 사탄이나 귀신들과 싸우는 것 사이에는 아무런 연관성이 없어 보인다는 것이다. 따라서 예수의 청중들이 그 당시에 일상적으로 일어나던 일을 보고 예수가 메시아가 분명하다고 생각했을 것으로 보기는 어렵다.

나는 예수의 청중이었던 모든 사람들이 그가 메시아였다는 결론에 도달하는 것은 불가능했다고 결론내리지 않는다. 그것은 또 다른 문제이다. 그러나 나는 귀신 축출자인 예수를 목격했던 자들에게 예수와 그의 의미를 철저하게 살펴볼 어떤 여지가 있었을 것이라고는 보지 않는다. 그들에게는 그러한 결론을 곧장 도출해낼 적절한 개념적 틀이 없었다.[28] 바레트가 "자신의 귀신 축출이 하나님나라가 가까이 임했다는 표적이라는 예수의 주장은 이런 생각에 동의하지 않는 사람들조차도 확실하게 이해할 수 있는 것이었다"고 말했는데,[29] 귀신 축출의 의미에 대한 그런 식의 설명을 사람들이 무슨 말인지 *이해할 수 있다면* 그의 주장이 옳은 것이다. 왜냐하면, 우리가 위의 3장에서 살펴보았던 바와 같이, 쿰란 공동체는 다윗과 귀신 퇴치를 결부시켰기 때문이다. 그러나 예수의 귀신 축출이 표적이었다는 그의 견해19장 참조와 귀신 축출에 대한 그러한 해석이 자명한 것이었다는 주장에 대해서는 동의할 수

---

27) Russell. *Method*, 309와 285를 보라.
28) Sanders, *Jesus*, 170. "…기적 그 자체 때문에… 예수가 종말론적 예언자였다는 관점을 취해야만 하는 것은 아니다. 1세기 유대인들의 세계에는 종말이 가까이 왔다는 기대를 갖게 만드는 그런 류의 기적은 없었다."
29) Barrett, *Spirit*, 59.
30) 참조. Leivestad, *Jesus*, 74-75.

없다.30) 실제로, 만약에 귀신 축출을 통해서 예수가 메시아였다는 것이 자명하다면, 왜 요한복음의 저자가 자신의 복음서에서 유용하게 사용할 수 있는 내용을 활용하지 않았는지 그 이유를 설명하기가 어렵다.31)

---

31) 이와 반대로, Harvey는 *Constraints*에서 이렇게 말한다. "… 우리는 이렇게 말할 수도 있다. 그 시대의 많은 사람이 보기에 그런 것은 영적인 세계에만 국한된 것이라고 느꼈기 때문에, 예수를 그들의 구원자로 인정할 수 없었던 것이다. 왜냐하면 그는 이러한 가공할만한 적에 대항해서 치명타를 날리는 것으로 보이지 않았기 때문이다"(118).

24장 · 마술사?

이 단락에서 우리는 예수가 마술사처럼 보였을 것이라는 견해에 대해서 논할 것이다.

그렇다고 해서 마술에 대한 정의와 기적과 마술의 관계에 대한 토론의 장에 본격적으로 뛰어들 필요는 없다.[1] 지금 마술을 정의하는 것과 마술과 기적의 관계를 정의하는 것이 어려운 이유는 이것에 대한 견해와 정의가 이 문제에 직면한 문화의 숫자만큼이나 다양하기 때문이라는 점을 언급하는 것으로 충분할 것이다. 예를 들어서, 사모사타의 루시안Lucian of Samosata은 페레그리누스Peregrinus와 아보누테이코스의 알렉산더Alexander of Abonuteichos를 거짓 예언자들이라고 공격하는데, 왜냐하면 그가 보기에 무식한 자들이 이들을 실제로 협잡꾼들charlatans과 마술사들socerers로 보기 때문이라는 것이다. γόης καὶ τεχνίτης[고에스 카이 테크니테스] *Peregrinus* 13; 참조. *Alexander* 1, 2 이것은 최소한 "마술사"로 간주되는 사람들과 참된 종교를 대표하는 사람으로 간주되는 사람

---

1) Aune, *ANRW* II.23.2 (1980), 1510-1516 그리고 Garrett, *Demise*, 11-36에 있는 간략한 논의를 보라. 그리고 M. Marwick, *Witchcraft and Socery: Selected Readings* (Harmondsworth:Penguin, 1970)도 보라. 참조. 그레고리 딕스(Gregory Dix)에게 차이점을 설명하는 서부 아프리카 쿠마누(Kumamu)의 주-주 인(Ju-Ju man, [역주] 서구인들이 서아프리카의 전통종교를 Ju-Ju라고 불렀다.)의 놀라운 이야기. Gregory Dix, *Jew and Greek: A Study in the Primitive Church* (Westminster: Dacre, 1953), 93.

들의 메시지와 방법에 비슷한 점이 있었다는 것을 보여준다.

뿐만 아니라, 대표적으로 루시 마이어Lucy Mair는 마술과 기적의 절대적인 차이를 찾아내기 어렵다고 인정한다.2) 실례를 들자면, 그녀는 뒤르켐Durkheim이 마술에는 신앙 공동체Church가 없고 다른 개인의 유익을 위해서 개인이 행하는 것이라는 것을 근거로 마술과 종교를 구분하려고 했다는 점을 언급한다. 그러나 이러한 정의는 공동체를 위해서도 유익한 마술이 행해진다는 점을 설명하지 못한다.3) 그녀가 검토하는 것에 기초해서, 마이어는 일반적으로 "마술의 효용성은 본질적으로 어떤 초자연적 존재의 도움과는 독립적으로 활용되는 실체들그들을 향해 발설되는 말들을 포함해서을 올바르게 다루는 것에 달려 있다고 볼 수 있다"고 말한다.4) 그러나 이것은 지나치게 단순한 주장에 불과하며 증거와도 부합하지 않는다.

데이비드 오운David Aune의 연구의 도움을 받는 것이 훨씬 도움이 된다. 연구의 결론부분에서, 그는 네 가지 서로 연결된 가정들을 제시하는데, 이것들은 우리 연구에 기초적인 바탕이 될 것들이다.

"(1) 마술과 종교는 아주 밀접하게 서로 얽혀 있는 것들이어서 그것들을 서로 단절된 사회–문화적인 범주들로 간주하는 것은 불가능하다. (2) 마술–종교적인 현상magico-religious phenomena에 대한 구조–기능적인 분석은 마술에 대한 부정적인 태도를 금지한다. (3) 마술은 특정한 종교적 전통들을 기반으로 할

---

2) L. Mair, *An Introduction to Social Anthropology* (Oxford: Clarendon, 1972), 225. 그리고 G. P. Corrington, "Power and the Man of Power in the Context of Hellenistic Popular Belief", in Richards (ed.), *SBLSP* (1984), 259-260; E. V. Gallagher, *Divine Man or Magician? Celsus and Origen on Jesus* (Chico: Scholars Press, 1982), 48-49도 보라.

3) Mair, *Anthropology*, 225. 참조. E. Durkheim, *The Elementary Forms of Religion Life* (London: Allen and Unwin, 1976), 42-47.

4) Mair, *Anthropology*, 225. 참조. G. van der Leeuw, *Religion in Essence and Manifestation* (London: Allen and Unwin, 1938), 423.

5부 · 외부인이 본 예수 · 327

때에만 존재하는 현상이다. 마술은 종교가 아니다. 그러나 이것은 다만 같은 부류가 아니라는 의미일 뿐이다. 어떤 특정한 마술적 구조는 종교 체계 내에서도 모순되지 않는데, 마술이 상황적인 종교contextual religion라는 근본적인 종교적 실체 구조를 공유한다는 의미에서 그러하다. (4) 마술은 인간 사회의 일탈 행동이라는 보편적인 종교로서의 특징을 갖는 것으로 보인다."5)

모튼 스미스Morton Smith 교수는 "'마술사 예수'는 옛적의 예수의 대적자들 대부분이 생각했던 모습"이었으며 이런 모습은 고대에 그리스도인들이 로마 제국을 통제하게 된 이후에 무너지게 되었다고 생각한다.6)

스미스 교수의 책이 주는 가장 중요한 의미는 그가 예수에 대한 이러한 견해를 옳은 것으로 보았다는데 있다. 따라서 예수가 마술사로 여겨졌을 뿐만 아니라, 예수는 실제로 그 범주에 대한 1세기 당시의 이해의 차원에서도 마술사였다는 것이다.p.59 7) 스미스의 책이 우리의 연구와 아주 직접적으로 관련 있기 때문에, 그의 책과 토론할 수밖에 없다.

모튼 스미스는 자신의 이론을 뒷받침하려고 먼저 복음서에 나오는

---

5) Aune, *ANRW* II.23.2(1980), 1516. 그리고 A. B. Kolenkow, "A Problem of Power: How Miracle Doers Counter Charges of Magic in the Hellenistic World", in G. MacRae (ed.), *SBLSP* (Missoula: Scholars Press, 1976), 105-110; J. Z. Smith in *ANRW* II.16.1 (1978), 425-439; Remus in *SecCent* 2 (1982), 127-156; H. Remus, "Does Terminology Distinguish Early Christian from Pagan Miracles?" *JBL* 101 (1982), 531-551; H. Remus, *Pagan-Christian Conflict Over Miracle in the Second Century* (Cambridge, MA: Philadelphia Patristic Foundation, 1983); G. Luck, *Arcana Mundi. Magic and the Occult in the Greek and Roman Worlds* (Baltimore and London: Johns Hopkins University Press, 1985), 1장과 2장; D. E. Aune, "The Apocalypse of John and Graeco-Roman Revelatory Magic", *NTS* 33 (1987), 481-501; Garrett, *Demise*, 4를 보라. 그리고 또한 Herzog, *Epidauros*; "마술은 언제나 다른 민족의 믿음이다"(140)라는 말을 주목하라. 참조. Malina and Neyrey, *Calling Jesus Names*, 2장과 3장.

6) M. Smith, *Jesus the Magician* (London: Victor Gollancz, 1978), vii. 이 주장을 최근에 Sanders, *Jesus*, 165-169가 따르고 있다. 참조. Geller, *JJS* 28 (1977), 141-155. *Die Versuchung Christi* (Oslo: Gröndahl, 1924)에서, S. Eitrem은 광야의 시험에서 예수는 마술사가 되라는 유혹을 받았다고 주장했다. 이에 대한 비판으로는 *Classical Review* 38 (1924), 213에 있는 Eitrem에 대한 H. J. Rose의 비평이 있다.

7) 괄호 안의 페이지는 스미스의 *Magician*의 것을 의미한다.

예수에 대한 보도들을 검토한다. 그런 다음에 그는 유대교와 이방인이 쓴 자료들을 추적한다. 이 증거들이 예수가 마술사였다고 하는 그 시점까지 드러난 모습과 얼마나 일치하는지 확인하도록 복음서로 돌아오기 전에 두 가지 영역에 걸쳐 검증이 이루어진다.

I

예수가 마술사라고 하는 첫 번째 명시적인 언급은 후대의 기독교, 유대교, 그리고 이방의 자료에서 발견된다. 우리는 스미스의 주장에서 가장 중요한 이 자료들에서 단서를 찾는 것으로 시작할 것이다.

1. 『마술사 예수』Jesus the Magician 4장"외부인들은 무엇이라고 말했는가 – 복음서 외부의 증거"에 두 가지 초기 단서들이 나온다. 그것들은 "유대 전승이 예수의 아버지에게 일반적으로 붙이는 이름"인 판테라Pantera와 그 변형들,8) 그리고 예수와 동일시되는 판테라의 아들인 벤 스타다Ben Stada이다.p.47 핵심 구절은 한때 탈무드에서 삭제당한 적이 있던 *b. Sanhedrin* 67a이다.9) 스미스는 왜 이 이름들이 예수와 그의 가족들과 동일시되어야 하는지에 대한 증거를 제시하지 못한다. 그러나 이 점에 관한 한 스미스의 선배인 트래버스 허포드R. Travers Herford는 "벤 판테라의 아들 예수의 이름으로" 행해진 치유를 언급하는 *t. Ḥullin* 2.22–23에 나오는 구절에 의존해서 주장을 편다. 그는 이 두 구절에 비추어 보았을 때, "이것이 나사렛 예수를 가리킨다는 점을 의심하기는 불가능하다"고 말한다.10) 이러한 빈약한 논증을 반박하는 유력한 증거들이 있다. 첫째로 *예수 벤 판테라*Jesus ben Pantera라는 칭호는 탈

---

8) Smith, *Magician*, 46. 참조. R. T. Herford, *Christianity in the Talmud and Midrash* (Clifton, NJ: Reference Book Publishers, 1966), 35면 이하

9) *b. Sanh*. 67a (London: Soncino, 1935), 456, 주석 5를 보라.

10) Herford, *Christianity*, 38.

무드에서도 드물지 않은 칭호이며,11) 둘째로, 벤 스타다는 예수보다 100년 이후에 살았던 인물이다.12) 따라서 스미스에게는 *b. Sanhedrin* 67a와 *t. Ḥullin* 2.22-23에 나오는 이름들을 예수와 그의 가족과 동일시할 충분한 근거가 없는 것이다. 아마도 벤 스타다는 2세기에 리따 Lydda에서 처형된 거짓 예언자로 볼 수 있을 것이다.13)

스미스 교수가 이런 연결고리를 만들어내고 싶어 한 이유는 *b. Šabbat* 104b에 나오는 다음과 같은 구절이 예수를 언급하는 것으로 볼 수 있었기 때문이다. "그러나 벤 스타다가 자기 몸에 부적의 문양을 새겨 넣는 방법으로 이집트에서 마법을 가지고 나오지 않았는가?" 스미스는 이 문신이 예수를 언급하는 것이 거의 확실하다고 말한다.14) 그래서 조금 뒤에 스미스는 "게다가 바울은 갈라디아서 6장 17절에서 '예수의 흔적'으로 문신이 되었다거나 낙인이 찍혔다고 주장했다. 이것은 예수가 지니던 것과 동일한 표시일 것이 거의 분명하다"라고 말한다.p.48

그가 의존하는 증거는 갈라디아서 6장 17절"이 후로는 누구든지 나를 괴롭게 하지 말라 내가 내 몸에 예수의 흔적을 지니고 있노라"에 대한 리츠만Lietzmann의 주석이다. 그리고 리츠만은 다이스만Deissmann이 통속 문자로 된 헬라 파피루스 J.383을 사용하는 것에 의존한다. 그 주문의 내용은 다음과 같다.

---

11) H. L. Strack, *Jesus die Häretiker* (Leipzig: Hinrichs, 1910), 4장.

12) *b. Giṭ.* 90a. *b. Sanh.* 67a (London: Soncino, 1935), 457에 대한 Epstein의 언급.

13) 앞의 각주를 보라. J. Derenbourg, *Essai sur l'historie et la géographie de la Palestine* (Paris: Impériale, 1867), 468-471, 주석 9; J. Klausner, *Jesus of Nazareth* (New York: Macmillan, 1927), 21 그리고 각주들; 참조. 특히 Herford, *Christianity*, 344면 이하 그리고 각주들. 그리고 J. Z. Lauterbach, "Jesus in the Talmud", in his *Rabbinic Essays* (New York: KTAV, 1973), 477. 더 자세한 내용은 Twelftree in Wenham (ed.) *Gospel Pespectives* 5, 318-319를 보라.

14) Smith, *Magician*, 47. 이를 뒷받침하는 증거로 그가 제시하는 것은 입증되지 않은 진술뿐이다. - "왜냐하면 이와 동일한 비난을 유대인들이 그에 대해서 했다고 2세기의 이방 작가들과 그리스도인 작가들이 구체적으로 언급하기 때문이다."(47).

"거기 있는 너희들은 나를 핍박하지 말라! – 나는

ΠΑΠΠΕΤ … ΜΕΤΟΥΒΑΝΕΖ

나는 오시리스의 시신을

가지고 있으며 나는 그것을

아비도스에게 전하고자 가노니, 그것을

안식처로 가져가고자 간다. 그리고 그것을

영원한 침실에 두고자 간다. 누구든 나를 괴롭히려 한다면,

나는 그것을 그에게 사용할 것이다."15)

주문의 내용에 근거해서, 다이스만은 이렇게 말한다. "모든 애매모호한 은유가 한 순간에 훨씬 이해하기 쉬워진다는 인상을 어느 누구도 부정할 수 없다: 누구든지 나에게 *"괴로움을 주려고"*κόπους παρέχειν,코푸스 파레케인 *하지 말라. 예수께서 "지니신"*βαστάζειν,바스타제인 *흔적들 중에서 내가 그러한 모든 것에 대항하는 부적을 가지고 있노라.*"16)

우리가 여기에서 다이스만에 대해서 무슨 판단을 내리든, 그가 그것을 은유, 그 이상도 그 이하도 아닌 것으로 본다는 것을 언급할 필요가 있다.17) 우리가 달리 생각해야할 증거는 없다. 그리고 스미스는 바울 자신이 마술사가 하는 방식으로 문신을 새겼다고 생각했다는 것을 보여주는 증거를 제시하지 않는다.

2. 더 나아가서, 예수를 마술사로 만들려는 노력의 일환으로, 스미스는 수에토니우스Suetonius와 타키투스Tacitus를 동원한다. 먼저, 그는 수에토니우스가 쓴 『네로의 생애』Life of Nero 16.2을 인용한다. "그리스

---

15) 참조. Deissmann, *Studies*, 354; H. Lietzmann, *An die Galater* (Tübingen: Mohr, 1971), 45면 이하.

16) Deissmann, *Studies*, 358, 강조는 그의 것이다.

17) Lietzmann (*Galater*, 45)은 6:17이 고후4:10; 롬8:17; 빌3:10 그리고 골1:24과 분명히 연결된다고 더 합리적으로 말한다.

도인들, 즉 마술 같은 행위를 하는 새로운 미신을 믿는 부류의 인간들에게 형벌이 가해졌다." 여기에서 스미스가 마술로 번역하는 *maleficus*의 용법에 대해서는 잠시 후에 더 자세하게 언급할 것이다. 여기에서는 이 번역을 전혀 믿을 수 없다는 것만 언급하는 것으로 충분하다.

둘째로, 스미스 교수는 네로의 박해에 대해서 타키투스*Annals* 15.44.3-8를 인용한다. 이 단락에서 타키투스는 그리스도인들이 유죄 판결을 받은 것은 방화 때문이 아니라, "인간에 대한 증오odium" 때문이었다고 말한다. 마지막 문장에 대해서, 스미스는 이것은 "마술을 가리키는 것으로 보는 것이 가장 개연성이 높다"고 말한다.p.15 그러나 이러한 주장은 이미 그것을 그렇게 볼 수밖에 없도록 마음이 기울어버린 때에 할 수 있는 주장일 뿐이다. 스미스는 통상적인 설명이 부적절하다고 주장한다. 그는 이렇게 말한다. 통상적인 견해는,

"그리스도인들에게 적용되는 것인데, 그 당시에 그리스도인들은 여전히 유대인 집단 중의 하나였다. 일반적으로 유대인들에 대한 로마인의 생각은 *Histories V.* 5에 나오는 유대인들에 대한 타키투스의 언급에서 유래한 것이다. '그들은 자기들끼리는 약속들을 충실하게 준수하고, [서로 간에] 불쌍히 여기고 도와주는데 재빠르다. 그러나 그들은 모든 외부인들을 적으로 간주하고 미워한다'"p.51

그는 이것이 부적절하다고 주장한다. 왜냐하면 유대인들이 다른 사람들을 미워한다고 말할 때, 그가 그리스도인들에게 하는 것처럼 이것을 그들에 대한 전체적인 최종평가의 기준으로 삼지 않았기 때문이라는 것이다. 따라서 그리스도인들에 대한 로마인들의 태도는 유대인들에 대한 로마인들의 일반적 상황에서 분리해야 마땅하다는 것이다.p.51

이러한 견해에 반대하면서 우리는 두 가지 사실에 주목할 필요가 있다. *첫째로*, 『연대기』Annals에서 타키투스는 그리스도인들을 싸잡아서 *비난하지* 않는다. 그는 왜 네로가 그리스도인들을 박해할 수밖에 없었는지 그 이유를 설명하려고 노력한다. 뿐만 아니라, *증오*odium가 법률적인 고발이었다고는 보이지 않는다.18) 둘째로, 스미스는 "*인간에 대한 증오*"라는 말이 고대에서는 분명히 유대인에 대한 박해의 근거로 사용되었다는 것에 주목하지 못하고 있다.19) 따라서 "*인간에 대한 증오*"라는 문장을 사용하면서, 타키투스가 그리스도인들이 유대인들과는 다른 면에서 유죄라고 생각했다고 추정해야 할 아무런 이유가 없다.

그러나 "인간에 대한 증오"가 마술사들에 대한 대중의 상상 때문에 마술사들에게 적용되던 비난이라는 스미스의 말에는 의문을 제기해볼 필요가 있다.p.52 아주 명확한 것은 아니지만, 스미스는 "인간에 대한 증오"를 식인풍습cannibalism과 동일시하고 싶어 하는 것처럼 보이는데, 스미스가 제대로 보여주듯이, 이 식인풍습은 고대 세계에서는 마술, 마법사 그리고 마녀와 관련 있는 것으로 여겨졌다. 그러나 스미스는 우리가 "인간에 대한 증오"와 식인풍습을 우선적으로 연결해서 생각해야만 하는 증거를 전혀 제시하지 못한다. 따라서 그 표현에 대해서는 프랜드Frend가 설명하는 것 이상을 생각할 필요가 없다. "이 표현은 개인에게 피해를 주기를 바라는 것이 아니라, 동료를 배신하려는 것을 의미하는데, 이것은 전형적인 유대인들의 결점으로 여겨지던 것이었다."20)

3. 스미스의 증언 중에 다음으로 살펴 볼 것은 소小 플리니Pliny the Younger와 그가 트라얀Trajan에게 보낸 서신이다.21) 우리가 여기서 관심을 갖는 서신의 부분은 플리니가 그리스도인의 배교에 대해서 심문

---

18) W. H. C. Frend, *Martyrdom and Persecution in the Early Church* (Oxford: Blackwell, 1965), 174, 주석 51.
19) Frend, *Martyrdom*, 162 그리고 각주들.

hearing하는 부분이다. "그것은 정해진 날, 동이 트기 전에 모여서 번갈아 가면서 그리스도를 하나님으로 찬양carmen하는 것이 그들의 습관이었습니다." 여기에서 문제가 되는 단어는 *carmen*이다. 셔윈-화이트는 이 단어를 어떻게 번역할 수 있는지 살펴본 후에 다음과 같이 말한다.

"간단히 답하자면 *carmen dicere*는 노래하거나 시를 읊조리는 것을 나타내는 평범한 라틴어이다…예를 들어서, carmen이 일종의 맹세를 나타내는 관용적 표현을 의미할 수도 있고…*carmendicere*가 일종의 마술 제의에 나오는 기원을 의미했을 수도 있다는 것은 사실이다. 그러나 일반적으로 문장가들의 펜에서 그 표현이 사용되는 때를 고려하고, S.5에 나오는 *maledicerent christo*와는 대조되고, 그리고 *quasi deo*가 함께 나오는 것을 보았을 때, 이모든 것은 본래 의미가 본래 찬양시로 해석하는 것이 맞다는 것을 보여준다.[22]

스미스는 셔윈-화이트의 논문을 "회반죽"이라고 부른다.p.180 그러나 그는 셔윈-화이트의 결론을 뒤집는 증거를 전혀 제시하지 못하는 것으로 보아서, 플리니가 여기에서 언급하는 것은 마술적 기원이나 주문이 아니라, 그리스도인들의 찬송이라고 결론을 내리는 것이 타당한 것으로 보인다.

4. 순교자 저스틴Justin Martyr이 쓴 「트리포와의 대화」Dialogue with Trypho에서 마술을 비난하는 표현이 비로소 분명하게 나타난다. 스미

---

20) Frend, *Martyrdom*, 162.
21) Pliny, *Letters* X: 96.
22) A. N. Sherwin-White, *Letters of Pliny: A Historical and Social Commentary* (Oxford: Clarendon, 1966), 704면 이하. Sherwin-White는 주로, 초기 기독교의 제의 행위를 연구하는, C. Mohlberg, C. C. Coulton 그리고 H. Lietzmann과 서로 영향을 주고받는다.

스는 p.55와 81 πλάνος플라노스, "사기꾼"라는 단어에 초점을 두고 논증을 편다. 앞으로 보겠지만, 여기에 대해서는 달리 변명할 여지가 없다. 왜냐하면 πλάνος플라노스, "사기꾼"는 절대로 "마술사"와 동의어가 아니었기 때문이다. 아래의 III.2를 보라 이러한 점은 저스틴이 이 용어들을 구분하는 「대화」 69에 분명하게 나타난다. "왜냐하면 그들이 감히 그를 마술사이며 사람들을 속이는 자라고 불렀기 때문이다." 이상하게도, 스미스는 어쩌면 자신에게 중요할 수도 있는 구절에 대한 언급을 각주로 처리해버리고 만다.[23] 저스틴은 유대인들이 예수를 μάγος마고스, "마술사"로 보았다는 점에 주목한다. 두 가지 중요한 점을 언급할 필요가 있다. 첫째는, 마술에 대한 이러한 비난은 예수에 대한 평판을 떨어뜨리려 하는 자들에게서 기인한다는 것이고, 둘째는, 저스틴은 이런 비난이 거짓임을 입증하려고 애쓴다는 점이다. 여기에서 우리는 마술사라고 하는 비난이 사회적인 분류사social classifier의 일종이며 따라서 "마술이 기적이고, 그 반대도 마찬가지"임을 보게 된다.[24]

5. 스미스는 또한 유세비우스를 통해서 보존된 알려지지 않은 또 다른 변증가인 콰드라투스Quadratus의 단편의 이면에 있는 예수의 행위와 마술사들의 행위 간의 대조를 제대로 관찰한다.[25] 그 단편의 내용은 다음과 같다.

"그러나 우리의 구원자께서 하신 일들은, 단순히 치유 받은 것처럼 그리고 되살아난 것처럼 보이는 자들이 아니라, 실제로 치유 받고, 죽었다가 살아난 자

---

23) Smith, *Magician*, 180과 아래에서 저스틴을 더 충실하게 인용한 부분을 보라.
24) R. M. Grant, *Gnosticism and Early Christianity* (New York: Harper & Row, 1964), 93. 참조. A. F. Segal, "Hellenistic Magic: Some Question of Definition", in R. Van den Broek and M. J. Vermaseren (eds.), *Studies in Gnosticism and Hellenistic Religions* (Leiden: Brill, 1981), 349-375; Remus, *SecCent* 2 (1982), 148-150.
25) R. M. Grant, "Quadratus, The First Christian Apologist", in R. H. Fischer (ed.), *A Tribute to Arthur Vöörbus* (Chicago: Lutheran School of Theology, 1977), 177-183을 보라.

들에게 언제나 현존하는 일이다. 그 일들은 사실이기 때문이다. 뿐만 아니라, 그들 중의 일부가 우리의 시대까지 생존했기 때문에, 구원자께서 살아계셨을 때뿐만 아니라, 때때로έπί χρόνον ίκανόν[에피 크로논 히카논] 그분께서 떠나시고 난 이후에도 그 일들은 계속해서 현존하는 것이다."*HE* 4.3.2; 참조. *Irenaeus*, *Adversus Haereses* 2.32.3-4 그리고 Smith, p.55

그러나 스미스가 지적하는 "대조"말고도 우리는 여기에서 콰드라투스가 예수가 마술을 행했다는 비난에 대해 논박하는 것을 발견한다. 이 논박에서 두 가지를 언급한다. 마술이라는 비난은 주류 기독교의 대적자들이 한 것이며, 이러한 비난은 충분히 논박된다는 것이다.

6. 스미스 교수의 주장을 뒷받침하는 다음 주요 증인은 켈수스 *Celsus, CC* I.6, 28, [참조. 38], 68다. 앞서와 마찬가지로, 켈수스가 예수를 마술을 행하는 사람γοητεία[고에테이아]으로 보았다는 증거는 명백하다. 예를 들자면, 켈수스는 "…그가 행한 것으로 보이는 그런 기적들을 행할 수 있었던 까닭은 마술 때문이었다…"*CC* I.6고 말한다. 그리고 "…그는 가난했다. 그래서 스스로 이집트에서 일꾼 노릇을 했다. 그리고 그는 거기에서 이집트 사람들이 자랑스럽게 여기는 어떤 마술 능력을 익혔다…"*CC* I.28; 참조. 38 그리고 68

스미스는 이 구절들이 상당히 중요하다는 것을 제대로 인식하고 있다. 즉 켈수스는 예수를 마술을 행하는 사람의 하나로 보았다는 것이다. 그러나 켈수스가 우리에게 보여주는 그림이 옳을 수도 있다고 주장하는 부분에서 스미스는 자신이 가진 증거를 과도하게 해석하고 있다.p.59 26)

요약. 이 책의 4장에서 스미스 교수는 두 가지를 시도한다. 먼저 그는 복음서에 나오지 않는 예수의 동시대인들이 예수를 마술사라고 생각했다는 것을 보여주려고 한다.p.67, 68, 참조. 53면 이하 스미스의 두 번째 목적은, 이 문제는 잠시 유보해두려고 하는데, 예수가 마술사였다는 이 개념이 그를 제대로 보는 관점일 수도 있다는 것을 주장하는 것이다. 물론 스미스는 아무런 증거를 제시하지 못한다.

스미스의 첫 번째 목적에 대해서는 여러 가지를 지적할 수 있다. 첫째로, 스미스는 자신이 외부인들이 보았던 예수의 이미지를 살펴보려고 비-복음서 자료들을 모두 검토해보았다는 잘못된 인상을 준다.p.64 하지만, 그가 검토한 것은 예수를 마술사라고 언급하는 것으로 전혀 추정할 수조차 없는 수에토니우스의 *Claudius* 25.4에 나오는 아주 보잘 것 없는 정보가 전부이다. 수에토니우스는 클라우디우스에 대해서 이렇게 말한다. "그는 유대인들이 크레스투스Chrestus에 미혹되어 끊임없이 소요를 일으켰기 때문에 로마에서 추방했다." 그리스도에 대한 이 언급-"크레스투스"는 "그리스도"라는 칭호를 사람들이 잘못 기록한 것이다27)-이 좋은 의미로 사용된 것은 아니다. 그러나 수에토니우스는 크레스투스가 마술사라는 모종의 생각을 전달하려고 한 것으로는 보이지 않는다.28)

둘째로, 그가 인용하는 유대인 저자들, 혹은 수에토니우스, 타키투스, 혹은 플리니가 예수를 마술사라고 생각했다고 하는 스미스 교수의

---

26) 또한 S. Benko, "Early Christian Magical Practices", in K. H. Richards (ed.), *SBLSP* (Chico: Scholars Press, 1982), 9-14를 보라. Kee가 *Miracles*, 268에서 켈수스의 비난이 복음서 전승에 나오는 바알세불 논쟁 이야기 속의 대적자들의 비난(막3:22-23)과 유사하다고 주장하는 것은 *CC*에 나오는 증거를 과도하게 해석하는 것이다. 왜냐하면 켈수스는 예수가 악한 세력들과 연대하고 있다고 주장하지 않기 때문이다. Kee 본인은 후에 기적을 일으키는 사람들에게 달리 적용할 수 있었던 범주들이 단 두 개 뿐만이 아니라 상당히 많았다는 점을 인정한다.

"요즘에는, 기적을 일으키는 사람들을 옹호하는 자들이나 비판하는 자들 모두 무엇이 기본적인 문제인지에 대해서는 동의한다. 기적은 하나님의 지혜와 능력을 나타내는 증거인가, 아니면 악마의 능력이나 마법사의의 힘을 나타내는 증거인가, 혹은 사기나 속임수에 불과한 것인가?"(*Miracle*, 273).

예수에 대해서 2세기에 있었던 논쟁에 대한 더 자세한 것은 G. N. Stanton, "Aspects of Early Christian-Jewish Polemic and Apologetic", *NTS* 31 (1985), 377-392, 특히 379-385를 보라.

27) F. F. Bruce, *Jesus and Christian Origins Outside the New Testament* (London: Hodder and

주장은 설득력이 없다.

셋째로, 스미스는 자신이 예수와 동시대인들의 견해를 다룬다고 생각하는 것처럼 보인다. 하지만, 그는 자신이 인용하는 사람들이 주장했던 견해가 예수의 동시대인들의 견해임을 보여주지 않는다. 즉 다시 말해서, 어떤 현상들이나 인물들이 마술이나 마술사로 여겨졌다고 주장하려면, 스미스가 하는 것처럼 후대에서 거슬러 올라가서 평가할 것이 아니라, 그것들 본연의 삶의 정황과의 관계에서 역사적으로 분석해야만 한다.29)

넷째로, 저스틴, 콰드라투스 그리고 오리겐의 글에서 인용한 자료들을 보면 예수가 마술사였으며 예수의 기적은 마술 때문에 일어난 것이라고 말하는 사람들이 있었다는 것을 분명하게 보여준다. 그러나 당연한 것이지만, 이 모든 주장은 하나같이 강력한 반론에 직면한다. 그리고 이러한 반론 앞에서, 그리고 다른 증거도 전혀 없기 때문에, 예수에 대한 이러한 묘사가 옳다는 주장은 버텨낼 재간이 없다. 아무리 좋게 말해도, 우리는 2세기의 사회적인 분류classification를 다루는 것일 뿐이다. 이러한 주장의 정확성 혹은 적절성을 판단함에 있어서, 이러한 빈약한 증거로 우리가 모종의 결론에 도달할 수 있는지 알아보려면 신약성경으로 돌아가는 수밖에 달리 방법이 없다. 이 문제는 나중에 다룰 것이다.

Stoughton, 1974), 21 그리고 M. J. Harris, "References to Jesus in Early Classical Authors", in Wenham (ed.), *Gospels Perspectives* 5, 353-354를 보라.

28) 비록 스미스가 요세푸스를 푸대접하지만, 사실상 여기에서 『유대 고대사』 18.63-64의 진정성과 관련된 문제들로 말미암아 발생하는 그 구절의 유용성에 대한 토론을 다루는 것은 불가능하다. P. Winter, "Josephus on Jesus", *Journal of Historical Studies* 1 (1968), 289-302를 보라. 이 논문은 Schürer, *History* I, 428-441에 개정판이 실려 있다. 그리고 Twelftree in Wenham (ed.), *Gospel Perspectives* 5, 301-308도 보라.

29) Kee, *Miracle*, 211, 주석 60, 는 Hull, *Magic*에 대해서와 마찬가지로 스미스에 대해서도 동일하게 비판한다. 그러나 p.213-215에서, Kee는 실제로 동일한 실수를 저지른 것은 아니지만, 유사한 주장을 한다. Segal은 "그것의 [마술] 의미는 그것이 사용된 맥락이 변함에 따라서 더불어 변한다"고 주장한다. Segal in Van den Broek and Vermaseren (eds.), *Gnosticism*, 351.

II

예수의 "동시대인들"이 예수를 마술사로 보았다는 점을 입증하려고 시도하면서, 스미스는 계속해서 5장 "외부인이란 누구인가?"에서 "동시대인들"이란 예수를 마술사로 본 사람들이라는 뜻이었다고 주장한다. 스미스는 이 문제가 난감하다는 것을 알고 있다. p.68 이하 그리고 1세기의 상황에서 마술을 규정하는 것이 필요하다는 것을 인정한다.30) 그러나 비록 스미스가 1세기의 마술사에 대한 다양한 개념을 아우르는 큰 그림을 적절하게 보여주지만, 이러한 개념들을 앞장에서 그가 제시한 증거와 결부시키는 데에는 실패한다. 그렇기 때문에, 우리는 스미스가 제시하는 모든 선택의 가능성 중에서 p.80, 켈수스나 콰드라투스가 상대하는 사람들이 이 정의들 중에서 하나나 혹은 몇 가지를 사용하거나 이해했는지 알 수 없다. 이 문제도 나중에 살펴보게 될 것이다.

III

이제 우리는 복음서의 자료로 돌아가서 스미스가 이 자료를 어떻게 다루었는지 보고자 한다. 첫째로, 그는 복음서를 "외부인들이 증언한 것"으로 취급한다.31) 그는 1세기 사회의 여러 분야 사람들의 견해를 다루는데, 예를 들면 "대중의 견해" p.21 이하, "가족과 고향 사람들" p.28 이하이 여기에 포함된다. 스미스 교수가 하는 작업은 이러한 집단들의 견해를 분류하는 것인데, 거의 일관되게 적대적이다. 예를 들어보자. 그

---

30) 한편, Aune, *ANRW* II.23.2(1980)의 다음과 같은 주장은 내가 보기에는 잘못된 것이다.
　　"예수가 행한 놀라운 일들은 마술이다. 왜냐하면 그 놀라운 일들이 사회적 일탈이라는 맥락에서 나타나기 때문이다. 이러한 사회적 일탈을 통해서 폭넓게 받아들여지지만, 일반적으로는 성취하기 어려운, 유대교에서 높이 평가하는 목적들이 대체적으로 성공적인 조작 기술을 통해서 특정한 개인을 위해서 성취되는 것으로 간주된다."(1539).
　　왜냐하면, Aune은 예수의 동시대인들이 그의 일탈을 이러한 관점에서 보았다는 점을 입증하지 않기 때문이다.
31) Smith, *Magician*, 21 (3장).

는 예수가 바알세불을 힘입어서 귀신을 쫓아냈다고 비난받은 것막3:22/마12:24/눅11:15; p.81, 그리고 예수가 사마리아 사람이라고 불린 것요8:48; p.21과 귀신 들렸다고 비난 받은 것요8:48을 언급한다. 이제부터 스미스의 주장 중 핵심내용인 이것들을 살펴보도록 하자.

1. 스미스는 요한복음 8장 48절-"너는 사마리아 사람이고 귀신 들렸다"32)-은 비난하는 자들이 예수를 마술사로 보았음을 의미한다고 주장한다.33) 그가 이렇게 주장하는 이유는 "귀신이 '들렸다'[역주] had, 영어 have는 헬라어 ἔχειν[에케인]을 번역한 것이다. ἔχειν[에케인]에는 '소유하다', '갖다'라는 뜻이 있다. 따라서 우리말 표현인 "들렸다"와는 상당한 거리가 있다. 아래의 내용은 이 점을 감안하고 번역한 것이다는 말은 어떤 때는 그가 자발적으로 귀신에게 사로잡혔다는 의미로도 볼 수 있지만, 어떤 때는 그가 귀신을 조종하거나 귀신으로 하여금 기적을 일으키도록 할 수 있었다는 의미로도 볼 수 있기 때문이다.p.77 스미스p.31-32가 ἔχειν에케인, "to have"이 때에 따라서는 어떤 것을 통제 아래 둔다는 의미로 사용된다고 언급한 것은 옳다.34) 그러나 신약성서에서 이 단어가 그런 의미로 사용되었는지는 의심스럽다.35) 헬라 철학과 종교에서 "갖다"라는 말은 두 가지 의미로 사용된다. 귀신이 *선한* 일을 하는 때에는 사람이 그 귀신을 소유한 것이지만, *악한* 영과 관련된 경우라면 영을 소유함에 있어서 사람은 수동적passive 처지에 놓인다. 신약성서로 돌아와서 보자면, "갖다"to have, ἔχειν[에케인]는 "통제 하에 두다"to have in one's power라든가 "소유하다"to possess라는 의미로 사용되지 않는다. 오히려, 이 말은 공간적인 관계

---

32) 6세기의 에베소의 주교였던 아브라함의 설교를 보면, 이 구절에 καὶ ἐκ πορνείας γεγέννησαι(카이 에크 포르네이아스 게겐네사이, "그리고 악에서 태어났다")가 덧붙여져 있다. J. Mehlmann, "John 8.48 in Some Patristic Quotations", *Biblica* 44 (1963), 206; 참조. 8:41.

33) Smith, *Magician*, 32, 47면 이하; (n. p.179), 77, 참조. 96면 이하.

34) 예. Demonsthenes, *Orations*, 47.45.

35) C. H. Kraeling, "Was Jesus Accused of Necromancy?" *JBL* 59 (1940), 154는 아무런 증거 없이 그렇다고 주장한다.

spatial relationship를 나타내는데, "몸에 지니다"to bear in oneself라는 뜻이다.36)

이러한 점에 비추어 보았을 때, "예수가 바알세불을 가졌기 때문에" ὅτι Βεελζεβοὺλ ἔχει[호티 베엘제불 에케이], 막3:22 기적을 행했다는 비난은 성립되기 어려워 보인다. 다른 측면에서도 볼 수 있는데, 첫째로, 귀신을 "가졌다"는 개념을 확대 해석한 것이기는 하지만, 바알세불은 귀신들의 왕에 불과할 뿐 그 이상도 그 이하도 아니다.37) 둘째로, 마가복음 3장 23절에 나오는 "사탄이 어찌 사탄을 쫓아낼 수 있느냐?"라는 예수의 대답은 예수가 귀신을 통해 갖게 된 힘을 사용하거나 조종한다는 의미가 아니다. *오히려 그 반대이다.* 그리고 셋째로, 마가복음 3장 30절에서 마가는 다음과 같은 말로 그 단락을 마무리 한다 ─ "이는 그들이 말하기를 '더러운 귀신이 들렸다' 함이러라." 여기에 대해서 우리는 복음서에서 ἔχειν에케인이 "통제 아래 두다"가 아니라, 이 경우에는 악한 영에 의해서 "통제를 받다"라는 의미임을 거듭 언급하는 것으로 결론 내릴 수 있다.

그럼에도, 복음서 저자들 중에서 두 사람은 예수의 동시대인들이 예수가 귀신을 소유하고 있다고 비난했다고 생각한 것이 분명하다. 신약성서 당시의 세계에서 사탄과 마술은 서로 연결 가능한 것들이었다.예. 희년서 48.9-11; *Martyrdom of Isaiah* 2.4-5; CD 5.17b-19 38) 그러나 우리가 여기서 결정해야 하는 것은 δαιμόνιον ἔχει다이모니온 에케이, "귀신들렸다"는 말이 특히 복음서 저자들에게 무슨 의미였으며, 왜 마태와 누가는 이 점에서 요한과 마가에게 동의하지 않는가 하는 것이다.

---

36) H. Hanse, *TDNT* II, 816-832, 특히 821면 이하

37) Hanse, *TDNT* II, 822.

38) Garrett, *Demise*, 1장, 은 사탄과 한 패라고 하는 비난이 곧 마술사라고 하는 비난이라고 추정한다.

(i) 마태와 누가가 마가의 표현인 ἔλεγον πνεῦμα ἀκάθαρτον ἔχει에레곤 프뉴마 아카파르톤 에케이, "그들이 말하기를 더러운 귀신이 들렸다" 3:30 와 Βεελζεβοὺλ ἔχει베엘제불 에케이, "바알세불이 지폈다" 3:22를 따르지 않은 것에 주목하는 것으로 시작해보도록 하자. 이들은 마가를 수정하는데, 그 결과로 예수는 귀신이나 바알세불을 "갖고" 있다기보다는 바알세불의 능력을 사용해서by 혹은 그 능력을 힘입어서in 활동하는 것으로 나타난다. [역주] 마태와 누가는 마가에 나오는 ἔχει[에케이]를 빼고 ἐν τῷ Βεελζεβοὺλ[엔 토 베엘제불], 혹은 ἐν Βεελζεβοὺλ[엔 베엘제불]이라는 표현을 사용한다. 헬라어 ἐν[엔]은 영어로 in이나 by 등으로 번역된다 우리가 이미 살펴본 바와 같이10장 바알세불은 사탄의 다른 이름일 가능성이 가장 높다. 마가는 예수가 사탄에게 사로잡혔다거나 조종당하며, 사탄의 도움을 입어서 귀신을 축출한다는 비난을 고스란히 전달한다. 분명 마태와 누가는 이러한 개념을 용납할 수 없었다.

(ii) 요한복음에는 예수가 귀신을 가졌다는 비난을 감추려는 시도가 보이지 않는다. 7:20, 8:48-52, 10:20

요한복음 8장 48절 – "유대인들이 대답하여 이르되 우리가 너를 사마리아 사람이라 또는 귀신이 들렸다 하는 말이 옳지 아니하냐?"참조. 7:20; 8:52 그리고 10:20 이 비난에는 두 가지 내용이 들어 있다. 첫째는 예수가 사마리아 사람이라는 것이고, 그리고 둘째는 그가 귀신을 갖고 있다는 것이다. 첫 번째 내용– "너는 사마리아 사람이다"–은 그동안 여러 가지로 해석되어 왔다.39) 이 문제에 대한 가장 좋은 해결책은 요한복음 8장 49절이 그 비난에 대해서 한 가지 대답만 하는 것에 주목하는

---

39) 사마리아인 마술사(Goetia, [역주] 원문에는 Goet라고 표기되어 있었는데, 이에 대한 자료를 찾을 수 없어서 저자에게 직접 문의했다. 저자는 자신이 이 단어를 불트만의 책에서 인용한 것이라고 말하고, 이와 관련된 위키피디아의 아티클을 소개해주었다[http://en.wikipedia.org/wiki/Goetia]. 이 아티클을 보면 Goet가 아니라 goetia, 혹은 goety가 정확한 표기임을 알

것이다.-"나는 귀신을 갖고 있지 않다." 결과적으로 보면, 비록 두 가지 내용이 정확하게 같은 의미는 아닐지라도, 두 번째 비난의 내용을 이해하면 - "너는 귀신을 갖고 있다" - 사마리아 사람이라고 부르는 이유도 분명하게 드러날 것이다.

　요한복음 10장 20절을 보면, δαιμόνιον ἔχει다이모니온 에케이, "그가 귀신을 갖고 있다" 바로 뒤에 μαίνεται마이네타이, "미쳤다"가 따라 나온다. 우리는 여기에서 후자가 전자를 보충해주는 것 그 이상의 다른 의미가 있다고 볼만한 이유가 없다. 따라서 이 두 표현은 동의어이다.40) 이 구절 말고도 μαίνεται마이네타이는 신약성서에 네 번 더 나온다. 각각에서 그 단어는 좋은 소식을 믿지 못한다는 의미로 사용된다. 첫 번째로, 사도행전 12장 15절을 보면 베드로가 문 밖에 서 있다는 로데의 좋은 소식이 불신μαίνῃ, 마이네 당한다. 두 번째로, 바울의 변론을 들은 벨릭스는 바울이 미쳤다μαίνῃ, 마이네고 말한다. 이 말에 대해서 바울은 자신이 미친 것이 아니라 참된 진리를 말하는 것이라고 대답한다.행26:24-25 세 번째로, 고린도전서 14장 23절을 보면, 바울은 교회가 모였을 때 방언하는 것을 외부인들이 들으면 그들이 우리에게 미쳤다μαίνεσθε, 마이네스떼고 말하지 않겠느냐고 말한다. 물론 방언이 엄격하게 따지자면 좋은 소식은 아니다. 그리고 좋은 소식과 직접적으로 관련이 있는 것도 아니다. 하지만, 방언은 하나님을 통해 받은 것이고 방언을 통역했을 때 좋은 소식이 전달될 수도 있다.고전14:5c, 13-19 마지막으로, 우리가 지금 살펴보는 구절은 선한 목자 담화의 마지막 부분에 나오는 것인데, 어떤 유대인들의 반응을 담고 있다. 이것은 예수의 기적이나 활동에 대한 반

수 있다. 이 단어는 마술사나 요술쟁이를 뜻하는 헬라어 γοητεία[고에테이아]에서 온 것이다.) 혹은 영지주의자; Bultmann, *John*, 299, 주석 4; 그리고 J. Bowman, "Samaritan Studies I", *BJRL* 40 (1957-8), 298-308을 보라.

40) 예. R. E. Brown, *The Gospel According to John* 2 vols. (London: Chapman, 1971), I, 387; Lindars, *John*, 365; Barrett, *John* (1967), 314.

응이 아니라, 예수의 말, 그리고 특히 예수가 하나님과 관련해서 자신이 어떤 지위에 있는지 그리고 하나님과 어떤 관계를 갖고 있는지에 대해서 한 말에 대한 반응이다. 이것은 δαιμόνιον ἔχεις[다이모이온 에케이스, "당신이 귀신을 갖고 있다"]가 나오는 다른 구절들에서도 마찬가지 이다 — 7:20; 8:48-49; 10:20b을 보라. 요한복음 10장 20절에 나오는 비난의 두 부분이 동일한 의미처럼 보이므로, 우리는 요한이 볼 때, 어떤 유대인들은 자기들에 대한 예수의 메시지를 믿을 수 없는 메세지로 만들어버리고 있었던 것으로 결론을 내릴 수 있다.[41]

8장 48절에 나오는 표현도 10장 20절과 동일한 의미이며 상황도 비슷하다. 따라서 우리는 8장 48절에 나오는 δαιμόνιον ἔχεις다이모니온 에케이스가 요한에게는 유사한 의미였을 것으로 추정할 수 있다. 이 점을 확인하려고, 우리는 8장 48절에 나오는 비난의 첫 번째 내용—"너는 사마리아 사람이다"—이 이러한 해석과 일치한다는 점을 살펴보았다. 보우만은 사마리아 신학과 요한복음의 접촉점과 대조점을 언급한 다음 이렇게 말한다.

"요한복음 8장 48절을 보면, 요한이 예수를 어떻게 묘사하는지 잘 나타나는데, 요한은 유대인들에게 예수가 서기관이나 바리새인과 같지 않다고 소개하려 한다. 물론 우리는 이 점을 후대의 랍비 문헌을 통해서 판단할 수 있다. 예수가 종교적 제의 행위의 완성 대신에 믿음에 대해서, 신앙에 대해서 강조하는 것이 낯설어 보였을 수도 있다. 만약에 요한복음 8장에 나오는 대화에 대한 어떤 역사적 근거가 있다면, 유대인들이 예수를 사마리아 사람으로 간주했다는 것이 당연하게 꼽힐 것이다."[42]

---

41) 참조. Preisker, *TDNT* IV, 361. 그리고 S. Pancaro, *The Law in the Fourth Gospel* (Leiden: Brill, 1975), 87-101을 보라.

보우만은 유대인들이 자신들의 비난을 문자 그대로 이해하지 않았다는 것을 알고 있다. 그것은 예수가 도저히 믿을 수 없는 생각들을 쏟아 내놓는 것이 마치 사마리아 사람처럼 행동한다는 뜻이었다.43)

마가복음에서, "귀신을 가졌다"는 말은 예수가 행하는 기적의 권능의 원천을 따지는 맥락에서 사용된다. 예수를 비난하는 자들이 보기에 예수의 기적은 바알세불의 권위를 힘입거나 바알세불 때문에 가능한 것으로 보였다. 마찬가지로, 마태복음 11장 18절과 누가복음 7장 33절에서도, 이 표현은 침례 요한의 행위에 대한 직접적인 비난 속에서 사용된다.44) 하지만, 요한복음에서 귀신을 가졌다는 비난은 예수의 *행위*와 관련된 맥락에서는 제거되었고 예수의 *가르침*과 관련해서 등장한다.

우리는 지금까지 스미스가 요한복음 8장 48절을 예수가 마술사라는 비난으로 본 것이 잘못된 것임을 입증하고자 했다. 그리고 우리는 예수가 사마리아 사람이라는 말과 귀신을 가졌다는 말이 예수의 메시지를 믿을 수 없다는 판단을 표현하기 위한 비난이라는 것을 보여주었다.

2. 예수가 마술사였다는 것을 입증하기 위한 스미스의 계획 중의 핵심은 πλάνος플라노스를 "마술사"로 해석하는 것이다.45) 스미스의 주장을 지탱해주는 버팀목은 샤마인 신부J. Samain의 논문이다. 스미스는 샤마인이 복음서에 나오는 πλάνος플라노스가 "마술사"라는 의미라는 것을 설득력 있게 주장했다고 말한다. 하지만, 사실 샤마인의 주장은 비록 신약성서 외부에서는 πλάνος플라노스가 마술사를 의미할 수 있지만, 이 단어를 어떻게 해석해야 하는지는 문맥을 통해서 결정해야 한다

---

42) Bowman, *BJRL* 40 (1957-8), 306.

43) Bowman, *BJRL* 40 (1957-8), 307-308.

44) 마태와 누가는 δαιμόνιον ἔχεις(다이모니온 에케이스)라는 표현을 유일하게 침례 요한의 금욕주의(마11:18/눅7:33)와 가다라의 귀신들린 자(마8:28/눅8:27)와 관련해서만 사용한다.

45) Smith, *Magician*, 예. 33, 54, 181.

는 것이었다. 이렇게 설명한 이후에 샤마인은 계속해서 특별히 마태복음 27장 63절의 문맥이 "마술사"라는 번역을 지지한다고 주장한다.46) 그러나 샤마인은 예수가 단 한 번도 명시적으로 마술을 행하기로 했다거나 마술사가 되기로 한 적은 없다고 말한다.47)

헬라어에서, πλάνος플라노스의 초기 의미는 "어긋난 길로 이끌다"였다. "속이다"라는 능동적인 의미는 후대의 것이고 드물게 나타나며,48) 부정적인 측면이 더 부각된다.49) 70인역에서 이 단어가 바로 이런 의미로 사용된다. 이 어군은 주로 하나님을 거역하는 범죄에 대해 사용되며, 특히 우상숭배를 가리키는데 주로 사용된다. 그리고 흥미롭게도, 이러한 범죄는 악마 같은 사악하고 초자연적인 세력들로 말미암아 저지르는 것이 아니라, 인간이나, 혹은 심지어 하나님으로 말미암아 저지른다. 또한 이 어군은 거짓 예언을 거부하는 맥락에서 사용된다.50) 이처럼 신약성서 이전 시기에 πλάνος플라노스 어군이 사용된 것을 간략하게 살펴보아도 이 단어가 마술과 직접적으로 관련하여 사용되거나 마술과 동일한 의미로 사용된 때가 전혀 없다는 것을 알 수 있다.

그렇다면 이 단어가 마술을 직접적으로 비난하는 말에 다름 아니며, 혹은 실제로 "마술사"를 의미하는 것이라고 생각하는 스미스와 샤마인의 주장으로 돌아가 보자.51) 넓게 보아서 세 가지 범주에 부합하는 증거자료들이 있다. 첫째로, 초기 교회의 변증가들이 예수를 변호하는 맥락에서 이 단어가 사용되었음을 보여주는 증거가 있다. 둘째로, 이방인들이 예수를 비난할 때 이 단어도 관련 문맥에서 사용된 증거가 있다.

---

46) J. Samain, "L'accusation de magie contre le Christ dans les Evangiles", *ETL* 15 (1938), 449-490.
47) Samain, *ETL* 15 (1938), 454.
48) H. Braun, *TDNT* VI, 229; Didorus Siculus, *Hist*. 2.18 (P. London II.48319).
49) Plato, *Republic*, 444b; *Phaedo*, 81a.
50) Braun, *TDNT* VI, 233.
51) Samain, *ETL* 15 (1938), 456; Smith, *Magician*, 33, 174.

셋째로, 스미스와 샤마인은 이 단어가 그리스도와 관련된 논쟁과 상관없는 곳에서 사용된 사례를 인용한다.

이 단어가 사용된 것과 관련해서 마지막 범주가 $\gamma\acute{o}\eta\varsigma$고에스, "사기꾼"와 $\phi\alpha\rho\mu\alpha\kappa\acute{o}\varsigma$파르마코스, "마술사", "무당" 같은 단어들과 어떤 관계에 있는지 알아내는데 가장 유용하다. 그러나 이것과 관련해서 샤마인은 거의 아무런 증거를 제시하지 못한다. 그는 요세푸스가 $\pi\lambda\acute{a}\nu o\varsigma$플라노스를 사용하는 것에 의존한다. 샤마인은 요세푸스가 자칭 메시아라고 하는 자들을 $\gamma\acute{o}\eta\tau\epsilon\varsigma$고에테스와 $o\iota\ \pi\lambda\acute{a}\nu o\iota$호이 플라노이로 간주한다고 말한다.52) 사실상 요세푸스가 $\pi\lambda\acute{a}\nu o\varsigma$플라노스를 사용하는 이유는 이 단어를 $\acute{o}\ \acute{a}\pi\alpha\tau\widehat{\omega}\nu$호 아파톤, "기만", "속임수", "사칭"과 유사한 의미로 혹은 동의어로 사용하기 위함이다. 요세푸스는 이렇게 말한다. "사기꾼들과 협잡꾼들은, 하나님의 계시를 받았다고 속이면서 혁명적인 변화를 선동했는데, 이들은 군중을 설득해서 마치 미친 사람처럼 행동하게 했으며, 하나님께서 구원의 징표를 주실 것이라고 믿게 해서 그들을 광야로 끌고 나가기도 했다"『유대 전쟁사』 2.259 이것은 샤마인에게 거의 도움이 되지 않는데, 왜냐하면 요세푸스는 이들이 마술사였을 수도 있다는 말을 한 마디도 하지 않기 때문이다. 요세푸스를 보면, $\pi\lambda\acute{a}\nu o\varsigma$플라노스를 "협잡꾼"이나 "사기꾼" 말고 다른 것으로 번역해야 할 이유가 전혀 없다. 심지어 $\gamma\acute{o}\eta\varsigma$고에스도 "마술사"보다는 오히려 "돌팔이"로 번역하는 것이 가장 낫다.53)

우리가 위에서 살펴본 바와 같이, $\pi\lambda\alpha\nu\acute{a}\omega$플라나오 어군은, 신약성서 이전 시대에 이미 의미가 변했는데, 일차적으로 올바른 가르침이나 바른 교리에서 벗어나는 것과 관련해서 사용된다. 이 점에 대해서 내가

---

52) Samain, *ETL* 15 (1938), 462.
53) 그렇기 때문에, 우리는 "샤마인은 사기꾼이라는 비난[마27:63]이 예수가 속임수나 마술 기

말할 수 있는 것은, 마술사의 행위γόης, 고에스를 묘사하기 위해서 이 단어만 사용되는 경우는 없다는 것이다. 이 단어는, 예수와 관련된 후대의 논쟁에서 그랬던 것처럼, 기적과 관련이 된 곳에서 그런 의미를 갖는다.

다시 한 번 신약성서에 나타난 πλανάω플라나오, πλάνη플라네 그리고 πλάνὁ플라노스의 용법을 검토해보자면, 예수에 의한 것이든 혹은 예수와 관련된 것이든, 예수의 기적이나 행위와 관련된 것은 단 한 번도 없다. πλανάω플라나오 어군은 항상 기독교의 진리에 대해서 속는 것과 관련되어 있다. 여기에서 유일한 예외라고 볼 수 있는 것은 마태복음 24장 24절이다. "… 미혹하기 위해, 거짓 그리스도들과 거짓 선지자들이 일어나 큰 표적과 기사를 보일 것이며" 그러나 여기에서 조차도, 그 자체로 문제가 되는 것은 표적이나 기사가 아니라, 표적과 기사를 통해서 어긋난 길로 인도할 거짓 그리스도와 거짓 선지자들이다. 따라서 나는 복음서 저자들이 πλάνος플라노스를 사용한 것은 이 단어가 예수가 기적을 행한 방법을 직접적으로 언급하는 것으로 보았기 때문이 아니라, 예수를 비난하는 자들이 느꼈던 것, 즉 전체적으로 예수는 사람들을 어긋난 길로 인도하고, 사회적으로 뿐만 아니라 종교적으로도 용납할 수 없는 인물이라는 생각을 반영했기 때문이라고 제안하고자 한다.

πλάνος플라노스가 예수의 기적과 연결되는 것은 2세기와 그 이후의 세기에 가서야 발견된다. 기독교를 공격하거나 배척하던 자들은 πλάνος플라노스를 예수의 기적과 연결시키는 방식으로 예수의 기적의 실제성을 거부했다는 것이 분명하게 드러난다. 그래서 기적에 대해서 언급하면서, 유세비우스는 다음과 같이 말한다.

법을 사용해서 기적을 행했다는 것으로 이해하게 해주는 확고부동한 사례를 제시한다"는 Aune, *ANRW* II,23.2 (1980), 1540의 주장에 동의할 수 없다.

"우리가 말하는 것을 받아들이지 않는 사람들과 논쟁하다보면, 예수가 행했다고 하는 일들을 전혀 믿지 않고 부정하거나, 만약에 예수가 그런 일을 행했다고 하더라도, 그것들은, 사기꾼들πλάνοι, 플라노이이 종종 그렇게 하듯이, 구경꾼들을 어긋난 길로 인도하고자πλάνη, 플라네 놀라운 재주를γοητεία, 고에테이아 부린 것이라고 주장한다."*Proof of the Gospel* 3.4.31

그리고 이보다 앞서서, 유세비우스는 예수의 기적에 대해 이야기하면서 πλάνος플라노스라는 말을 써가면서 자신과 논쟁하던 자들에게 명확한 인상을 심어주려고 ὁ πλάνος호 플라노스, "사기꾼"이라는 비난이 예수의 인격과 가르침에 대한 것이라고 주장한다.54)

따라서 ὁ πλάνος호 플라노스 그 자체는 "마술사"와 동의어일 수 없으며, 예수의 동시대인들이나 복음서 저자들 중에 어느 누구도 ὁ πλάνος호 플라노스가 예수를 "마술사"로 묘사하는 것으로 이해하지 않았다고 결론 내릴 수밖에 없다.

3. 그러나 아직 스미스의 주장 중에서 하나 더 다루어야 할 내용이 있는데, 그것은 κακοποιός카코포이오스, "행악자"와 κακὸν ποιῶν카콘 포이온, "악한 일을 하다"을 "마술사"와 동의어로 보는 것이다. 그렇게 함으로써, 요한복음 18장 30절에 나오는 유대인들의 비난—"이 사람이 행악자가 아니었더라면 우리가 당신에게 넘기지 아니하였겠나이다"—이 마술에 대한 비난이 되는 것이다.55)

이 문제는 상대적으로 쉽게 해결할 수 있다. 베드로전서 4장 15절을 인용하면서, 터툴리안과 사이프리안은 κακοποιός카코포이오스, "행악자"에 대한 대응어로 *maleficus*를 사용한다.56) 그런데 스미스는 *malefi-*

---

54) Eusebius, *Proof*, 3.2 그리고 3.
55) Smith, *Magician*, 33 그리고 174를 보라.

*cus*가 "마술사"와 동의어라고 주장한다.57) 그러나 베드로전서 2장 12 절과 14절에서 볼 수 있는 바와 같이, *κακοποιός*카코포이오스의 일반적 인 의미는 "행악자"이다. 그리고 헬라어의 법률 용어 중에서 *κακοποιός*카코포이오스가 "마술사"라는 의미로 사용된 증거도 없다.58) 또한, *maleficus*가 사용되는 때에는, 비슷한 뜻은 아니라 하더라도, 최 소한 그 단어가 "마술사"나 "마법사"라는 의미를 전달 할 수도 있는 문 맥에서, 연관된 혹은 적합한 단어가 사용됨으로써 마술에 대한 암시들 이 *분명하게* 드러나게 된다. 예를 들자면, 스미스가 가장 중요한 증거 로 생각하는 유스티니아누스 법전*Codex Justinianus*을 보면 *maleficus* 가 제대로 된 역할을 하고 있고, 따라서 이 단어가 "마술사"를 의미하 는 것으로 볼 수도 있다는 *것이다.*

> "어느 누구도 예언자soothsayer(haruspex)나 점성술사astrologer(mathematicus) 혹은
> 점술가diviner(horiolis)와 상의하지 말지니라. 복술가들augurs(vates)의 사악한 교
> 리들은 사라져야 한다. 점성가들Chaldeans 과 마술사들(mag) 그리고 일반 사람
> 들이 마술사들(maleficus)이라고 부르는 나머지 모든 자들은, 저들이 행한 어마
> 어마한 악행들 때문에, 이런 식의 일은 어느 것이라도 시도해서는 안 될 것이
> 다"Codex Justinianus, IX.18.7

그러나 스미스의 주장과는 달리, 이 단락에서 조차도, *maleficus*는 *마술의* 동의어가 아니라 단순히 어떤 악행을 묘사하는 일반적인 용어 라고 아주 손쉽게 반박할 수 있었다.

---

56) Tertullian, *Scorpiace*, 12.3; Cyprian, *Testimonia*, 3.37.
57) Smith, *Magician*, 174는 *Codex Theodosianus* IX.16.4를 인용한다. *Codex Justinianus* IX.18.7.
58) F. W. Beare, *First Epistle of Peter* (Oxford: Blackwell, 1961), 167; J. Ramsey Michaels, *1 Peter* (Waco, TX: Word, 1988), 266-267.

스미스의 증거를 받아들인다고 하더라도, 터툴리안과 사이프리안이 베드로전서 4장 15절을 이해하면서 *κακοποιός*카코포이오스에 대한 대응어로 *maleficus*를 사용한 것이위를 보라 "마술사"나 "마법사"를 가리키기 위한 것이라는 것을 입증할 아무런 증거가 없다. 왜냐하면, 내가 그동안 살펴본 *maleficus*에 대한 모든 용례 중에서 "행악자" 말고 다른 것으로 번역해야 하는 때는 없기 때문이다. "행악자"라는 의미가 로마의 법률 체제 아래서 법률적인 고소로 성립되기에는 지나치게 애매하다는 것은 무너질 수밖에 없는 주장이다.59) 왜냐하면, 이탈리아에 대해서 로마 법령이 규정하는 주요 범죄들은 차치하고라도, 다른 곳에서도 통치자들은 범죄를 확인하고 형량을 확정하는 일을 거의 대부분 자신들의 재량권 안에 두었다.60)

이 문제에 대해서, 우리는, 첫 번째 단계로, *maleficus*는 특별한 의미가 특정되는 곳을 제외하고는, "행악자"를 가리키는 일반적인 용어라는 결론을 내린다. 따라서 두 번째 단계로, 우리는 초기 그리스도인 저자들이 *κακοποιός*카코포이오스에 대한 대응어로 *maleficus*를 사용한 것은 그들이 *maleficus*가 "마술"과 동의어라고 보았기 때문이 아니라는 결론을 내린다.61) 따라서 마지막으로, 예수가 *κακὸν ποιῶν*카콘 포이온, "악한 일을 한다"고하는 복음서에 나오는 유대인들의 비난을 복음서 저자들이 마술에 대한 비난으로 이해한 것으로 볼 수는 없다.

---

59) 참조. Smith, *Magician*, 33.

60) Sherwin-White, *Letters*, 699, 782; 참조. Pliny, *Letters*, X.96.3; Tacitus, *Annals*, 15.44; C. Bigg, *Epistles of St. Peter and St. Jude* (Edinburgh: T & T Clark, 1902), 137. 그리고 A. N. Sherwin-White, *Roman Society and Roman Law in the NT* (Oxford: Oxford University Press, 1963)을 보라.

61) 참조. *The New York Review of Books* XXV (20, Dec 21st, 1978, p.58)에 있는 Smith에 대한 Frank Kermode의 논평. "마술사들이 행악자들이라고 불렸을 가능성은 아주 높다. 그러나 그렇다

IV

우리가 검증할 수 있는 후대의 문헌 중 일부에 명백한 마술에 대한 비난이 나온다.62)

첫째로, *콰드라투스의 대적자들.* 유세비우스는 『교회사』 4.3.2위에서 인용에서 콰드라투스가 하드리안 시기의 변증가라고 언급한다. 콰드라투스는 구원자께서 하신 일은 *사실ἀληθής, 알레떼스*이기 때문에 언제나 현존하는 일이라고 말한 것으로 전한다. 즉, 단지 치유 받은 자들이 치유 받은 것처럼 보이거나, 죽었다가 살아난 자들이 죽었다가 살아난 것처럼 보인 것이 아니라, 예수께서 사역하시던 동안만이 아니라, 승천하신 이후에도 살아있었다는 것이다. 콰드라투스가 논박하는 마술이라는 비난은 치유의 방법이나 동기와는 아무런 상관이 없고, 사실상 단순한 눈속임일 뿐인, 기적이 일어나고 있다는 인상과 모습을 보여주는 공연 행위performing act와 관련된 것일 뿐이다.

둘째로, *순교자 저스틴의 대적자들.* 「트리포와의 대화」에서 저스틴은 이사야 35장 1-7절을 인용하며, 그리스도께서 어떻게 이 예언을 성취하시는지에 대해서 말한다. 그는

> "지체장애자, 그리고 귀먹은 자, 날 때부터 몸을 저는 사람을 치유하셨으며… 죽은 자를 일으키셨고, 그들을 살아갈 수 있게 해주셨다… 그러나 그런 일들을 보고도, 사람들은 그것이 마술이라고 주장했다. 왜냐하면 그들은 대담하게도 그를 마술사이자 백성을 속이는 사기꾼이라고 불렀기 때문이다"Dial. 69

고 해서 자동적으로 마술사가 아닌 사람을 행악자라고 고발하는 것이 불가능했다는 것은 아니다."

62) 반-마술(anti-magic) 구절들에 대한 자세한 논의에 대해서는, Fridrichsen, *Miracle*, 85-102; Remus, *Pagan-Christian Conflict*; Gallagher, *Divine Man*을 보라.

63) Gallagher, *Divine Man*, 172. "궁극적으로 기준은 '신은 인간에게 선을 행한다'는 널리 알려진 가정에 근거한 것이다." Kee, *Miracle*, 273도 비슷한 결론에 도달한다. 참조. Eusebius, *Proof*, 33.

이 내용은 악마의 거짓 기적에 대해서 논하는 문맥 속에 들어 있다. 이것은 저스틴이 오히려 마술φαντασία, 판타시아이고 속임수라고 떠들어 대는 것에 대해서 그리스도께서 행한 기적의 사실성을 주장하는 것이 다. 이런 전후관계 속에서 저스틴은 기적을 행했던 방법보다는 예수가 행한 기적의 진정성 혹은 구체성에 대한 의문들에 대해서 분명한 생각 을 갖고 있다. 어쨌든, 더 중요한 것은, 트리포가 역사적 예수에 대한 연구라는 것이, 예수 시대에서 한 세기 이후에 이루어진 것이고, 예수 의 동시대인들의 견해에 대해서는 우리에게 아무것도 전해주는 것이 없다는 이유로 제한적 가치 밖에 없는 것으로 평가한다는 것이다.

셋째로, 켈수스. 켈수스는 예수가 이집트에서 훈련받은 마술사들과 동류라고 비난한다. 켈수스는 "있지도 않은 값비싼 잔치 상과 만찬 식 탁과 떡, 그리고 접시들을 있는 것처럼 차리고, 상상에서나 볼 수 있는 일처럼, 실제로는 전혀 그렇지 않은데 어떤 것이 마치 살아 있기라도 하듯이 움직이게 만드는" 것이 이런 사람들이 하는 일의 특징이라고 말한다.CC I.68

켈수스는 얼마 안 되는 빵으로 많은 사람을 먹인 이야기들과 예수가 죽은 사람을 살린 일을 염두에 두고 있다. 이와 같이, 비난의 본질은 예 수의 기적들이 그 일어나는 모양새를 보았을 때 마술이었다는 것이다. 그리고 오리겐은 예수가 속임수를 사용하지 않았다는 것을 입증하려고 하는 방식으로 이런 유의 비난에 대응한다. 오리겐의 대답의 핵심은 이 것이다. 도덕적으로 나무랄 데 없이 훌륭한 사람이 자기의 기적을 조작 하고, 이렇게 조작하면서 사람들에게 거룩하게 살라고 했겠는가?63)

V

요약과 결론. 만약에 귀신 축출을 하면서 어떤 물체나 보조 도구나 주문을 사용하지 않는다면, 그 치유는 마술이 아니라는 견해가 종종 제기되었다. 따라서 "신약성서에 나오는 예수의 기적들은 마술, 혹은 마술에서 사용하는 방법이나 진행과정과는 아무런 상관이 없다…"말하기도 했다.64) 이 말에는 어떤 절박함이 묻어난다.65) 성경에는 마술에 대한 혐오가 언급되고 있으며, 따라서 예수는 무슨 일이 있더라도 마술에 대한 어떠한 비난에서도 자유로워야만 했다. 이때에 마술은 기술적인 의미를 갖는다.66) 여기에는 두 가지 문제 혹은 오류가 있다.

첫 번째는 정의의 문제이다. 우리는 이미 기적과 귀신 축출과 관련해서, 기술적 차원에서 "마술"= 악한 것/"비 마술"= 선한 것이라는 단순한 범주가 신약성서 당시의 귀신 축출을 이해하는데 도움이 되지 않는다는 것을 살펴보았다.67)

두 번째 문제는 예수를 마술에 대한 모든 비난에서 자유케 하려는 시도가 역사적인 방법과 관련된 것이라는 점이다. 만약에 마술을 물리적인 도구나 주문 같은 기술적인 차원에서 정의한다면, 귀신 축출을 예로 들자면, 예수의 기술은 마술적인 진행과 전혀 상관이 없다고 말한다든가 혹은 예수는 그의 동시대인들과 전혀 다르며 독립적이라고 말하는 것은 역사적 판단의 오류이다.68) 우리는 위의 3부와 4부에서 귀신 축출자로서 예수가 사용한 방법이 소위 "마술"이나 주문이라고 부르는 것들과 명백한 평행점이 있다는 것을 살펴보았다.

스미스 교수에 대한 논박에서 우리는 적어도 세 가지 점에서 그의 주장이 잘못되었다는 것을 보여주었다.

---

64) Grundmann, *TDNT* II, 302. 참조. 예. W. Kirchschläger, "Exorcismus in Qumran?" *Kairos* 18 (1976), 52.

65) *ExpTim* 85 (1973-4), 355면 이하에 있는 Hull, *Magic*에 대한 편집자의 논평을 보라.

66) 참조. Mendelsohn, *IDB* III, 223면 이하; Hull, *IDBSup*, 312면 이하 더 자세한 내용은 Remus, *JBL* 101 (1982), 531-551을 보라.

67) Hull, *Magic*, 4장과는 반대된다.

68) 예. L. Morris, *The Cross in the NT* (Exter: Paternoster, 1976), 56면 이하 그리고 각주들.

1. 스미스는 타키투스, 수에토니우스 혹은 플리니가 예수를 어떤 의미에서건 마술사로 보았다는 것을 입증하지 못했다.

2. 마술사라는 비난이 분명한 곳 – 순교자 저스틴, 콰드라투스 그리고 켈수스 – 에서 스미스는 그러한 비난들이 예수의 동시대인들의 것이 아니라는 사실을 고려하지 않는다. 뿐만 아니라 그는 이러한 비난에 들어 있는 마술에 대한 특정한 개념들을 오해했다. 즉, 예수에 대한 비난의 본질은 예수가 주문을 사용했다거나 특정한 방법을 사용했다는 것과는 아무런 상관이 없다. 이러한 비난은, 아르노비우스Arnobius의 *Adversus Gentes*, 1.43에서 볼 수 있듯이, 어느 정도 후대의 것이다. 여기에서 기적을 행하는 것과 관련해서 "마술"이라고 비난하는 것은 두 가지 중요한 요인과 관련해서 반복적으로 등장했다.

첫째, 개인의 생활 방식. 만약에 기적을 일으키는 사람이 사기꾼이거나 거짓말쟁이 혹은 살인자라면, 그는 마술사로 간주되었다.[69] 이 점에 대해서 더 자세하게 설명해보도록 하자. 사도행전 13장 10절을 보면 바울은 마술사ό μάγος, 호 마고스 엘루마가 거짓과 악행이 가득한 자라고 공격한다. 그리고 루시안은 가짜 상품을 판매해서 많은πολλοι, 폴로이 이득을 취한 자들을 공격한다.*Philosophies for Sale* 2.11-12; 그리고 Philostratus, *Life* 7.39도 보라.[70] 따라서 마술은, 오운이 주장하는 것처럼, 단순한 일탈행동이 아니라, 영적인 세력들의 힘을 입은 것으로 여겨지는 기적 행위들과 결부된 일탈행동인 것이다.[71] 둘째, *"마술사"가 일으킨 결과의 진정성과 지속성이 아주 중요했다.* 참조. 위에서 언급한 콰드라투스와 Philostratus, *Life* 8.7 즉, 만약에 그의 행위가 거짓으로 밝혀지면 그는

---

69) 참조. 행13:10에 나오는 범주들과 위에 나오는 터툴리안에 대한 부분을 보라. 또한 Fridirichsen, *Miracle*, 91면 이하를 보라.
70) 그리고 Corrington in Richards (ed.), *SBLSP* (1984), 258-259 그리고 Garrett, *Demise*, 4-5도 보라.
71) 참조. Aune, *ANRW* II.23.2 (1980), 1515.

마술사로 간주되었다.72)

3. 스미스는 또한 신약성서에 나오는 예수에 대한 비난들을 마술에 대한 비난과 결부시키는 것에도 실패했다.73) 우리는 지금까지 예수를 비난했던 동시대인들이 관심을 가졌던 것은 예수가 "마술"을 어떤 식으로든 활용했느냐가 아니라, 예수가 사탄에게 사로잡힌 것이 분명하다는 것이었다.74) 비록 마술에 대한 정의를 일탈이라는 개념을 통해서 접근하는 것이 가장 일반적이고, 예수의 종교적인 경향을 일탈로 보기도 하지만, 증거자료들은 예수를 비판한 사람들이 예수가 마술사라는 차원에서 이러한 일탈을 이해했다는 견해를 뒷받침해주지 않는다.

예수에 대한 2세기와 3세기의 비판이 공관복음서에 나오는 것들과 전혀 다른 것에서도 볼 수 있듯이, 그러한 비판들은 예수의 동시대인들이 어떻게 예수를 귀신 축출자로 인정하게 되었는지를 이해하는데 전혀 도움이 되지 않는다. 그리고 예수에 대한 전승 자체가 예수가 마술사라는 비난을 받았다는 견해를 지지해주지 않기 때문에, 우리는 *예수의 동시대인들이 예수를 마술사로 보았다거나*75) 혹은 예수가 마술을 부렸다는 비난이 예수 전승 전반에 걸쳐서 나타나는 주제라는 것은 오류라는 결론을 내릴 수 있다.76) 사실, 마술에 대한 비난을 복음서 저자

---

72) Fridirichsen, *Miracle*, 89면 이하.
73) P. Beskow, *Strange Tales About Jesus* (Philadelphia: Fortress, 1983)은 스미스의 *Secret Gospel of Mark*에 대해서 이해할 수 없는 점이 있다고 말한다.
"… 모튼 스미스는 이렇게 짧고 전혀 복잡하지 않은 본문에서 어떻게 그렇게도 많은 이상한 생각을 끄집어낼 수 있었는지 궁금하다. 그는 이 단편에 근거해서 네 가지 논제를 주장한다. 1. 예수는 마술사처럼 보였다… 모튼 스미스의 논제들의 이상한 점은 이 논제들 중 그 단편에서 의미 있는 뒷받침을 받는 것이 하나도 없다는 점이다. 예수는 소위 말하는 기적을 행했다. 그러나 복음서에 기록된 기적들 중에도 이것보다 더 놀라운 마술은 없다"(103).
74) 참조. Kee, *Medicine*, 73. "유대 종교 지도자들은 예수의 귀신 축출을 보고 예수를 단순히 사기꾼이나 협잡꾼으로 치부하지 못한다. 오히려 예수가 귀신들의 왕과 한편이 되어서 귀신들을 조종하는 존재라고 생각한다."
75) 참조. Winter, *Trial*, 144 그리고 특히 Smith에 대한 비판적인 논평인 J. -A. Bühner, "Jesus und die antike Magie. Bemerkungen zu M. Smith, Jesus der Magier", *EvT* 43 (1983), 156-175를 보라. 참조. W. Wink, "Jesus as a Magician", *USQR* 30 (1974), 3-14.

들이 알았다면, 복음서 저자들이 그것에 대해서 언급하거나 예수에 대한 다른 비난들에 대해서 그러했던 것처럼 그에 대해 반박할 기회가 있었을 것이라고 예상할 수 있다.

---

76) Samain, *ETL* 15 (1938), 490.

25장 · 강령술사?Necromancer

크랠링C. H. Kraeling은 "예수가 강령술Necromancy, [역주] 강령술은 마술의 일종으로 죽은 자의 영혼을 불러내서 조종하는 것을 가리킨다 때문에 비난받았는 가?"라는 질문을 던진다.1) 그는 "그렇다"고 대답한다. 크랠링의 주장은 마가복음 6장 14-16절에 나오는 "내가 목 벤 요한 그가 살아났다"고 하는 예수에 대한 혜롯의 견해에 대한 해석을 중심으로 하고 있다. 그의 주장을 간략하게 살펴보면 아래와 같다.

혜롯은 예수에 대한 소문을 듣는데, 주로 예수의 놀라운 사역에 대한 것이었다. 그러나 요한은 기적을 행하지 않았다.요10:41 그렇다면 혜롯은 예수와 요한의 관계를 어떻게 설정한 것일까? 예수는 요한이 *다시 살아난 것*일 수 없다. 왜냐하면 예수와 요한의 사역이 겹치기 때문이다.마11:2-6/눅7:18-23 그래서 크랠링은 둘이 강령술로 연결되어 있다고 제안한다.2)

크랠링의 주장의 핵심은, 요한복음에 나오는 예수와 관련된 어록들 7:20, 8:48,49,52, 10:20 외에, 누가복음 8장 29절에 있는 거라사의 귀신들린 자를 가리키는 표현인 *ἔχειν δαιμόνιον*에케이 다이모니온이 "어떤 사

---

1) Kraeling, *JBL* 59 (1940), 147-1
2) Kraeling, *JBL* 59 (1940), 153.

람의 통제 하에 있는 귀신을 가졌고 그 귀신을 통해서 어떤 사람을 결박하다"3)를 의미한다는 것이다. 크랠링은 이 표현이 다른 상황에도 많이 사용된다는 인상을 준다. 그러나 사실은 이 표현은 마태복음 11장 18절/누가복음 7장 33절에만 나온다. 그리고 크랠링은 이 구절이 요한이 스스로 통제할 수 있는 귀신을 가졌다는 개념을 전해주려고 의도된 것이라고 볼 아무런 증거도 제시하지 않는다. 뿐만 아니라 크랠링은 이 것과 관련해서 바알세불에 대한 비난을 끌어들인다.막3:22 그러나 우리가 이미 살펴본 바와 같이 이 비난을 그렇게 해석하는 것은 가능성이 없다. 이것 때문에 크랠링의 주장이 완전히 무력화되지는 않겠지만, 심각하게 훼손되고 만다.

---

3) Kraeling, *JBL* 59 (1940), 154

26장 · 하시드?Hasid

　예수의 청중들은 그를 카리스마적인 랍비 같은 인물로 보았을까? 『유대인 예수』Jesus Jew에서 게자 베르메스는 복음서에 나오는 예수를 "그 초자연적인 능력을 비밀스러운 힘에서 얻은 것이 아니라, 하나님과의 친밀한 관계에서 얻었으며, 그가 참된 카리스마적인 인물임을 하나님이 입증해주는 사람 중의 하나"라고 본다.1) 이러한 결론은 우리가 이해하는 카리스마적인 인물이라는 의미에서 예수의 활동과 특징을 적절하게 규정해주는 것일 수도 있다. 그러나 그렇다고 해서 우리가 "예수라는 인물은 1세기 카리스마적인 유대교의 일부분이며 초기 하시디즘 혹은 경건한 자의 가장 탁월한 예로 보인다"라고까지 말할 수 있을까?2) 즉 다른 말로해서, 예수의 동시대인들이 그를 자신들의 카리스마적인 랍비 같은 인물로 보았을까? 베르메스는 그렇다고 대답한다.3)

　베르메스는 예수가 치유자, 특히 귀신 축출자였음을 검증하고, 그리고 그를 호니Honi와 하니나 벤 도사Ḥanina ben Dosa와 비교한 연후에 그 결과를 토대로 예수를 카리스마적인 랍비로 본다. 귀신 축출과 관련해서, 베르메스가 예수를 이해하기 위한 배경으로 설정한 자료는 토비트,

---

1) Vermes, *Jesus*, 79. 참조. Dunn, *Jesus*, 88; Barrett, *Spirit*, 57 그리고 Borg, *Conflict*, 서문, 73, 230-231.
2) Vermes, *Jesus*, 79.

희년서, 요세푸스, 쿰란 문헌 그리고 랍비 문헌이다.

여기에서 우리는 가장 먼저 예수를 랍비로 보는 견해에 대해서 어느 정도 전반적인 반대가 있다는 점에 주목해야 한다. 예수와는 달리, 랍비들은 종말론에 거의 관심이 없을 뿐만 아니라, 예언 같은 형식으로 말하지도 않았던 것으로 보인다.4) 그리고 하비는 "율법의 억압"The Constraints of the Law이라는 장의 결론에서 이렇게 말한다.

"우리는 우리의 지식이 허락하는 한도 내에서 확실히 예수가 그랬던 것과 같은 교사로서의 명성을 얻은 사람이 어떤 선택을 할 수 있었는지 찾아보려고 노력했다. 복음서의 증거―… 전체적으로 보았을 때, 그리고 초기 교회의 편집이라는 의심에서 훨씬 안전한―는 마치 예수가 이러한 선택 사항들을 발견하고 그 중에서 어떤 것들을 취했다는 것과는 완전히 반대의 것을 증언한다. 오히려 그의 활동은 그 선택 사항들 중 몇 가지에서 도출해낸 특징들을 보였다. 그리고 실제로 예수에 대한 기록은 그의 시대와 문화의 어떤 다른 인물들보다 탁월한 면모를 보인다. 침례 요한은 예외가 될 수도 있다 그 기록을 보면 예수는 서기관들이 가졌던 학식과 전문성에 예언자의 자유와 솔직함을 겸하여 갖추고 있었다. 뿐만 아니라 바리새학파의 현자들과는 달리, 익히 알려진 바이지만, 그의 가르침은 그가 백성을 믿도록 초청한 특정한 상황과 떼려야 뗄 수 없는 관계에 있었다."5)

둘째로, 우리는, 특히 귀신 축출자로서의 예수와 관련한, 베르메스

---

3) Vermes, *Jesus*, 79. 참조. Bühner, *EvT* 43 (1983), 156-175; Borg, *Conflict*, 230-231; E. Rivkin, *What Crucified Jesus?* (Nashville: Abingdon, 1984), 4장과 5장. 하시드(Hasid)를 하나의 유형으로 보는 견해에 대한 비판에 대해서는, D. Bermann, "Hasidism in Rabbinic Tradition" in P. J. Achtemeier (ed.), *SBLSP* 2 vols. (Missoula: Scholars Press, 1979), 2, 15-33 그리고 Freyne in Nickelburg and Collins (eds.), *Ideal Figures*, 223-258을 보라.

4) Neusner, *Traditions* I, 395; Harvey, *Constraints*, 93 주석 88.

5) Harvey, *Constraints*, 65.

의 주장을 수정해주는 몇 가지 증거를 제시할 수 있다. 내가 "수정"corrective이라고 말한 까닭은, 바로 앞의 2부, 3부, 4부에서 보았듯이, 예수가 실제로 유대적인 배경을 가진 귀신 축출자였기 때문이다. 그러나 내가 "수정"이라고 말한 또 다른 이유는 예수의 청중들이 예수를 단순히 그들의 랍비와 같은 부류의 인물로 보지 않았을 것이기 때문이다.

1. 가장 중요한 것은 랍비들은 예수 시대의 팔레스타인에서 유일무이한 귀신 축출자들이 아니었을 가능성이 높다. 그 당시에 엘리아자르 같은 귀신 축출자도 있었고, 『창세기 외경』Genesis Apocryphon에 나오는 아브라함 같은 귀신 축출자도 있었고, 마술 파피루스에 나오는 귀신 축출자들도 있었고, 스게와의 아들들, 낯선 귀신 축출자들, 그리고 아마도 방랑하는 견유학파 사람들 같은 귀신 축출자도 있었을 것이다. 뿐만 아니라 호니와 하니나 벤 도사 같은 귀신 축출자들도 있었을 것이다. 위에 있는 2부의 결론을 보라 이토록 엄청나게 다양한 전승이 존재한다는 것은 예수의 청중이 엄청나게 다양한 귀신 축출자들과 그들이 사용하는 다양한 방법들에 대해서 알았을 것이며, 랍비들은 단지 이러한 다양한 부류의 일부일 뿐임을 알았을 것임을 의미한다.

2. 비록 1세기 팔레스타인의 귀신 축출자들 중에서 예수가 카리스마적인 랍비들과 가장 유사했을 수 있지만, 예수와 랍비들 간에는 중대한 차이점이 존재한다.

(a) 간혹 가다가 어느 랍비가 귀신에게 나오라는 명령 외에는 아무런 기술을 사용하지 않는다는 기록을 보곤 하지만7장 참조, 예수는 거의 대부분참조. 막5:10절 이하 귀신을 쫓아내는 방법이 단순하다. 베르메스 조차도 예수와 수많은 그의 동시대 귀신 축출자들 간의 차이에 대해서 인지하고 있다. 그는 이렇게 말한다. "이러한 성취들과 관련되어서 언급되는 고정된 방법rite이 없다. 사실상 다른 방법들이 보여주는 밀교적인

것과 비교해보았을 때, 예수가 사용한 방법은, 복음서에 묘사되어 있듯이, 아주 간단하기 그지없다."[6]

(b) 바로 앞의 4부에서 우리는 복음서에 나오는 기적과 메시지의 관계를 검토하고자 상당한 노력을 기울였다. 그 논의의 결론 중의 하나는 이러한 독특한 관계가 역사적인 예수에게까지 거슬러 올라간다는 것이었다. 내가 알고 있는 한, 하시딤 중에서 자신들의 기적과 메시지를 결부시키는 사람은 전혀 없었다.[7]

(c) 이 점과 밀접하게 관련된 것은 역사적 예수가 자신의 기적에 부여한 특별한 의미이다. 즉, 4부에서 우리는 예수가 자신의 귀신 축출을 특별히 역사하는 하나님나라kingdom of God in action와 관련해서 이해했다는 점을 살펴보았다. 예수가 하나님나라에 전적으로 몰두하는 것이 유일무이할 뿐만 아니라, 자신의 귀신 축출에 그 의미를 부여하는 것도 그러하다. 이러한 하나님나라에 대한 전념과 귀신 축출과 하나님나라의 관계는 유대교의 카리스마적인 인물들에게서는 발견되지 않는다.[8]

(d) 우리는 기도가 비록 역사적 예수에게 중요한 것이었으며 초기 교회가 그 중요성을 강화했을 수 있다고 하더라도, 기도는 예수의 귀신 축출 방법의 일환으로 사용된 적이 없다는 점을 위에서 살펴보았다.18 장 랍비들도 간단하게 명령만 하고 기도 없이 치유한 사례들이 있다.예. b. Meïl. 17b 그러나 이러한 것들은 예외적으로 보인다.m. Ber. 5.5; b. Ber. 34b를 보라 주로 이 점에 근거해서 하비는 이렇게 말한다.

"모든 필요조건이 다 있다. 예수는 오랫동안 집중하는 특별한 능력을 보여줄

---

6) Vermes, *Jesus*, 65 그리고 주석 31.
7) 랍비들의 기적 이야기들의 신학적인 의도에 대해서는, K. Schubert, "Wunderberichte und ihr Kerygma in der rabbinischen Tradition" *Kairos* 24 (1982), 31-37을 보라.
8) *JTS* 25 (1974), 490에 있는 Vermes에 대한 A. R. C. Leaney의 논평도 보라.

뿐만 아니라, 그의 경우는 흥정이나 거래가 아니지만 하나님께 친밀한 방식으로 호소할 줄도 안다. 그리고 그는 추종자들에게 기적을 행하기 위한 기도의 필요성과 능력에 대해서 가르친다. 그러나 그의 놀라운 사역들 중에서 명백하게 기도로 일어난 경우는 거의 없다."

하비는 예수가 "'카리스마적인 인물' 의 방식"the style of the 'Charismatic' 을 택하지 않았다고 결론 내린다.9)

만약에 우리의 주장이 옳다면, 베르메스의 견해는 최소한 몇 가지 점을 수정할 필요가 있다. 비록 나사렛 예수와 그의 제자들과 가장 유사한 사례가 랍비와 그 제자들이고, 귀신 축출자 예수가 자신의 유대적 환경과 잘 어울리기는 하지만, 그의 치유와 귀신 축출 사역은 예수를 랍비들과 구분시켜주는 중요한 사역의 국면이기도 하다.10) 그렇다면, 예수의 청중들은 그를 하시드의 하나로 보았을까? 만약에 그들이 그랬다면, 귀신 축출자인 예수가 그들이 이해하는 방랑하는 카리스마적인 인물과 전혀 부합하지 않는 그러한 특징들을 드러내는 것으로 보였을 리가 없지 않은가?11)

우리는 5부의 후반부에서 예수의 동시대인들이 예수를 평가했을 수 있는 세 가지 방법에 대해서 살펴보았다. 우리는 논의를 통해서 "마술

---

9) Harvey, *Constraints*, 107.

10) B. Lindars, "Jesus and the Pharisees", in C. K. Barrett, E. Bammel and W. D Davies (eds.), *Donum Gentiticum: NT Studies in honour of David Daube* (Oxford: Clarendon, 1978), 51-63는 예수와 바리새파 혹은 그 시대의 갈릴리인 교사들과의 간격을 좁혀 질 수 있을 것이라고 너무 쉽게 가정하는 것에 대해서 경고의 목소리를 낸다.

11) 참조. Freyne in Nickelburg and Collins (eds.), *Ideal Figures*, 223-258, 은 "적절한 인물묘사라고 볼 수 있는 모든 자료를 검토한 후에도, 우리는 초기 팔레스타인의 전반적인 종교적인 배경 속에서 카리스마적인 인물은 그 자체로 역동적인 모습은 아니었는지 물을 필요가 있는 것으로 보인다"(247)고 말하면서 Vermes를 비판한다. 이 연구의 범위가 갖는 한계 때문에 순회하는 설교자인 예수가 랍비보다 견유학파 철학자에 더 가까운지에 대한 논의는 미리 배제될 수밖에 없다. Hengel, *Charismatic Leader; Theissen, Radical Religion* 2 (1975), 84-93; Kee, *Origins*, 68을 보라.

사"나 "강령술사"라는 범주가 사용되었을 것이라는 주장이 얼마나 가능성이 없는지를 보여주었다. 비록 예수의 전반적인 사역이 그를 귀신을 쫓아내는 하시드로 보이게 했다 하더라도, 그가 사역하는 것을 목격한 사람들이 그를 카리스마적인 랍비의 한 사람으로 보았을지는 의심스럽다. 5부의 결론에서 우리는 이러한 연관성에 대한 우리의 제안을 제시할 것이다.

27장 · 결론

5부에서 우리는 귀신 축출자 예수를 그의 동시대인들이 어떻게 이해했는지 혹은 어떤 범주에 속하는 인물로 보았는지에 대한 몇 가지 제안들을 살펴보았다. 우리는 지금까지 제안된 제안들에 대해서 의문을 던졌다. 예수가 행한 귀신 축출을 살펴보았을 때, 그를 지켜본 사람들이 예수를 메시아 중의 하나 혹은 그 메시아로 보았거나 혹은 마술사, 혹은 강령술사로 보았을 것 같지는 않다는 것이다. 더 나아가서, 우리는 귀신 축출자 예수가 카리스마적인 랍비로 비춰졌을 것이라는 개념을 수정할 것을 제안했다.[1]

그렇다면 예수는 그의 동시대인들에게 어떻게 이해되거나 혹은 평가되었을까?

여기에 대답하려면 다음과 같은 점들을 고려해야 한다. *첫째*, 비록 우리가 귀신 축출자 예수를 카리스마적인 랍비로 보는 견해가 수정되어야 한다고 제안하기는 했지만, 전체적으로 보았을 때 그의 생활 방식

---

1) "신-인"(divine-man) 논쟁의 현 상황에 비추어 보았을 때 - 이것이 예수와 관련해서 사용하기에 유용한 범주인지에 대해서는 전반적으로 의문시되고 있는데 - 우리의 논의에 이것을 포함시키는 것은 불필요하다. J. D. Kingsbury, "The 'Divine Man' as the key to Mark's Christology – The End of an Era?" *Int* 35 (1981), 143-157; Dunn, *Jesus*, 69 그리고 주석들; C. R. Holladay, *Theios Aner in Hellenistic-Judaism* (Missoula: Scholars Press, 1977); (참조. *JTS* 30 [1979], 246-252에 있는 Holladay에 대한 W. Telford의 논평); Gallagher, *Divine Man*, 6장; Blackburn, *Theios Anēr*, 263-266을 보라.

과 사역은 거의 그러한 인물에 근접할 정도로 일치한다. 위의 26장에서 언급한 인물들 말고도, 특별히 요세푸스에서 팔레스타인이 특별히 순회하는 카리스마적인 인물들과 랍비들을 양성하기에 좋은 토양이었다는 증거들을 많이 볼 수 있으며,2) 신약성서에서도 볼 수 있다.3)

둘째, 예수의 귀신 축출 사역의 배경에 대한 탐구는 1세기 팔레스타인의 방랑하는 카리스마적인 치유자들에 대한 전승을 부각시켰다.

제 1차 세계대전 이전에 부세트(Bousset)는 예수를 "방랑하는 설교자"라고 불렀다. 그리고 더욱 최근에는 타이센이 예수를 "방랑하는 카리스마적인 인물"이라고 규정했다.4) 복음서에는 예수와 그의 가족예. 막 3:21; 눅8:19-21; 11:27-28 그리고 가정예. 마6:25-32; 막10:21; 눅 10:1-7과의 빈약한 유대 관계와 더불어서 물질적 소유를 낮게 평가하는예. 마6:25-32; 막10:21; 눅10:1-7 것을 보여주는 말씀들이 나온다. 뿐만 아니라, 복음서의 이야기들은 예수가 등장하는 다양한 장소의 명칭들을 보여주는데 – 예를 들면, 예루살렘, 베다니, 갈릴리, 나인, 나사렛, 가나, 가버나움, 고라신, 벳세다 그리고 게르게사 – 이는 복음서에 나오는 "예수께서 그곳을 떠나"와 같은 수많은 일반적인 진술을 뒷받침해준다.

한편 예수는 가버나움에 어떤 집을 소유하고 있었고, 그 집에서 사역을 했던 것으로 보인다.마4:13; 막2:1; 요2:12 5) 그리고 어떤 갈릴리 마을들은 가버나움에서 가볍게 걸어갈 거리에 있었던 것으로 보인다. 비록 귀신 축출자 예수를 사회의 주변부를 다니는 집이 없는 카리스마적인 설교자로 규정하는 것이 불가능하지만, 일면이기는 하지만, 방랑하는

---

2) Josephus, 『유대 전쟁사』 2.117-119, 259, 261-263, 433; 7.253, 437-441; 『유대 전쟁사』 18.2-10, 23-25, 85-87; 20.97-98, 102, 167, 169-172, 188.

3) 참조. Hengel, *Charismatic Leader*, 201 그리고 Twelftree in Wenham (ed.), *Gospel Perspectives* 5, 289-310.

4) Bousset, *Kyrios Christos*, 117 그리고 Theissen, *Followers*, 2장 그리고 F. H. Borsch, "Jesus, the Wandering Preacher?" in Hooker and Hickling (eds.), *What about the NT?*, 45-63.

5) 더 자세한 것은 E. F. F. Bishop, "Jesus and Capernaum", *CBQ* 15 (1953), 427-437을 보라.

견유학파 치유자들에 대해서 아는 바에 입각해서 예수의 청중들이 그를 보았을 때, 그들이 그렇게 볼 수 있을 정도로 예수는 상당한 거리를 이동했다.

셋째, 위의 2장에서 우리는 전승들을 살펴보았을 때 상당히 다양한 귀신 축출 방법과 여러 형태의 귀신 축출자들이 있었다는 것을 살펴보았다. "마술 파피루스"에도 그와 관련된 전승들이 나오는데, 그 안에는 주로 귀신 축출자들이 사용한 기술들에 대한 내용이 들어 있다. 그리고 요세푸스가 소개하는 엘리아자르의 이야기처럼 귀신 축출자가 전혀 중요하지 않은 치유 이야기들도 있다. 또한 『창세기 외경』에 나오는 아브라함의 이야기처럼 치유자가 가장 중요한 역할을 하는 이야기들도 있다. 그리고 귀신 축출자이면서 동시에 예언자나 철학자인 사람이 등장하는 이야기들을 담은 헬라와 유대의 자료들도 있다. 그리고 귀신 축출이 특별한 기술에 의존하는 전승들이 있고, 귀신 축출자의 개인적 힘에 의존하는 전승들도 있다. 그리고 이 두 가지 전혀 상이한 요소들이 함께 등장하는 전승들도 있다.

이러한 다양성에 대해서, 우리는 이 자료에 적용할 수 있는 가장 합리적인 범주는 특별히 전수받은 *행위performance*에 의존해서 성공하는 귀신 축출들과, 반면에 귀신 축출자 자신의 *인격person*에 의존해서 성공을 거두는 귀신 축출들이라는 결론에 도달했다.

넷째, 예수를 메시아로 묘사하려는 공관복음서의 전승과 마술에 대한 후대의 비난을 제외한, 예수 전승의 가장 초기 층들에는 예수를 5부의 전반부에서 살펴보았던 부류를 따라서 예수를 범주화하려고 시도했다는 암시가 전혀 나타나지 않는다. 사실상, 예수의 활동에 적용했던 유일하고도 명백한 범주는 하나님에게서 비롯되었기 때문에 "선하다"든가, 사탄에게서 비롯되었으므로 "악하다"는 것이었다. 마12:24절 이하/눅

다섯째, 예수의 귀신 축출이 예수의 신적 기원을 입증한다고 주장할 수는 없다.6) 왜냐하면 『창세기 외경』에 나오는 아브라함 이야기와 희년서에 나오는 노아 이야기가 보여주듯이, 그러한 이야기들은 단지 귀신 축출자의 정직한 성격을 나타내려고 사용되었을 따름이기 때문이다.7)

따라서 우리는 이 논의를 *예수는 1세기의 범주들을 "넘어서는"tran-scended 귀신 축출자가 아니라는* 제안을 하는 것으로 마무리 지을 수밖에 없다.8) *오히려 예수의 동시대인들이 그를 (a) 어떤 범주들에 부합한다거나 부합했을 수도 있었다고 보았다거나, (b) 그들이 써먹을 수 있었던 모종의 "꼬리표"『성서고대사』els을 예수에게 부여했을 것이라고 보는 것은* 가능성이 없다. 우리는 헹겔의 다음과 같은 말에 동의할 수 있다.

> "우리가 선호하는 '종말론적인 카리스마적 인물'의 특성 중에서 조차도, 그는 결국 비교 불가능한 채로 남게 된다. 그리고 그를 종교사회현상학에서 제안한 범주들에 맞추어보려는 모든 시도를 아주 근본적으로 좌절시키고 만다."9)

따라서 예수의 청중들이 그가 "선한" 치유자였는지 혹은 "악한" 치유자였는지 고민했다는 것은 놀라운 일이 아니다.참조. 마12:24절 이하/눅11:15절 이하; 행10:38 우리는 또한 하비의 결론에도 동의한다.

---

6) 참조. Tiede, *Charismatic*, 3장.
7) Twelftree, *Christ*, 30-31을 보라.
8) 참조. Morris, *Cross*, 56면 이하.
9) Hengel, *Charismatic Leader*, 69. 교사로서의 예수에 대해서 논하는 맥락에서 헹겔은 또한 이렇게 말한다. "…예수는 우리가 인정하는 그 어떤 획일적인 유대교의 교육 전승과도 다른 위치에 있다. 예수를 당시의 유대교 전승의 발달과정 내에 위치시키는 것은 불가능하다"(강조는 Hengel의 것이다. 49). 또한 Koester, *Introduction* II, 77-78 그리고 Bühner in *EvT* 43 (1983), 156-175, 특히 174-175를 보라.

"예수는 분명히 위험스러울 정도로 애매모호할 수밖에 없는 기적 치유자의 모습을 취했다. 하지만, 기록에 따르면 최소한 예수는 치유를 행함에 있어서 그의 참된 자격과 동기들을 의심하게 할 것이 분명한 기술적 절차를 극도로 최소화했다."10)

초기 교회에서 예수의 귀신 축출은 그의 사역의 또 다른 국면에 불과했다. 그러나 실제로는 아주 중요한 사역이었다. 특별히 마가에게 귀신 축출은 예수가 유일한 메시아the Messiah였다는 것을 보여주기 위한 계획에 동원될 만큼 예수 사역의 가장 중요한 부분으로 비춰졌던 것으로 보인다.11)

---

10) Harvey, *Constraints*, 109.
11) 더 자세한 내용은 Twelftree, *Christ*를 보라.

VI

귀신 축출자 예수:
예수의 자기 이해

28장 · 서론

    역사가가 예수를 귀신 축출자로 묘사할 때는 그의 사역의 이러한 측면에 대한 외적인 모습만 복구하는 것이 아니라, 가능한 범위 안에서 예수의 자기 이해도 포함한다. 이 과제는 현대 신학에서도 흥미로워할 뿐만 아니라, 오늘날의 귀신 축출에 대한 논쟁에서도 관심을 기울이고 있다.1)

    그러나 슈바이처의 폭로로 인한 각성 덕분에, 19세기의 예수의 자기 이해에 대한 재구성의 대부분은 1세기 예수에 대해서보다는 19세기 신학에 대해서 더 많은 것을 말하고 있다는 것이 드러났다. 이러한 결과의 하나로 많거나 적거나 간에 역사적 예수의 생각에 대해서 알 수 있다는 생각이 부정되었다. 예를 들어서, 1926년에 프리드리센은 이렇게 쓰기도 했다: "예수의 영혼 깊은 곳에서 무슨 일이 일어났는지는 어떤 자료를 통해서도 밝혀 낼 수 없는 신비로 계속해서 남게 될 것이다…"2)

---

1) 특히 Dunn, *Jesus*, 13을 보라. 나는 Charlesworth, *Jesus Within Judaism*, 131을 따라서 "자기-의식"(self-consciousness)이라는 말을 피하려고 한다. 이 말은 "19세기 낭만주의에 대한 그리움이나 예수의 전기를 추구하려는 것으로 오해할 소지"가 있기 때문이다. 자신의 사역에 대한 예수의 자기 이해는 또한 그의 가르침에서도 볼 수 있는데, 이에 대해서는 Lindars in Barrett, Bammel and Davies (eds.), *Donum Gentilicum*, 51-63을 보라. 예수의 자기 이해와 관련된 문헌에 대해서는, Evans, *Jesus Research*, 128-138을 보라.
2) Fridrichsen, *Miracle*, 72. 참조. Bultmann, *Jesus and the Word*, 14; D. Nineham, "Epilogue", in J. Hick (ed.), *The Myth of God Incarnate* (London: SCM, 1977), 188.

그럼에도, 제임스 던은 이렇게 말한다.

"비록 예수에 대한 전기가, 특히 영웅의 자기 각성과 자기 이해 그리고 자기 세계에서의 성장 과정을 추적하는 현대적인 의미에서의 전기가 실제로 불가능하지만, 그렇다고 해서 그것이 우리가 예수의 자기 이해와 그의 사역의 특정 시점에서 있었던 영적인 체험에 대해서 아무 것도 말할 수 없다는 것을 의미하는 것은 아니다."[3]

따라서 우리는 이 짧은 장을 통해서 이 마지막 말을 시험할 것이며 귀신 축출에 대한 예수의 이해에 대해서 무엇인가 말한다는 것이 가능한지를 살펴보게 될 것이다. 즉 다시 말하면 이렇다. 예수는 자신을 귀신 축출자로 보았는가? 그리고 예수는 자신이 하는 일을 어떻게 생각했는가?

---

[3] Dunn, *Jesus*, 12-13. 강조는 그의 것이다. 참조. Charlesworth, *Jesus Within Judaism*, 131-164; Leivestad, *Jesus*, 12

29장 · 귀신 축출과 종말론

예수는 자신이 그 당시 유대 사회에서 유일한 귀신 축출자가 아니라는 것을 잘 알고 있었다. 그의 대적자들 중 어떤 자들과의 논쟁에서, 그는 다른 유대인 귀신 축출자들이 사용하는 방법에 대해서 수사학적으로 질문한다.마12:27/눅11:19 또 다른 곳에서 요한은 예수에게 제자들이 예수의 이름으로 귀신들을 쫓아내는 사람을 보았다는 말을 전한다. 또한 주문에 자신의 이름이 사용되는 것을 보고, 예수는 자신이 성공적이고 능력 있는 귀신 축출자로 인정받고 있다는 생각을 했을 가능성이 있다.

3부에서 우리는 바알세불 논쟁 단락에서 볼 수 있는 일련의 어록들이 예수가 자신의 귀신 축출을 어떻게 보았는지에 대해서 우리에게 말해줄 아주 충분한 개연성이 있다는 것을 살펴보았다.10장 참조 거의 논란의 여지없이 바알세불 논쟁 단락에서 가장 중요한 어록은 성령/손가락 어록일 것이다.마12:28/눅11:20 우리는 이미 이 어록의 진정성에 대해서 논한 바 있다.10장 참조 이제 우리는 이렇게 물을 수 있다. 이 어록은 예수가 자신의 귀신 축출을 어떻게 이해했는지와 관련해서 우리에게 무슨 말을 해주는가?

『예수와 성령』Jesus and the Spirit에서 제임스 던은 이 문제를 자문자

답하는데, "예수는 자신이 하나님의 능력으로 귀신들을 쫓아낸다고 믿었다"는 것이 그 대답 중의 하나이다.p.47 그러나 이 전승에서 언급하는 것이 성령이기 때문에, 예수가 하나님의 성령을 힘입어서 귀신들을 쫓아냈다고 말하는 것이 더 맞을 것이다. 예수는 귀신 축출을 할 수 있는 자신의 능력-권위의 원천이 하나님의 새로운 종말론적 성령에 있으며, 단순히 자기 자신과 자신의 기술에 있지 않다는 것을 분명하게 인식하고 있었다.

제임스 던처럼, 이 구절에서 우리는 거룩한 인물들이 공통적으로 그런 경험을 했기 때문에, 예수가 "외부의"otherly 능력을 느끼고 있었고, 그리고 바로 그 점이 아주 중요했던 것처럼 말하는 것은 오해를 불러일으키는 것이다.1) 2장에서 언급했던 귀신 축출자들 중의 일부는 바로 이런 종류의 능력, 즉 자신들 외부에 존재하는 권능에 대해서 자각하고 있었고, 의존하고 있었다.

그러나 우리는 또한 "성령"이 이 구절에서 중요할 뿐만 아니라, "내가"라는 말도 중요하다고 주장했다.위의 10장 따라서 예수는 하나님의 종말론적인 성령을 힘입어서 혹은 통해서 귀신 축출을 행하는 것이 하나님나라의 도래를 의미한다고 주장했을 뿐만 아니라, - 하나님의 종말론적인 성령을 힘입어서 혹은 통해서든 - 자신이 행하는 귀신 축출 그 자체가 하나님나라의 도래를 의미하는 것이라고 주장했던 것이다. 즉 다른 말로 표현하자면, 우리는 종말론적인 성령의 임재와 능력 주심empowering에 대한 자각으로 말미암아 예수가 자신이 메시아라는 것을 알게 되었다고 말할 수 있는데, 왜냐하면 예수가 바라던 하나님나라가 도래한 것은 성령의 활동을 통해서 만이 아니라, 성령 안에서 귀신을 쫓아내는 자신의 활동을 통해서도 온 것이기 때문이다. 따라서 "성령

---

1) Dunn, *Jesus*, 47. 한편 같은 곳에 있는 (b) 항목도 보라. Borg, *Conflict*, 253을 보라.

께서 계신 곳에 하나님나라가 있다"고 말하는 것은 절반만 맞는 것이다.2) 성령께서 예수 안에서 역사하시는 곳이 하나님나라라고 말하는 것이 예수의 이해를 더 잘 반영한다.3)

지금까지 언급한 것에 비추어 보았을 때, 예수에게 귀신 축출은 하나님나라 도래의 전조현상이 아니었다.4) 오히려 그것은 현재 활동하는 하나님나라 그 자체였다. 이러한 결론은 일정 부분 마태복음 12장 28절/누가복음 11장 20절에 나오는 ἔφθασεν에프따센 "임하였다"에 의존한다. 그럼에도, 샌더스는 이 구절을 해석하면서 "내가 보기에… 동사 ἔφθασεν에프따센의 의미에 지나치게 의존하는 것은 확실히 미심쩍어 보인다"고 말한다. 그리고 계속해서 "헬라어가 예수께서 말씀하셨던 것만이 아니라 전달하고자 했던 것도 정확하게 포착해내고 있다는 것을 어떻게 알 수 있겠는가?"라고 묻는다. 샌더스는 "확실히 불가능하다"고 대답한다.5) 물론, 역사적 연구의 성격상, 우리는 헬라어 ἔφθασεν에프따센이 예수께서 말씀하셨던 것이나 의도한 것을 반영하는지의 여부에 대해서 확실하게 알 수는 없다. 그러나 ἔφθασεν에프따센, 그리고 아마도 막1:15에 나오는 ἤγγικεν[엥기켄]도은 "오다" 혹은 "이르다"라는 뜻을 가진 אטמ'tm*) 의 번역일 가능성이 크다.6) 따라서 비록 샌더스는 망설이지만, 최소한 이 구절에 입각해서 볼 때, 우리는 예수가 자신의

---

2) Dunn, *Jesus*, 49 그리고 "Spirit and Kingdom", *ExpTim* 82 (1970-1), 39. 강조는 Dunn의 것이다.

3) Dunn도 *ExpTim* 82 (1970-1), 39에서 이와 거의 유사한 말을 한다. 참조. Dunn, *Jesus*, 47면 이하. Leivestad는 *Jesus*, 106에서 이 어록에 나오는 "내가"라는 단어가 강조되어야 한다고 말한다. Bultmann은 *History*, 239에서 예수는 "자신의 성공적인 사역을 통해서 하나님나라가 도래한다는 결론에 도달한다"고 말한다. 그러나 이러한 주장은 성립할 수 없는데, 왜냐하면 다른 귀신 축출자들도 마찬가지로 성공적으로 사역했음이 분명하기 때문이다. 심지어는 예수가 보기에도 그러했다. 참조. 막9:38/눅9:49절 이하; 마12:27/눅11:19.

4) Betz, NovT 2 (1958), 116-137. 더 자세한 내용은 Beasley-Murray, *Jesus and the Kingdom*, 75-80에 나오는 토론을 보라.

5) Sanders, *Jesus*, 134.

*) [역주] 원문에는 מטמ이 아니라 אטמ로 되어 있다. 잘못 기록된 것으로 보인다.

6) 참조. Kümmel, *Promise*, 106, 주석 6; Dalman, *Words*, 107 그리고 Caragounis, *TynBul* 40 (1989), 12-23.

귀신 축출을 하나님나라의 도래와, 이 "도래"가 임박한 것이든, 현재 일어나는 것이든 혹은 이미 일어난 것이든 상관없이, 모종의 관계가 있는 것으로 이해했다고 말할 수 있다. 따라서 던의 다음과 같은 말에 동의할 수 있다. "예수에 관한 한, 귀신 축출에서 이러한 능력이 나타나는 것은 *대망하던 하나님나라가 이미 그의 청중들에게 임했다는 증거였다. 즉 그의 귀신 축출은 마지막 때가 이미 임했다는 것을 입증했던 것이다.*"[7] 마태복음 12장 28절/누가복음 11장 20절에 비추어 보았을 때, 우리는 더 나아가서 예수가 *성령께서 그를 통해 역사하시는 곳에 하나님나라가 임한 것으로* 믿었다고 주장할 수 있다.[8] 이러한 예수의 자기 이해는 도마 복음서에 잘 나타난다. "예수께서 말씀하셨다. 나와 가까이 있는 자가 불에 가까이 있다. 그리고 나에게서 먼 자가 하나님나라에서도 멀다"(82). 즉, 하나님나라의 도래는 예수의 메시지와만 연결된

---

7) Dunn, *Jesus*, 47(강조는 그의 것이다). 그는 계속해서 이렇게 말한다.
　　"우리가 이러한 국면에 대한 예수의 설교에 익숙하다고 해서 이러한 주장을 별것 아닌 것으로 취급하면 안 된다. 왜냐하면 이것은 놀랍고도 대담한 주장이기 때문이다. 종말론적인 하나님나라가 이미 왔다!"(강조는 그의 것이다).
　　그리고 Dunn and Twelftree, *Churchman* 94 (1980), 220도 보라. 하나님나라가 이미 시작되었다는 이러한 주장이 예수에게서만 발견되는 것이기는 하지만, 예수와 당시를 이 세상의 마지막 때라고 생각했던 그 시대 사람들의 사고의 차이를 지나치게 강조해서는 안 된다. 제 2 바룩서 85:10(2세기 초); 제 4 에스라 5:50-55, 14:10(1세기 후반); J. H. Charlesworth, "The Historical Jesus in the Light of Writings Contemporaneous with Him", *ANRW* II.25.1 (1982), 460-469도 보라.
8) 참조. Twelftree in Wenham and Blomberg (eds.), *Gospel Perspectives* 6. 참조. R. Bultmann, *Theology of the NT* 2 vols. (London: SCM, 1952 and 1955), I, 7 "… 무엇이 시대의 표적인가? 바로 그 자신이다! 그의 현존, 그의 행위, 그의 메시지!"(강조는 그의 것이다); Borg, *Conflict*, 73, 253. 예수의 자기 이해에 대한 더 자세한 내용은("만일 내가 귀신을 쫓아내는 것이면"), Leivestad, *Jesus*, 106을 보라. G. Theissen의 *Urchristliche Wundergeschichten*에 대한 논평 논문에서 Achtemeier는 Theissen이 다음과 같이 생각한다고 언급한다.
　　"현재의 비참한 시대가 예수의 기적으로 말미암아 무너졌기 때문에, 일시적인 구원이 일어날 수 있었다. 그러한 일시적인 구원/치유가 일어날 수 있었기 때문에, 미래의 구원이 현재에 이미 임박했다고 선언할 수 있었다."
　　그러나 Achtemeier는 이렇게 말한다. "…그러면 도대체 기적 이야기들은 무엇이란 말인가? 거기 어디에 기적의 그런 종말론적인 차원에 대한 언급이 있단 말인가?" ("An Imperfect Union. Reflections on Gerd Theissen, *Urchristliche Wundergeschichten*" in Funk [ed.], *Early Christian Miracle Stories*, 65). 분명히 마태복음 12장 28절/누가복음 11장 20절은 최소한 예수의 귀신 축출의 종말론적인 틀을 보여준다(참조. 침례 요한에 대한 예수님의 대답. 마11:2-6/눅7:18-23).

것도 아니고 그의 말씀과 행위와만 연결된 것이 아니라, 예수의 인격과도 연결되었다는 것이다.9)

우리가 관심을 기울일 필요가 있는 바알세불 논쟁 단락에 있는 또 다른 진정성 있는 어록은 강한 자에 대한 비유이다.막3:27/마12:29/눅11:21절 이하. 10장 참조 우리는 이 비유에서 예수가 자신의 귀신 축출을 사탄이 쫓겨나간 것 혹은 사탄의 패배로 본다는 것을 살펴보았다.

신약성서 시대의 생각을 반영하는 문헌에 따르면, 악한 세력들을 결박하는 것 혹은 사탄을 끝장내는 일은 메시아 시대에 일어날 것으로 기대되었다.예. 사24:21절 이하; 제1 에녹서 10:4절 이하; 11절 이하; 1QS 4:18절 이하 10) 다른 사람들이 귀신 축출자 예수를 평가하는 방법에 대해서 검토하면서, 우리는 1세기는 메시아가 귀신들을 쫓아냄으로써 사탄을 패배시킬 것이라는 것을 *기대했던* 때였다는 점에 대해서 학자들의 의견이 일치한다는 것을 살펴보았다.23장 참조 이러한 주장은 예수가 귀신을 쫓아내는 것을 지켜 본 군중이 놀라며 "이 사람은 다윗의 자손이 아니냐?"라고 묻는 마태복음에 잘 나타난다.12:23 그러나 오실 이가 귀신을 축출할 것이며 사탄이 패배할 것이라고 기록한 증거들을 검토해보면 두 가지 사실이 드러난다. *첫째로*, 그리스도인들이 저술한 것이든 편집한 것이든 상관없이 모든 자료에서 메시아적 인물, 귀신 축출과 사탄의 패배 간의 연관성이 모두 발견된다. *둘째로*, 장차 1세기의 메시아 대망을 이해하는데 유용하게 쓰일 것으로 보이는, 『모세 승천기』 10장 1절과 3절은 단순히 새로운 시대가 열리면 사탄이 패배할 것이라고 예고할 뿐이다.23장 참조 따라서 우리가 위의 23장의 마지막 부분에서 결론내린 바

---

9) R. B. Gärtner, "The Person of Jesus and the Kingdom of God", *Today* 27 (1970), 32-43, 특히 37과 43을 보라. 이 전승에 나타난 귀신 축출을 이런 식으로 이해하는 것에 대한 Q의 경고에 대해서는 Mearns, *SJT* 40 (1987), 189-210을 보라.
10) Dunn and Twelftree, *Churchman* 94 (1980), 220 그리고 주석 31을 보라.

와 같이, 신약성서 이전에도 종말의 때에 사탄이 패배할 것이라는 기대가 있었다 하더라도[11] 거기에서 귀신 축출과 종말론 간의 특별한 연관성은 발견되지 않는다. 그러한 연관성은 진정한 예수의 말씀들에서만 발견될 뿐, 예수 이전에는 발견되지 않는다. 따라서 *귀신 축출과 종말론을 연결시킨 것은 예수였던 것으로 보인다.*[12]

그러나 예수가 생각했던 사탄의 패배의 본질은 무엇이었을까? 귀신 축출이 사탄의 최종적이고 완벽한 패배를 의미하는 것인가, 아니면 사탄의 패배의 시작인 것인가? 혹은 다른 무엇인가? 이러한 의문이 제기되는 까닭은 사탄의 패배에 대한 전혀 다른 개념들이 복음 전승에서 발견되기 때문이다.

마태복음에는 사탄의 패배를 예수의 귀신 축출과 한데 묶고 있는 바알세불 어록이 나온다.12:25-29 그러나 이것과 나란히 마태복음에는 전혀 다른 견해를 보이는 많은 다른 구절이 있는데, 우리는 이 구절들도 살펴보아야 한다. 첫 번째 구절은 8장 29b절이다. 이 구절에서 마태는 귀신의 질문을 추가한다. "우리가 당신과 무슨 상관이 있나이까?"7장 참조 이 질문에는 *때가 이르기 전에* 그들이 괴롭힘을 당한다는 개념이 내포되어 있다. 이것은 마태가 귀신을 괴롭게 하는 것이 예수의 귀신 축출 이후의 미래에 있을 일로 생각했다는 것을 암시한다. 이제 곧 살펴보게 될, 이같이 미래의 의미를 담은 두 구절과 계시록에서 "고통"이 마지막 때에 있을 것으로 나타나는 것을 보면14:11, 20:10, 참조. 9:5, 18:7,10,15, 마태가 귀신이 당할 최종적인 고통을 마지막 때의 일로 보는

---

11) 참조. O. Böcher, "Exorzismus", in *Theologische Realenzyklopädie* 10 (Berlin and New York: de Gruyter, 1982), 749.
12) 이와는 정반대로, 아스클레피우스 제의(the cult of Asclepius)를 살펴보면서 Kee는 이렇게 말한다. "치유가 그 자체적 의미 외에 다른 어떤 의미를 내포한다는 아무런 암시도 없다. 치유는 영적인 변화나 다른 어떤 초월적인 것에 대한 약속을 가리키는 지표가 아니다"(Miracle, 87). 초기 유대교의 기적에 대해서는 A. Guttmann, "The Significance of Miracle for Talmudic Judaism", *HUCA* 20 (1947), 363-406을 보라.

것으로 보인다.

우리가 살펴 볼 두 번째 단락은 밀과 가라지의 비유이다.마13:24-30 나는 다른 곳에서, 종말의 때에 원수의 일이 패배할 것에 대한 언급을 포함해서, 이 비유의 주요 특징들이 역사적 예수에게로 거슬러 올라가는 것이라고 주장한 바 있다.13)

우리가 살펴 볼 세 번째 단락은 13장 36-43절, 즉 밀과 가라지의 비유에 대한 해석인데, 예레미야스는 이것이 마태의 작품이라고 확신하며 주장했다.14) 여기에 보면 마귀는 모든 죄의 원인과 모든 악행을 행하는 자들이 불 속에 던져질 *최후의 심판이 이를 때까지* 활동하는 것으로 나온다.

마태가 사탄이 결국에는 패배할 것이라고 생각하는 것을 보여주는 네 번째이자 아마도 가장 분명하게 표현하는 구절은 25장 41절이다. "저주받은 자들아, 나를 떠나 마귀와 그 사자들을 위하여 예비된 *영원한 불*에 들어가라." 이 구절은 최후의 심판에 대한 부분에 포함되어 나오는데25:31-46, 이 부분은 전적으로 마태에게서만 발견되기 때문에 전체가 마태의 작품으로 보인다.15) 이 구절과 앞서 언급한 두 구절을 보면, 마태에게 사탄의 패배는 마지막 때, 즉 최후의 심판 때에 있을 일이다.

마태복음에 나오는 사탄의 패배라는 견해를 검토해본 결과, 우리는 마태가 사탄이 최후의 심판 때에 최종적으로 멸망당할 것이라는 그 견

---

13) Twelftree, *Christ*, 80-81.

14) Jeremias, *Parables*, 224-225.

15) 참조. R. H. Stein, *An Introduction to the Parables of Jesus* (Philadelphia: Westminster, 1981), 143. "거의 대부분의 학자는 이 해석 부분이 본질적으로 마태의 창작이라는 견해를 주장한다. 그리고 대부분 이 단락에 대한 Jeremias의 분석을 보면 '가라지 비유의 해석 부분이 마태의 작품이라는 결론을 피할 수 없[Jeremias, *Parables*, 84-85에서 인용]'다. 어떤 이들은 이 해석 부분에서 마태 이전의 전승층을 찾아내려고 했다[그들은 J. D. Crossan, "The Seed Parables of Jesus", *JBL* 92 (1973), 260-261을 인용한다]. 그러나 사실상 이 해석 부분은 아직까지 주로 마태의 창작으로 본다."

해를 역사적 예수의 생애에서 기원한 전승에서 취했다는 것을 알 수 있다. 최소한 밀과 가라지 비유가 여기에 속한다. 그러나 이러한 견해와 나란히에, 마 12:29과 비교, 사탄의 패배가 예수의 귀신 축출 사역을 통해서 이미 일어나고 있다는 견해도 역사적 예수의 생애에 그 기원을 둘 가능성이 높다.

마가의 견해는 다소 애매하다. 그러나 제자들이 부활절 이후의 교회의 모범적인 사례들기고, 또 그들에게 귀신을 쫓아낼 사명이 주어졌음을 생각해볼 때6:7-12; [참조. 16:12], 마가는 예수의 귀신 축출 사역이 사탄의 최종적인 혹은 완전한 패배를 의미한다고 보지 않았다. 그러나 한편 우리는 예수의 귀신 축출이 사탄의 패배와 연결된다는 것을 알고 있다.3:27

다른 두 공관복음서 저자들과 마찬가지로, 누가는 바알세불 어록을 예수의 귀신 축출 그리고 사탄의 추방과 연결시킨다. 뿐만 아니라, 10장 18절에서 누가는 제자들이 귀신을 쫓아내는 일도 포함한 선교 여행을 하는 동안에 예수께서 사탄이 떨어지는 것으로 보았다고 말한 것을 기록한다. 그러나 그는 예수의 치유 사역이 끝난 다음에도 유다가 배신하도록 유혹하면서 사탄이 계속해서 활동한다고 본다.22:3, 참조. 31 주목할 것은, 누가가 바울이 귀신을 축출한 것으로 기록한다는 점이다.행16:16-18 따라서 누가에게 사탄은 예수의 귀신 축출이나 다른 사역을 통해서 최종적으로 패배한 것도 아니고 완전하게 패배한 것도 아니다.

요한복음에는 요한이 사탄의 패배라고 생각했던 것으로 보게 하는 여러 구절이 있다. 요한복음에 귀신 축출이 나오지 않는 것은 사탄의 패배를 귀신 축출과 결부시킬 수 없었다는 것을 의미한다. 12장 31절이 특히 중요하다. 예수는 자신의 죽음에 대해서 말하면서 이렇게 말한다. "이제 이 세상의 임금이 쫓겨나리라." 이 구절이 역사적 예수에게까지 거슬러 올라가는 것이라고 보기는 어렵다.16) 여기에서 이 세상 임금인 사탄의 패배는 예수의 죽음과 직접 연결된다.참조. 14:30 그리고 16:11 하지만, 우리는 이것과 "악한 자에게서 그들을 지켜주옵소서"17:15라는 예수의 기도를 비교해보아야 한다.17) 그렇다면 요한이 예수의 죽음에서 사탄의 패배를 보았다고 하더라도, 사탄이 최종적으로 멸망당한 것으로 말한 것은 분명히 아니다. 왜냐하면 초기 공동체는 여전히 사탄의 문제를 해결해야 한다고 알았기 때문이다.

이러한 논의에서 제기되는 문제는 이러한 견해의 기원이 어디인가라는 것인데, 우리의 목적과 관련해서 중요한 것은 이러한 견해 혹은 견해들이 역사적 예수에게까지 거슬러 올라가는 것인가라는 것이다.

우리는 마태복음 12장 28절/누가복음 11장 20절에 나오는 성령/손가락 어록이 예수의 귀신 축출과 관련해서 역사적 예수의 의도를 충실하게 반영하는 것임을 논증했다. 즉, 예수는 자신의 귀신 축출을 사탄의 패배와 어느 정도 관련 있는 것으로 보았다. 그러나 우리는 예수 전승 안에는 사탄이 이 세대의 마지막까지 계속해서 존재하며 활동할 것을 가정하는 자료들이 있음을 알고 있다. 자료의 양은 많지 않다. 여기에는 마가복음 16장 17절, 밀과 가라지의 비유마13:24-30, 밀과 가라지의 비유에 대한 해석마13:36-43, 그물의 비유와 그 비유에 대한 설명마13:47-50, 그리고 양과 염소의 비유마25:1-46가 포함된다. 비록 이 중에서 역사적 검증을 견뎌낼 수 있는 것은 밀과 가라지의 비유뿐이지만, 우리는 이 비유에서 역사적 예수가 사탄과 악의 패배를 최후 심판과 결부시켰다는 증거를 보게 된다.18)

---

16) "이 세상의 임금"은 신약성서에서 오직 요한복음에만 나온다. 참조. R. Schnackenburgh, *The Gospel According to St. John* 2 vols. (London: Burns and Oates, 1968 and 1980), II, 390면 이하 그리고 Bultmann, *John*, 431.

17) Bultmann, *John*, 508 그리고 주석 1.

18) Twelftree, *Christ*, 80-81.

따라서 한편으로 예수는 자신의 귀신 축출을 사탄의 패배와 결부시킨 반면에, 다른 한편으로는 사탄의 패배를 최후의 심판 때 있을 것으로 보는 것이다. 그러면 어떻게 이러한 명백한 긴장관계를 해결할 수 있을까? 비록 역사적 예수에 대해서는 언급하지 않지만, 아마도 바레트C. K. Barrett의 견해가 대다수 학자들의 견해를 반영한다고 볼 수 있을 것이다. "악마는 패배했다. 그러나 멸망하지는 않았다. 교회는 사탄의 계략을 너무 잘 알고 있었기 때문에 사탄이 죽었다고 볼 수 없었다."19) 이런 생각이 맞는 것일까?

이 문제를 해결하려면, 우리는 사탄의 패배를 동일한 긴장관계로 묘사하는 시기의 견해를 반영한 문헌으로 돌아갈 필요가 있다.20) 우리가 주목할 가치가 있는 가장 초기의 언급은 소위 이사야 묵시록이사야 24-27장이라고 말하는 데서 찾아 볼 수 있다. 이사야 24장 22절은 이렇게 기록한다.

"그들이[하늘의 군대] 죄수가 깊은 옥에
모임 같이 모이게 되고,
옥에 갇혔다가
여러 날 후에 형벌을 받을 것이라."

"하늘의 군대"host of heaven가 무엇을 가리키는지는 분명치 않지만, 이방 나라들을 통제하거나 조종한다고 여겨지는 천상에 있는 반항적인 세력들을 가리키는 것으로 보인다.참조. 신32:8과 단10:13 이사야 본문에서 반항적인 세력들의 패배는 두 단계에 걸쳐서 진행되는 것으로 묘사된

---

19) Barrett, *Spirit*, 52.
20) 사24:21절 이하; 제1 에녹서10:4-6, 12절 이하; 18:14-19:2; 21:6절 이하; 90:23-24; 희년서5:5-10; 10:4-9. 또한 벧후2:4; 유6; 계20:1-3을 보라. 참조. Moore, *Judaism* II, 338-345.

다. *제1 에녹서*는 이 간단한 장면을 좀 더 발전시키는데, 이는 1세기 사람들이 두 단계의 패배의 본질을 어떻게 이해했는지를 분명하게 보여준다.

> "그리고… 주께서 라파엘에게 말씀하셨다. '아자젤Azaz´el의 손과 발을 결박하라 그리고 그를 어둠 속으로 던져 넣으라!" 그리고 그는 두다엘Duda´el에 있던 사막에 구멍을 만들었다. 그리고 그를 거기 던져 넣었다. 그는 그의 머리 위에 거칠고 날카로운 바위들을 던졌다. 그리고 그는 그가 빛을 볼 수 없도록, 그리고 위대한 심판의 날에 불 속으로 그를 던져 넣도록 그의 얼굴을 덮어버렸다"
>
> 제1 에녹서 10:4-6

아자젤을 거칠고 날카로운 바위로 덮는 장면을 보여주는 첫 번째 단계는 "결박"으로 묘사되는데, 이는 악한 자들의 두목의 최종적이고 완전한 멸망을 준비하기 위한 것이다.[21] *제1 에녹서* 10장 11-13절에 있는 패배의 첫 번째 단계에 대한 조금 더 상세한 내용도 마찬가지로 결박의 하나로 설명된다. 두 번째 단계는 위대한 심판의 날에 발생한다고 언급되는데, 불 심판으로 묘사된다.참조. 19:1 이것은 10장에 몇 줄이 더 추가된 것인데, 10장의 내용과 동일한 것이 사탄을 가리키는 또 다른 이름인 세먀자Semyaza의 무리에게 선포된다.

> "… 그들을 결박하여 70세대 동안 그들을 심판하는 날까지, 그들이 멸망당하는 날까지, 그리고 영원한 심판이 결정되는 날까지 지상의 바위 아래에 두라"

---

21) "두다엘"의 위치가 어디인지는 혼란스럽다. "톱니같이 날카로운 하나님의 산들"(<'A>δουδαήλ)에서 온 것일 수도 있다. 그러나 M. A. Knibb (ed.), *The Etiopic Book of Enoch*을 보라. 그리고 E. Ullendorff 2 vols. (Oxford: Clarendon, 1978), 2, 87 n. 그리고 M. Black, *The Book of Enoch or 1 Enoch* (Leiden:Brill, 1985), 133-135도 함께 참고하라.

10:12; 참조. 18:14-19:2; 21:6-10; 90:23-27 그리고 희년서 5:6-10, 10:5-9도 보라

사탄과 그의 천사들의 패배가 두 단계로 진행된다는 사상은 우리가 역사적 예수의 견해를 반영한다고 보았던 것과 잘 맞아떨어진다. 그러나 우리가 인용한 자료들의 이미지가 악한 자들의 두목이 어떻게 결박 당하는지에 대해서는 전혀 언급하지 않지만, 예수는 분명히 사탄의 패배의 첫 번째 혹은 일차적인 단계를 자신의 귀신 축출과 동일시하고 있음이 분명하다는 것에 주목할 필요가 있다.마12:28/눅11:20 밀과 가라지의 비유마13:24-30가 보여주는 바와 같이, 예수는 그 당시에 널리 퍼져 있던 견해, 즉 두 번째이자 최종적 패배는 최후의 심판에서 일어난다고 주장했다.

그렇다면 귀신 축출은 엄청나게 중요한 의미를 갖는데, 이는 예수의 사역이라는 측면에서 보았을 때에도 핵심적인 의미를 가질 수도 있다. 그러나 예수가 침례 요한에게 준 답변은 예수가 자신의 귀신 축출을 절대적인 중요성을 갖는 것으로 보았다고 생각하는 것에 대해서 경종을 울려준다. 침례 요한에게 준 예수의 답변에 대해서 논의하면서위의 12장, 우리는 예수가 요한의 제자들에게 "시대의 표적"에 대해서 설명하면서 눅7:21과는 달리 아마도 자신의 귀신 축출을 언급하지 않았을 것이라는 결론을 내렸다. 따라서 예수에게 하나님나라는 현존하는 것이었다. 왜냐하면 예수가 귀신을 쫓아내고, 또한 가난한 자에게 복음이 전파되며, 다른 기적들이 일어나기 때문이다.22)

우리는 2부에서 대단한 존경을 받는 귀신 축출자들의 이름을 다른 귀신 축출자들이 귀신을 축출 할 때 능력 있는 권위로 사용한다는 것을 살펴보았다. 우리는 또한 예수가 다른 사람들이 귀신을 쫓을 때 자

---

22) 특히 누가는 이 주제를 취해서 발전시킨다. 더 자세한 내용은 위의 5장 주석 7을 보라.

신의 이름을 사용한다는 것을 알았다는 것도 보았다.막9:38절 이하/눅 9:49
절 이하; 눅10:17-20 그렇다면 이것이 예수의 자기 이해에 영향을 주었다
고, 즉 자신을 능력 있는 귀신 축출자로 여겼음을 보여주는 것이라고
추정할 수는 없을까?

우리는 바로 앞의 몇 쪽에 걸쳐서 예수의 자기 이해와 그의 귀신 축
출과의 관계에 대해서 어느 정도 이야기할 가능성이 있다는 것을 확인
했다. 던은 이렇게 말한다. 그는 특히 마12:28/눅11:20 그리고 눅10:18을 언급하면
서 주장을 편다 "이러한 주장들은 *그의 능력의 종말론적 특별함에 대한 분
명한 인식을 암시한다. 즉 예수의 놀라운 행위들은 자신이 보기에도 출
애굽기의 기적들만큼이나 획기적인 것이었으며 또한 새 시대를 알리는
것이었다.*"23)

이 단락에서 우리는 *예수가 귀신 축출과 종말론을 연결 지은 첫 번
째 인물이었다*는 것을 보여 줄 수 있었다. *그에게 그의 귀신 축출은 종
말에 최종적으로 멸망당할 사탄의 첫 번째 혹은 일차적인 결박이었
다.*

---

23) Dunn, *Jesus*, 48. 강조는 그의 것이다.

VII

30장 · 결론들

이 연구는 역사적 예수에 대한 지식에 기여하고자 하는 노력이었다. 그와 같은 도전이 중요한 까닭은 지상의 예수의 생애, 사역 그리고 고난에 대한 전제들이 초기 교회에 중요했을 뿐만 아니라 오늘날에도 여전히 핵심적 의미를 주기 때문이다. 이 연구가 특별히 집중한 것은 예수의 귀신 축출 사역이었다. 이 책을 저술한 동기가 되었던 세 가지 서로 얽혀 있는 질문들은 이렇다. 만약에 예수가 귀신 축출자였다면, (a) 예수가 귀신 축출자로 활동한 것에 대한 초기 보도에는 무슨 내용이 담겨 있는가? (b) 예수의 활동을 지켜본 사람들의 눈에는 예수가 어떻게 비춰졌는가? 그리고 (c) 예수는 자신의 귀신 축출 사역을 어떻게 이해했는가? 이 연구가 도움이 될 가능성이 있는 것은 예수의 "생애"에 대한 현대의 저술에서 예수의 귀신 축출 사역에 대한 관심이 상대적으로 부족하다는 것과 공관복음서가 귀신 축출자 예수에 대해서 지대한 관심을 보이는 것이 대조되기 때문이다.

1. 우리 연구의 첫 번째 결론은 우리는 예수가 귀신 축출자였다는 견해를 주저하지 않고 지지할 수 있다는 것이다. 그리고 우리는 이 결론을 두 가지 방향으로 전개시킬 필요가 있다. 첫째로, 복음서 전승들, 다른 신약성서 내용들 그리고 정경 이외의 자료들은 예수가 특별히 성공

적이었으며 능력 있는 귀신 축출자였다는 점에서 일치한다. 예를 들어서, 이 점은 그의 이름이 곧바로 그의 동시대인들이나 직후의 귀신 축출자들에게 권능으로 인정받았다는 것으로 입증된다. 둘째로, 현대에 저술된 예수의 "생애"가 사실상 역사적 예수 사역의 이러한 측면을 무시하거나 혹은 예수가 행한 것으로 알려진 기적의 작은 부분의 하나로 치부하는 것은 잘못된 것이다. 그런 식으로 접근하는 것은 예수의 "생애"를 20세기 그리스도인들이 더 받아들이기 쉽게 할지는 몰라도, 그 결과 역사적 예수의 모습을 왜곡시키고 만다. 우리가 그려낸 예수의 모습은 우리의 "계몽된" 시각에서 보기에는 낯선 것일 수도 있다.

복음서 전승은 그 성격상 예수가 생애의 얼마를 귀신 축출에 할애했는지 판단하도록 도와주지 않는다. 그러나 우리의 연구가 보여주었듯이, 귀신 축출은 예수의 사역에서 가장 뚜렷하고 중요한 사역이었다. 이는 예수의 시각에서 보아도 그렇고 후대의 복음서 저자가 보기에도 마찬가지였다. 따라서 역사적 예수의 모습을 그릴 때 귀신 축출 사역에 대해서 언급하지 않는 것은 증거를 왜곡하는 것이다.

2. 우리가 귀신 축출자인 예수를 비춰보아야 할 배경인 1세기 팔레스타인에는 귀신 축출이나 귀신 축출자에 대한 유용한 개념들이 다양하고도 풍부했던 것으로 보인다. 그 시대의 지적인 경향은 유대의 카리스마적 인물들과 그들이 사용한 방법들로 대표되는 것보다 훨씬 많은 것을 포괄했다. 1세기 팔레스타인 사람들은 고대 바벨론과 이집트 문헌과 파피루스뿐만 아니라 후대의 마술 파피루스에 나와 있는 귀신 축출에 대해서와 그것이 실행되는 형태에 대해서 잘 알고 있었을 개연성이 아주 높다. 토비트, 희년서, 사해사본, 『성서고대사』, 신약성서, 요세푸스, 랍비 문헌, 루시안과 필로스트라투스는 여러 부류의 귀신 축출자들을 가장 잘 소개해주는 것들인데, 아마도 예수의 청중들에게도 친

숙했던 문헌들이었을 것이다. 그럼에도, 1세기 사상에 대한 독립적인 정보를 얻을 목적으로 신약성서 외경과 "솔로몬의 유언"에 기대는 것은 잘못된 것이다.

1세기 팔레스타인에는 요세푸스의 이야기에 나오는 엘리아자르, 창세기 외경에 나오는 아브라함, 마술 파피루스에 나오는 자들, 낯선 귀신 축출자들, 바알세불 논쟁에서 언급되는 유대인 귀신 축출자들, 스게와의 아들들, 방랑하는 견유 치유-철학자들, 그리고 유대의 카리스마적 인물들과 같은 부류의 귀신 축출자들이 있었을 것이다.

게다가, 실제로 그런 자들이 있었다면, 귀신 축출의 형태는 한편으로는 주문에서 외웠던 것과 주술에서 사용했던 방법 때문에 성공한 것에서, 그리고 다른 한편으로는 치유를 행하는 사람 때문에 성공한 것에 이르기까지 다양했을 것이다. 귀신을 쫓아내는 능력을 가졌던 이 후자에 속하는 인물들은 문헌 속에서 전설적인 인물로 등장할 뿐만 아니라 역사 속에서도 그런 인물들을 찾아 볼 수 있다. 1세기 팔레스타인 토박이인 나사렛 예수를 포함해서 이러한 인물들은 그들의 이름으로 행해졌거나 실제로 그들이 행한 기적에 이들의 존경받는 인품과 지혜가 영향을 끼쳤다고 여겨지던 사람들이었다. 이러한 관점에서 예수와 귀신 축출에 대한 일차 자료들을 검토해 보았을 때, 여러 가지 점들이 눈길을 끈다.

3. 귀신 축출 이야기들은 다른 전승이 복음서 전승에 덧붙여진 것도 아니고, 다른 전승의 관점에서 재서술된 것도 아니다. 복음서 이면에 있는 예수는 그 시대적 환경과 정확하게 일치한다. 왜냐하면 초기 교회가 그 전승을 수정했기 때문이 아니라 귀신 축출자 예수가 그 시대의 사람이었기 때문이다.

4. 사실상 귀신 축출자 예수가 사용한 모든 방법은 예수의 청중들에

게 친숙한 것들이었다. 원거리에서 귀신을 쫓아내는 것, 예수와 귀신들린 사람이 처음부터 극적으로 대면하는 것, 그리고 그로 말미암아 귀신 혹은 귀신들린 자이 자신을 방어하고 자비를 구하려고 말을 주고받는 것, 예수가 귀신에게 명령하거나 주문을 사용하는 것, 쫓겨난 귀신들이 대신해서 거주할 곳을 제공하고자 대상물돼지 떼!을 사용하는 것, 그리고 귀신 축출에서 폭력이 사용되는 것 등, 이 모든 것이 예수로 하여금 그의 동료 귀신 축출자들과 동일한 모습으로 보이게 했다.

5. 그러나 우리는 예수를 그와 동시대의 귀신 축출자들과 차원을 달리해서 구별 짓게 만드는 것이 확실한 몇 가지 아주 중요한 요인들을 간과해서는 안 된다. 그 당시의 일부 귀신 축출들, 즉 랍비 시므온과 아폴로니우스 같은 이들이 행한 귀신 축출들은 보조도구의 도움 없이 효과를 발휘했다. 이것들과 예수가 행한 귀신 축출들은 상대적으로 독특한 것이었다. 또한 그의 동시대인들에게서는 거의 찾아 볼 수 없는데, 예수는 일부 랍비들이 그러했던 것처럼 기도를 사용하지 않았고, 권능에 호소하거나 능력 있는 이름을 사용하지도 않았다. 즉, 예수는 자기 외부의 권위에 의존해서 귀신을 내쫓거나 결박하지 않았다.

6. 우리가 이 연구를 통해서 살펴본 것에 국한해서 볼 때에, 귀신 축출자인 예수를 지켜본 사람들은 그를 마술사라고 고발하지 않았다. 사실상, 25장의 마지막 부분에서 결론을 내린 바와 같이, 만약에 복음서 저자들이나 그들이 사용한 전승이 마술과 관련한 모종의 비난을 알고 있었다면, 그들에게는 예수에 대한 다른 비난이 그랬던 것처럼 그 비난을 제거하거나 반박할 기회가 있었다. 귀신 축출과 관련해서 예수가 받게 된 가장 끔찍한 비난은 다름 아닌 그가 선하지 않고 오히려 악하다는 것이었다. 즉 하나님이 아니라 사탄의 도움을 받아서 귀신을 쫓아낸다는 것이었다. 예수가 마술사라는 비난에 대한 증거는 오로지 2세기

와 3세기 이후의 문헌에만 나온다.

우리가 살펴 본 바와 같이, 그 증거는 예수를 지켜본 사람들이 예수를 강령술사나 심지어 자기들 주변에서 볼 수 있는 카리스마적 인물들 중의 하나로 보았을 것이라는 결론을 내리는 것을 용납하지 않는다. 오히려 1세기 팔레스타인에는 귀신 축출과 귀신 축출자에 대한 활용 가능한 개념들이 그와 같이 다양하게 있었던 것으로 보이지만, 예수는 아마도 당시 사람들이 보기에 선한 인물이거나 악한 인물이라는 것 말고는 달리 범주화되지 않았던 것으로 보인다.

7. 마태복음 12장 23절은 군중이 귀신 축출을 보고 예수가 메시아라고 환호했다고 증언한다. "이는 다윗의 자손이 아니냐?" 그러나 우리는 이 구절이 마태의 편집 이전의 것이 아니라는 결론을 내렸다. 군중이 예수의 귀신 축출을 보고 예수를 메시아로 생각하게 되었다는 것은 1세기의 사람들이 메시아가 귀신 축출자일 것이라고 기대했다는 것을 전제로 한다. 현재까지 이 점은 학문적인 가설의 하나로 남아 있다. 그러나 메시아적 인물이 상대적으로 일반적인 치유인 귀신 축출을 통해서 사탄과 싸울 것임을 예고해주는 확실한 기독교 이전의 문헌은 없다. 따라서 우리는 귀신 축출과 종말론을 처음으로 결부지은 인물이 예수라고 결론 내린다. 즉, 종말에 있을 사탄의 나라와의 우주적이고 초자연적인 싸움이라는 사상과 일상적인 귀신 축출이라는 행위를 연결 지었던 사람이 예수라는 것이다. 사탄이 패배하고 하나님나라가 도래하는 일이 예수의 귀신 축출을 통해서 일어나는 것이다. 참조. 강한 자의 비유

8. 1세기 팔레스타인 사람들은 사탄의 패배가 두 단계를 거쳐서 일어날 것이라고 믿었고, 예수도 그런 견해를 공유했다. 종말이 시작되면 사탄은 결박될 것이며, 그리고 마침내는 완전히 멸망당할 것이다. 예수는 자신의 귀신 축출과 제자들의 귀신 축출을 사탄의 패배의 첫 번째

단계에 해당하는 것으로 생각했던 것으로 보인다.

9. 예수에게 귀신 축출은 자신과 사탄의 대결이며, 이를 통해서 사탄이 패배했다. 바로 이 부분, 예수가 사탄의 패배의 첫 번째 단계를 감당했다고 믿는 부분에서 우리는 자신의 귀신 축출에 대한 예수의 가장 독특한 자기 이해를 접하게 된다. 예수가 "내가 명하노니…"라고 말하는 부분을 볼 때, 예수는 자기가 가진 고유한 권능에 의존하는 것처럼 보인다. 그러나 우회적인 방법으로 예수는 그를 비판하는 자들에게 자신이 종말론적인 하나님의 성령을 힘입어서 능력을 행한다고 말한다. 마12:28/눅11:20 상대적으로 일상적인 사건인 귀신 축출에 심오한 의미를 부여하는 것은 예수의 귀신 축출이 갖는 독특함과 전례가 없는 특징이다.

예수가 자신의 귀신 축출에 부여한 의미 가운데 일부가 성령/손가락 어록에서 분명하게 나타나는데마12:28/눅11:20, 여기에서 예수는 귀신 축출과 종말론을 연결시킨다. 이 한 구절에 너무 많은 것을 기댄다는 생각이 들지 않도록 하려고, 누가복음 10장 18절에 나오는 어록이 강한 자의 비유에서 그랬던 것처럼, 간접적으로 예수가 귀신 축출에 종말론적 의미를 부여한다는 점을 되새길 필요가 있다. 즉, 전체적으로 보아서, 예수가 자신의 사역에서 종말론적 의미를 보았다는 것은 예수가 열두 제자를 선택하고 성전을 "정화"한 것에서도 볼 수 있다.

예수가 종말론적인 성령의 오심으로 말미암아 사탄이 패배했으며 하나님나라가 도래한 것으로 보았다는 생각과 나란히, *성령께서 예수 안에서 역사하시는 곳이 하나님나라가 도래한 진원지*라고 말하는 것이 예수가 자신의 귀신 축출을 어떻게 이해했는지에 대한 가장 믿을 만한 설명일 것이다. 이것은 예수가 자신과 하나님과의 관계 그리고 하나님께서 그의 주변에서 일하고 계신다는 것에 대해서 아주 독특하게 생각

했다고 말할 수 있다는 것을 의미한다. 참조. 마11:2-6/눅7:18-23

　귀신 축출자 예수는 그 당시의 방랑하던 귀신 축출자들 중 일부와 상당히 동일한 방식으로 귀신 축출을 행하던 그 시대의 인물이었다. 그러나 귀신 축출이 그의 유일한 사역은 아니지만, 예수는 특별히 종말론적인 성령이라는 권능을 통해서 수행되는 그의 귀신 축출을 통해서 사탄과 그의 나라의 패배의 첫 번째 단계가 일어나고 그로 말미암아 하나님나라가 도래한다고 믿었다.

참고문헌
bibliography

I. 1차 문헌 및 자료

Allegro, J. M. and Anderson, A. A. *Discoveries in the Judaean Desert of Jordan* V:I (4Q158-4Q186) (Oxford: Clarendon, 1968).

Allison, F. G. *Menander: The Principal Fragments LCL* (London: Heinemann and New York: Putnam, 1921).

Audollent, A (ed.) *Defixionum Tabellae* (Frankfurt Main: Minerva GmbH, Unveränderter Nachdruck, 1967).

Avigad, N. and Yadin, Y. *A Genesis Apocryphon: A Scroll from the Wilderness of Judea* (Jerusalem: Hebrew University and Magnes Press, 1956).

Barthélemy, D. and Milik, J. T. *Discoveries in the Judaean Desert I: Qumran Cave I* (Oxford: Clarendon, 1955).

Baillet, M. *Discoveries in the Judaean Desert VII: Qumran Grotte 4 III (4Q482-4Q520)* (Oxford: Clarendon, 1955).

Baillet, M., Milik, J. T. and de Vaux, R. *Discoveries in the Judaean Desert of Jordan III: Les petites grottes de Qumrân* (Oxford:Clarendon, 1962).

Bell, H. I., Nock, A. D. and Thompson, H. "Magical Texts from a bilingual Papyrus in the British Museum", *Proceedings of the British Academy* 17 (1931), 235-87.

Betz, H. D. (ed.) *The Greek Magical Papyri in Translation* (Chicago and London: University of Chicago Press, 1986)

Blau, L. B. *Das alt jüdische Zauberwesen* (Strasbourg: Trübner, 1898).

Bourghouts, J. F. (ed.) *Ancient Egyptian Magical Texts, Nisaba* 9 (Leiden: Brill, 1978).

_____ *The Magical Texts of Papyrus Leiden I*, 348 (Leiden: Brill, 1971).

Braude, W. G. *Pesikta rabbati* 2 vols. (New Haven: Yale University Press, 1968).

Bryce, H. *The Seven Books of Arnobius Gentes* ANCL vol. 19 (Edinburgh: T & T Clark, 1871).

Burrows, M. (et al.) (eds.) *The Dead Sea Scrolls of St. Mark's Monastry* I The Isaiaha Manuscript and Habakkuk Commentary (New Haven:

American Schools of Oriental Research, 1950).

_____ *The Dead Sea Scrolls of St. Mark's Monastry* II/2 The Manual of Disciple (New Haven: American Schools of Oriental Research, 1951).

Chadwick, H. (ed.) *Origen: Contra Celsum* (Cambridge: Cambridge University Press, 1980)

Charles, R. H. (ed.) *The Apocrypha and Pseudepigrapha of the Old Testament* 2 vols. (Oxford: Clarendon, 1913).

_____ The Ascension of Isaiah (London: Black, 1900).

_____ The Assumption of Moses (London: Black, 1897).

Charlesworth, J. H. (ed.) *The Discovery of a Dead Sea Scroll (4Q Therapeia): Its Importance in the History of Medicine and Jesus Research* (Lubbock, TX: Texas Tech University Press, 1985).

_____ *The Old Testament Pseudepigrapha* 2 vols. (Garden City, NY: Doubleday & Co., 1983 and 1985).

Cohoon, J. W. and Crosby, H. L. *Dio Chrysostom* LCL, 5 vols. (London: Heinemann and Cambridge, MA: Harvard University Press, 1932-51).

Colson, F. H. and Whittaker, G. H. (et al.) (eds.) *Philo* LCL, 12 vols. (Cambridge, MA: Harvard University Press and London: Heinemann, 1948).

Conybeare, F. C. (ed.) *Philostratus: The Life of Apollonius* LCL, 2 vols. (Cambridge, MA: Harvard University Press and London: Heinemann, 1948).

Cross, F. M. "Fragments of the Prayer of Nabonidus" *IEJ* 34 (1984), 260-4.

Danby, H. *The Mishnah* (Oxford: Oxford University Press, 1933).

Delling, G. (ed.) *Antike Wundertexte*. KIT, 79^2 (Berlin: de Gruyter, 1960).

Denis, A. – M. (ed.) *Fragmenta Pseudepigraphorum Quae Supersunt Graeca* PVTG, 3 (Leiden: Brill, 1970).

Diehl, E. (ed.) *Anthologia Lyrica Graeca* BSGRT, 3 vols. (Leipzig: Teubner, 1925).

Dods, M. Reith, G and Pratten, B. P. *The Writing of Justin Martyr and Athenagoras* ANCL vol. 2 (Edinburgh: T & T Clark, 1867).

Downing, F. G. (ed.) *The Christ and the Cynics* (Sheffield: JSOT, 1988).

Dupont-Sommer, A. *The Essene Writings from Qumran* (Oxford: Blackwell, 1961).

Epstein, I. (ed.) *The Babylonian Talmud* 34 vols. (London: Soncino, 1935-48).

Fiebig, P. (ed.) *Antike Wundergeschichten zum Studium der Wunder des Neuen Testamentes* (Bonn: Marcus und Weber, 1911).

_____ *Jüdische Wundergeschichten des neutestamentlichen Zeitalters* (Tübingen: Mohr, 1911)

_____ *Rabbinische Wundergeschichten des neutestamentlichen Zeitalters* KIT, 78 (Berlin: de Gruyter, 1933).

Finkelstein, L. *Sifre on Deuteronomy* (New York: Jewish Theological Seminary of America, 1989).

Fitzmyer, J. A. "The Contribution of Qumran Aramaic to the Study of the NT" *NTS* 20 (1974), 393.

_____ (ed.) *The Genesis Apocryphon of Qumran Cave 1* (Rome: Pontificial Biblical Institute, 1966).

_____ and Harrington, D. J. (eds.) *A Manual of Palestinian Aramaic Texts* (Rome: Biblicla Institute, 1978).

Foerster, W. *Gnosis: A Selection of Gnostic Texts* 2 vfols. (Oxford: Oxford University Press, 1972 and 1974).

Fowler, H. N. *Plato: Euthphro, Apology, Crito, Phaedo, Phaedrus* LCL (London: Heinemann and Cambridge, MA: Harvard University Press, 1966).

Freedman, H. and Simon, M. (eds.) *Midrash Rabbah* 10 vols. (London: Soncino, 1939).

Gaster, T.H. *The Scriptures of the Dead Sea Sect* (London: Secker & Warburg, 1957).

Gifford, E.H. *Eusebii Pamphili Evangelicae Praeparationis* 4 vols. (Oxford: Oxford Uni-versity Press, 1903).

Ginzberg, L. *The Legends of the Jews* 1 vols. (Philadelphia: Jewish Publication Society, 1909-38).

Goodwin, C.W. *fragment of a Graeco-Egyptian Work Upon Magic* (Cambridge: Deighton, 1852).

Grant, R.M. (eds.) *Gnosticism: An Anthology* (London: Collins, 1961).

Grenfell, B.P. and Hunt, A.S. (eds.) *The Oxyrhynchus Papyri* (London: Egypt Exploration Fund, 1898-).

Griffith, F.L. and Thompson, H. (eds.) *The Demotic Magical Papyrus of London and Leiden* 3 vols. (London: Grevel, 1904-9).

Gulick, C.B. Athenaeus: *The Deipnosophists* LCL, 7 vols. (London: Heinemann and New York: Putnam and Cambridge, MA: Harvard University Press, 1927-41).

Gummere, R.M. *Seneca and Lucilium Spistulae Morales* LCL, 3 vols. (London: Heinemann and New York: Putnam, 1917-25).

Harmon, A.M. Kilburn, K. and Macleod, M.D. *Lucian* 8 vols. (London: Heinemann, New York: Macmillan and Putnam and Cambridge, MA: Harvard University Press, 1913-67).

Harringtoh, D.J. (et al.) *Pseudo-Philon, Les antiquites bibliques* 2 vols. (Paris: Cerf, 1976).

Hartel, G.S. *Thasci Caecili Cypriani* CSEL vol. 3 (New York and London: Johnson Reprint,1965).

Heikel, I.A. *Eusebius Werke* GCS vol. 23 (Leipzig: Hinrichs, 1913).

Hennecke, E. *New Testament Apocrypha* 2 vols. (London: SCM, 1963 and 1965).

Herford, R.T. *Pirke Aboth* (New York: Schocken, 1962).

Hicks, R.D. *Diogenes Laertws: Lives of Eminent Philosophers* LCL, 2 vols. (London: Heinemann and Cambridge, MA: Harvard University Press, 1925).

Holladay, C (ed.) *Fragments from Hellenstic Jewish Authors* vol.1 *Historians* Texts and Translations, 20; Pseudepigrapha Series, 10 (Chico: Scholars Press, 1983).

Horner, G. *Pistis Sophia* (London: SPCK, 1924).

Horseley, G.H.R. (ed.) *New Documents Illustrating Early Christianity* 5 vols. (Sydney: Ancient History Documentary Research Centre, Macquarie University, 1981-89).

James, M.R. (ed.) *The Apocryphal New Testament* (Oxford: Clarendon, 1924).

_____ *Biblical Antiquities of Philo* (New York: KTAV, 1971).

Jonge, M. de, (et al.) *The Testaments of the Twelve Patriarchs, A Critical Edition of the Greek Text* (Leiden: Brill, 1978).

Jongeling, B. Labuschagne, C. and van der Woude, A.S. (eds.) *Aramaic Texts from Qumran* vol. 1 (Leiden: Brill, 1976).

Kee, H.C. (ed.) *Medicine, Miracle and Magic in NT Times* (Cambridge: Cambridge University Press, 1986) Appendix, 4Q Therapeia.

Kittel, R. (ed.) *Biblia Hebraica* (7th ed. Stuttgart: Württembergische Bibelanstalt, 1951).

Knibb, M.A. (ed.) *The Ethiopic Book of Enoch* in consultation with E. Ullendorff 2 vols. (Oxford: Clarendon, 1978).

Koetschau, P. *Origenes Werke* GCS. vols. 2 and 3 (Leipzig: Hinhchs, 1899).

Lauterbach, J.Z. (ed.) *Mekilta de-Rabbi Ishmael* 3 vols. (Philadelphia: The Jewish Publication Society of America, 1933-35).

Lake, K. (ed.) *The Apostolic Fathers* LCL, 2 vols. (Cambridge, MA:

Harvard University Press and London: Heinemann, 1912 and 1913).

_____ Lawlor, H.J. and Oulton, J.E.L. (eds.) *Eusebius: The Ecclesiastical History* LCL, 2 vols. (Cambridge, MA: Harvard University Press and London: Heinemann, 1926, 1932).

Lightfoot, J.B. (ed.) *The Apostolic Fathers* (London: Macmillan, 1891).

Lipsius, R.A. and Bonnet, M. (ed.) *Acta Apostolorum apocrypha* I (Lipsiae: Mendelssohn, 1891-).

Lohse, E. (ed.) *Die Texte aus Qumran. Hebraisch und deutsch* (Munchen: Kosel, 1971).

Luck, G. *Arcana Mundi. Magic and the Occult in the Greek and Roman Worlds. A Collection of Ancient Texts translated, Annotated, and Introduced* (Baltimore and London: Johns Hopkins University Press, 1985).

MacMahon, J.H. *The Refutation of all Heresies by Hipploytus* ANCL vol. 6 (Edinburgh: T & T Clark, 1868).

Malherbe, A.J. (ed.) *The Cynic Epistles* (Atlanta: Scholars Press, 1977).

Marcus, R. (ed.) *Philo Supplement* LCL, 2 vols. (Cambridge, MA: Harvard University Press and London: Heinemann, 1953).

McCown. C.C. (ed.). *The Testament of Solomon* (Leipzig: Hinrichs, 1922).

Milik, J.T. (ed.) *The Books of Enoch: Aramaic fragments of Qumran Cave 4* (Oxford: Clarendon, 1976).

Montefiore, C.G. and Loewe, H. *A Rabbinic Antholosy* (New York: Schocken, 1974).

Montgomery, J.A. *Aramaic Incantation Texts from Nippur* (Philadelphia: University Museum, 1913).

Moore, C.H. and Jackson, J. *Tacitus: The Histories: The Annals* LCL, 4 vols. (London: Heinemann and Cambridge, MA: Harvard University Press, 1925-37).

Murray, A.T. *Demosthenes Private Orations* LCL, 3 vols. (London: Heinemann and Cambridge, MA: Harvard University Press, 1936-9).

Naveh, J. "A Medical Document or a Writing Exercise? The So-called 4Q Therapeia" *IEJ* 36 (1986) 52-5.

Nestle, E. and Aland, K. (eds.) *Novum Testamentum Graece* (26th ed.; Stuttgart: DeutscheBibelstiftung, 1979).

Neusner, J. (ed.) *The Tosefta* 6 vols. (New York: KTAV. 1977-81).

_____ *The Mishnah* (New Haven and London: Yale University Press, 1988).

Oldfather, C.H. (et al.) *Diodorus of Sicily* LCL, 12 vols. (London: Heinemann and New York: Putnam's Sons and Cambridge, MA: Harvard University Press, 1933-67).

Oldfather, W.A. *Epictetus* LCL, 2 vols. (London: Heinemann and New York: Putnam's Sons, 1926-8).

Ploeg, J.P.M. van der "Un petit rouleau de psaumes apocryphes (11 QPsApa)" in G. Jeremias(et al.) (eds.) *Tradition und Glaube: Das fruhe Christentum in seiner Umwelt* (Gottingen: Vandenhoeck & Ruprecht, 1971) 128-39 (+ pls. II-VII).

_____ "Le psaume XCI dans une recension de Qumran" *RB* 72 (1965) 210-17 (+ pls. VIII-IX).

Preisendanz, K. (ed.) *Papyri Graecae Magicae. Die griechischen Zauberpapyri* 3 vols. (Leipzig: Teubner, 1928, 1931, 1941).

_____ and Henrichs, A. (eds.) *Papyri Graecae Magicae* 2 vols. (2nd ed. Stuttgart: Teubner,1973-74).

Pritchard, J. (ed.) *Ancient Near-Eastern Texts* (3rd ed. Princeton: Princeton University Press, 1969).

Puech, E. "*11QPsAp^a*: Un rituel d'exorcismes. Essai de reconstruction" *RevQ* 14 (1990) 377-408.

Rackham, H. *Pliny: Natural History* LCL, 10 vols. (London: Heinemann and Cambridge, MA: Harvard University Press, 1938-63).

Radice, B. *Pliny: Letters and Panegyricus* LCL, 2 vols. (London: Heinemann and Cambridge, MA: Harvard University Press. 1969).

Rahlfs, A. (ed.) *Septuaginta* 2 vols. (Stuttgart: Deutsche Bibelstiftung, 1935).

Reifferscheid, A. and Wissowa, G. *Tertulliani opera* CCL voL 2, (Turnhout: Brepols, 1954).

Roberts, A. and Rambaut, W.H. *The Writings of Irenaeus* ANCL vols. 5 and 9 (Edinburgh: T & T Clark, 1868).

Robinson. J.M. (ed.) *The Nag Hammadi Library in English* (San Francisco: Harper & Row, 1988).

Rodkinson, M.L. (ed.) *New Edition of The Babylonian Talmud* 15 vols. (New York: New Amsterdam Book Company, 1896-1903).

Rolfe, J.C. *Suetonius* LCL, 2 vols. (London: Heinemann and Cambridge, MA: Harvard University Press, 1913-14).

Sanders J.A. *Discoveries in the Judaean Desert of Jordan IV: The Psalm Scroll of Qumran Cave 11* (11QPs^a) (Oxford: Clarendon, 1965).

Schmidt, C. *Die alten Petrusakten* (Leipzig: Hinrichs, 1903).

_____ *Pistis Sophia* (Copenhagen: Nordisk, 1925).

Schuller, E.M. *Non-Canonical Psalms from Qumran: A Pseudepigraphic Collection* (Atlanta: Scholars Press, 1987).

Schwab, M. *Le Talmud de jérusalem* 11 vols. (Paris Maisonneuve, 1871-90).

Scott, S.P. *The Code of Justinian* 2 vols. (New York, NY: AMS, 1973).

Shorey, P. *Plato, The Republic* LCL, 2 vols. (London: Heinemann and Cambridge, MA: Harvard University Press, 1937 and 1935).

Sparks, H.F.D. (ed.) *The Apocryphal Old testament* (Oxford: Clarendon, 1984).

Stahlin, O. *Clemens Alexandrinus: Stromata Buch l-VI* GCS vol. 52 (Berlin: Akademie-Verlag, 1960).

Strack, H. and Billerbeck, P. *Kommentar zum Neuen Testament aus Talmud und Midrasch* 5 vols. (Munchen: Beck, 1922-61).

Sukenik, E.L. *The Dead Sea Scrolls of the Hebrew University* The Isaiah[b] Scroll, War Rule and Thanksgiving Hymns (Jerusalem: Hebrew University Press, 1955).

Thackeray, H. St. J. (et al.) (eds.) *Josephus* LCL, 10 vols. (Cambridge, MA: Harvard University Press and London: Heinemann, 1926-65).

Thelwall, S. *The Writings of Tertullian* ANCL vol. 11 (Edinburgh: T & T Clark, 1869).

Thompson, R.C. *The Devils and Evil Spirits of Babylon* 2 vols. (London: Luzac, 1903-4).

Vaux. R. de and Milik, J.T. *Discoveries in the Judaean Desert VII: Qumran Grotte II : I Archeologie. II. Tefillin, Mezuzot et Targums 4Q128-4Q157* (Oxford: Clarendon. 1977).

Vermes, G. (ed.) *The Dead Sea Scrolls in English* (Harmondsworth: Penguin, 1987).

Walker, A. *Apocryphal Gospels, Acts and Revelations* ANCL vol. 16 (Edinburgh: T & T Clark, 1870).

Wallis, R.E. *The Writings of Cyprian Bishop of Carthage* ANCL vols. 8 and 13 (Edinburgh: T & T Clark, 1868 and 1869).

Wendland, P. (ed.) *Hippolytus* GCS vol. 26 (Leipzig: Hinrichs, 1916).

White, A.N. Sherwin- *The Letters of Pliny: A Historical and Social Commentary* (Oxford: Clarendon, 1966).

Wilson, W. *The Writings of Clement of Alexandria* ANCL vols. 4 and 12 (Edinburgh: T & T Clark, 1867 and 1869).

II. 2차 문헌 및 자료

Aalen, S. "'Reign' and 'House' in the Kingdom of God in the Gospels" *NTS* 8 (1961-2) 215-40.

Achinger. H. "Zur Traditionsgeschichte der Epileptiker-Perikope Mk 9, 14-29 par, Mt 17, 14-21 par, Lk 9, 37-43a" in A. Fuchs (ed.) *Probleme der Forschung* (Wein: Herold, 1978)114-23.

Achtemeier. P.J. "Gospel Miracle Tradition and Divine Man" *Int* 26 (1972) 174-97.

_____ "Miracles and the Historical Jesus: A Study of Mark 914-29" *CBQ* 37 (1975) 471-91.

_____ "The Origin and function of the Pre-Marcan Miracle Catenae" *JBL* 91 (1972) 198-221.

_____ "Toward the Isolation of Pre-Marcan Miracle Catenae" *JBL* 89 (1970) 265-91.

Aitken, W.E.M. "Beelzebul" *JBL* 31 (1912) 34-53.

Alexander, W.M. *Demonic Possession in the NT* (Edinburgh: T & T Clark, 1902).

Ambrozic, A.M. "New Teaching With Power (Mk.1.27)" in J. Plevnik (ed.) *Word and Spirit: Essays in Honour of David Michael Stanley* (Willowdale, Ontario: Regis College, 1975) 113-49.

Annen, F. "Die Dämonenaustreibungen Jesu in den synoptischen Evangelien" *TB* 5 (1976) 107-46.

_____ *Heil für die Heiden: Zur Bedeutung and Geschichte der Tradition vom besessenen Gerasener* (Mk 5,1-20 parr) (Frankfurt am Main: Knecht, 1976).

Argyle, A.W. "The Meaning of ἐξουσία in Mark 1, 22-27" *ExpTim* 80 (1968-9) 343.

Attridge, H.W. *First Century Cynicism in the Epistle of Heraclitus* (Missoula: Scholars Press,1976).

Aune, D.E. "Magic in Early Christianity" *ANRW* II (1980) 1507-57.

Baarda, T. "Gadarenes, Gerasenes, Gergesenes and the 'Diatesseron' Tradition" in E. Ellis and M. Wilcox (eds.) *Neotestamentica et Semitica* (Edinburgh: T & T Clark, 1969) 181-97.

Bächli, O. "'Was habe ich mit Dir zu schaffen?' Eine formelhafte Frage im A.T. und N.T." *TZ* 33 (1977) 69-80.

Bacon. B.W. "The Markan Theory of Demonic Recognition of the Christ" *ZNW* 6 (1905) 153-8.

Baird, M.M. "The Gadarene Demoniac" *ExpTim* 31 (1919-20) 189.

Baltensweiler. H. "'Wer nicht uns (euch) ist, ist Fur uns (euch)!' Bemerkungen zu Mk 9,40 und Lk 9,50" *TZ* 40 (1984) 130-6.

Barrett, C.K. Bammel, E. and Davies, W.D. (eds.) *Donum Gentilicum: NT Studies in honour fof David Daube* (Oxford: Clarendon, 1978).

Barrett, C.K. *The Holy Spirit and the Gospel Tradition* (London: SPCK, 1947).

Bartlett, D.L. *Exorcism Stories in the Gospel of Mark* (Ph.D. Thesis: Yale University, 1972).

Batdorf, I.W. "Interpreting Jesus since Bultmann: Selected Paradigms and their Hermeneutic Matrix" in K.H. Richards (ed.) *SBLSP* (Chico: Scholar Press. 1984) 187-215.

Bauernfeind, O. *Die Worte der Dämonen im Markusevangelium* (Stuttgart: Kohlhammer,1927).

Baumbach, G. *Das Verständnis des Bösen in den synoptischen Evangelien* (Berlin: Evangelische Verlagsanstalt, 1963).

Beasley-Murray, G.R. *Jesus and the Kingdom of God* (Grand Rapids: Eerdmans and Exeter: Paternoster, 1986).

_____ "Jesus and the Spirit" in A. Descamps and A. de Halleux (eds.) *Mélanges Bibliques en hommage au R.P. Béda Rigaux* (Gembloux: Duculot, 1970) 463-78.

Beauvery, R. "Jésus et Béelzéboul (Lc 11,14-28)" *Assemblées du Seigneur* 30 (1963) 26-36.

Becker, J. "Wunder und Christologie" *NTS* 16 (1969-70) 130-48.

Becker-Wirth, S. "Jesus triebt Dämonen aus (Mk 1, 21-28)" *Religionsunterricht an höheren Schulen* 28 (1985) 181-6.

Behm, J. *Die Handauflegung im Urchristentum* (Darmstadt: Wissenschaftliche Buchgesell-schaft, 1968).

Benko, S. "Early Christian Magical Practices" in K.H. Richards (ed.) *SBLSP* (Chico: Scholars Press, 1982) 9-14.

Best, E. *Disciples and Discipleship. Studies in the Gospel of Mark* (Edinburgh: T & T Clark, 1986).

_____ "Exorcism in the NT and Today" *Biblical Theology* 27 (1977) 1-9.

_____ *Following Jesus* (Sheffield: JSOT, 1981).

_____ *The Temptation and the Passion: The Markan Soteriology* (Cambridge: Cambridge University Press, 1965).

Betz, H.D. "The Early Christian Miracle Story: Some Observations on the Form Critical Problem" in R.W. Funk (ed.) *Early Christian Miracle Stories* Semeia 11 (Missoula: SBL, 1978) 69-81.

_____ "The Formation of Authoritative Tradition in the Greek Magical

Papyri" in B.F. Meyer and E.P. Sanders (eds.) *Jewish and Christian Self-Definition* (Philadelphia: Fortress, 1982)III, 161-70.

_____ "Introduction to the Greek Magical Papyri" in H.D. Betz (ed.) *The Greek Magical Papyri in Translation* Vol. 1: Texts (Chicago: Chicago University Press, 1986) xli-liii.

_____ "Jesus as Divine Man" in F.T. Trotter (ed.) *Jesus and the Historian: In Honor of Ernest Cadman Colwell* (Philadelphia: Westminster, 1968) 114-33.

Betz, O. "The Concept of the So-Called 'Divine-Man' in Mark's Christology" in D.E. Aune (ed.) *Studies in NT and Early Christian Literature* (Leiden: Brill, 1972) 229-40.

_____ "Das Problem des Wunders bei Flavius Josephus im Vergleich zum Wunderproblem bei den Rabbinen und im Johannesevangelium" in O. Betz, K. Haacker and M. Hengel (eds.) *Josephus-Studien* (Gottingen: Vandenhoeck & Ruprecht, 1974) 23-44.

_____ "Jesu Heiliger Krieg" *NovT* 2 (1958) 116-37.

_____ "Miracles in the Writings of Flavius Josephus" in L.H. Feldman and G. Hata (eds.) *Josephus, Judaism and Christianity* (Leiden: Brill, 1987) 212-35.

_____ and Grimm, W. *Wesen und Wirklichkeit der Wunder Jesu* (Frankfurt am Main: Peter Lang, 1977).

Black, M. *An Aramaic Approach to the Gospels and Acts* (Oxford: Clarendon, 1967).

_____ "The Messiah in the Testament of Levi xviii" *ExpTim* 60 (1948-9) 321-2.

Bligh, J. "The Gerasene Demoniac and the Resurrection of Christ" *CBQ* 31 (1969) 383-90.

Böcher, O. *Christus Exorcista: Dämonismus und Taufe im Neuen Testament* (Stuttgart: Kohlhammer, 1972).

_____ *Dämonenfurcht und Dämonendbwehr. Ein Beitrag zur Vorgeschichte der christlichen Taufe* (Stuttgart-Mainz: Kohlhammer, 1970).

_____ *Das Neue Testament und die dämonischen Mächte* (Stuttgart: Katholisches Bibelwerk, 1972).

Boers, H. *Who Was Jesus? The Historical Jesus and the Synoptic Gospels* (San Francisco: Harper & Row, 1989).

Bokser, B.M "Wonder-Working and the Rabbinic Tradition. The Case of Hanina ben Dosa" *JSJ* 61 (1985) 42-92.

Bonner, C. "The Story of Jonah on a Magical Amulet" *HTR* 41 (1948) 31-7.

_____ *Studies in Magical Amulets Chiefly Graeco-Egyptian* (Ann Arbor: University of Michigan Press, 1950).

_____ "The Technique of Exorcism" *HTR* 36 (1943) 39-49.

_____ "The Violence of Departing Demons" *HTR* 37 (1944) 334-6.

Borg, M.J. *Conflict, Holiness and Politics in the Teachings of Jesus* (New York and Toronto: Mellen, 1984).

_____ *Jesus, A New Vision: Spirit, Culture and the Life of Discipleship* (San Francisco: Harper & Row, 1987).

_____ "A Renaissance in Jesus Studies" *TToday* 45 (1988) 280-92.

_____ "What Did Jesus Really Say?" *BibRev* 5 (1989) 18-25.

Boring, M.E. "Criteria of Authenticity. The Lucan Beatitudes As a Test Case" *Forum* 1(1985) 3-38; revised as The Historical-Critical Method's 'Criteria of Authenticity': The Beatitudes in Q and Thomas as a Test Case" in C.W. Hedrick (ed.) *The Historical Jesus and the Rejected Gospels* Semeia 44 (Atlanta: Scholars Press, 1988) 9-44.

Bornkamm, G. *Jesus of Nazareth* (London: SCM, 1960).

_____ "Πνεῦμα ἄλαλόν. Eine Studie zum Markusevangelium" in *Geschichte und Glaube* II(Munchen: Chr. Kaiser, 1971) 21-36.

_____ Barth, G. and Held, H.J. *Tradition and Interpretation in Matthew* (London: SCM, 1982).

Bousset, W.G. and Gressmann, H. *Die Religion des Judentums im S pathellenistischen Zeitalter* (Tubingen: Mohr, 1966).

Bowker, J. *The Targums and Rabbinic literature* (Cambridge: Cambridge University Press, 1969).

Bowman, J. "David, Jesus the Son of David and Son of Man" *Abr-Nahrain* 27 (1989) 1-22.

_____ "Exorcism and Baptism" in R. H. Fischer (ed.) *A tribute to Arthur Vöörbus: Studies in Early Christian Literature and its Environment* (Chicago: Lutheran School of Theology. 1977) 249-63.

_____ "Solomon and Jesus" *Abr-Nahrain* 23 (1984-5) 1-13.

Briére, J. "Le cri et le secret, Signification d'un exorcisme. Mc 1,21-28" *Assemblées du Seigneur* 35 (1973) 34-46.

Brown, P. "The Rise and function of the Holy Man in Late Antiquity" *JRS* 61 (1971) 80-101.

_____ "Sorcery, Demons, and the Rise of Christianity from Late Antiquity into the Middle Ages" in M. Douglas (ed.) *Witchcraft, Confession and Accusations* (London: Tavistock,1970) 119-46.

_____ *The World of Late Antiquity* (London: Thames and Hudson, 1971).

Brox, N. "Das Messianische Selbstverständnis des Historischen Jesus" in K. Schubert (ed.) *Vom Messias zum Christus* (Wien-Freiburg-Basel: Herder, 1964) 165-201.

Bryant. H.E. "Note on Luke xi. 17" *ExpTim* 50 (1938-9) 525-6.

Büchler, A. *Types of Jewish-Palestinian Piety* (London: Jews College, 1922).

Bühner, J.-A. "Jesus und die antike Magie. Bemerkungen zu M. Smith, Jesus der Magier" *EvT* 43 (1983) 156-75.

Bultmann, R. *History of the Synoptic Tradition* (New York: Harper & Row, 1976).

_____ "The Problem of Miracle" *Religion in Life* 27 (1957-8) 63-75.

Burger, C. *Jesus als Davidssohn: Eine Traditionsgeschichtliche Untersuchung* (Gottingen: Vandenhoeck & Ruprecht, 1970).

Burkill, T.A. "Concerning Mk. 5.7 and 5.18-20" *ST* 11 (1957) 159-66.

_____ 'The Historical Development of the Story of the Syrophoenician Woman (Mark vii:24-31)" *NovT* 9 (1967) 161-77.

_____ "Mark 3.7-12 and the Alleged Dualism in the Evangelist's Miracle Material" *JBL* 87 (1968) 409-17.

_____ *Mysterious Revelation: An Examination of the Philosophy of St. Mark's Gospel* (New York: Cornell University Press, 1963).

_____ "The Notion of Miracle with Special Reference to St. Mark's Gospel" *ZNW* 50 (1959) 33-48.

_____ "The Syrophoenician Woman: The Congruence of Mark 7-24-31" *ZNW* 57 (1966) 123-37.

Busse, U. *Die Wunder des Propheten Jesus* (Stuttgart: Katholisches Bibelwerk, 1977).

Calvert, D.G.A. "An Examination of the Criteria for Distinguishing the Authentic Words of Jesus" *NTS* 18 (1971-2) 209-19.

Caragounis, C.C. "Kingdom of God, Son of Man and Jesus' Self-Understanding" *TynBul* 40 (1989) 2-23, 223-38.

Carlston, C.E. "A Positive Criterion of Authenticity" *BR* 7 (1952) 33-44.

Carr, D. "Narrative and the Real World: An Argument for Continuity" *History and Theory* 25 (1986) 117-31.

_____ *Time, Narrative and History* (Bloomington: Indiana University Press, 1986).

Casas, G.V. "Los Exorcismos de Jesus: Posesos y Endemoniados" *Biblia y Fe* 2 (1976) 60-76.

_____ "Jesús El Exorcista" *Biblia y Fe* 6 (1980) 28-40.

Cave, C.H. "The Obedience of Unclean Spirits" *NTS* 11 (1964-5) 93-7.

Chadwick, G.A. "Some Cases of Possession" *The Expositor* 6 (1892) 272-81.

Charlesworth, J.H. "The Historical Jesus in the Light of Writings Contemporaneous with Him" *ANRW* II. 25.1 (1982) 451-76.

_____ *The NT Apocrypha and Pseudepigrapha: A Guide to Publications, with Excursuses on Apocalypses* (Metuchen, NJ: American Theological Library Association and Scarecrow Press, 1987).

_____ *The Pseudepigrapha and Modern Research* (Missoula: Scholars Press, 1976).

Chilton, B.D. "A Comparative Study of Synoptic Development: The Dispute between Cain and Abel in the Palestinian Targums and the Beelzebul Controversy in the Gospels" *JBL* 101 (1982) 553-62.

_____ "Exorcism and History: Mark 1:21-28" in D. Wenham and C. Blomberg (eds.) *Gospel Perspectives* 6, (Sheffield: JSOT, 1986) 253-71.

_____ *The Kingdom of God in the Teaching of Jesus* (Philadelphia: Fortress Press, 1984).

_____ *Profiles of a Rabbi, Synoptic Opportunities in Reading about Jesus* (Atlanta: Scholars Press, 1989).

Comber. J.A. "The Verb $\theta\epsilon\rho\alpha\pi\epsilon\acute{u}\omega$ in Matthew's Gospel" *JBL* 97 (1978) 431-4.

Corrington, G.P. "Power and the Man of Power in the Context of Hellenistic Popular Belief" in K.H. Richards (ed.) *SBLSP* (Chico: Scholars Press, 1984) 257-61.

Craghan, J.F. "The Gerasene Demoniac" *CBQ* 30 (1968) 522-36.

Cranfield, C.E.B. "St. Mark 9.14-29" *SJT* 3 (1950) 57-67.

Crasta, P.M. *Miracle and Magic: Style of Jesus and Style of a Magician* (Th.D. Thesis; Rome: Pontificia Universitas Gregoriana, 1985).

Cratchley W.J. "Demoniac of Gadara" *ExpTim* 63 (1951-2) 193-4.

Dalman, G. *The Words of Jesus* (Edinburgh: T & T Clark, 1902).

Danker, F.W. "The Demonic Secret in Mark: A Re-examination of the Cry of Dereliction(15, 34)" *ZNW* 61 (1970) 48-69.

Daube, D. *The NT and Rabbinic Judaism* (Salem: Ayer, 1984).

_____ "$\acute{\epsilon}\xi o u \sigma\acute{\iota} a$ in Mark 1.22 and 27" *JTS* 39 (1938) 45-59.

Davies. T.W. *Magic, Divination and Demonology Among the Hebrews and Their Neighbours* (London: Clarke and Leipzig: Spirgatis, 1897).

Day, P.L. *An Adversary in Heaven* (Atlanta: Scholars Press, 1988).

Deissmann, A. *Bible Studies* (Edinburgh: T & T Clark, 1901).

_____ *Light from the Ancient East* (London: Hodder and Stoughton,

1910).

Delobel, J. (ed.) *Logia: Les Paroles de Jésus - The Sayings of Jesus* (Leuven: Leuven University Press, 1982).

Dermience, A. "Tradition et rédaction dans la péricope de la Syrophenicienne: Marc 7.24-30" *RTL* 8 (1977) 15-29.

Derrett, J.D.M. "Contributions to the Study of the Gerasene Demoniac" *JSNT* 3 (1979) 2-17.

_____ "Law in the NT: The Syrophoenician Woman and the Centurion of Capernaum" *NovT* 15 (1973) 161-86, reprinted with further annotations in his Studies in the *NT* I(Leiden: Brill, 1977) 143-69.

_____ "Legend and Event: The Gerasene Demoniac: An Inquest into History and Liturgical Projection" in E.A. Livingstone (ed.) *StudBib* 1978 II (Sheffield: JSOT, 1980) 63-73 reprinted with further annotations in his *Studies in the NT* III. Misdrash, Haggadah, and the Character of the Community (Leiden: Brill, 1982) 47-58.

_____ "Spirit-possession and the Gerasene Demonaic" *Man* (n.s.) 14 (1978) 286-93.

Detweiller, R. and Doty, W.G. (eds.) *The Daemonic Imagination: Biblical Texts and Secular Story* (Atlanta: Scholars Press, 1990).

Diaz, J.A. "Questión sinóptica y universalidad del mensaje cristiano en el pasaje evangélico de la mujer cananea" *CB* 20 (1963) 274-9.

Dibelius, M. *From Tradition to Gospel* (London: Clarke, 1971).

Dieterich, A. *Abraxas: studien zur religionsgeschichte des später altertums* (Leipzig: Teubner, 1891).

Dilthey, W. *Gesammelte Schriften* 12 vols. (Leipzig and Berlin: Teubner and Göttingen: Vandenhoeck & Ruprecht, 1958).

Dodds, E.R. "Supernormal Phenomena in Classical Antiquity" in his *The Ancient Concept of Progress and Other Essays in Greek Literature and Belief* (Oxford: Clarendon, 1973) 156-210.

Dodds, G.R. *The Greeks and the Irrational* (Berkeley: University of California Press, 1971).

Domeris, W.R. "The Office of Holy One" *Journal of Theohgy for Southern Africa* 54(1986) 35-8.

Douglas, M. *Purity and Danger: An Analysis of Concepts of Pollution and Taboo* (Harmondsworth: Penguin, 1970).

_____*Witchcraft, Confession and Accusations* (London: Tavistock, 1970).

Downing, F.G. *Jesus and the Threat of freedom* (London: SCM, 1987).

_____ "The Social Contexts of Jesus the Teacher Construction or Reconstruction" *NTS* 33(1987) 439-51.

Dozent, P.P. "The Temptation Stories and Their Intention" *NTS* 20 (1974) 115-27.

Dschulnigg, P. *Sprache, Redaction und Intention des Markus-Evangeliums* (Stuttgart: Katholisches Bibelwerk, 1984).

Dudley. D.R. *A History of Cynicism from Diogenes to the Sixth Century A.D.* (Hildesheim: Georg Olms, 1967).

Duling, D.C. "The Eleazar Miracle and Solomon's Magical Wisdom in Flavius Josephus's *Antiquitates Judaicae* 8.42-49" *HTR* 78 (1985) 1.25.

_____ "The Promises to David and their Entrance into Christianity - Nailing Down a Likely Hypothesis" *NTS* 20 (1974) 55-77.

_____ "Solomon, Exorcism, and the Son of David" *HTR* 68 (1975) 235-52.

_____ "The Testament of Solomon: Retrospect and Prospect" *JSP* 2 (1988) 87-112.

_____ "The Therapeutic Son of David: An Element in Matthew's Christological Apologetic" *NTS* 24 (1978) 392-410.

Dunn. J.D.G. *Christology in the Making* (SCM, London. 1980).

_____ *Jesus and the Spirit* (London: SCM, 1975).

_____ "Matthew 12:28/Luke 11:20 - A Word of Jesus?" in W.H. Gloer (ed.) *Eschatology and the New Testament* (Peabody: Hendrickson, 1988) 31-49.

_____ "Spirit-and-Fire Baptism" *NovT* 14 (1972) 81-92.

_____ "Spirit and Kingdom" *ExpTim* 82 (1970-1) 36-40.

_____ *Unity and Diversity* (London: SCM, 1977).

_____ and Twelftree, G.H, "Demon-Possession and Exorcism in the NT" *Churchman* 94 (1980) 210-25.

Dupont-Sommer, A. "Exorcismes et Guérisons Dans les Ecrits de Qumrän" *VTSup* 7 (1959) 246-61.

_____ *The Jewish Sect of Qumran and the Essenes: New Studies on the Dead Sea Scrolls* (New York: Macmillan, 1955).

Easton, B.S. "The Beelzebul Sections" *JBL* 32 (1913) 57-73.

Edelstein, L. "Greek Medicine in its relation to Religion and Magic" *Bulletin of the History of Medicine* 5 (1937) 201-46.

Eitrem, S. *Some Notes on the Demonolosy in the NT* (Oslo: Bragger, 1950).

Elliott, J.K. "The Synoptic Problem and the Laws of Tradition: A Cautionary Note" *ExpTim* 82 (1971) 148-52.

Evans, C.A. "Authenticity Criteria in Life of Jesus Research" *Christian Scholar's Review* 19 (1989) 6-31.

_____ "Jesus of Nazareth: Who Do Scholars Say That He Is? A Review Article" *Crux* 23 (1987)15-19.

_____ *Life of Jesus Research: An Annotated Bibliography* (Leiden: Brill, 1989).

Everts, Wm.W. "Jesus Christ, No Exorcist" *BS* 81 (1924) 355-62.

Fabris, R. "Blessings, Curses and Exorcism in the Biblical Tradition" *Concilium* 178 (1985) 13-23.

Ferguson, E. *Demonology of the Early Christian World* (New York: Mellen, 1984).

Fiebig, P.W.J. "Neues zu den rabbinischen Wundergeschichten" *ZNW* 35 (1936) 308-9.

_____ "Zu den Wundern der apostelgeschichte" *'Aggelos': Archiv für neuetestamentliche Zeit-geschichte und Kulturkunde* 2 (1926) 157f..

Fiederlein, F.M. *Die Wunder Jesu und die Wundererzählungen der Urkirche* (Munich: Don Bosco, 1988).

Fischer, L.R. "Can this be the Son of David?" in F.T. Trotter (ed.) *Jesus and the Historian: Written in Honor of Ernest Cadman Colwell* (Philadelphia: Westminster, 1968) 82-97.

Fitzmyer, J.A. *A Wandering Aramean* (Missoula: Scholars Press, 1979).

Flammer, R "Die Syrophoenizerin" *TQ* 148 (1968) 463-78.

Flusser, D. "Healing Through the Laying-on of Hands in a Dead Sea Scroll" *IEJ* 7 (1957) 107-8.

Fohrer, G. "Prophetie und Magie" *ZAW* 37 (1966) 25-47.

Freedman, D.N. "The Prayer of Nanonidus" *BASOR* 145 (1957) 31-2.

Fridrichsen, A. *The Problem of Miracle in Primitive Christianity* (Minneapolis: Augsburg, 1972).

_____"The Conflict of Jesus with the Unclean Spirits" *Theology* 22 (1931) 122-35.

Fuchs, A. *Die Entwicklung der Beelzebulkontroverse bei den Synoptikern: traditions-geschichliche und redaktionsgeschichtliche Untersuchung von Mk 3,22-7* (Linz: Studien zum NT und seiner Umwelt 5: 1980).

Fuchs, E. *Jesu Wort und Tat* (Tubingen: Mohr, 1971).

Fuller, R.H. *Interpreting the Miracles* (London: SCM, 1963).

_____ *The Mission and Achievement of Jesus* (London: SCM, 1954).

Funk, R.W. (ed.) *Early Christian Miracle Stories* Semeia 11 (Missoula: Scholars Press, 1978).

Gallagher, E.V. *Divine Man or Magician? Celsus and Origen on Jesus*

(Chico: Scholars Press, 1982).

Gardiner, A.H. "Professional Magicians in Ancient Egypt" *Proceedings of the Society of Biblical Archeology* 39 (1917) 31-44.

Garrett, S.R. *The Demise of the Devil: Magic and the Demonic in Luke's Writings* (Minneapolis: Fortress, 1989).

Gärtner, R.B. "The Person of Jesus and the Kingdom of God" *TToday* 27 (1970) 32-43.

Gaston, L. "Beelzebul" *TZ* 18 (1962) 247-55.

_____ *Horae Synopticae Electonicae Word Statistics of the Synoptic Gospels* (Missoula: Scholars Press, 1973).

Geller, M.J. "Jesus' Theurgic Powers: Parallels in the Talmud and Incantation Bowls" *JJS* 28(1977) 141-55.

George, A. "Note sur quelques traits lucaniens de l'expression 'Par le doigt de Dieu' (Luc XI, 20)" *Sciences ecclésiastiques* 18 (1966) 461-6; reprinted in his *Etudes sur l'oeuvre de Luc* (Paris: Gabalda, 1978) 128-32.

Georgi, D. "The Records of Jesus in the Light of Ancient Accounts of Revered Men" in L.C. McGaughtey (ed.) *SBL 1972 Proceedings* 2 vols. (Missoula: Scholars Press, 1972) II, 527-42.

Ghalioungui, P. *Magic and Medical Science in Ancient Egypt* (London: Hodder and Stoughton, 1963).

Gibbs, J.M. "Purpose and Pattern in Matthew's Use of the Title 'Son of David' " *NTS* 10 (1963-4) 446-64.

Giesen, H. "Dämonenaustreibungen - Erweis der Nähe der Herrschaft Gottes. Zu Mk 1,21-28" *Theologie der Gegenwart* 32 (1989) 24-37.

Girard, R. "Les démons de Gérasa" in *Le Bouc émissaire* (Paris: Grasset, 1982) 233-57.

Giversen, S. "Solomon und die Dämonen" in M. Krause (ed.) *Essays on the Nag Hammadi Texts in Honour of Alexander Böhlig* (Leiden: Brill, 1972) 16-21.

Gollancz, J. *The Book of Protection* (London: Henry Frowde, 1912).

Gonzáles, F.J.l.0 "Jesus y los demonios. Introduction cristologica a la lucha por la justicia" *Estudios Eclesiástcos* (Madrid) 52 (1977) 487-519.

Goodenough, E.R. *Jewish Symbols in the greco-Roman Period* 13 vols. (New York: Pantheon Books for the Bollingén Foundation, 1953-68).

Goodwin, G.W. *Fragment of a Graeco-egyptian Work Upon Magic* (Cambridge: Macmillan,1852).

Goshen-Gottstein, M.H. "The Psalms Scroll (llQPs^a): A Problem of Canon and Text" *Textus* 5 (1966) 22-33.

Grant, R.M. *Miracle and Natural Law in Graeco-Roman and Early Christian Thought* (Amsterdam: North-Holland Publishing Company, 1952).

_____ "Quadratus, The First Christian Apologist" in RJI Fischer (ed.) *A Tribute to Arthur Vöörbus: Studies in Early Christian Literature and its Environment, Primarily in the Syrian East* (Chicago: The Lutheran School of Theology, 1977) 177-83.

Grayston, K. "Exorcism in the NT" *Epworth Review* 2 (1975) 90-4.

_____ "The Significance of the Word Hand in the NT" in A. Descamps and A. de Halleux (eds.) *Mélanges Bibliques en hommage au R.P. Beda Rigaux* (Gembloux: Duculot, 1970)479-87.

Green, W.S. "Palestinian Holy Men: Charismatic Leadership and Rabbinic Tradition" *ANRW* II.19.2 (1979) 619-47.

Grelot, P. "La Priére de Nabonide (4 Q Or nab)" *RevQ* 9 (1978) 483-95.

Grundmann, W. *Der Begriff der Kraft in der neutestamentlichen Gedankenwelt* (Stuttgart:Kohlhammer, 1932).

Guillmette, P. "La forme des récits d'exorcisme de Bultmann. Un dogme à reconsidérer *Eglise et Théolosie* 11 (1980) 177-93.

_____ "Mc 1, 24 est-il une formule de défense magique?" *ScEs* 30 (1978) 81-96.

_____ "Un enseignement nouveau, plein d'autorite" *NovT* 22 (1980) 222-47.

Guttmann, A. "The Significance of Miracles for Talmudic Judaism" *HUCA* 20 (1947)363-406.

Gutwenger. E. "Die Machterweise Jesu in formseschichtlicher Sicht" *ZKT* 89 (1967) 176-90.

Hadas, M. and Smith, M. *Heros and Gods: Spiritual Biographies in Antiquity* (New York: Harper & Row, 1965).

Hammerton-Kelly, R.G. "A Note on Matthew 12.28 par. Luke IUO" *NTS* 11 (1964-5) 167-9.

Harrington, D.J. "The Jewishness of Jesus: Facing Some Problems" *CBQ* 49 (1987) 1-13.

Harvey, A.E. *Jesus and the Constraints of History* (London: Duckworth, 1982).

Hasler, J.l. "The Incident of the Syrophoenician Woman (Matt. XV.21-28, Mark vii.24-30)" *ExpTim* 45 (1933-4) 459-61.

Hawkins, J. *Horae Synopticae* (Oxford: Oxford University Press, 1909).

Hawthorn, T. "The Gerasene Demoniac: A Diagnosis Mark v.1-20. Luke viii.26-39. (MatthewviiL28-34)" *ExpTim* 66 (1954-5) 79-80.

Hay, L.S. "The Son-of-God Christology in Mark" *JBR* 32 (1964) 106-14.

Hedrick, C.W. "The Role of 'Summary Statements' in the Composition of the Gospel of Mark: a Dialog with Karl Schmidt and Norman Perrin" *NovT* 26 (1984) 289-311.

Heil, M. "Significant Aspects of the Healing Miracles in Matthew" *CBQ* 41 (1979) 274-87.

Heitmüller, W. *Im Namen Jesu* (Göttmgen: Vandenhoeck & Ruprecht, 1903).

Hendrickx, H. *The Miracle Stories of the Synoptic Gospels* (London: Geoffrey Chapman and San Francisco: Harper & Row, 1987).

Hengel. M. *The Charismatic Leader and His Followers* (Edinburgh: T & T Clark, 1981).

_____ *Jews, Greeks and Barbarians: Aspects of the Hellenization of Judaism in the pre-Christian Period* (London: SCM, 1980).

_____ *Judaism and Hellenism: Studies in their Encounter in Palestine During the Early Hellenistic Period* (London: SCM. 1974).

_____ *Son of God: The Origins of Christology and the History of Jewish-Hellenistic Religion* (London: SCM, 1976).

Hermann, I. "'…dan ist das Gottesreich zu euch gekommen': Eine Homilie zu Luk 11,14-20" *BibLeb* 1 (1960) 198-204.

Herrmann, L. "Les premiers exorcismes juifs et judéo-chrétiens" *Revue de L'Université de Bruxelles* 7 (1954-5) 305-8.

Hiers, R.H. *The Historical Jesus and the Kingdom of God* (Gainesville: University of Florida Press, 1973).

_____ *The Kingdom of God and the Synoptic Tradition* (Gainsville: Florida University Press,1970).

_____ "Satan. Demons, and the Kingdom of God" *SJT* 27 (1974) 35-47.

Hinnels, J.R. "Zoroastrianism Saviour Imagery and its Influence on the NT" *Numen* 16 (1969) 161-85.

Hock. R.F. "Simon the Shoemaker as an Ideal Cynic" *GRBS* 17 (1976) 41-53.

Holladay, C.R. *Theois Aner in Hellenistic Judaism* (Missoula: Scholars Press, 1977).

Hollenbach, P.W. "Jesus, Demoniacs, and Public Authorities: A Socio-Historical Study" *JAAR* 49 (1981) 567-88.

Hopfner, T. *Griechisch-Ägyptischer Offenbarungszauber* 2 vols. (Leipzig: Hassel, 1921 and 1924).

Horsley, R.A. *Jesus and the Spiral of Violence: Popular Jewish Resistance in Roman Palestine* (San Francisco: Harper & Row, 1987).

_____ "Popular Messianic Movements Around the Time of Jesus" *CBQ* 46 (1984) 471-95.

_____ "Popular Prophetic Movements at the Time of Jesus Their Principal Features and Social Origins" *JSNT* 26 (1986) 3-27.

_____ *Sociology and the Jesus Movement* (New York: Crossroad, 1989).

Howard, J.K. "New Testament Exorcism and its Significance Today" *ExpTim* 96 (1985) 105-9.

Howard, V. *Das Ego Jesu in den synoptischen Evangelin* (Marburg: N.G. Elwert, 1975).

Hull, J.M. *Hellenistic Magic and the Synoptic Tradition* (London: SCM, 1974).

Hultgren, A.J. *Jesus and His Adversaries: The Form and Function of the Conflict Stories in the Synoptic Tradition* (Minneapolis: Augsburg, 1979).

Hunt, A.S. "A Greek Cryptogram" *Proceedings of the British Academy* 15 (1929) 127-34.

_____ "An Incantation in the Ashmoleon Museum" *JEA* 15(1929) 155-7.

_____ "The Warren Magical Papyrus" in S.R.K. Glanville (ed.) *Studies Presented to F. Ll. Griffith* (London: Egypt Exploration Society, 1932) 233-40.

Huntress, E. "Son of God' in Jewish Writings Prior to the Christian Era" *JBL* 54 (1935)117-23.

Huppenbauer. H.W. "Belial in den Qumrantexten" *TZ* 15 (1959) 81-9.

Iersel, B.M.F. van *'Der Sohn' in den Synoptischen Jesusworten* (Leiden: Brill, 1964).

Jayne, W.A. *The Healing Gods of Ancient Civilizations* (New York: University Books Inc.,1962).

Jeremias, J. *Jerusalem in the Time of Jesus* (London: SCM, 1969).

_____ *NT Theology* (London: SCM, 1971).

_____ *The Parables of Jesus* (London: SCM, 1972).

Jonge, M. de. "Christian Influence in the Testaments of the Twelve Patriarchs" *NovT* 4 (1960) 182-235.

_____ "The Main Issues in the Study of the Testaments of the Twelve Patriarchs" *NTS* 26 (1980) 508-24.

_____ "Once More: Christian Influence in the Testaments of the Twelve Patriarchs" *NovT* 5 (1962) 311-19.

_____ "Recent Studies on the Testaments of the Twelve Patriarchs" *SEA* 36 (1971) 77-96.

_____ *Studies on the Testaments of the Twelve Patriarchs: Text and Interpretation* (Leiden: Brill, 1975).

_____ "The Testaments of the Twelve Patriarchs and the New Testament" *SE* 1 (1959) 546-56.

Jongeling, B. (et al.) *Aramaic Texts From Qumran* I (Leiden: Brill, 1976).

Kallas, J. *The Significance of the Synoptic Miracles* (London: SPCK, 1961).

_____ *Jesus and the Power of Satan* (Philadelphia: Westminster, 1968).

Kampling, R. "Jesus von Nazaret - Lehrer und Exotzist" *BZ* 30 (1986) 237-48.

Käsemann, E. "Die Heilung der Besessenen" *Reformatio* 28 (1979) 7-18.

_____ "Lukas 11, 14-28" in his *Exegetische Versuche und Besinnungen* 2 vols. (Göttingen: Van-denhoeck & Ruprecht, 1960) I, 242-8.

Kasper, W. (et al.) *Teufel, Dämonen, Besessenheit* (Mainz: Matthias-Grünewald, 1978).

Kazmierski, C.R. *Jesus, the Son of God: A Study of the Markan Tradition and its Redaction by the Evangelist* (Wurzburg: Echter, 1979).

Keck, L.E. "Mark 3.7-12 and Mark's Christology" *JBL* 84 (1965) 341-58.

Kee, H.C. *Medicine, Miracle and Magic in NT Times* (Cambridge: Cambridge University Press, 1986).

_____ *Miracle in the Early Christian World* (New Haven and London: Yale University Press, 1983).

_____ "Satan, Magic, and Salvation in the Testament of Job" in G. McRae (ed.) *SBLSP* 2 vols. (Cambridge. MA: SBL, 1974) I, 53-76.

_____ "The Terminology of Mark's Exorcism Stories" *NTS* 14 (1967-8) 232-46.

Kelly, H.A. *Towards the Death of Satan* (London: Chapman, 1968).

Kertelge, K. "Jesus, seine Wundertaten und der Satan" *Conc* 1 (1975) 168-73.

_____ *Die Wunder Jesu im Markusevangelium: Ein redaktions-geschichtliche Untersuchung* (München: Kösel, 1970).

_____ "Die Wunder Jesus in der neueren Exegese" *TB* 5 (1976) 71-105.

King, L.W. *Babylonian Magic and Sorcery* (London: Luzac, 1896).

Kingsbury, J.D. *Matthew: Structure, Christology, Kingdom* (London: SPCK, 1976).

_____ "Observations on the 'Miracle Chapters' of Matthew 8-9" *CBQ* 40 (1978) 559-73.

Kirchschläger, W. "Engel, Teufel, Dämonen. Ein biblische Skizze" *BLit* 54 (1981) 98-102.

_____ "Exorzismus in Qumran?" *Kairos* 18 (1976) 135-53.

_____ *Jesu exorzistisches Wirken aus der Sicht des Lukas: Ein Beitrag zur lukanischen Redaktion* (Klosterneuberg: Österreichisches Katholisches Bibelwerk, 1981) 45-54.

_____ "Wie über Wunder reden?" *BLit* 51 (1978) 252-4.

Kissinger, W.S. *The Lives of Jesus: A History and Bibliography* (New York and London: Garland, 1985).

Klein, G. "Der Synkretismus als theologisches Problem: Apg 19, 11-20" *ZTK* 64 (1967) 50-60.

Kleist, J.A. "The Gadarene Demoniacs" *CBQ* 9 (1947) 101-5.

Kloppenborg, J.S. *The formation of Q* (Philadelphia: Fortress, 1987).

Knox, W.L. "Jewish Liturgical Exorcism" HTR 31 (1938) 191-203.

Koch, D.-A. *Die Bedeutung der Wundererzählungen für die Christologie des Markus-evangeliums* (Berlin and New York: de Gruyter, 1975).

Kolenkow, A.B. "A Problem of Power. How Miracle-Doers Counter Charges of Magic in the Hellenistic World in G. MacRae (ed.) *SBLSP* (Missoula: Scholars Press. 1976) 105-10.

_____ "Relationships between Miracle and Prophecy in the Greco-Roman World and Early Christianity" *ANRW* II.23.2 (1980) 1470-1506.

Kraeling. C.H. "Was Jesus Accused of Necromancy?" *JBL* 59 (1940) 147-57.

Kremer, J. "Besessenheit und Exorzismus. Aussagen der Bibel und heutige Problematik" *BLit* 48 (1975) 22-8.

Kruse, H "Das Reich Satans" *Bib* 58 (1977) 29-61.

Kuhn, H.W. *Ältere Sammlungen im Markusevangelium* (Göttingen: Vandenhoeck & Ruprecht,1971).

Kümmel, W.G. *Promise and Fulfilment: The Eschatological Message of Jesus* (London: SCM, 1969).

Lamarche, P. "Les miracles de Jésus selon Marc" in X. Léon-Dufour (ed.) *Les Miracles de Jesus selon le Nouveau Testament* (Paris: Seuil, 1977) 213-226.

_____ "Le Possédé de Gerasa" *NRT* 90 (1968) 581-97.

Lambrecht. J. "Le possédé et le troupeau (Mc 5. 1-20)" *RClAfr* 33 (1968) 557-69.

Langdon, S. "An Incantation for Expelling Demons from a House" *ZA* 2 (1925) 209-14.

Langton, E. *Essentials of Demonology: A Study of Jewish and Christian Doctrine Its Origin and Development* (London: Epworth, 1949).

_____ *Good and Evil Spirits* (London: SPCK. 1942).

Lattey, C. "The Messianic Expectations in The Assumption of Moses'" *CBQ* 4 (1942) 9-21.

Latourelle, R. "Authenticité historique des miracles de Jésus: Essai de crite-riologie" *Gre-gorianum* 54 (1973) 225-62.

_____ *The Miracles of Jesus* (New York: Paulist, 1988).

_____ "Originalité et Fonctions des miracles de Jésus" *Gregorianum* 66 (1985) 641-53.

Leaney, R. "Dominical Authority for the Ministry of Healing" *ExpTim* 65 (1953-4) 121-3.

Légasse, S. "L'épisode de la Cananéenne d'après Mt 15,21-28" *BLE* 73 (1972) 21-4.

_____ "L' 'homme fort' de Luc xi 21-22" *NovT* 5 (1962) 5-9.

Leivestad, R, *Christ the Conqueror: Ideas of Conflict and Victory in the NT* (London:SPCK, 1954).

_____ *Jesus in His own Perspective* (Minneapolis: Augsburg, 1987).

Leon-Dufour, X. (ed.) *Les miracles de Jesus selon le NT* (Paris: Seuil, 1977).

_____ "L'episode de l'enfant epileptique" *La formation des evangiles* (Burges: Desclee de Brouwer. 1957) 94-100.

Lewis, E.L. "Christ and Unclean Spirits" *Theology* 23 (1931) 87-8.

Limbeck, M. "Beelzebul - eine ursprünglich Bezeichnung fur Jesus?" in K.H. Schelkle (ed.) *Worte Gottes in der Zeit* (Düsseldorf: Patmos, 1973) 31-42.

_____ "Jesus und die Dämonen. Der exegetische Befund" *BK* 30 (1975) 7-11.

_____ "Satan und das Böse im NT" in H. Haag (ed.) *Teufelsglaube* (Tubingen: Katzmann, 1974) 271-88.

Lindars, B. "Jesus and the Pharisees" in C.K. Barrett, E. Bammel and W.D. Davies (eds.) *Donum Gentilicium: NT Studies in Honour of David Daube* (Oxford: Clarendon, 1979) 51- 63.

_____ and Smalley, S.S. (eds.) *Christ and Spirit in the New Testament* (Cambridge: Cambridge University Press, 1973).

Ling, T. *The Significance of Satan* (London: SPCK, 1961).

Loader, W.R.G. "Son of David, Blindness, Possession, and Duality in Matthew" *CBQ* 44 (1982) 570-85.

Loos, H. van der *The Miracles of Jesus* (Leiden: Brill, 1965).

Lorenzmeier. T. "Zum Logion Mt 12. 28; Lk 11, 20" in H.D. Betz and L. Schottroff (eds.)*Neues Testament und christliche Existenz: Festschrift für Herbert Braun* (Tübingen: Mohr. 1973) 289-304.

McArthur. H.K. (ed.) *In Search of the historical Jesus* (London: SPCK, 1970).

McCasland, S.V. *By the Finger of God* (New York: Macmillan, 1951).

_____ "The Demonic 'Confessions' of Jesus" *JR* 24 (1944) 33-6.

_____ "Portents in Josephus and in the Gospels" *JBL* 51 (1932) 323-35.

_____ "Religious Healing in First Century Palestine in J.T. McNeill, M. Spinka and H.R. Willoughby (eds.) *Environmental Factors in Christian History* (Chicago: University of Chicago Press, 1939) 18-34.

_____ "Signs and Wonders" *JBL* 76 (1957) 149-52.

McCown, C.C. "The Christian Tradition as to the Magical Wisdom of Solomon" *JPOS* 2 (1922) 1-24.

_____ "The Ephesia Grammata in Popular Belief" *TPAPA* 54 (1923) 128-40.

McEleney, N.J. "Authenticating Criteria and Mark 7.1-23" *CBQ* 34 (1972) 431-60.

MacDonald, D.R. (ed.) *The Apocryphal Acts of Apostles* Semeia 38 (Decatur Scholars Press,1986).

Macintosh, A.A. "A Consideration of Hebrew נער *VT* 19 (1969) 471-9.

MacLaurin. E.C.B. "Beelzebul" *NovT* 20 (1978) 156-60.

MacRae, G. "Miracle in *The Antiquities* of Josephus" in C.F.D. Moule (ed.) *Miracles: Cambridge Studies in Their Philosophy and History* (London: Mowbray, 1965) 127-47.

Maher, M. "Recent Writings on the Miracles" *New Blackfriars* 56 (658, 1975) 165-74.

Malina, B.J. and Neyrey, J.H. *Calling Jesus Names. The Social Value of Labels in Matthew* (Sonoma, CA: Polebridge, 1988).

Mann, C.S. "Wise Men or Charlatans" *Theology* 61 (1958) 495-500.

Manrique, A. "El endemoniado de Gerasa" *Biblia y Fe* 8 (1982) 168-79.

Margoliouth, D.S. "The Syrophoenician Woman" *The Expositor* 22 (1921) 1-10.

Martin, A.D.. "The Loss of the Gadarene Swine" *ExpTim* 25 (1913-14) 380-1.

Marwick, M. (ed.) *Witchcraft and Sorcery: Selected Readings* (Harmondsworth: Penguin, 1970).

Mastin, B.A. "Scaeva the Chief Priest" *JTS* 27 (1976) 405-12.

Mateos, J. "Térmnios relacionados con 'Legión' en Mc 5,2-20" *Filologia Neotestamentaria* 1(1988) 211-15.

Maynard, A.H. "ΤΙ ΕΜΟΙ ΚΑΙ ΣΟΙ" *NTS* 31 (1985) 582-6.

Mead, G.R.S. *Apollonius of Tyana: The Philosopher-Reformer of the First Century AD* (New York- University Books, 1966).

Metzger, B.M. "Names for the Nameless in the NT. A Study in the Growth of Christian Tradition" in P. Granfield and J.A. Jungman (eds.) *Kyriakon: Festschrift Johannes Quasten* 2 vols. (Münster, Westfalen: Aschendorff, 1970) I, 79-99.

_____ "A Magical Amulet for Curing Fever" in B.M. Metzger (ed.) *Historical and Literary Studies: Pagan, Jewish and Christian* (Leiden: Brill, 1968) 104-10.

_____ "St. Paul and the Magicians" *Princeton Seminary Bulletin* 38 (1944) 27-30.

Meyer, B.F. *The Aims of Jesus* (London: SCM, 1979).

_____ "Objectivity and Subjectivity in Historical Criticism of the Gospels" in his *Critical Realism and the NT* (Allison Park: Pickwick. 1989) 129-45.

Meyer, P.W. "The Problem of the Messianic Self-Consciousness of Jesus" *NovT* 4 (1961)122-38.

Meyer, R. *Das Gebet des Nabonid* (Berlin: Adademie-Verlag, 1962).

Meynet, R. "Qui donc est 'le plus fort?' analyse rhétorique de Mc 3,22-30, Mt 12,22-37; Luc 11,14-26" *RB* 90 (1983) 334-50.

Milik, J.T. "Priére de Nabonide' et Autres écrits d'un cycle de Daniel. Fragments Aramees de Qumrân 4" *RB* 63 (1956) 407-15.

Mills, M.E. *Human Agents of Cosmic Power in Hellenistic Judaism and the Synoptic Tradition* (Sheffield: JSOT, 1990).

Miyoshi, M. *Der Anfang des Reisesberichts Lk 9.51-10.24* (Rome: Biblical Institute, 1974).

Montefiore, C.G. *Rabbinic Literature and Gospel Teachings* (London: Macmillan, 1930).

Montgomery, J.A. "Some Early Amulets from Palestine" *JAOS* 31 (1911) 272-81.

Moore, G.F. *Judaism in the First Centuries of the Christian Era, the Age of Tannaim* 3 vols. (Cambridge, MA: Harvard University Press, 1948-50).

Moule, C.F.D. (ed.) *Miracles. Cambridge Studies in their Philosophy and History* (London: Mowbray, 1965).

Mussner, F. *The Miracles of Jesus: An Introduction* (Notre Dame: University Notre Dame Press, 1968).

_____ "Eine Wortspiel in Mk 1, 24?" *BZ* 4 (1960) 285-6.

Neirynck, F. "Mt 12,25a/Lc 11,17a et la rédaction des évangiles" *ETL* 62

(1986) 122-33.

_____ "Words Characteristic of Mark: A New List" *ETL* 63 (1987) 367-74.

Nestle. E. "Jüdische Parallelen zu neutestamentlichen Wundergeschichten" *ZNW* 8 (1907) 239-40.

Neusner, J. *From Politics to Piety: The Emergence of Pharisaic Judaism* (Englewood Cliffs: Prentice Hall, 1972).

_____ *Messiah in Context* (Philadelphia: Fortress, 1984).

_____ "New Problems, New Solutions: Current Events in Rabbinic Studies" *SR* 8 (1979) 401-18.

_____ *The Rabbinic Traditions about the Pharisees Before 70* 3 vols. (Leiden: Brill, 1971).

Neyrey. J.H. "The Idea of Purity in Mark's Gospel" in J.H. Elliott (ed.) *Social-Scientific Criticism of the NT and its Social World* Semeia 35 (Decatur Scholars Press, 1986) 91-128.

Nickelsburg, G.W. (ed.) *Ideal Figures in Ancient Judaism* (Missoula: Scholars Press, 1980).

Nilsson, M.P. *Die Religion in den griechischen Zauberpapyri* (Lund: Gleerup, 1948).

Nkwoka, A.O. "Mark 3:19b-21: A Study on the Charge of fanaticism Against Jesus" *Biblebhashyam* 15 (1989) 205-21.

Noack, B. *Satanas und Soteria* (Köbenhavn: Gads, 1948).

Nock, A.D. "Greek Magical Papyri" *JEA* 15 (1929) 219-35.

Nyberg, H.S. "Zum Grammatischen Verständnis von Matth. 12, 44-45" *ConNT* 2 (1936) 22-35; reprinted 13 (1949) 1-11.

Oakman, D.E. "Rulers' Houses, Thieves and Usrupers: The Beelzebul Pericope" *Forum* 4(1988) 109-23.

O'Day, G.R. "Surprised by Faith: Jesus and the Canaanite Woman" *Listeneing* 24 (1989) 290-301.

Odegard, D. "Miracles and Good Evidence" *RelS* 18 (1982) 37-46.

Oesterley, W.O.E. "The Demonology of the OT Illustrated by Ps. 91" *The Expositor* 16-18(1907) 132-51.

Oesterreich, T.K. *Possession Demonical and Other* (London: Kegan Paul, Trench, Trubner, 1930).

Oster, R.E. Jr. *A Historical Commentary on the Missionary Success Stories in Acts 19.11-40* (Ph.D. Thesis, Princeton Theological Seminary, 1974).

Owen, E.C.E. "$\Delta\alpha\mu\iota\omega\nu$ and Cognate Words" *JTS* 32 (1930-1) 133-53.

Peabody, D.B. *Mark as Composer* (Macon, GA: Mercer University Press,

1987).

Perels, O. *Die Wunderüberlieferung der Synoptiker in ihrem Verhältnis zur Wortüberlieferung* (Stuttgart, Berlin: Kohlhammer, 1934).

Perrin. N. *The Kingdom of God in the Teaching of Jesus* (London: SCM, 1963).

Pesch, R. *Der Besessene von Gerasa* (Stuttgart: Katholisches Bibelwerk, 1972).

_____ *Jesu ureigene Taten? Ein Beitrag zur Wunderfrage* (Freiburg, Vienna: Herder, 1970).

_____ "The Markan Version of the Healing of the Gerasene Demoniac" *Ecumenical Review* 23(1971) 349-76.

_____ "'Eine neue Lehre aus Macht': Eine Studie zu Mk 1.21-28" in J.-B. Bauer (ed.) *Evangelienforschung* (Graz-Wein-Köln: Styria, 1968) 241-76.

_____ "Ein Tag vollmächtigen Wirkens Jesu in Kapharnahum (Mk 1,21-34, 35-39)" *BibLeb* 9 (1968) 61-77, 114-28, 177-95.

Peters, T. "The Use of Analogy in Historical Method" *CBQ* 35 (1973) 475-82.

Peterson, E. *Εἷ Θεός. Epigraphische, formgeschichtliche und religionsgeschichtliche Untersuchungen* (Gottingen: Vandenhoeck & Ruprecht, 1926)."

Petterson, O. "Magic-Religion: Some Marginal Notes to an Old Problem" *Ethos* 22 (1957) 109-19.

Petzke, G. "Die historische Frage nach den Wundertaten Jesu, dargestellt am Beispiel des Exorzismus Mark. IX. 14-29 par" *NTS* 22 (1976) 180-204.

Pimental, P. "The 'unclean spirits' of St Mark's Gospel" *ExpTim* 99 (1988) 173-5.

Pokorny, P. "The Temptation Stories and Their Intention" *NTS* 20 (1974) 115-27.

Polhill, J.B. "Perspectives on the Miracle Stories" *RE* 74 (1977) 389-99.

Polkow, D. "Method and Criteria for Historical Jesus Research" in K.H. Richards (ed.) *SBLSP* (Atlanta: Scholars Press, 1987) 336-56.

Praeder, S. *Miracle Stories in Christian Antiquity* (Philadelphia: Fortress, 1987).

Preisendanz, K. "Die griechischen und lateinischen Zaubertafeln" *AP* 11 (1935) 153-64.

_____ "Neue griechische Zauberpapyri" *Chronique d'Egypte* 26 (1951) 405-9.

_____ "Zur Überlieferungsgeschichte der spätantiken Magie" *Aus der Welt des Buches: Festgabe zum 70. Geburtstag von Georg Leyh* (Leipzig: Harrassowitz, 1950) 223-40.

Pryke, E.J. *Redactional Style in the Marcan Gospel: A Study of Syntax and Vocabulary as Guides to Redaction in Mark* (Cambridge: Cambridge University Press, 1978).

Rankin, H.D. *Sophists, Socratics and Cynics* (Beckenham, Kent: Croom Helm, 1983).

Reif, S.C. "A Note on נער 21" *VT* 21 (1971) 241-2.

Reiner, E. "Surpu: A Collection of Sumerian and Akkadian Incantations" *Archiv fur Orient-forschung Beiheft* 11 (1958).

Reitzenstein, R. *Hellenistische Wundererzählungen* (Leipzig: Teubner, 1963).

_____ *Poimandres: Studien zur Griechisch-Ägyptischen und Frühchristlichen Literatur* (Leipzig: Teubner, 1904).

Remus, H. "Does Terminology Distinguish Early Christian from Pagan Miracles?" *JBL* 101 (1982) 531-51.

_____ "Magic or Miracle? Some Second-Century Instances" *SecCent* 2 (1982) 127-56.

_____ *Pagan-Christian Conflict Over Miracle in the Second Century* (Cambhdge, MA: Philadelphia Patristic Foundation, 1983).

Riesenfeld, H. "De fientliga andarna Mk 9.14-29" *SvExA* 22-3 (1957-8) 64-74.

Riga, P. "Signs of Glory: The Use of 'Sēmeion' in St. John's Gospel" *Int* 17 (1963) 402-24.

Rist, M. "The God of Abraham, Isaac, and Jacob: A Liturgical and Magical Formula" *JBL* 57 (1938) 289-303.

Rodd, C.S. "Spirit or Finger" *ExpTim* 72 (1960-1) 157-8.

Rohde, E. *Psyche: The Cult of Souls and Belief in Immortality Among the Greeks* (London: Routledge and Kegan Paul, 1925).

Roloff, J. *Das Kerygma und der irdische Jesus. Historische Motive in den Jesus-Erzählungen der Evangelien* (Göttingen: Vandenhoeck & Ruprecht, 1970).

Ross, J.M. "The Decline of the Devil" *ExpTim* 66 (1954-5) 58-61.

_____ "Epileptic or Moonstruck?" *BT* 29 (1978) 126-8.

Rüsch, E.G. "Dämonenaustreibung in der Gallus-Vita und bei Blumhardt dem Älteren" *TZ* 34 (1978) 86.

Russell, D.S. *The Method and Message of Jewish Apocalyptic* (London: SCM, 1964).

Russell, E.A. "The Canaanite Woman and the Gospels (Mt15.21-28; cf. Mk.7.24-30)" in E.A. Livingstone (ed.) *StudBib* 1978 2 vols. (Sheffield: JSOT, 1980) Ⅱ. 263-300.

_____ "A Plea for Tolerance (Mk. 9.38-40)" *IBS* 8 (1986) 154-60.

Sabugal, S. *La Embajada mesiánica de Juan Bautista Mt* 11,2-6 = Lc 7,18-23) (Madrid: SYSTECO. 1980).

Safrai, S. and Stern, M. (eds.) *The Jewish People in the First Century* 2 vols. (Assen: Van Gorcum and Philadelphia: Fortress, 1974 and 1976).

Sahlin, H. "Die Perikope vom gerasenischen Besessenen und der Plan des Markusevan-geliums" *ST* 18 (1964) 159-72.

Samain, J. "L'accusation de magie contre le Christ dans les Evangiles" *ETL* 15 (1938) 449-90.

Sanders, E.P. *Jesus and Judaism* (London: SCM, 1985).

Sanders, J.A. *The Dead Sea Psalms Scrolls* (Ithaca: Cornell University Press, 1967).

Santo, C. de "The Assumption of Moses and the Christian Gospel" *Int* 16 (1962) 305-10.

Schenk, W. von "Tradition und Redaktion in der Epileptiker-Perikope Mk 9,14-29" *ZNW* 63 (1972) 76-94.

Schenke, L. *Die Wundererzahlungen des Markusevangeliums* (Stuttgart: Katholisches Bibelwerk, 1974).

Schille., G. *Die Urchristliche Wundertradition: Ein Beitrag zur Frage nach dem irdischen Jesus* (Stuttgart: Calwer, 1967).

Schindler, C.J. "Demonic Possession in the Synoptic Gospels" *Lutheran Church Quarterly* 1 (1928) 285-414.

Schlatter, A. "Das Wunder in der Synagogue" *Beiträge zur Förderung christlicher Theologie* 16 (5, 1912) 49-86.

Schlosser, J. "L'exorciste étranger (Mc, 9.38-39)" *RevScRel* 56 (1982) 229-39.

Schmithals, W. "Die Heilung des Epileptishen" *ThViat* 13 (1975-6) 211-34.

_____ *Wunder und Glaube. Eine Auslegung von Markus 4, 35-6, 6a* (Neukirchen-Vluyn: NeukirchenerVerlag, 1970).

Schubert, K. "Wunderberichte und ihr Kerygma in der rabbinischen tradition" *Kairos* 24(1982) 31-7.

Schultz. W. "Ephesia Grammata" *Philologus* 68 (1909) 210-28.

Schürer, E. *The History of the Jewish People in the Age of Jesus Christ* 3 vols. (Edinburgh: T & T Clark. 1973-1987).

Schwarz, G. "'Aus der Gegend' (Mk V. 10b)" *NTS* 22 (1976) 215-6.

_____ "ΣΥΡΟΦΟΙΝΙΚΙΣΣΑ-ΧΑΝΑΝΑΙΑ (Markus 7.26/Matthäus 15.22)" *NTS* 30 (1984) 626-8.

Schweizer, E. "Anmerkungen zur Theologie des Markus" in *Neotestamentica et Patristica. Eine Freundesgabe Herrn Professor Dr. Oscar Cullmann NovTSup* 6 (Leiden: Brill.1962) 35-46.

_____ "Er wird Nazoräer heissen (zu Mc 1,24; Mt 2,23)" in W. Eltester (ed.) *Judentum, Urchristentum, Kirche* (Berlin: Töpelmann, 1964) 90-3.

_____ "Towards a Christology of Mark?" in J. Jervell and W.A. Meeks (eds.) *God's Christ and His People Studies* in Honour of Nils Alstrup Dahl (Oslo: Universitetsforlaget, 1977) 29-42.

Segal, A.F. "Hellenistic Magic: Some Questions of Definition" in R. van den Broek and M.J. Vermaseren (eds.) *Studies in Gnosticism and Hellenistic Religions Presented to Gilles Quispel on the Occasion of his 65th Birthday* (Leiden: Brill. 1981) 349-75.

Sellew, P. "Beelzebul in Mark 3: Dialogue, Story, or Sayings Cluster?" *Forum* 4 (1988) 93-108.

Shae, G.S. "The Question on the Authority of Jesus" *NovT* 16 (1974) 1-29.

Sider, R.J. "The Historian, The Miraculous and Post-Newtonian Man" *SJT* 25 (1972) 309-19.

Simonis, W. *Das Reich Gottes ist mitten unter euch* (Düsseldorf: Patmos, 1986).

Skehan, P.W. "A fragment of the 'Song of Moses' (Deut.32) From Qumran" *BASOR* 136(1954) 12-15.

Slingerland, H.D. *The Testaments of the Twelves Patriarchs: A Critical History of Research* (Missoula: Scholars Press, 1977).

Smalley, S.S. "Spirit. Kingdom and Prayer in Luke-Acts" *NovT* 15 (1973) 59-71.

Smart, J.D. "Jesus, the Syro-Phoenician Woman - and the Disciples" *ExpTim* 50 (1938-9) 469-72.

Smith, G. "Jewish, Christian, and Pagan views of Miracle under the Flavian emperors" in K.H. Richards (ed.) *SBLSP* (Chico: Scholars Press, 1981) 341-8.

Smith, J.Z. "Towards Interpreting Demonic Powers in Hellenistic and Roman Antiquity" *ANRW* II.16.1 (1978) 425-39.

_____ *Map is not Territory. Studies in the History of Religions* (Leiden: Brill, 1978).

Smith, M. *Jesus the Magician* (London: Gollancz, 1978).

_____ *Palestinian Parties and Politics that Shaped the OT* (New York and

London: Columbia University Press, 1971).

_____ "Prolegomena to a Discussion of Aretalogies, Divine Man, the Gospels and Jesus" *JBL* 90 (1971) 174-99.

Somerville, J.E. "The Gadarene Demoniac" *ExpTim* 25 (1914-4) 548-51.

Stanton, G.N. "On the Christology of Q" in B. Lindars and S.S. Smalley (eds.) *Christ and Spirit in the NT* (Cambridge: Cambridge University Press, 1973) 27-42.

Starobinski, J. "An Essay in Literary Analysis - Mark 5.1-20" *Ecumenical Review* 23 (1971) 377-97.

_____ "The Gerasene Demoniac" in R. Barthes (et al.) *Structural Analysis and Biblical Exegesis* (Pittsburgh: Pickwick, 1974) 57-84.

_____ "The Struggle with Legion: A Literary Analysis of Mark 5.1-20" *New Literary History* 4 (1973) 331-56.

Starr, J. "The Meaning of Authority in Mark 1.22" *HTR* 23 (1930) 302-5.

Stein, R.H. "The 'Criteria' for Authenticity" in R.T. France and D. Wenham (eds.) Gospel Perspectives I (Sheffield: JSOT, 1980) 225-63.

_____"The Proper Methodology for Ascertaining a Markan Redaction History" *NovT* 13 (1971) 181-98.

_____ "The 'Redaktionsgeschichtlich' Investigation of a Markan Seam (Mc.1.21f.)" *ZNW* 61 (1970) 70-94.

Steinmueller, J.E. "Jesus and οἱ παρ᾽ αὐτοῦ(wwu (Mk. 3:21-21)" *CBQ* 4 (1942) 355-9.

Stewart, J.S. "On a Neglected Emphasis in NT Theology" *SJT* 4 (1941) 293-301.

Stock, A. "Jesus and the Lady from Tyre. Encounter in the Border District" *Emmanuel* 93 (1987) 336-9, 358.

Stone, M.E. (ed.) *Jewish Writings of the Second Temple Period* (Philadelphia: Fortress and Assen: Van Gorcum, 1984).

Storch, W. "Zur Perikope von der Syrophönizierin. Mk 7,28 und Ri 1.7" *BZ* NF 14 (1970) 256-7.

Strack, H.L. *Jesus die Haretiker und die Christen nach den ältesten jüdischen angaben* (Leipzig: Hinrichs, 1910).

Strange, W.A. "The Sons of Sceva and the Text of Acts 19.14" *JTS* 38 (1987) 97-106.

Strugnell, J. "More Psalms of 'David'" CBQ 27 (1965) 207-16.

Sturch, R.L. "The Markan Miracles and the Other Synoptics" *ExpTim* 89 (1977-8) 375-6.

Sugirtharajah, R.S. "The Syrophoenician Woman" *ExpTim* 98 (1986) 13-15.

Suhl, A. "Der Davidssohn im Matthaus-Evangelium" *ZNW* 5 (1968) 57-

81.

_____ "Überlegungen zur Hermeneutik an Hand von *Mk* 1,21-28" *Kairos* 26 (1984) 28-38.

Tagawa, K. *Miracles et Évangile* (Paris: Presses Universitaires de France, 1966).

Talmon, S. "Messianic Expectations at the Turn of the Era" *Face to Face* (New York) 10 (1983) 4-12.

Taylor, B.E. "Acts 19.14" *ExpTim* 57 (1945-6) 222.

Tcherikover, V. *Hellenistic Civilization and the Jews* (New York: Atheneum, 1977).

Theissen, G. *The First Followers of Jesus* (London: SCM, 1978).

_____ "Itinerant Radicalism: The Tradition of Jesus Sayings from the Perspective of the Sociology of Literature" *Radical Religion* 2 (1975) 84-93, a translation of "Wander-radikalismus" *ZTK* 70 (1973) 245-71.

_____ "Lokal- und Sozialkolorit in der Geschichte von der syrophönikischen Frau (Mk.7.24-30)" *ZNW* 75 (1984) 202-25.

_____ *Miracle Stories of the Early Christian Tradition* (Edinburgh: T & T Clark, 1983).

Thompson, R.C. *Semitic Magic: Its Origins and Development* (London: Luzac, 1908).

Thompson, W.G. "Reflections on the Composition of Mt.8.1-9.34" *CBQ* 33 (1971) 365-88.

Tiede, D.L. *The Charismatic Figure as Miracle Worker* (Missoula: Scholars Press, 1972).

Torczyner, H. "A Hebrew Incantation against Night-Demons from Biblical Times" *JNES* 6 (1947) 18-29.

Trevijano, R. "El transfordo apocaliptico de Mc 1, 24.25; 5, 7.8 y par." *Burgense* 11 (1970) 117- 33.

Trocmé, E. "Is There a Marcan Christology?" in B. Lindars and S.S. Smalley (eds.) *Christ and Spirit in the NT* (Cambridge: Cambridge University Press, 1973) 3-13.

_____ *Jesus and his Contemporaries* (London: SCM, 1973).

Tuckett. C. (ed.) *The Messianic Secret* (London: SPCK and Philadelphia: Fortress, 1983).

Turner, C.H. "Markan Usage: Notes Critical and Exegetical, on the Second Gospel" *JTS* 25(1924) 377-85, 26 (1925) 12-20. 145-56. 225-40. 337-46.

Twelftree, G.H. *Christ Triumphant: Exorcism Then and Now* (London:

Hodder and Stoughton, 1985).

_____ "ΕΙ ΔΕ···ΕΓΩ ΕΚΒΑΛΛΩ ΤΑ ΔΑΙΜΟΝΙΑ···" in D. Wenham and C Blomberg(eds.) *Gospel Perspectives* 6 (Sheffield: JSOT, 1986) 361-400.

_____ "Jesus in Jewish Traditions" in R.T. France and D. Wenham (eds.) *Gospel Perspectives* 5(Sheffield: JSOT, 1984) 289-341.

_____ "The Place of Exorcism in Contemporary Ministry" *Anvil* 5 (1988) 133-50.

_____ "Temptation of Jesus" in JB. Green and S. McKnight (eds.) *Dictionary of Jesus and the Gospels* (Downers Grove: IVP, 1992).

Vaganay, L. "Les accords négatifs de Matthieu-Luc contre Marc: L'Episode de l'enfant épileptique (Mt.17,14-21; Mc.9,14-29; Lc.9,37-43a)" in *Le probleme synoptique: Une hypothése de travail* (Tournai: Desclée, 1957) 405-25.

Venkowski, J. "Der gadarenische Exorzismus. Mt 8,28-34 und Parr." *Communio Viatorum* 14 (1971) 13-29.

Vermes, G. "Essenes-Therapeutai-Qumran" *The Durham University Journal* 52 (1960) 97-115.

_____ *The Dead Sea Scrolls: Qumran in Perspective* (London: Collins, 1977).

_____ "Hanina ben dosa" *JJS* 23 (1973) 28-50. 24 (1973) 51-64.

_____ *Jesus the Jew* (Glasgow: Fontana, 1976).

_____ *Jesus and the World of Judaism* (London: SCM, 1983).

_____ *Post-Biblical Jewish Studies* (Leiden: Brill, 1975).

Vögtle, A. "The Miracles of Jesus against their Contemporary Background" in H.J. Schultz(ed.) *Jesus and His Time* (Philadelphia: Fortress, 1971) 96-105.

Vollenweider, S. "'Ich sah den Satan wie einen Blitz vom Himmel fallen' (Lk 10:18)" *ZNW* 79 (1988) 187-203.

Volz, P. *Die Eschatologie der jüdischen Gemeinde im neutestamentlichen Zeitalter* (Hildes-heim: Olms, 1966).

Walker. W.O. "A Method for Identifying Redactional Passages in Matthew on Functional and Linguistic Grounds" *CBQ* 39 (1977) 76-93.

Wall. R.W. "'The Finger of God' Deuteronomy 9.10 and Luke 11.20" *NTS* 33 (1987) 144-50.

Wansbrough, H. "Mark iii. 21 - Was Jesus out of his mind?" *NTS* 18 (1971-2) 233-5.

Weber, J.C Jr. "Jesus' Opponents in the Gospel of Mark" *JBR* 34 (1966) 214-22.

Weder, H. "Wunder Jesu und Wundergeschichten" *VF* 29 (1984) 25-49.

Wee, B.C. "The Syrophoenician Woman - Mark 7.24-30; New Testament in the light of the Old" *Compass* 18 (1, 1984) 38-40.

Weinreich, O. *Antike Heilungswunder. Untersuchungen zum Wunderglauben der Griechen und Römer* (Giessen: Töpelmann, 1909).

Weiss, W. "Ein neue Lehre in Vollmacht." *Die Streit- und Schulgespräche des Markus Evangeliums* (Berlin and New York: de Gruyter, 1989).

Wenham, D. "The Meaning of Mark iii. 21" *NTS* 21 (1975) 295-300.

White, L.M. "Scaling the Strongman's 'Court' (Luke 11.21)" *Forum* 3 (1987) 3-28.

Wilhems, E. "Der fremde Exorzist: Eine Studie uber Mark 9.38" *ST* 3 (1949) 162-71.

Wilkinson. J. "The Case of the Bent Woman in Luke 13.10-17" *EQ* 49 (1977) 195-205.

_____ "The Case of the Epileptic Boy" *ExpTim* 79 (1967-8) 39-42.

Wink. W. "Jesus as a Magician" USQR 30 (1974) 3-14.

_____ "Jesus' Reply to John Matt 11:2-6/Luke 7:18-23" *Forum* 5 (1989) 121-8.

Wire. A.C. "The Structure of the Gospel Miracle Stories and their Tellers" in R.W. Funk(ed.) *Early Christian Miracle Stories* Semeia 11 (Missoula: Scholars Press, 1978) 83-113.

Wrede, W. "Zur Messiaserkenntnis der Dämonen bei Markus" *ZNW* 5 (1904) 169-77.

Wünch, R. (ed.) *Antike fluchtafeln* (Bonn: Markus und Weber, 1912).

_____ *Antikes zaubergerät aus Pergamon* (Berlin: Reimer, 1905).

Yamauchi, E.M. "Magic in the Biblical World" *TynBul* 34 (1983) 169-200.

_____ "Magic or Miracle? Diseases, Demons and Exorcisms" in D. Wenham and C. Blomberg (eds.) *Gospel Perspectives* 6 (Sheffield: JSOT. 1986) 89-183.

Yates, J.E. "Luke's Pneumatology and Luke 11.20" *SE* II Pt. I (1964) 295-99.

_____ *The Spirit and the Kingdom* (London: SPCK, 1963).

Yates, R. "Jesus and the Demonic in the Synoptic Gospels" *ITQ* 44 (1977) 39-57.

_____ "The Powers of Evil in the NT" *EQ* 52 (1980) 97-111.

Zerwick. M. "In Beelzebul principe daemoniorum (Lc.11,14-28)0 *VD* 29 (1951) 44-8.